LOCCUMER PROTOKOLLE 4/89

DIE ZIVILISIERUNG DES KONFLIKTS

Auf der Suche nach einem Konzept für die
zukünftige Gestaltung des West-Ost-Verhältnisses

Herausgeber: Jörg Calließ

EVANGELISCHE AKADEMIE LOCCUM
Rehburg-Loccum

DOKUMENTATION EINER TAGUNG DER EVANGELISCHEN AKADEMIE
LOCCUM VOM 3. BIS 5. FEBRUAR 1989

Tagungsplanung, -organisation und -leitung: Jörg Calließ

Redaktion des Tagungsprotokolls: Jörg Calließ
Sekretariat: Karin Hahn

Die Reihe LOCCUMER PROTOKOLLE wird herausgegeben von der Evangelischen Akademie Loccum

1. Auflage 1989
© Alle Rechte bei den Autoren
Printed in Germany
Druck: Kirchliche Verwaltungsstelle Loccum
ISSN 0177-1132
ISBN 3-8172-0489-2
Bezug über: Evangelische Akademie Loccum
             - Protokollstelle -
             3056 Rehburg-Loccum

INHALTSVERZEICHNIS

Seite

Jörg Calließ	Vorwort	6
	Konzeption und Programm	11

EINFÜHRUNG 21

Dieter Senghaas	Setzt sich der Prozeß der Zivilisierung fort? Über die Zukunft internationaler Politik	23
Egbert Jahn	Zur Zukunft Europas, Osteuropas und Mitteleuropas	44
Wilfried Loth	Die Zukunft des Ost-West-Konflikts	83

KONZEPTUELLE PROBLEME 89

Volker Rittberger	Konflikttransformation durch internationale Regime im Ost-West-Verhältnis	91
Ken Booth	Steps Towards Stable Peace in Europe. A Theory and Practice of Coexistence	128
Klaus Gottstein	Perzeptionen langfristiger Ziele der Gegenseite als Bestimmungsfaktoren bei der Konzipierung von Politik	149
Jörn Behrmann	Politische Perspektivität und Zeit	159
Brigitte Traupe	Wege aus dem Ost-West-Konflikt	179

PROBLEME POLITISCHER FRIEDENSGESTALTUNG 183

Edy Korthals Altes	Die Zivilisierung des Konflikts. Eine Skizze	185
Hans Arnold	Die Zivilisierung des West-Ost-Konfliktes und die Innenansicht des Westens	191
Karl E. Birnbaum	Prospects for East-West Co-operation: Opportunities, Challenges and Requirements	198
Karsten D. Voigt	Gemeinsamer Friede im Gemeinsamen Europäischen Haus	206

		Seite
Öystein Maeland	Civilizing the Conflict	214
Harry Piotrowski	Das geteilte "Gemeinsame Europäische Haus"	221
Wolfgang Loibl	"Die Zivilisierung des Konflikts"; einige ganz persönliche Anmerkungen aus österreichischer Sicht	239
Francoise Manfrass-Sirjacques	Einige Überlegungen im Zusammenhang zum Abrüstungsprozeß	247
Mechthild Jansen	Die Zivilisierung des Konflikts - Thesen zur Diskussion -	253
Reinhard Hesse	Die Zivilisierung ohne Gleichberechtigung?	263

DIE OSTPROBLEMATIK EINER EUROPÄISCHEN FRIEDENSORDNUNG 273

Klaus Segbers	Überlegungen zur sowjetischen Reformpolitik zwischen Krise und Konsolidierung	275
Imanuel Geiss	Die gegenwärtige Krise des realen Sozialismus. Historische Voraussetzungen und politische Konsequenzen	289
Alfred Blumenfeld	Arbeitspapier	302
Kurt Tudyka	Mehr als ein "Marshallplan für Osteuropa" - Positiver Friede durch gesamteuropäische Kooperation	310
Christoph Royen	Perestroika, europäische Friedensordnung und der RGW - Ein Diskussionspapier -	331

DIE SICHERHEITSPROBLEMATIK 343

Franz H. U. Borkenhagen	Durch Europäisierung zur Kooperation	345
Andreas Buro	Westeuropäisches Großmachtstreben blockiert europäische Abrüstung	358
Luigi Vittorio Ferraris	Stichworte für die Diskussion	366
Alain Carton	Arbeitspapier zu den Konsequenzen für die Politik des Westens, ergeben aus den Veränderungen in den Staaten der WVO: eine französische Haltung	370
Werner von Scheven	Thesen	378

		Seite
Volker Glatt	Die Zivilisierung des Konflikts - Überlegungen aus militärischer Sicht	385
Hilmar Linnenkamp	Harmel II	393
Helmut Königseder	Mit mehr Vertrauen in eine friedliche Zukunft?	400
Ingo Peters	Thesen und Fragen zur Weiterentwicklung der VSBM-Politik	409
Rolf Bader	Perspektiven für eine entmilitarisierte und zivilisationskonforme Sicherheitspolitik	415

DIE ROLLE GESELLSCHAFTLICHER KRÄFTE — 421

Jan Faber/Mary Kaldor	Civil Society or an essential instrument to overcome Europe's division	423
Wim Bartels	The civilisation of the East-West conflict	433

GLOBALE PERSPEKTIVEN — 437

W. Bruce Weinrod	Soviet "New Thinking" and U.S. Foreign Policy	439
Lothar Brock	Zur Zivilisierung des Umgangs mit der Dritten Welt	463
Lennart Souchon	Polyzentrische Machtrivalitäten und Interdependenzen und deren Auswirkungen auf das Verhältnis zwischen West und Ost	470

VERSUCH EINER SYSTEMATISCHEN ZUSAMMENFASSUNG — 475

Dieter Senghaas	Die Zivilisierung des Ost-West-Konfliktes	477

ANHANG — 499

Wolfgang Nette	WDR 3 und 1: Themen der Zeit	501
Karl-Heinz Harenberg	NDR: Politisches Forum Streitkräfte und Strategien	504
	Teilnehmerliste	517

VORWORT

Vom 3. bis 5. Februar 1989 fand in der Evangelischen Akademie Loccum ein internationales Expertenkolloquium statt, in dem über mittel- und langfristige Perspektiven für die zukünftige Gestaltung des Verhältnisses zwischen West und Ost diskutiert werden sollte. Die thematisierten Fragen selbst waren durchaus nicht neu. Auch in den zurückliegenden Jahren hat sich die Evangelische Akademie Loccum dafür engagiert, daß wir uns - Hüben wie Drüben - nicht abfinden mit den bestehenden Realitäten des Konflikts zwischen West und Ost, daß wir es nicht hinnehmen, wenn sich die Konkurrenzen und Rivalitäten zwischen den beiden Weltmächten und ihren Bündnissystemen übersetzen in Mißtrauen und Streit, in Konfrontation und Krisen, in wechselseitige Abschreckung und Wettrüsten. Immer wieder hat sie zu einer Auseinandersetzung mit der Frage herausgefordert, wie denn der Konflikt zwischen West und Ost kontrolliert, eingehegt oder beherrscht, vielleicht gar entschärft oder abgebaut werden könnte. Die Relevanz und die Aktualität dieser Frage stand in all den Jahren außer Zweifel, und doch waren die Aussichten für Antworten, die wirklich eine qualitative Veränderung ermöglicht hätten, zumeist nicht gut. Dies hat sich erfreulicherweise geändert. Heute ist unübersehbar, daß im Verhältnis zwischen West und Ost eine Phase des Wandels und der Veränderung begonnen hat, und die Hoffnung, es könnte gelingen, den bestehenden Konflikt zu zivilisieren, scheint durchaus nicht mehr illusionär.

In verschiedenen Feldern und auf verschiedenen Ebenen werden gegenwärtig ganz konkrete Fortschritte in dem Bemühen um Verbesserungen im Verhältnis zwischen West und Ost gemacht. Jeder dieser Fortschritte nährt natürlich die Hoffnung auf Entmilitarisierung und Entspannung und zugleich fördert er den Prozeß sehr real. So optimistisch diese Feststellung auch stimmen mag, sie kann uns nicht davon entheben, daß wir uns Klarheit darüber verschaffen müssen, wie denn der Charakter und die Struktur des West-Ost-Verhältnisses in Zukunft einmal aussehen sollten. Es kann auf Dauer einfach nicht genügen, heute diese und morgen jene günstige Gelegenheit für Veränderungen und für Verbesserungen zu nutzen. Soll der Prozeß auf Dauer angelegt sein und zu einer wirklich grundstürzenden und grundlegenden Transformation des West-

Ost-Konfliktes genutzt werden, so müssen klare Vorstellungen entwickelt werden, die politisches Handeln in all den Unübersichtlichkeiten, die in Phasen des Wandels und der Veränderung nun einmal bestehen, orientieren, leiten und steuern können.

Mit der Einladung zu dem Kolloquium vom 3. bis 5. Februar 1989 wollte die Evangelische Akademie Loccum die Diskussion über Möglichkeiten, Konzepte und Aufgaben für eine Umgestaltung des West-Ost-Verhältnisses anstoßen und dieser Diskussion zugleich ein Forum bieten. Mit der Wahl des Titels *"Die Zivilisierung des Konflikts"* und mit der Akzentuierung der Fragestellungen für die Arbeit in dem Kolloquium wollte die Evangelische Akademie Loccum aber auch einen Hinweis geben, in welche Richtung die Umgestaltung des West-Ost-Verhältnisses gehen müßte, wenn in ihr und durch sie wirklich Friede gefördert werden sollte.

Die Anlage und der Arbeitsplan des Kolloquiums brauchen hier nicht detailliert dargestellt zu werden. Die im Folgenden zitierten Auszüge aus den Planungs- und Einladungspapieren dürften Informationen genug geben, damit die im Zusammenhange mit dem Kolloquium entstandenen Texte recht eingeschätzt und verstanden werden können.

Zum Kolloquium waren Experten aus verschiedenen Ländern Westeuropas und Nordamerikas eingeladen. Viele von ihnen hatten schon in früheren Veranstaltungen der Evangelischen Akademie Loccum als Referenten oder als Teilnehmer mitgearbeitet, ein großer Teil von ihnen aber war zum ersten Mal nach Loccum gekommen. Insgesamt nahmen ungefähr 100 Experten aus 16 Ländern an der Veranstaltung teil. Aus den Ländern Osteuropas waren zu diesem Kolloquium ganz bewußt keine Gäste eingeladen worden. Nachdrücklich sei hier betont, daß damit nicht eine lange und gute Tradition beendet werden sollte. Seit mehr als 10 Jahren bemüht sich die Evangelische Akademie Loccum nun schon um die Förderung des West-Ost-Dialoges. Immer wieder hat sie zu ihren Tagungen Experten aus West und aus Ost eingeladen, und sie alle haben hier stets ein Forum gefunden, auf dem sie offen und ernsthaft über Probleme der Friedenssicherung und Friedensförderung sprechen konnten und gesprochen haben. Auch künftig wird die Evangelische Akademie Loccum Tagungen durchführen, auf denen sich Menschen aus verschiedenen Ländern des Westens und des Ostens persönlich begegnen können, um Informationen und Meinungen auszutausch, um Probleme zu analysieren, um über die vernünftige Gestaltung zukünftiger Entwicklungen nachzudenken und um - in alledem - schließlich ganz unmittelbar Schritte zur Verständigung, Vertrauensbildung und Zusammenarbeit zu tun. Gleichwohl entschloß sich die Evangelische Akademie Loccum, für das Kolloquium "Die Zivilisierung des Konflikts" einmal nur Experten aus westeuropäischen und nordamerikanischen Ländern einzuladen und so eine Veranstaltung durchzuführen, die primär darauf angelegt war, die innerwestliche Diskussion voranzutreiben. Es ist ja unverkennbar, daß die Impulse, die neue Bewegung in das West-Ost-Verhältnis gebracht und realistische Perspektiven für eine Entmilitarisierung - möglicherweise gar für eine Zivilisierung - des Konflikts eröffnet haben, vom Osten ausgegangen sind. Da schien es sinnvoll und wichtig, diesmal allein Experten aus dem Westen zusammenzuführen, damit sie sich darüber beraten können, wie sie die Vorgänge und Veränderungen im Osten wahrnehmen und einschätzen, welche Konsequenzen sie für das West-OstVerhältnis und für das System der internationalen Sicherheit erhoffen und erwarten und mit welchen Konzepten und durch welche Schritte sie selbst an der Umgestaltung des West-Ost-Verhältnisses mitwirken wollen. Der Verlauf des Kolloquiums hat gezeigt, wieviel Diskussions-, Klärungs- und Abstimmungsbedarf gegenwärtig im Westen besteht, und im Nachhinein wird man feststellen dürfen, daß die Begrenzung des Teilnehmerkreises nicht nur wohlbegründet, sondern auch hilfreich war.

Wenn man denn ein Ergebnis der Veranstaltung festhalten wollte, dann könnte es vielleicht ganz vorsichtig und ziemlich allgemein so formuliert werden: In dem sehr intensiven Informations- und Meinungsaustausch wurde zum einen die sich wandelnde Realität des West-Ost-Verhältnisses klarer erfaßt und tiefer analysiert, wobei vor allem die Probleme und Fragen genauer herausgearbeitet wurden, die noch weiterer Beachtung und Bearbeitung bedürfen. Zum anderen wurde ergründet und abgeschätzt, welche neuen Herausforderungen und Aufgaben im Prozeß einer fortschreitenden Veränderung des West-Ost-Verhältnisses gestellt werden und welches denn Optionen sein könnten, mit denen auf diese neuen Herausforderungen und Aufgaben reagiert werden sollte. Schließlich aber - und dies ist vielleicht das interessanteste Ergebnis - gewann das im Titel der Veranstaltung doch noch recht hochstablerisch propagierte Konzept *"Die Zivilisierung des Konflikts"* zunehmend Kontur und Profil. Bei der Suche nach

Orientierung im Prozeß der Transformation des West-Ost-Konflikts kann in Zukunft deshalb durchaus an die in Loccum geleistete Arbeit angeknüpft werden.

Der vorliegende Band ist der erste Teil einer Dokumentation über das Experten-Kolloquium der Evangelischen Akademie Loccum vom 3. bis 5. Februar 1989 "Die Zivilisierung des Konflikts". Er enthält Texte, die von Teilnehmerinnen und Teilnehmern für das Kolloquium angefertigt wurden. Alle eingeladenen Experten waren gebeten worden, Papiere einzureichen, die den Diskussionen in der Veranstaltung Anstoß und Material geben sollten. Für die inhaltliche Akzentuierung der einzelnen Papiere waren keine Vorgaben gemacht worden. Jedem Experten war also freigestellt, die Probleme und Fragen zu thematisieren, die er für besonders wichtig und diskussionsbedürftig hielt. Um nun dem Leser der hier vorgelegten Dokumentation die Fülle der Texte, die zwar alle auf die zentrale Fragestellung der Veranstaltung bezogen sind, aber diese Fragestellung doch teilweise sehr unterschiedlich auslegen und bearbeiten, einigermaßen übersichtlich geordnet vorstellen zu können, wurde eine Gliederung des Bandes in mehrere Kapitel vorgenommen, und die einzelnen Texte wurden denn den Fragezusammenhängen des einen oder des anderen Kapitels zugeordnet. Diese Zuordnungen sind nicht immer frei von einer gewissen Willkür und es muß betont werden, daß in den Texten eines bestimmten Kapitels sich häufig auch Überlegungen zu Problemen und Fragen finden, deren Erörterung die Systematik der Gliederung für ein anderes Kapitel in Aussicht stellt.

Die Mehrzahl der Texte wird hier in der Form abgedruckt, in der sie eingereicht wurden. In den meisten Fällen werden die von den Autoren angefertigten Manuskript als Druckvorlage benutzt, da ein neuerliches Abschreiben aller Texte nicht nur erhebliche Kosten verursacht, sondern auch viel Zeit in Anspruch genommen und so eine schnelle Veröffentlichung des Bandes weiter hinausgezögert hätte.

Der zweite Band des Loccumer Protokolls über das Expertenkolloquium "Die Zivilisierung des Konflikts" ist in Vorbereitung. Es wird die zu Beginn der einzelnen Arbeitsphasen vorgetragenen Kurzreferate sowie größere Abschnitte von den im Plenum geführten Diskussionen dokumentieren.

Die Evangelische Akademie Loccum ist allen verpflichtet, die bei der Planung und Vorbereitung des Kolloquiums mitgeholfen haben. Ohne ihre engagierte und großzügige Unterstützung hätte die Veranstaltung kaum - zumindest aber nicht in dieser Form - stattfinden können. Verpflichtet ist die Evangelische Akademie Loccum weiter den Damen und Herren, die an dem Kolloquium teilgenommen haben und mit ihren Analysen, Überlegungen und Vorschlägen, vor allem aber auch mit ihrer Diskussionsbereitschaft und Diskussionsoffenheit wesentlich dazu beigetragen haben, daß die Veranstaltung in so angenehmer und so konstruktiver Atmosphäre verlief und bei der Suche nach einem Konzept für die zukünftige Gestaltung des West-Ost-Verhältnisses einige gute Fortschritte erbracht hat. Ihnen allen sei ganz herzlich gedankt.

Loccum, Mai 1989   Jörg Calließ

EVANGELISCHE AKADEMIE LOCCUM

DIE ZIVILISIERUNG DES KONFLIKTS
Auf der Suche nach einem Konzept für die
zukünftige Gestaltung des West-Ost-Verhältnisses

Experten-Kolloquium vom 3. bis 5. Februar 1989

KONZEPTION UND PROGRAMM
(Auszüge aus den Planungs- und Einladungspapieren)

1. Background

After the signing of the treaty on the dismantling and destruction of all land-based, medium-range, nuclear missiles there seems every reason to hope that the arms race between East and West could be stopped; indeed it even seems possible that a process of genuine disarmament could be initiated. The matter of what further steps are necessary and should be taken is under consideration at present and is the subject of discussion. This means that East-West relations have become more fluid. This can be seen in a concrete form in the process of arms control and disarmament. Internal reforms in the U.S.S.R. and the readiness of the U.S.S.R. to reorientate its foreign policy open up a great number of further possibilities for a far-reaching transformation of the East-West conflict. After the rivalries and competition which previously existed between West and East (particularly in the early eighties) and which had been translated into distrust and conflict, into confrontation and crisis, into mutual intimidation and an arms race, there is now a real chance of civilizing the conflict. In such a situation it could prove problematical that in the West, between the partners to the Atlantic Alliance, there is at the moment scarcely any extensive or intensive discussion on

- what East-West relations should be like in the future,

- the areas and the form in which the conflict should take place,

- where there are opportunities and area suitable for co-operation, and on how practical, constructive co-operation should take place,

- how the balance between conflict and co-operation should be established and maintained productively.

2. Aims and topics

It is the aim of this meeting to clarify which concepts may in future be decisive in determining Western policy towards the East. In this connection the following questions will arise:

- What chances are there today to transform the East-West conflict so that its power-oriented, crisis-laden and bellicose nature can further be reduced and it can be redirected from a militarized to a civilized conflict?

- What ideas about the future form and structure of the East-West conflict can be found in the West today and how realistic are they? What elements of agreement do they contain and where are they incompatible (and why)?

1. Hintergrund

Nach der Unterzeichnung des Vertrages über den Abbau und die Vernichtung aller landgestützten atomaren Mittelstreckenraketen scheint es berechtigt, darauf zu hoffen, daß der Rüstungswettlauf zwischen West und Ost gestoppt werden könnte, ja es scheint sogar möglich, daß ein Prozeß wirklicher Abrüstung eingeleitet werden könnte. Die Frage, welche weiteren Schritte in diesem Zusammenhange not tun und getan werden sollten, steht heute auf der Tagesordnung und wird diskutiert. In das West-Ost-Verhältnis ist also Bewegung gekommen. Zunächst ist diese Bewegung vor allem im Rüstungskontroll- und Abrüstungsprozeß konkret faßbar. Die inneren Reformen in der Sowjetunion und die Bereitschaft der Sowjetunion zu einer Umorientierung ihrer Außenpolitik eröffnen aber viel weitergehendere Möglichkeiten für eine tiefgreifende Transformation des West-Ost-Konfliktes. Nachdem sich die Konkurrenzen und Rivalitäten zwischen West und Ost bisher - und gerade auch zu Anfang der 80er Jahre - in Mißtrauen und Streit, in Konfrontationen und Krisen, in wechselseitige Abschreckung und Wettrüsten übersetzt haben, besteht nun eine realistische Chance für die Zivilisierung des Konfliktes. In dieser Situation könnte es sich als problematisch erweisen, daß im Westen zwischen den Partnern der Atlantischen Allianz zur Zeit kaum eine breitere und intensivere Diskussion darüber geführt wird,

- wie das West-Ost-Verhältnis in Zukunft einmal aussehen sollte,

- in welchen Bereichen und in welchen Formen der Konflikt ausgetragen werden müßte,

- wo es Möglichkeiten und Aufgaben für Kooperation gäbe und wie eine konstruktive Kooperation praktiziert werden könnte,

- wie das Spannungsverhältnis zwischen Konflikt und Kooperation ausbalanciert und produktiv gemacht werden könnte.

2. Zielsetzungen und Fragestellungen

Die Veranstaltung soll eine Klärung darüber herbeiführen, welche Konzepte in Zukunft für die westliche Politik gegenüber dem Osten leitend sein könnten. In diesem Zusammenhange wird zunächst und vor allem zu fragen sein:

- Welche Chancen gibt es heute für eine Transformation des West-Ost-Konfliktes, die seine Gewaltförmigkeit und seine Krisen- und Kriegsträchtigkeit weiter reduziert und ihn von militarisierten in zivilisierte Konfliktbahnen lenkt?

- What tasks await the Western countries and nations in connection with the reshaping of East-West relations and what concrete political programs could help to accomplish these tasks? Where should the emphasis be placed and what initiatives are required?

In a second phase it will be necessary to work out

- where there is agreement and where disagreement on these issues,

- where clarification and further discussion is necessary,

- how the efforts of individual members of the Western Alliance can be harmonized and co-ordinated.

Within the framework of questions raised on this subject the problems of disarmament and structural change in security policy are of considerable significance. On the other hand these topics should not be given priority in the discussion at this colloquium. They will be the subject of more detailed discussion at a colloquium in the Evangelische Akademie Loccum from 2nd to 4th June, 1989, ('Disarmament and structural changes: ways of restructuring the European security system') in a dialogue between experts from East and West. (In earlier years, too, the Evangelische Akademie Loccum has organized various East-West meetings on security questions, the last one from 3rd to 5th June, 1988, on 'Conventional stability and confidence-building defence concepts'.) In the case of the present colloquium priority is to be given to the question of political ways and means of shaping future East-West relations.

3. Participants

Only experts from Western countries are to be invited to this meeting: academics from a variety of fields, politicians, diplomats, soldiers, civil servants from various government departments, members of staff of political parties and other organisations, representatives of the business world, of the churches, journalists and those involved in initiatives aimed at improving East-West relations.

4. Form and structure of the meeting

The meeting will be organized as a colloquium. The discussions of the various topics will be initiated by short introductory papers.

In the subsequent discussion there will be an opportunity for an exchange of information, opinions and views. Furthermore suggestions, ideas and proposals can be put forward and discussed.

- Welche Vorstellungen über die zukünftige Gestalt und Struktur des West-Ost-Konfliktes gibt es im Westen heute? Wie realistisch sind sie? Welche übereinstimmenden Elemente enthalten sie und wo (und warum) sind sie inkompatibel?

- Welche Aufgaben stellen sich im Zusammenhang der Umgestaltung des West-Ost-Verhältnisses den westlichen Staaten und Gesellschaften? Welche konkreten politischen Programme könnten helfen, diese Aufgaben zu lösen? Welche Schwerpunkte sollten zunächst gesetzt werden und welche Initiativen stehen dabei an?

In einem zweiten Schritt wird herausgearbeitet werden müssen,

- wo es in bezug auf die genannten Fragen Konsens und wo es Dissens gibt,
- wo weiterhin Diskussions- und Klärungsbedarf besteht,
- wie die Bemühungen und Aktivitäten der einzelnen Mitglieder des westlichen Bündnisses abgestimmt und koordiniert werden können.

Im Rahmen der thematisierten Fragestellungen haben natürlich die Probleme der Abrüstung und des Strukturwandels im Felde der Sicherheitspolitik einen erheblichen Stellenwert. Gleichwohl sollen sie in den Diskussionen dieser Veranstaltung nicht ins Zentrum gerückt werden. Sie werden in der Tagung der Evangelischen Akademie Loccum vom 2. bis 4. Juni 1989 "Abrüstung und Strukturwandel: Wege zu einer Neuordnung des europäischen Sicherheitssystems" im Dialog zwischen Experten aus West und Ost eingehender erörtert. (Schon in früheren Jahren hat die Evangelische Akademie Loccum verschiedene West-Ost-Tagungen zu sicherheitspolitischen Fragen veranstaltet, zuletzt vom 3. bis 5. Juni 1988 mit der Tagung "Konventionelle Stabilität und Vertrauensbildende Verteidigungskonzepte".) In der hier vorgestellten Veranstaltung hat nun die Frage nach politischen Wegen und Schritten zu einer zukünftigen Gestaltung des West-Ost-Verhältnisses Priorität.

3. Teilnehmer

Zu der Veranstaltung sollen ausschließlich Experten aus Staaten der westlichen Welt eingeladen werden. Im einzelnen werden zu beteiligen sein: Wissenschaftler unterschiedlicher Disziplinen, Politiker, Diplomaten, Soldaten, Beamte aus Ministerien, Mitarbeiter von Parteien und Verbänden, Vertreter der Wirtschaft und der Kirchen, Journalisten, Mitarbeiter von Initiativen, die sich für eine Verbesserung der West-Ost-Beziehungen einsetzen.

4. Form und Struktur der Veranstaltung

Die Veranstaltung wird in der Form eines Kolloquiums durchgeführt. Die Auseinandersetzung mit den verschiedenen Fragenkomplexen soll jeweils durch kurze E i n g a n g s r e f e r a t e angestoßen werden.

In den daran anschließenden D i s k u s s i o n e n besteht einmal die Gelegenheit zu einem Austausch von Informationen, Einschätzungen und Meinungen. Zum anderen können Anregungen, Ideen und Vorschläge vorgetragen und erörtert werden.

Alle teilnehmenden Experten sind eingeladen und gebeten, P a p i e r e zu den in der Veranstaltung thematisierten Fragenkomplexen einzureichen. Diese Papiere werden vor der Tagung an die anderen Teilnehmer verschickt. In den Diskussionen kann dann auf die Papiere Bezug genommen werden. Dies sollte allerdings nicht in Form zusammenhängender Referate geschehen. Vielmehr soll versucht werden, die in den Papieren entwickelten Analysen, Überlegungen und Konzepte in einen offenen Diskussionsprozeß einzubeziehen.

All the experts taking part have been invited and requested to submit _papers_ on the topics forming the theme of the colloquium. These will be sent to participants beforehand. These papers can be referred to in discussions, though not in the form of further papers. Efforts should rather be made to integrate the analyses, concepts and ideas contained in these papers into an open discussion process.

Friday, 3rd February 1989

14.00 - 15.30 h — Phase 1, in which ideas should be developed and discussed concerning how the relationship between East and West, which is characterized by rivalries of power and by competitive systems as well as by interdependences in a large number of fields, can be civilized in future; in other words, how the elements of a peaceful handling of conflicts and solution of conflicts can be extended, strengthened and englarged.
Here the emphases is on conceptual problems and on criteria and orientation for the future shaping of international politics.
This phase will be introduced by a paper delivered by
Prof. Dr. Egbert J a h n , Hessische Stiftung für Friedens- und Konfliktsforschung, Frankfurt

16.00 - 18.30 h — Phase 2, which should attempt to reach agreement concerning the changes taking place at present in the Soviet Union (and the other states of the Warsaw Pact organisation), what are the main new programmatic approaches, what opportunities for and trends in development exist, what chances and risks does Perestroika open up and what effects and concequences can and will Perestroika have for Soviet foreign policy.
This phase will be concerned with an assessment of the efforts towards reform within the Warsaw Pact, as well as with the listing and judging of the interdependencies between the internal restructuring in the countries of the Warsaw Pact on the one hand, and changes in den East-West relationship on the other.
This phase will be introduced by two short papers by
Dr. Klaus S e g b e r s , Frankfurt
Jack M e n d e l s s o h n , Deputy Director, Arms Control Association, Washington

19.30 - 22.00 h — Continuation of Phase 2, in which it is intended to examine in greater detail and to discuss what consequences result from the current as well as anticipated changes in the Warsaw Pact countries and also from the existing and anticipated changes in the foreign policies of the U.S.S.R. and the Warsaw Pact states.
This discussion will be introduced by statements by each of the following
Dr. Volker H a a k , VLR I., Leiter des Referates 212, Auswärtiges Amt, Bonn
Karsten D. V o i g t , MdB/SPD, Außenpolitischer Sprecher der SPD-Fraktion, Bonn

Saturday, 4th February 1989

9.30 - 12.30 h — Phase 3, in which it is proposed to discuss within what structures and with what instrumentarium the management and control of conflicts within the East-West relationship should take place and within what structures and with what instrumentarium communication can be promoted and improved (summit meetings, negotiations, treaties, etc.).
Two short papers will introduce this phase:
Prof. Dr. Raimo V ä y r y n e n , Department of Political Science, University of Helsinki
Prof. Dr. Volker R i t t b e r g e r , Institut für Politikwissenschaft, Universität Tübingen

14.00 - 15.30 h — Opportunity for discussions in small groups

16.00 - 18.30 h — Phase 4, which will examine the areas in which relations could be changed, communication increased and co-operationbe given a new direction. For this purpose the areas must be listed in which viable initiatives already exist. Attention should be directed to classical fields of policy such as housing, transport, environmental protection, education and culture, care of the elderly etc. The question should be examined whether it is useful and profitable for East and West to enter into discussion of matters dealing with and solving problems in these fields.
This phase will be introduced by two short papers given by
Prof. Dr. Karl B i r n b a u m , Schwedisches Institut für Außenpolitik, Stockholm
Prof. Dr. Ken B o o t h , Department of International Politics, The University College of Wales, Aberystwy

19.30 - 22.00 h — Continuation of Phase 4, in which a more concrete approach should be considered to the problem of how the possibilities of future communication and co-operation, previously proposed and discussed, can be realized in practical, political terms.
This discussion will be introduced by statements from
Egon B a h r , MdB/SPD, Mitglied des Auswärtigen Ausschusses des Bundestages, Bonn
Nicole G n e s o t t o , Stellv. Leiterin des Planungsstabs, Französisches Außenministerium, Paris
John C. K o r n b l u m , Gesandter, Stellv. Ständiger Vertreter der USA bei der NATO, Brüssel
Heinrich L u m m e r , MdB/CDU, Mitglied des Auswärtigen Ausschusses des Bundestages, Bonn
Øystein M a e l a n d , Persönl. Berater des Außenministers, Norwegisches Außenministerium, Oslo

Sunday, 5th February 1989

9.30 - 12.30 h — Phase 5, in which results of the previous phases will be summarized and drawn together. It will then be necessary to discuss the concrete prospects of a programmatic demand "to civilize the conflict", and how this can be translated into concrete measures.
This phase will be introduced by a short paper given by
Prof. Dr. Dieter S e n g h a a s , Universität Bremen

Freitag, den 3. Februar 1989

14.00 - 15.30	1. Arbeitsphase, in der Überlegungen entwickelt und diskutiert werden sollen, wie das Verhältnis zwischen West und Ost - das wesentlich geprägt ist durch Machtrivalitäten und Systemkonkurrenzen aber auch durch vielfältige Interdependenzen - in Zukunft zivilisiert werden könnte, wie also die Elemente friedlicher Konfliktaustragung und Konfliktregulierung erweitert, verstärkt und ausgebaut werden sollten. Hier wird es um konzeptionelle Fragen gehen, um Kritieren und Orientierungen für eine zukünftige Gestaltung von internationaler Politik. Eingeleitet wird die Phase durch ein Referat von Prof. Dr. Egbert J a h n , Hessische Stiftung für Friedens- und Konfliktforschung, Frankfurt
16.00 - 18.30	2. Arbeitsphase, in der eine Verständigung darüber stattfinden soll, was in der Sowjetunion (und in den übrigen Staaten der Warschauer Vertragsorganisation) gegenwärtig an Veränderungen stattfindet, welche programmatischen Ansätze dabei leitend sind, welche konkreten Entwicklungstendenzen und -möglichkeiten bestehen, welche Chancen und Risiken die "Perestroika" eröffnet und welche Konsequenzen und Wirkungen die "Perestroika" für die sowjetische Außenpolitik haben kann bzw. haben wird. Hier wird es einmal um die Einschätzung der Reformbestrebungen im Bereich der WVO und zum anderen um die Erfassung und Beurteilung der Interdependenzen zwischen dem inneren Umbau in den Staaten der WVO einerseits und den Veränderungen im West-Ost-Verhältnis andererseits gehen. Eingeleitet wird die Phase durch zwei Kurzreferate von Dr. Klaus S e g b e r s , Frankfurt Jack M e n d e l s s o h n , Deputy Director, Arms Control Association, Washington
19.30 - 22.00	Fortsetzung der 2. Arbeitsphase, in der dann intensiver geprüft und erörtert werden soll, welche Konsequenzen sich für die Politik des Westens ergeben aus den laufenden und zu erwartenden Veränderungen in den Staaten der WVO bzw. aus dem feststellbaren und zu erwartenden Wandel der Außenpolitik der Sowjetunion und der anderen WVO-Staaten. Eingeleitet wird diese Diskussion durch je einen Beitrag von Dr. Volker H a a k , VLR I, Leiter des Referates 212, Auswärtiges Amt, Bonn Karsten D. V o i g t , MdB/SPD, Außenpolitischer Sprecher der SPD-Fraktion, Bonn

Samstag, den 4. Februar 1989

9.30 - 12.30	3. Arbeitsphase, in der diskutiert werden soll, in welchen Strukturen und mit welchen Instrumenten in Zukunft die Konfliktbearbeitung und die Konfliktregulierung im Verhältnis zwischen West und Ost geschehen sollten, und in welchen Strukturen und mit welchen Instrumenten die Kommunikation gefördert und verbessert werden könnten (Gipfeltreffen, Verhandlungen, Verträge u.s.w.). Eingeleitet wird die Phase durch zwei Kurzreferate von Prof. Dr. Raimo V ä y r y n e n , Department of Political Science, University of Helsinki Prof. Dr. Volker R i t t b e r g e r , Institut für Politikwissenschaft, Universität Tübingen
14.00 - 15.30	Gelegenheit zu Gesprächen in kleineren Gruppen
16.00 - 18.30	4. Arbeitsphase, in der geprüft werden soll, welches denn die Felder sind, auf denen die Beziehungen verändert, die Kommunikation verstärkt und Zusammenarbeit neu entwickelt werden könnte. In diesem Zusammenhang müssen natürlich die Felder thematisiert werden, auf denen bereits ausbaufähige Ansätze bestehen. Vor allem aber soll der Blick auch auf sozusagen klassische Politikfelder wie Wohnungsbau, Verkehr, Umweltschutz, Bildung und Ausbildung, Alterssicherung usw. gelenkt werden. Es wäre davon auszuloten, es als sinnvoll und erfolgversprechend wäre, wenn West und Ost über Fragen der Problembearbeitung und Problemlösung in diesen Feldern ins Gespräch kämen. Schließlich sollen Möglichkeiten für "joint ventures" z.B. im Bereich der Forschung, im Bereich der Technologischen Innovation und im Bereich der Entwicklungspolitik diskutiert werden. Eingeleitet wird die Phase durch zwei Kurzreferate von Prof. Dr. Karl B i r n b a u m , Schwedisches Institut für Außenpolitik, Stockholm Prof. Dr. Ken B o o t h , Department of International Politics, The University College of Wales, Aberystwyth
19.30 - 22.00	Fortsetzung der 4. Arbeitsphase, wobei konkreter erkundet werden soll, wie die zuvor vorgeschlagenen und diskutierten Möglichkeiten zukünftiger Kommunikation und Kooperation politisch praktisch realisiert werden könnten. Eingeleitet wird diese Diskussion durch Beiträge von Egon B a h r , MdB/SPD, Mitglied des Auswärtigen Ausschusses des Bundestages, Bonn Nicole G n e s o t t o , Stellv. Leiterin des Planungsstabs, Französisches Außenministerium, Paris John C. K o r n b l u m , Gesandter, Stellv. Ständiger Vertreter der USA bei der NATO, Brüssel Heinrich L u m m e r , MdB/CDU, Mitglied des Auswärtigen Ausschusses des Bundestages, Bonn Oeystein M a e l a n d , Persönl. Berater des Außenministers, Norwegisches Außenministerium, Oslo

Sonntag, den 5. Februar 1989

9.30 - 12.30	5. Arbeitsphase, in der zunächst die Ergebnisse der vorherigen Arbeitsphasen zusammengefaßt und geordnet werden sollen. Daran anschließend wird zu diskutieren sein, welche konkreten Aussichten die programmatische Forderung nach einer "Zivilisierung des Konfliktes" hat und wie sie in praktische Schritte umgesetzt werden könnte. Eingeleitet wird die Phase durch ein Kurzreferat von Prof. Dr. Dieter S e n g h a a s , Universität Bremen

In allen Arbeitsphasen soll auf Analysen, Überlegungen und Vorschläge Bezug genommen werden, die in den vorgelegten Arbeitspapieren enthalten sind. Da die meisten Arbeitspapiere nicht eindeutig bestimmten Arbeitsphasen zugeordnet werden können, wurde darauf verzichtet, sie hier einzeln aufzuführen.

EINFÜHRUNG

Das von Egbert Jahn für das Kolloquium eingereichte Papier wurde von ihm inzwischen überarbeitet und ergänzt im HSFK-Report 2/1989 veröffentlicht. In dieser Form wird es hier dokumentiert.

Dieter Senghaas

Setzt sich der Prozeß der Zivilisation fort?
Über die Zukunft internationaler Politik

Im internationalen System lassen sich zwei Prozesse von langer Dauer beobachten: Machtrivalitäten unterschiedlicher Reichweite sowie Vernetzungen (Interdependenzen) unterschiedlicher Dichte. Beide Erscheinungen sind für die internationale Politik von grundlegender Bedeutung: Machtrivalitäten, weil aus ihnen Gewalt, im Grenzfall Kriege, erwachsen können; Interdependenzen, weil sie Machtrivalitäten unterlaufen oder überwölben sollen. Zwischen beiden Erscheinungen besteht ein dialektischer Zusammenhang: Je unverstellter die Machrivalitäten, umso weniger haben die Interdependenzen Chancen, Konflikte abfedern zu helfen; je ausgeprägter Interdependenzen, umso größer die Wahrscheinlichkeit, daß Machtrivalitäten in den Hintergrund gedrängt und unvermeidliche Interessenkonflikte in friedliche Bahnen gelenkt werden.

Potentiell gewalttätige und vor allem kriegerische Machtrivalitäten in eine friedliche Konfliktregelung überzuführen, ist Inhalt des Zivilisationsprozesses. In ihm geht es also um die Transformation gewalttätiger in friedlich ausgetragene Konflikte. Dabei wird Macht nicht eliminiert, sondern eingegrenzt. Sie wird institutionell, im Grenzfall durch die Verrechtlichung der Auseinandersetzungen, eingehegt.

Eine solche Verzivilisierung von Machtrivalitäten und damit von Politik hat zunächst unterhalb des internationalen Systems im klassischen westlichen Territorialstaat stattgefunden. In ihm kam es zu einer stufenweisen Monopolisierung von Gewalt und zur Herausbildung einer arbeitsteiligen Gesellschaft und Wirtschaft. Die Entwicklung eines legitimen staatlichen Gewaltmonopols führte zur Entprivatisierung von Gewalt; eine weitflächige Vernetzung unter Wettbewerbsbedingungen machte zweckrationales ökonomisches Handeln zum Imperativ. Beides mäßigte praktisches Verhalten. Überdies provozierte die Monopolisierung von politischer Macht und ökonomischer Verfügungsgewalt im Laufe der Zeit die Forderung nach demokratischer Teilhabe von breiten, machtmäßig "enteigneten" Bevölkerungsschichten. So entwickelte sich in jahrhundertelangen gesellschaftspolitischen Konflikten schrittweise der demokratische Rechtsstaat. In ihm werden Konflikte institutionell geregelt.

Wird der in diesem Vorgang zum Ausdruck kommende Zivilisationsprozeß die Grenzen des westlichen Territorialstaates überschreiten? Wird es auch jenseits seiner Grenzen zur Herausbildung von zivilisierten, d.h. institutionell und rechtlich eingehegten Formen des Konfliktes kommen? Ist diese begrenzte Erfahrung verallgemeinerungsfähig? Das sind zentrale Fragen über die Zukunft der internationalen Politik. Sie sind nicht einfach zu beantworten. Denn erforderlich sind Differenzierungen, die die unterschiedliche Sachlage in unterschiedlichen Teilen des internationalen Systems angemessen berücksichtigen.

Denn dieses internationale System ist ein Gebilde, in dem Machtrivalitäten und Interdependenzen in äußerst unterschiedlichen Mischungen vorliegen. Analytische Befunde und praktische Handlungsorientierungen sind deshalb von den jeweiligen markanten Handlungszusammenhängen internationaler Politik abhängig. Zu ihnen gehören der Bereich der westlichen Gesellschaften, die sozialistische Staatenwelt, die Dritte Welt sowie die Ost-West-Beziehungen und die Nord-Süd-Beziehungen.

Alle westlichen Gesellschaften (OECD) sind heute demokratische Rechtsstaaten; sie sind marktwirtschaftlich organisiert und enthalten mehr oder weniger ausgeprägte sozialstaatliche Komponenten. Der arbeitsteiligen Komplexität von Gesellschaft und Ökonomie entspricht ein relativ komplexes politisches System mit breiten Beteiligungschancen. Die meisten politischen Konflikte verlaufen in institutionell geregelten Bahnen. Ausnahmen bestätigen die Regel. Zwischen diesen westlichen Gesellschaften ist eine Struktur relativ dichter Vernetzung entstanden. An keiner anderen Stelle im internationalen System wird eine vergleichbare Höhe sozio-ökonomischer und institutioneller Interdependenz erreicht. Voraussetzung sind hierfür vergleichbare Binnenprofile, die relativ symmetrische Austauschstrukturen ermöglichen. Das führt in der Regel zu substitutiver Arbeitsteilung, also einem Wettbewerb in allen Sparten: von Agrargütern über Fertigwaren jedweder Art zu Technologie und Dienstleistungen. Diese Erscheinung ist in den großen bevölkerungsstarken OECD-Gesellschaften nicht weniger zu beobachten als in bevölkerungsmäßig kleinen, nur daß letztere eine höhere Spezialisierung, gewissermaßen in den Nischen der Weltwirtschaft, aufweisen. Ökonomischer Wettbewerb wird in diesem Kontext zur eigentlichen Austragungsform des Konfliktes. Konflikte sind in einem weitgehend kooperativen Rahmen aufgehoben. Supranationale Institutionen und internationale Regelwerke, sogenannte internationale Regime, dienen als Plattform, auf der eine Konfliktregelung stattfindet. In keinem anderen Zusammenhang ist dieser Sachverhalt deutlicher zu beobachten als innerhalb der Europäischen Gemeinschaft. Hier, aber auch an anderer Stelle im OECD-Kontext ist die Chance einer Politik wechselseitiger Koordination und des Kompromisses groß.

Anders als in der Vergangenheit ist heute die Gefahr äußerst gering, daß Konflikte zwischen den westlichen Gesellschaften noch einmal gewaltsam-kriegerisch ausgetragen werden. Diese Gesellschaften verhalten sich untereinander vor allem wie Handelsstaaten. Innerhalb der vergangenen drei Jahrzehnte entstand zwischen ihnen eine Zone relativ stabilen Friedens. Ihn zu stören hieße, allseits erhebliche ökonomische Beeinträchtigungen in Kauf nehmen zu müssen. Die daraus sich ergebenden Wohlfahrtsverluste wären für alle Beteiligten konterproduktiv. Gesellschaften, die mit mehr als 70 % ihrer gesamten außenwirtschaftlichen Aktivitäten miteinander vernetzt sind, können sich eine auf Konfliktaktivierung oder eine auf Kollision ausgerichtete Politik nicht mehr leisten. Aus den Erfahrungen vergangener Jahrzehnte, insbesondere der zwanziger und dreißiger Jahre, scheinen die richtigen Lektionen gelernt worden zu sein.

So kommt es, daß "schlechte" Eigenschaften, die gewöhnlich internationaler Politik insgesamt zugeschrieben werden: nationalstaatlich-egozentrische Machtpolitik, Absicherung von Interessenpositionen durch eine Politik militärischer Rückversicherung, Einflußnahme über Drohung und Erpressung usf., in diesem Segment des internationalen Systems ganz in den Hintergrund gerückt, äußerst sublimiert oder gar völlig überwunden sind. Andere politische Prozesse, beispielsweise das Ausfeilschen von allseits tragbaren Kompromissen, überwiegen. In den Beziehungen zwischen den westlichen Gesellschaften wird man also eher an Vorgänge ihrer eigenen Innenpolitik erinnert. Wenn der überzogene Begriff "Weltinnenpolitik" überhaupt auf einen Ausschnitt des internationalen Systems zutrifft, dann in der Tendenz auf die West-West-Beziehungen.

Der Zivilisationsprozeß im oben definierten Sinne ist also nicht nur im Innern der westlichen Gesellschaften, sondern auch zwischen ihnen fortgeschritten. Und die Chance einer weiteren Verzivilisierung der innerwestlichen Beziehungen durch eine zunehmende Verdichtung des Austausches und durch zusätzliche Verregelungen und gemeinsame Institutionen ist nicht klein. Um sie zu nutzen, bedarf es allerdings erheblicher politischer Anstrengungen. Gefahren bestehen vor allem in weltwirtschaftlichen Abschwungphasen, in denen es zu einer Desintegration der erreichten Vernetzungen und zu einer Erosion bestehender internationaler Regelwerke kommen kann. Dann droht erneut die Renaissance herkömmlicher Machtpolitik und des sie unterfütternden Instrumentariums. Schleichende Entwicklungen in eine solche Richtung sind beobachtbar: ein gewisser Trend zum Protektionismus und zu neomerkantilistischer Außenwirtschaftspolitik, unilaterales Vorpreschen an Stelle multilateraler Koordination, eine Politik krasser Handels- und Zahlungsbilanzungleichgewichte, die sich auf die Weltwirtschaft störend auswirken müssen. Dennoch ließen sich die damit verbundenen Gefahren bisher begrenzen. Die eingespielten Rahmenbedingungen haben sich als relativ robust erwiesen.

In den innerwestlichen Beziehungen besteht ein weiteres Gefahrenpotential in den zu beobachtenden erheblichen ökonomischen Gewichtsverlagerungen, weil dadurch langfristig die Problematik der politischen Vormachtstellung innerhalb der westlichen Welt aufgeworfen wird. Für die Zukunft stellt sich hier vor allem die Frage, ob Japan auf dem Wege ist, in Ergänzung zu seiner weltwirtschaftlich führenden Rolle die Rolle einer Weltmacht im breiten Sinne des Begriffs anzustreben. Wird Japan im 21. Jahrhundert eine hegemoniale Stellung einnehmen -

und damit wie England im 19. und die USA in der Mitte des 20. Jahrhunderts weltweite, insbesondere weltwirtschaftliche Ordnungsfunktionen übernehmen? Wird sich der aus der Vergangenheit bekannte Hegemoniezyklus von Aufstieg, Blüte und Verfall "großer Mächte" wiederholen? Bisher hat es nicht den Anschein, daß Japan eine prononcierte weltpolitische Rolle sucht. Aber eine Entwicklung in diese Richtung ist nicht auszuschließen, und sei es, daß Japan in Ergänzung zu seiner weltwirtschaftlich führenden Rolle einfach in eine weltpolitisch beherrschende Position hineinwächst, also eine Weltmacht wider Willen würde. Die innerwestliche Hegemonie-Problematik ist also noch keineswegs ausgestanden. Sie könnte durchaus die internationale Politik in den ersten Jahrzehnten des 21. Jahrhunderts prägen.

Betrachten wir die Lage in der sozialistischen Staatenwelt. Unter zivilisationstheoretischer Perspektive gibt es hier erhebliche Defizite sowohl im Innern als auch zwischen den sozialistischen Staaten zu diagnostizieren. Im Innern werden sozialistische Staaten immer noch durch die Institutionen und Instrumente einer forcierten nachholenden schwerindustrielastigen Industrialisierung geprägt. Ein übermäßiger Zentralismus in Politik und Ökonomie führte zu einer historisch beispiellosen Machtkonzentration. Die Gesellschaft wird dabei zum Gegenstand einer breitgefächerten Manipulation von oben. Sie hat die allergrößten Schwierigkeiten, sich allmählich gegenüber den zentralen Instanzen von Partei und Staat, die mit einem Anspruch auf politisches Monopol auftreten, zu emanzipieren. Zwischen der relativen Komplexität der entstandenen Industriegesellschaften und den veralteten politischen Strukturen, die vor allem durch geringe Beteiligungschancen gekennzeichnet sind, besteht eine erhebliche Kluft. Sie war der Hintergrund für dramatische politische Ereignisse vor allem in den osteuropäischen Gesellschaften. Inzwischen hemmt diese Kluft den Fortgang weiterer sozialistischer Entwicklung nachdrücklich. In manchen sozialistischen Gesellschaften wird diese Beobachtung heute offiziell geteilt. Angesichts der organisatorischen Diskrepanz zwischen politischem System und relativ modernen industriegesellschaftlichen Strukturen sieht sich jeder sozialistische Staat früher oder später dem Erfordernis einer grundlegenden wirtschaftlichen und politischen Reform ausgesetzt. Je später diese beginnt, umso problematischer ist sie. Zu reformieren ist zum einen eine hochzentralisierte Ökonomie durch schrittweise Dezentralisierung bei Berücksichtigung marktwirtschaftlicher Prinzipien. Zum anderen gilt es, das politische System mit dem Ziel einer Erweiterung der Beteiligungschancen gesellschaftlicher Kräfte zu öffnen; ihnen muß es möglich werden, sich autonom zu organisieren. Es geht also um eine Konstituierung und Emanzipation der Gesellschaft gegenüber den überkommenen Partei- und Staatsmonopolen. Dabei kommt der Herausbildung eines unabhängigen Rechtswesens, überhaupt der Rechtssicherheit, eine zentrale Bedeutung zu. Das war im übrigen in der Frühphase westlicher Entwicklung nicht anders. Nur auf solchem Hintergrund können autokratie-ähnlich verfaßte sozialistische Staaten sich in demokratische Rechtsstaaten verwandeln, in denen das Prinzip gesellschaftlicher Selbstregulierung einen legitimen Platz hat und einen breiten Raum einnimmt.

Die dirigistische Herrschaftsstruktur und Lenkung sozialistischer Gesellschaften führten bisher dazu, daß den wechselseitigen autonomen Vernetzungen gesellschaftlicher Kräfte erhebliche, in den vergangenen Jahrzehnten unüberwindbar erscheinende Schwierigkeiten im Wege standen. Dieser Sachverhalt führte zu den bekannten politischen Legitimationsdefiziten. Immer wieder ausbrechende Revolten und die Existenz einer Schattenökonomie deuten jedoch darauf hin, daß der Manipulation der Gesellschaft Grenzen gesetzt sind. Was inzwischen jedoch im Innern, obgleich gegen das herrschende Ordnungsprinzip verstoßend, in wenigen Fällen gelegentlich schon geduldet wird: dissentierende Meinungen, Bürgerprotest, politische Organisationen außerhalb der Partei, also Ansätze autonomer Selbstorganisation, ist in den Beziehungen zwischen sozialistischen Staaten ausgeschlossen: Die Beziehungen unterliegen einer bleibenden strengen staatlichen Reglementierung. So erlaubt das Außenwirtschaftsmonopol keine autonomen Vernetzungen zwischen den gesellschaftlichen Kräften unterschiedlicher sozialistischer Staaten. Überdies ver-

hindert die Abwesenheit von marktmäßiger Regulierung
einen spontanen Austausch von Gütern und Dienstleistungen nach Gesichtspunkten komparativer Kosten und Vorteile.
Das Ausmaß an Interdependenz zwischen sozialistischen Gesellschaften ist folgerichtig gering. Im Falle der kleineren sozialistischen Gesellschaften ist Zurückhaltung
auch gleichzeitig ein Schutz vor dem "großen Bruder".
Mengenmäßig begrenzte Beziehungen sind insbesondere zwischen den beiden sozialistischen Weltmächten Sowjetunion
und China zu beobachten. Hier verkamen die Beziehungen in
den sechziger und siebziger Jahren zu einem Austausch von
purer Propaganda. Machtrivalitäten kamen ganz unverstellt
zum Ausdruck, und mehrfach drohten kriegerische Auseinandersetzungen. Nicht anders stellt sich die Lage zwischen
China und Vietnam dar, zwischen denen es sogar zu einem
regelrechten, wenngleich kurzen Krieg kam. Inzwischen
haben sich vor allem die sowjetisch-chinesischen Beziehungen entspannt. Ein Prozeß der Normalisierung hat eingesetzt. An die Stelle des Austausches von Invektiven ist
erneut normale Kommunikation über unterschiedliche Interessen getreten.

Der Prozeß der Zivilisation hat also in sozialistischen
Staaten noch eine weite Wegstrecke vor sich: Es geht um
die Emanzipation der Gesellschaft, die Demokratisierung
der politischen Strukturen und die Einführung der Rechtsstaatlichkeit. Zwischen den sozialistischen Gesellschaften
ist die Aufgabenstellung keine geringere: Hier geht es um
die Entwicklung einer funktionalen Arbeitsteilung sowie

die Herausbildung gemeinsamer Institutionen der Konfliktregelung, also um internationale Verregelungen, mit deren Hilfe gewaltsame Konflikte vermieden werden sollen.

Die Probleme sind also elementarer Natur und verlangen zu ihrer Lösung eine erhebliche Umgestaltung (Perestrojka) der bestehenden Strukturen. Nicht Anpassungen am Rande, sondern Änderungen im Kern sind erforderlich. Nur in ihrer Folge wird, aufbauend auf einem hohen Maß an sich selbst regulierenden Interdependenzen, eine sozialistische Staatengemeinschaft neuer Art, d.h. frei von Gewaltdrohungen und Gewalthandlungen, von sich ausschließenden ideologischen Führungsansprüchen und Rüstungskonkurrenz, vorstellbar. Eine solche besteht heute kaum in Ansätzen. Zu ihrer Entfaltung bedarf es einer vertieften Entspannung zwischen China und der Sowjetunion sowie einer erweiterten wirtschaftlichen, technologischen und wissenschaftlichen Kooperation zwischen den sozialistischen Gesellschaften. Zuallererst bedarf es aber einer erfolgreichen Reform im Innern jeder einzelnen sozialistischen Gesellschaft. Realistisch betrachtet, handelt es sich hier nicht um eine Aufgabe von Jahren, sondern von Jahrzehnten.

Von elementarer Natur sind auch die Aufgabenstellungen innerhalb der Dritten Welt. In diesem Ausschnitt des internationalen Systems hat der Zivilisationsprozeß oft noch nicht einmal die Ebene des Territorialstaates erreicht. Das staatliche Monopol legitimer Gewalt ist noch vielfach umstritten. Dieser Sachverhalt wird durch zahlreiche Bürgerkriege und bürgerkriegsähnliche Auseinandersetzungen dokumentiert. Die Territorialstaaten, oft willkürlich zusammengewürfelte Gebilde, bauen meist auf inkohärenten, noch nicht durchstrukturierten Ökonomien auf. Von Volkswirtschaften oder "nationalen Systemen politischer Ökonomie" (F. List) zu sprechen, ist in vielen Fällen immer noch fehl am Platz. Der gesellschaftliche Zusammenhang wird durch ethnische und religiöse Zerklüftungen in Frage gestellt. In diesem Kontext geht es also häufig noch um die anfängliche Konstitution von Staat, Gesellschaft und Ökonomie.

Sind die bestehenden politischen und sozio-ökonomischen Strukturen innerhalb einzelner Staaten der Dritten Welt brüchig und in der Folge gewaltanfällig, so ist die Lage zwischen ihnen keine andere. Hier ist ein erhebliches Konfliktpotential zu diagnostizieren: eine Rüstungskonkurrenz mit konventionellen und in der Tendenz auch mit nuklearen Waffen, die Androhung von Gewalt sowie offene militärische Gewaltanwendung. Da überdies die Interdependenz zwischen den Staaten der Dritten Welt, also in den Süd-Süd-Beziehungen, auch bei unmittelbarer Nachbarschaft gering und in vielen Fällen eine bisher zu vernachlässigende Größe ist, drohen Konflikte leicht gewaltsam zu werden. Wie Jahrhunderte lang in der europäischen Geschichte, finden Machtrivalitäten hier immer noch unverstellt statt, weder von völkerrechtlichen noch von Regeln politischer Klugheit eingehegt. In vieler Hinsicht gleicht die politische Szenerie in der Dritten Welt den für die europäische Geschichte diagnostizierten kleinen und großen "Ausscheidungskämpfen" (N. Elias). In Europa hat es Hunderte von Jahren gedauert, ehe sie durch Strukturveränderungen im Innern der Gesellschaften und zwischen ihnen aufgehoben wurden. In der Dritten Welt werden Jahrzehnte erforderlich sein, ehe sich die Gesellschaften intern konsolidieren und ehe es zu wechselseitigen robusten Verknüpfungen kommt.

In jeder Hinsicht befindet sich also die Dritte Welt in einem sehr frühen Stadium der Verzivilisierung politischer Konflikte. Hilfestellungen von außen könnten hilfreich sein. Bis heute sind aber eher geopolitisch motivierte Interventionen mit konterproduktiven Folgen zu beobachten.

Auch in den Ost-West-Beziehungen ist das Ausmaß an Interdependenz äußerst gering: Wirtschaftliche Vernetzungen sind minimal, wissenschaftlicher und technologischer Austausch sind begrenzt, und die menschlichen Kontakte über die Systemgrenzen hinweg sind spärlich. So liegt eine Struktur vor, in der unvereinbare Interessen unmittelbar aufeinanderstoßen können. Eingedämmt werden sie durch das Risiko einer Eskalation von Konflikten in einem Nuklearkrieg.

Die Verzivilisierung des Ost-West-Konfliktes wird auch in Zukunft von Entspannung, Rüstungskontrolle und verstärkter Kooperation abhängig sein. Anzustreben ist ein sich verdichtendes Interdependenzgeflecht zwischen Ost und West,worin potentiell gewaltträchtige Konflikte in einen friedlichen gesellschaftspolitischen Wettbewerb transformiert werden. Ganz naheliegende Fragen wären zu stellen und gemeinsam zu bearbeiten: Wer produziert effizienter? Wer hat das leistungsfähigere Gesundheits- und Erziehungssystem? Wo werden frühzeitig welche gesellschaftlichen Probleme erfaßt und verarbeitet? Wie sieht es mit der Humanisierung des Arbeitslebens aus?, usf., usf. Auf solche konkreten Politikfelder bezogen ließe sich der Konflikt versachlichen. Das setzt allerdings Schritte in Richtung auf seine Entmilitarisierung voraus. Hierzu muß die jahrzehntelang eingefahrene Rüstungskonkurrenz überwunden werden und Sicherheitspolitik an Prinzipien "gegenseitiger" oder "gemeinsamer" Sicherheit orientiert werden. Man müßte Sicherheitspolitik auf eine Vertrauen schaffende Sicherheitsstruktur ausrichten, in der das Sicherheitsdilemma, wie es in der Regel immer zwischen souveränen Staaten besteht, praktisch abgemildert wäre. Überdies könnte eine Abkopplung der Weltmächte von ihren geopolitischen Machtrivalitäten in der Dritten Welt zur weltpolitischen Einhegung des Ost-West-Konfliktes beitragen.

In den Nord-Süd-Beziehungen besteht eine relativ hohe, aber asymmetrisch gelagerte Interdependenz zwischen den westlichen Industriegesellschaften und der Dritten Welt. Asymmetrisch deshalb, weil in diesen Beziehungen erhebliche Chancenungleichheiten verankert sind. Der Konflikt ist im wesentlichen ein Verteilungskonflikt, eine Auseinandersetzung um unterschiedliche Wohlfahrtschancen. Die heute sichtbare Struktur hat sich in einer jahrzehnte-, oft jahrhundertelangen Geschichte herausgebildet. Ihre Überwindung wird deshalb ein langwieriger Prozeß sein. Wie läßt sich das darin enthaltene Konfliktpotential überwinden? Wie ist Chancengleichheit, Ziel einer Konflikttransformation in diesem Kontext, herstellbar?

Zwei Wege bieten sich an: einmal eine vertiefte Integration der Entwicklungsländer in die Weltwirtschaft, zum anderen ihre relative Entkopplung von der Weltwirtschaft. In beiden Fällen hängt jedoch die Entwicklungschance vor allem von der Entwicklungspoltik ab, die vor Ort betrieben wird. Eine vertiefte Integration kann die bestehenden Asymmetrien akzentuieren, wenn nicht die neuen Chancen für eine breitenwirksame Entwicklung genutzt werden. Bei Abkopplung droht eine sozio-ökonomische Regression, wenn nicht mit neuen Entwicklunganstrengungen die neuen Rahmenbedingungen ausgefüllt werden. Beide Wege sind schwierig, sie können durch Hilfestellungen von außen erleichtert werden. Wichtig ist, daß bisher abhängige Länder durch Gegenmachtbildung an Autonomie gewinnen. Nur so können politische Gegengewichte entstehen. Dabei wären in diesem Zusammenhang Vernetzungen zwischen den Entwicklungsländern wünschenswert, wodurch eine Politik des Vertrauens auf die eigenen Kräfte untermauert werden könnte. Um sie ist es allerdings heute nicht gut bestellt, weil die Dritte Welt in sich uneins ist, wie viele bilaterale und Regionalkonflikte dokumentieren.

Internationale Politik spielt sich schwerpunktmäßig innerhalb der dargelegten Handlungszusammenhänge ab. Sie sind die makropolitischen, makromilitärischen und makroökonomischen Achsen des derzeitigen internationalen Systems. Eine "Verzivilisierung" von internationaler Politik, also der Übergang von gewaltträchtiger Regellosigkeit zu friedlicher Konfliktregelung vermittels institutionalisierter Kooperation, müßte sich in ihnen in der jeweils angedeuteten Richtung vollziehen.

Diese Beobachtung beinhaltet, daß die Menschheit als Kollektiv noch keinen eigenen kohärenten Handlungszusammenhang verkörpert. Auch die vielgehörte Rede von den "wachsenden weltweiten Interdependenzen" oder von einer im Entstehen begriffenen "Weltgesellschaft" kann darüber nicht hinwegtäuschen.

Ohne Zweifel schrumpfen im ganzen internationalen System Entfernungen dank der Schnelligkeit, Reichweite und Preisgünstigkeit moderner Verkehrs- und Übermittlungstechniken. Doch die Wirkungen zunehmenden Tausches und internationaler Kommunikation sind zweischneidig. Tausch und Kommunikation begünstigen die Zentren, die sich in der Regel eng vernetzen, und sie führen zu einer Peripherisierung oder Marginalisierung jener Räume, die dem Außendruck und dem Verdrängungswettbewerb nicht standhalten können. Von diesem Vorgang wird derzeit mehr als die Hälfte der Menschheit betroffen. Als Ergebnis bildet sich im internationalen System ein "internationalisierter Kernbereich" heraus,

in dem der Club der westlichen Industriegesellschaften
mit den verwestlichen Segmenten der Gesellschaften der
Dritten Welt verknüpft ist. Die Kehrseite solcher "Internationalisierung" besteht in sozio-ökonomischer und soziokultureller Zerklüftung der meisten Länder der Dritten
Welt. Diese Zerklüftung ist gleichzeitig die Produktionsstätte für gewaltträchtige Konflikte, die nicht selten
internationale Ausweitungen haben.

Ohne Zweifel ist heute eine informationelle Vernetzung
der Menschheit zu beobachten. Moderne Medien ermöglichen
ohne Verzug und über alle Grenzen hinweg die verläßliche
Übermittlung von Informationen an ein weltweites Massenpublikum. Eliten stehen, wo sie es für erforderlich halten, in ständigem Kontakt miteinander. Aber konstituiert
sich dadurch "Weltgesellschaft"? Oder kommt nicht bestenfalls nur ein vages Zusammengehörigkeitsgefühl zustande?
Werden durch internationale Kommunikation nicht selten
überkommene Vorurteile und Stereotype bekräftigt?

Ohne Zweifel findet eine Art von Selbstbewußtwerdung der
Menschheit statt. Seit den siebziger Jahren haben zahlreiche internationale Konferenzen die drängenden <u>Welt</u>probleme durchleuchtet: das Problem des Bevölkerungswachstums und der Behausung, der Ernährung und der Rohstoffsicherung, des Technologie- und Wissenschaftstransfers,
der Industrialisierung und der Beschäftigung, der Verschuldung und Umwelt, usf. Zur Diskussion standen dabei
nicht die Probleme einzelner Staaten und Regionen, Ethnien

und Kulturräume, sondern die Lage der Menschheit insgesamt.
Doch die Diskrepanz zwischen fundierten Problemanalysen
und der Folgenlosigkeit von Aktionsprogrammen in der internationalen
Politik ist unübersehbar. Das wachsende
Wissen der Menschheit über sich selbst ist brach liegengeblieben
und weithin politisch ungenutzt geblieben.

Die Menschheit ist kein eigener Handlungszusammenhang,
weil das internationale System eine homogene Beziehungsdichte
und eine weltweite Kohärenz nicht kennt. Auch ist
bisher das Instrumentarium für internationale Koordination
und für bereichsspezifische Verregelungen (internationale
Regime) unterentwickelt geblieben. Damit fehlt immer
noch das institutionelle Medium, über das internationale
Politik sich "verzivilisieren" könnte. Aber die Menschheit
ist auch kein eigener Handlungszusammenhang, weil
sich das Leben der meisten Menschen immer noch innerhalb
von nationalstaatlichen Grenzen abspielt. Zwar wurde schon
vor langer Zeit der Nationalstaat für tot erklärt. Aber
in den vergangenen Jahrzehnten ist eher seine Renaissance
und Revitalisierung zu beobachten: Im OECD-Bereich sind
ihm in der Folge aufgefächerter staatlicher Interventionen
in Gesellschaft und Ökonomie neue Funktionen zugewachsen.
In den sogenannten Schwellenländern hat politische Steuerung
im nationalen Rahmen an Durchschlagskraft gewonnen;
ohne sie ist ihr relativer Entwicklungserfolg nicht zu
verstehen. In sozialistischen Ländern ist der nationale
Kontext für Politik bestimmend geblieben; sozialistischer

Internationalismus hat nur noch eine residuale symbolische
Bedeutung. In den Entwicklungsländern gibt es vielfältige
Versuche, neue nationale Handlungszusammenhänge aufzubauen.
Außerhalb der Europäischen Gemeinschaft ist der Regiona-
lismus praktisch überall gescheitert. Politik ist heute
also eher mehr als weniger in nationalen Handlungszusammenhängen verankert. Das macht die Sensibilisierung für
real existierende internationale Probleme so schwierig.

Im übrigen ist weltweit auch die Wissenschaft, trotz hoher
internationaler Mobilität, nationalen Traditionen, Denk-
stilen und "Muttersprachen" verhaftet geblieben. Gerade
in den Wissenschaften wäre am ehesten noch eine kosmopo-
litische Orientierung zu erwarten. Sie müßte sich beispielsweise in global orientierten Fragestellungen und
in einer Fülle komparatistischer Werke dokumentieren. Davon ist wenig zu sehen. Die nationale Selbsteinkapselung
vor allem der Geistes- und Sozialwissenschaften läßt sich
kaum nur als Überbleibsel der Vergangenheit begreifen; sie
ist ein deutliches Indiz für das reale Gewicht, das immer
noch nationalen Kontexten zukommt.

Aber selbst wenn "Weltgesellschaft" real nicht existiert,
kommt der Idee von Weltgesellschaft doch eine programmatische Bedeutung zu. Der Ausgangspunkt der Überlegung
ist dem im Völkerrecht vergleichbar: Auch das Völkerrecht
antizipiert den Zustand gewaltfreier Konfliktregelung und
friedlichen Wandels, ohne zu unterstellen, er sei in der

Wirklichkeit schon vorfindbar. Die programmatische Vorgabe soll wünschenswerte Entwicklungen fördern helfen. Gerade weil die Menschheit kein handelndes Subjekt ist und auch ein solches aller Wahrscheinlichkeit nach nie werden wird, andererseits aber unübersehbare globale Herausforderungen bestehen, ist eine an kollektiven Menschheitsinteressen orientierte Politik dringend geboten, zumindest eine solche Leitidee als konzeptuelles Korrektiv erforderlich.

Zwei Herausforderungen stehen dabei im Vordergrund: die Gefahr eines in seinen Folgen grenzenlosen Nuklearkrieges und die sich zuspitzende Zerrüttung der Biosphäre. Beide Herausforderungen können der internationalen Politik neue, nicht in überkommene Handlungszusammenhänge eingebundene Perspektiven und Impulse vermitteln: Einmal die Idee einer von Kriegen befreiten Welt, zum anderen die Idee ökologischer Sicherheit. Die erste ist ein alter Menschheitstraum, der durch die potentielle Gewalt moderner Massenvernichtungsmittel zu einem praktischen Imperativ geworden ist; die zweite reagiert auf Gefährdungen ganz neuer Natur, die Folgeschäden jedweder Spielart von Industrialismus. Die Abschaffung des Krieges würde den Nerv überkommener internationaler Politik treffen, denn Jahrhunderte lang bewertete sie Kriege als ein legitimes Mittel und ein kalkulierbares Risiko. Ökologische Sicherheit setzt eine Umwertung überkommener Werte voraus: eine Neubestimmung eines ökologieverträglichen Wachstums und eine Relativierung der Bedeutung militärischer Sicherheit. Weder die eine noch die andere Idee motiviert schon in ausreichendem Maße praktische Politik. Aber es mehren sich die Anzeichen, daß Politik sich einem wachsenden internationalen Problemdruck ohne Legitimationsverlust nicht länger entziehen kann. Das schafft heilsame Handlungszwänge in einer derzeit für Innovationen relativ günstigen Konstellation internationaler Politik.

Egbert Jahn

ZUR ZUKUNFT EUROPAS, OSTEUROPAS UND MITTELEUROPAS

HSFK-Report 2/1989

April 1989

INHALT

	Seite
Vorbemerkung	1
1. Einleitung	1
2. Gesellschaftliche Systempolitik	2
3. Sicherheitspolitik	9
4. Bündnispolitik	13
5. Nationale Politik	17
6. Vereinigung europäischer Staaten	24
7. Kommunale Politik	28
Anmerkungen	33

Vorbemerkung

Der vorliegende Report fußt auf einer längeren Studie über die Entstehung und die Hintergründe der Mitteleuropa-Diskussion der achtziger Jahre in Mitteleuropa, Österreich und vor allem in der Bundesrepublik Deutschland. Er stellt die prognostischen Schlußfolgerungen aus der Analyse unterschiedlicher Europa-, Osteuropa- und Mitteleuropabegriffe dar, die seit dem Niedergang des liberal-demokratischen und kommunistischen Universalismus erneut größere politische Relevanz erlangt haben. Diese Schlußfolgerungen sind so abgefaßt, daß sie auch als eigenständiger Text ohne die vorangegangene Analyse der Herkunft und der Belastung historischer Europakonzepte - verständlich sein dürften.

1. Einleitung

Nicht aus jedem Funken wird eine Flamme und ein Flächenbrand, nicht aus jeder politisierenden Geschichtsnostalgie wird ein realisierbares Zukunftsprogramm, und aus den Träumen vom alten Sacrum Imperium Romano-Germanicum oder von neuen Vereinigten Staaten Europas muß kein neuer Großstaat entstehen, weder ein Berlin-zentrierter großdeutscher, noch ein Prag-zentrierter mitteleuropäischer, noch ein Brüssel-zentrierter westeuropäischer, noch gar ein Moskau-zentrierter gesamteuropäischer vom Atlantik bis zum Ural bzw. Pazifik. Dennoch werden die integrativen, unionspolitischen Tendenzen in der zukünftigen Geschichte Europas und seiner Teilregionen eine große Rolle spielen. Neben den integrativen werden aber auch die desintegrativen, nationalen und subnationalen Trends von größter Bedeutung sein. Integrative und desintegrative Tendenzen wirken teils komplementär, teils überlappend, zum Teil widersprechen sie sich auch und rufen heftige Konflikte in und zwischen den Staaten hervor.

Eine Vorhersage der Entwicklung Europas in den nächsten, sagen wir zwei Jahrzehnten im Hinblick auf die Frage, welche Vereinigungskonzepte oder Programme zur Auflösung heute bestehender Staatenvereinigungen und Staatenverbände sich durchsetzen werden, ist nicht möglich. An die Stelle eines Versuches, die für am wahrscheinlichsten gehaltene Entwicklung Europas und seiner Teilregionen zu prognostizieren, soll deshalb eine Einschätzung der wohl wichtigsten sechs politischen Dimensionen der Entwicklung Europas mit ihren integrativen und desintegrativen Trends treten. Diese sechs Dimensionen sind die systempolitische, die sicherheitspolitische, die bündnispolitische, die nationalpolitische, die unionspolitische und die kommunalpolitische. Bei ihrer Darstellung soll jeweils besonders die friedenspolitische Entwicklungsrichtung als eine mögliche, wenn auch nicht immer als die wahrscheinlichste Entwicklungsvariante herausgearbeitet werden.

Europa hat sicherlich nicht nur eine einzige friedenspolitische Option. Verschiedene parteipolitische und nationale Kräfte werden unterschiedliche friedenspolitische Optionen verfolgen. (1) Wenn im folgenden von einer friedenspolitischen Entwicklungsrichtung die Rede ist, soll deshalb ein ganzes Bündel von unterschiedlichen friedenspolitischen Optionen gemeint sein, die in sämtlichen relevanten politischen Parteiungen Europas teils vorhanden sind und sich teils noch entfalten können.

2. Gesellschaftliche Systempolitik

Die systempolitische Dimension der Entwicklung Europas, d.h. das Bestreben, die beiden Wirtschafts- und Sozialordnungen in Europa zu erhalten, zu verändern, zu vermischen oder zu beseitigen, bleibt voraussichtlich noch auf Jahrzehnte die zentrale Frage der Entwicklung Europas. Im westlichen liberal-demokratischen Kapitalismus und im östlichen bürokratischen Sozialismus konkurrieren in allen Staaten Europas im wesentlichen systemspezifisch konservative, reformerische und reformatorische, revolutionäre und konterrevolutionäre Kräfte mit unterschiedlicher Stärke und tragen in verschiedenen nationalen und internationalen Koalitionen ihre Auseinandersetzungen untereinander aus, ohne daß eine dieser Kräfte das Machtmonopol über ganz Europa erringen könnte. Eine systempolitische Vereinheitlichung Europas als unabdingbare Voraussetzung einer staatlichen Einigung ist so gut wie ausgeschlossen. In den meisten Ländern sind die revolutionären und konterrevolutionären Kräfte, die die bestehenden Verhältnisse mit Gewalt umstürzen wollen, zu kleinen Minoritäten am Rande des politischen Spektrums geschmolzen, so daß das Geschehen vor allem durch die konservativen, reformerischen (Teile der etablierten sozialen Schichten und Parteien) und reformatorischen (gewaltlose soziale Bewegungen) Kräfte bestimmt wird.

Europa bleibt also weiterhin ein Ost-West-Europa, ein Europa, das in Staaten und Staatenbündnisse mit unterschiedlicher Gesellschaftsordnung geteilt ist. Auch bisystemare enge Staatenverbindungen, wie sie die Volksrepublik China Hongkong und Taiwan anbietet, bleiben in Europa vorerst noch höchst unwahrscheinlich. Schien in den siebziger Jahren welt- und europapolitisch noch der Kommunismus und Sozialismus in der Offensive, so ist er gegenwärtig recht eindeutig in der Defensive. Dennoch spricht wenig dafür, daß die augenblickliche Offensive marktwirtschaftlicher und liberalisierender Bestrebungen in der VR China, in der

Sowjetunion und mehreren anderen sozialistischen Staaten den vollständigen Übergang dieser Länder ins westliche demokratische und liberal-kapitalistische Gesellschaftssystem eingeleitet hat.

Auch wenn die gegenwärtigen Reformbestrebungen im Osten größere Erfolge zeitigen sollten, werden voraussichtlich wesentliche Systemunterschiede und auch viele Systemgegensätze erhalten bleiben, die im großen und ganzen in friedlichen Formen ausgetragen werden dürften. Der Ost-West-Konflikt wäre dann allerdings kein manichäischer Konflikt zwischen einer guten und einer bösen, einer friedliebenden und kriegslüsternen weltpolitischen Partei mehr, sondern ansatzweise ein zivilisierter Konflikt, in dem die unerläßliche Systemkonkurrenz in ein humanes Interesse an der Kriegsverhütung und der Konfliktmäßigung eingebettet würde. Das wäre längst noch keine Transformation von Außen- und Bündnispolitik in Weltinnenpolitik, jedoch immerhin schon eine Transformation von klassischer souveräner Außenpolitik in eine geregelte, weltpolitisch verantwortliche grenzüberschreitende Interessenpolitik. (2) Ein Abbruch der Reformansätze in Osteuropa hingegen könnte die Spannungen in Europa erneuern oder zumindest den Entspannungsprozeß für einige Zeit stagnieren lassen.

Eine Stabilisierung des östlichen Gesellschaftssystems durch gründliche Reformen könnte sogar den kommunistischen Sozialismus erneut in die weltpolitische Offensive bringen. In jedem Falle erscheint eine baldige Aufhebung des Ost-West-Konflikts durch einen vollständigen Sieg des westlichen oder östlichen Gesellschaftssystems in Europa oder durch eine Konvergenz beider Systeme in einem marktwirtschaftlichen Sozialismus oder in einer sozialistischen Marktwirtschaft, in einer demokratisierten bürokratischen Herrschaftsordnung oder in einer bürokratisierten Demokratie aufgrund der inneren gesellschaftlichen und politischen Dynamik in allen Ländern Europas höchst unwahrscheinlich.

Eine militärische Beendigung des Ost-West-Konflikts durch einen Sieg des Ostens über den Westens oder umgekehrt ist ebenfalls völlig unwahrscheinlich geworden. Zum einen ist der politische Wille auf beiden Seiten zu schwach dazu, vor allem aber wird auch in den kommenden Jahrzehnten die militärische Fähigkeit dazu fehlen, da weder durch einseitige Aufrüstung noch durch einseitige Abrüstung eine hinlängliche militärische Überlegenheit östlicher oder westlicher Streitkräfte entstehen wird, die einer der beiden Systemparteien einen Sieg in Aussicht stellen könnte.

Die demokratisch-liberalen Hoffnungen auf einen baldigen inneren Zusammenbruch des kommunistischen Systems (3) haben sich seit 1917 ebenso als Illusion erwiesen wie die sozialistischen und kommunistischen Erwartungen auf einen baldigen inneren Zusammenbruch des kapitalistischen Systems. (4) Als dann die Entstehung des nuklearen Abschreckungssystems seit dem Ende der fünfziger Jahre auch den politischen Vorstellungen den Boden entzog, die die Schwäche der inneren systempolitischen Opposition jenseits der Systemgrenze durch militärische Hilfe zu kompensieren trachteten, war die historische Voraussetzung für eine dauerhafte Ost-West-Entspannung auf der Grundlage einer vorläufigen wechselseitigen Anerkennung beider Gesellschaftssysteme entstanden. De facto setzte sie – sieht man von ersten Ansätzen der Entspannung in den Jahren 1955-1957 ab, (5) denen noch die letzte und gefährlichste Zuspitzung des Kalten Krieges im Oktober 1962 folgen sollte – 1963 ein und dauert bis heute trotz vorübergehender Spannungszunahme in den Jahren 1980 bis 1985 an. (6) Es besteht eine gute Chance, daß sie auch in den kommenden Jahrzehnten trotz wiederkehrender Verschärfungen der Spannungen andauern wird. Nur ein Überwiegen irrationaler Faktoren, nicht aber rationales machtpolitisches Interessenskalkül, könnte in Europa größere zwischenstaatliche Kriege erzeugen. Die wesentliche Aufgabe kriegsverhütender Politik besteht darin, die Entstehungsbedingungen irrationaler Kriegsbereitschaft zu verringern, ohne erneut Voraussetzungen für ein politisch relevantes Interesse an zwischenstaatlichem Krieg entstehen zu lassen, der zum Sieg des einen über das andere Gesellschaftssystem führen könnte.

Beides, die Enttäuschung der universalistischen Utopien der Weltdemokratie und des Weltkommunismus und das nuklear-konventionelle Abschreckungssystem, hat dazu beigetragen, dauerhafte Entspannung zu ermöglichen. Diplomatisch und ideologisch wurde diese welthistorische Realität im amerikanisch-sowjetischen Koexistenz-Abkommen vom 26. Mai 1972 anerkannt. (7) In Europa unterstrich der Komplex der bundesdeutschen Ostverträge und die Schlußakte der Konferenz von Helsinki über Sicherheit und Zusammenarbeit am 1. August 1975 den Trend zu einer dauerhaften Entspannung.

Westliche Entspannungspolitik und östliche Koexistenzpolitik war in den sechziger und siebziger Jahren jedoch politisch und ideologisch immer noch transitorisch gedacht. Längerfristig erwarteten die dominanten politischen Kräfte in Ost und West den Sieg des eigenen Systems. Entspannungspolitik war in dieser Zeit zwar nicht mehr bloß taktisch wie in früheren Jahrzehnten, aber letztlich doch nur strategisch motiviert. Nachdem Krieg kein rationales politisches Mittel mehr war und die Politik der Stärke ebenfalls gescheitert war, sollte nun der Sieg des eigenen Systems durch Strategien des "Wandels durch Annäherung" bzw. der "friedlichen Koexistenz" errungen werden, die sich kooperativ-subversiver Verfahrensweisen bedienten.

Auch heute dürften noch starke politische Kräfte in Ost und West den heimlichen, gelegentlich auch veröffentlichten Traum eines welthistorischen Endsieges der liberal-kapitalistischen Demokratie über den Kommunismus bzw. des kommunistischen Sozialismus über den Kapitalismus hegen. Die gegenwärtige Krise des ökonomischen und politischen Systems im Osten gibt zur Zeit vor allem den westlichen Hoffnungen auf einen Sieg der kapitalistischen Marktwirtschaft und der pluralistischen Demokratie in Osteuropa erneut Auftrieb. Ein Teil der politischen Kräfte in Ost und West pflegt die Siegideologie des eigenen Systems jedoch nur noch formelhaft-rituell aus innenpolitischen Legimationsgründen. Sie ist nicht mehr Motiv des eigenen Verhaltens. Für sie ist im Grunde die Vorstellung einer zukünftigen weltdemokratischen oder weltkommunistischen Ordnung bereits historisch ausgehöhlte Ideologie. Sie haben sich bereits mit einer dauerhaften bisystemaren Welt abgefunden. Insgeheim haben sie ein demokratisch-kommunistisches Toleranzedikt abgeschlossen, wagen aber noch nicht, öffentlich einen politisch-programmatischen Augsburger gesellschaftspolitischen Frieden zu schließen aus Furcht vor den rechtgläubigen Demokraten und Kommunisten in der eigenen Gesellschaft. An die Stelle der friedlichen Koexistenz konnten somit Ansätze einer zivilisierten systemparallelen Entwicklung oder Koevolution (8) treten. Selbst wenn diese Koevolution völlig asymmetrisch verlaufen sollte, also mit einer vollständigen Durchsetzung der sozial moderierten kapitalistischen Marktwirtschaft und der pluralistischen Demokratie in Osteuropa den Ost-West-Konflikt beenden sollte, so unterschiede sich auch eine solche Entwicklung von den früheren westlichen und demokratischen Perspektiven im Kalten Krieg und in der Entspannung dadurch, daß sie nicht durch inneren Umsturz kommunistischer Herrschaft, sondern durch Konversion wesentlicher Teile der kommunistischen Parteien, wenn nicht gar durch kommunistische Reformpolitik selbst zustande käme.

In Zukunft können sich die Tendenzen zu einem auch politisch-programmatischen und ideologischen Ost-West-Toleranz-Abkommen verstärken, (9) in dem beide Seiten wechselweise ihre Existenzberechtigung als mögliche Ausdrucksformen humaner und vielleicht sogar demokratischer gesellschaftspolitischer Wirklichkeit und Programmatik anerkennen. Dabei würden beide Seiten ihren Alleinvertretungsanspruch auf Humanität, Demokratie und Sozialismus aufgeben und konkurrierende Demokratie- und Sozialismus-Konzepte nur noch mit friedlichen Mitteln durchzusetzen versuchen.

Die Unterschiede und Gegensätze zwischen den Sozialdemokratien des Westens und den kommunistischen Parteien des Ostens werden in Zukunft wohl nicht verschwinden, insgesamt auch nicht völlig auf die Relevanz der Differenzen zwischen Sozialdemokratie und westlich-konservativen oder auch eurokommunistischen Parteien schrumpfen. Sie werden sich aber einer solchen friedlichen, zugleich kooperativen und konfrontativen Parteigegnerschaft, wie sie in und zwischen westlichen pluralistischen Demokratien üblich ist, weiterhin erheblich annähern. Aus der Feindschaft früherer Bürgerkriege und des Kalten Krieges, die liberale Demokraten (einschließlich Sozialdemokraten) und Kommunisten in gegeneinandergestellte Armeen ideell oder real einreihte und die alle pazifistischen, neutralistischen und demokratisch-sozialistischen Zwischenpositionen zerrieb oder ins politische Abseits drängte, würde eine zivilisierte Gegnerschaft, die auf einem neuen systemübergreifenden Konsens des gemeinsamen Bemühens um entmilitarisierte Konfliktaustragung zwischen Ost und West beruht.

Im Zeichen der Überwindung der Ost-West-Konfrontation mag die Tendenz zur Ost-West-Toleranz oft in Parolen wie "gemeinsame Sicherheit" (10) und "Völkerverständigung" bzw. "Völkerversöhnung" oder "Wiedervereinigung der sozialdemokratischen und kommunistischen Arbeiterbewegung" einige Jahre lang ideologisch überhöht werden und von Konvergenzillusionen getragen werden. Diese verschließen die Augen vor der weiterhin bestehenden fundamentalen systempolitischen Gegnerschaft und der Wirklichkeit des weiteren Gegeneinander-Rüstens der beiden "Sicherheitspartner". Aber auf die Dauer wird sich wahrscheinlich ein nüchternes Bewußtsein fortbestehender politischer Systemunterschiede und Systemgegnerschaft, die sich von kriegsträchtiger Systemfeindschaft grundsätzlich unterscheidet, durchsetzen. Die wahrscheinlich unvermeidlichen Rückschläge im sowjetisch-osteuropäischen Reformprozeß werden voraussichtlich der gegenwärtig sich breit machenden ost-westlichen Gemeinschaftsideologie eine Ernüchterung folgen lassen. Friedenspolitisch wäre eine nüchternere Zustandsbeschreibung der gegenwärtigen Ost-West-Annäherungsprozesse ratsam. Sie würde der Gefahr einer partiellen Wiederbelebung von Ost-West-Feindschaft nach eventuellen Rückschlägen des östlichen Reformprozesses vorbeugen.

Da beide Seiten in der Vergangenheit erfahren haben, daß der weltpolitische Opponent die eigenen systempolitischen Krisen und die politisch-moralischen und militärischen Schwächen auszunutzen trachtete, um die internationalen Kräfteverhältnisse, letztlich also die Systemgrenze zu verschieben, ist der bloß strategische Charakter der Koexistenz- und Entspannungspolitik in den sechziger und siebziger Jahren in erster Linie verantwortlich für die Schere zwischen politischer Entspannung und wirtschaftlicher und kultureller Ost-West-Kooperation einerseits und fortgesetzter, wenn auch zunehmend rüstungskontrollpolitisch gesteuerter Aufrüstung andererseits.

Ohne öffentliche und offene politisch-ideologische und programmatische Abrüstung des System-Konflikts kann es keine tiefgreifende materielle Abrüstung geben, allenfalls den Abbau hypertropher Elemente der Rüstungsdynamik (INF-Abkommen, eventuelles START-Abkommen), Rüstungsrecycling (alternative Verwendung der nuklearen Sprengköpfe der Mittelstreckenraketen) und kooperative Aufrüstungssteuerung (SALT I und II). Begrenzte Abrüstungsmaßnahmen, also Rüstungsreduktionen, beeinträchtigen allenfalls sozialpsychologisch und atmosphärisch das Abschreckungssystem, ohne es wirklich ablösen zu können. Ohne politisch-ideologische Abrüstung, d.h. ohne die Aufgabe des weltpolitischen Alleinvertretungsanspruchs der Kommunisten und der westlichen Demokraten für die Interessen der Menschheit und des Weltfriedens, wird weder im Osten noch im Westen eine wirkliche Bereitschaft entstehen, das Risiko einer Abschaffung des konventionellen und nuklearen Abschreckungssystems einzugehen. Denn dieses hat historisch wesentlich zu einer langandauernden Kriegsverhütung und Entspannung trotz wechselseitiger gesellschaftspolitischer Todfeindschaft beigetragen.

Zwar tragen die Rüstungsdynamik selbst sowie die militärisch-industriellen bzw. militärisch-bürokratischen Rüstungskomplexe mit ihren partikularen Interessen in Ost und West erheblich zur Aufrechterhaltung des Ost-West-Antagonismus bei (11), doch können diese sich gesellschaftlich nur so lange durchsetzen, wie die Ost-West-Feindschaft glaubwürdig erscheinen kann. Nicht die Waffensysteme und Rüstungsinteressen schufen die Ost-West-Feindschaft, sondern die Feindschaft erzeugt und reproduziert die Rüstung. Erst der Abbau von Feindschaft kann ernsthafte Bereitschaft zur Abrüstung jenseits propagandistischer oder selbstbetrügerischer Abrüstungsdeklarationen und über periodisches Rüstungsrecycling durch partielle Rüstungsreduktionen und gleichzeitige Rüstungsmodernisierungen entstehen und den Widerstand partikularer Interessen an Rüstung überwinden lassen. Ost-West-Feindschaft kann nicht durch harmonisierende Ost-West-Gemeinschaftsideologie überwunden werden, sondern nur durch den politischen Willen, die militarisierte Ost-West-Feindschaft in eine zivilisierte Ost-West-Gegnerschaft zu transformieren. Wie sähe eine Zivilisierung des Ost-West-Konflikts aus?

Moderne komplexe Gesellschaften erzeugen gesellschaftliche Interessensunterschiede und -gegensätze. Zivilisierung einer Gesellschaft findet deshalb nicht politisch durch Vereinheitlichung und Harmonisierung statt, da eine solche sich nur autoritär oder diktatorisch durch eine überwältigende Staatsmacht herstellen läßt. Eine zivile Gesellschaft ist eine konfliktfähige pluralistische Gesellschaft, die eine Interessenskoordination durch zivilisierte Konfliktaustragung vor allem zwischen konservativen, reformerischen und reformatorischen Kräften ermöglicht. Der

Osten und der Westen könnten unterschiedliche Formen ziviler Vergesellschaftung (12) hervorbringen, wobei beide Grundtypen sich selbst nochmals in national recht verschiedene Formen aufgliedern, die die Bedeutung der Systemgrenze an der Elbe auf Dauer ziemlich bedeutungslos machen könnten. In diesem Rahmen könnten sich z.B. auch spezifische mitteleuropäische demokratische und kulturelle Traditionen in der WVO und im RGW (13) ohne Interventionsgefahr entfalten, wenn auf eine Revision des Staatensystems verzichtet und eine politische Integration der Kommunisten angestrebt wird.

Zivilisierung des Ost-West-Konflikts erlaubt keine Stabilisierung des gesellschaftspolitischen Status quo in Ost und West unter dem Motto "cuius regio eius ordo socialis". Sie führt auch nicht zur Bildung einer konservativen kommunistisch-kapitalistischen Unheiligen Allianz, die gemeinsam systemverändernde Kräfte in beiden Gesellschaftssystemen bekämpft. Zivilisierung des Ost-West-Konflikts erfordert lediglich Verzicht auf Ausnutzung der Systemkrisen auf der anderen Seite, die zum Sturz der dort herrschenden Schichten und Parteien genutzt werden könnten. Bisher wurde zumindest rhetorisch, im begrenzten Maße auch faktisch, die Systemopposition beim Versuch, das bestehende System auf der anderen Seite zu stürzen, ermuntert. Lediglich die extrem hohen Risiken in Europa, dies mit effektiven politischen, ökonomischen und propagandistischen, wenn möglich auch militärischen Mitteln zu tun, hielten den Osten wie den Westen davon ab, massiv auf der anderen Seite zu intervenieren. Dies machte Abschreckung zu einer systempolitischen Notwendigkeit.

Verzicht auf militärische Intervention wurde bereits nolens volens weitgehend im Kalten Krieg geleistet. Darüber hinaus muß auch eine Absage an systemumstürzlerische zivile Intervention (14) erfolgen. Zivilisierung des Ost-West-Konflikts schließt aber nicht die völkerrechtskonforme Unterstützung der systemreformerischen und sogar systemreformatorischen Kräfte jenseits der Systemgrenze aus. Diese wollen die systemkonservativen Kräfte nicht politisch ausschalten, sondern sind bereit, sie in das veränderte System zu integrieren. Revolutionäre und Konterrevolutionäre bedrohen ihre Feinde mit Bürgerkrieg, Galgen und Gefängnis; Reformer und Reformatoren in beiden Systemen drängen ihre Gegner aus herrschenden und regierenden Funktionen allenfalls in eine legale und legitime Opposition, treiben sie schlimmstenfalls in die Pensionierung. Eine Zivilisierung der Gesellschaft ist ohne weitgehenden Verzicht auf Revanche und Bestrafung der Gewalttaten von gestern kaum zu bewirken oder muß auf das Aussterben der Täter und Opfer früherer Verbrechen warten.

3. Sicherheitspolitik

Die sicherheitspolitische Dimension der Entwicklung in Europa enthält drei Probleme des Schutzes vor Krieg und Aggression. (15) Das nach wie vor dominante Sicherheitsproblem in Europa ist die Verhinderung eines Ost-West-Krieges, der lediglich unwahrscheinlich, aber immer noch möglich ist. Er würde nicht nur unvorstellbare Zerstörung anrichten, seine Vorbereitung in Friedenszeiten fordert nach wie vor die größten Rüstungsanstrengungen auf beiden Seiten. Da bilaterale Ost-West-Kriege wie der Koreakrieg oder der Vietnamkrieg in Europa unwahrscheinlich geworden sind, da etwa der Triest-Konflikt zwischen Jugoslawien und Italien auch ohne Krieg gelöst werden konnte, heißt Ost-West-Sicherheitspolitik in erster Linie die Verhütung eines Krieges zwischen den beiden Militärallianzen WVO und NATO.

Der wichtigste Aspekt der Verhütung eines Ost-West-Krieges wurde bereits genannt: Abbau der politisch-ideologischen Zielsetzung, die Länder jenseits der Systemgrenze in das eigene Gesellschaftssystem durch militärische oder nichtmilitärische Einwirkung einzubeziehen. Dies ist die Absage an den herkömmlichen demokratisch-kapitalistischen und kommunistischen Universalismus und an das weltpolitisch imperiale und missionarische Ziel, das eigene System müsse unbedingt europa- und weltweit siegen, und zwar notfalls mit äußerer Unterstützung. Alle Erklärungen auf einen Verzicht des Exports der kapitalistischen Demokratie oder des kommunistischen Sozialismus bleiben jedoch unglaubwürdig, solange eine Veränderung des europa- und weltpolitischen Willens in Ost und West nicht von einer Veränderung der militärischen Fähigkeiten zur imperial-missionarischen Invasion ("Befreiung") und Intervention ("brüderliche Hilfe") begleitet wird.

Umgekehrt werden die gegenwärtigen Bemühungen zur Reduktion der militärischen Interventions- und Besatzungsfähigkeit (16) von WVO und NATO im wesentlichen scheitern, wenn der politisch-ideologische Alleinvertretungsanspruch der westlichen Demokraten und östlichen Kommunisten aufrechterhalten wird. Denn solange diese Ansprüche bestehen bleiben, müssen Rüstungskontroll- und Abrüstungsvorschläge unter dem Verdacht stehen, militärische Überlegenheit durch asymmetrische militärische Schwächung der gegenüberstehenden Militärallianz zu erreichen. "Gemeinsame Sicherheit" bliebe eine ideologische Floskel, die das Streben nach einseitigen militärischen Vorteilen nicht beendet, sondern nur noch geschickter verschleiert. Eine östliche und westliche Politik der wechselseitigen Sicherheit hingegen würde es darauf anlegen, beidseitig die militärischen Defensivkapazitäten und operativ-strategischen Dispositionen zu stärken und die militärischen Offensivkapazitäten abzubauen sowie die Militärdoktrinen entsprechend zu ändern. (17)

Eine solche Politik der wechselseitigen Sicherheit hat nur Aussicht auf Erfolg, wenn WVO und NATO politisch gestärkt und stabilisiert werden. Blocküberwindung würde durch Blockannäherung und Blockkooperation angestrebt, nicht durch Blockauflösung. (18) Die Blockauflösung wäre erst mögliches Ergebnis einer historisch immer engeren Kooperation zwischen WVO und NATO in einigen Jahrzehnten. Die politisch-ideologische Abrüstung des Systemantagonismus ist auch deshalb von größter Bedeutung, weil Bestrebungen zur Herauslösung einzelner Staaten aus der anderen Militärallianz nur den Verdacht nähren können, Neutralisierungsstrategien seien letztlich nur Umwegstrategien zur Erlangung relativer militärischer Vorteile der einen Seite und zur letztendlichen Ausdehnung des Gesellschaftssystems und der Militärallianz, die nicht den Auflösungstendenzen unterliegt. Sie sind außerdem wichtig, weil es keine rein militärisch-technische Lösung des Abbaus von militärischen Invasions- und Interventionskapazitäten gibt. Die Stabilisierung von WVO und NATO ist eine Voraussetzung ihrer inneren, gesellschaftspolitischen Pluralisierung sowie ihrer letztendlichen Abschaffung oder Verschmelzung in einem internationalen Sicherheitssystem nach einigen Jahrzehnten.

"Defensive Verteidigung" läßt sich nicht rein militärisch-technisch und militärisch-organisatorisch bewerkstelligen, sie bedarf auch eines entsprechenden verteidigungspolitischen Willens, einen nicht völlig auszuschließenden Angriffskrieg im eigenen Land abzuwehren, wobei die eigene Zivilbevölkerung das größte Kriegsleid tragen würde, während die Zivilbevölkerung des Aggressors weitgehend davon verschont bliebe. Ohne eine langwierige verteidigungspolitische Umerziehung der Soldaten und der Bevölkerung in Ost und West ist dies nicht möglich. "Defensive Verteidigung" erkauft eine Reduktion der Kriegswahrscheinlichkeit durch Verzicht auf Vergeltungsbereitschaft gegenüber der Zivilbevölkerung des Aggressors, also durch asymmetrische Schadenserhöhung.

Das zweite sicherheitspolitische Problem in Europa ist die Diskrepanz der Sicherheitsinteressen der einzelnen Nationen in den Militärbündnissen. Eine "gemeinsame Sicherheit" gibt es nur in bezug auf einen drohenden total zerstörerischen umfassenden Nuklearkrieg, weil allein er eine gemeinsame Unsicherheit schafft. Da aber ein Krieg in Europa nicht notwendig zum allesvernichtenden Nuklearkrieg eskalieren muß, die Begrenzung eines Ost-West-Krieges auf einen bestimmten Raum und auf einen beschränkten konventionellen oder auch biologischen, chemischen und nuklearen Waffeneinsatz nicht ausgeschlossen werden kann, ist die Sicherheitslage der einzelnen Länder auch im Nuklearzeitalter höchst unterschiedlich, sind die Sicherheitsinteressen nicht einmal im eigenen Militärbündnis gemeinsam, geschweige denn in Ost und West zusammen.

Kleinere Staaten in Europa, seien sie neutral oder Bündnismitglieder, wollen durch die Großmächte militärisch geschützt werden, wenn sie selbst bedroht sind, fürchten aber gleichzeitig die Einbeziehung in militärische Konflikte, in die ihre Bündnisvormacht verwickelt wird und sich selbst aktiv einläßt. Staaten, auf deren Territorium begrenzte Kriege geführt werden, können eher bereit zur Kapitulation oder zum Kompromißfrieden sein, als ihre mächtigen Bündnispartner, denen der Krieg relativ weit geringere Opfer abverlangt.

Die Sicherheitsinteressen der einzelnen Mitglieder der beiden Militärbündnisse und der neutralen Staaten sind aber nicht nur im Krisen- und Kriegsfall möglicherweise höchst verschieden, sondern auch im Falle größerer innenpolitischer Veränderungen in einzelnen Ländern, die sicherheitspolitische Neuorientierungen des jeweiligen Staates zur Folge haben könnten. Das Sicherheitsinteresse der Bündnisvormächte und oft auch anderer Bündnismitglieder an der Aufrechterhaltung des systempolitischen Status quo in allen Ländern des eigenen Systems und Militärbündnisses führte dazu, daß seit 1945 die bündnisinterne Gefahr einer Invasion oder Intervention militärischer oder submilitärischer Art häufiger war als die Gefahr einer politisch-militärischen Intervention und Invasion über die Systemgrenze hinweg.

Seit 1945 haben in Europa nur bündnisinterne Kriege und militärische Interventionen stattgefunden. Sicherheitspolitik in Europa heißt deshalb auch Politik zur Sicherung vor den Bündnisvormächten und den Nachbarstaaten. Vor allem in Osteuropa äußert sich deshalb immer wieder einmal das Verlangen nach einer Überwindung der in Jalta und Potsdam geschaffenen europäischen Hegemonialordnung.

Bündnisinterne Kriege und bewaffnete Konflikte mit der Bündnisvormacht können nur dadurch vermieden werden, daß diese die unterschiedlichen Sicherheitsinteressen und gesellschaftspolitischen Entwicklungen in den anderen Bündnisstaaten zu respektieren lernt und gleichzeitig die Bündnispartner selbst nicht länger aus den historisch entstandenen Gesellschafts- und Bündnissystemen auszubrechen versuchen. Ost-West-Koevolution setzt national differenzierte Koevolution im Osten und im Westen voraus, da eine bündniseinheitliche Synchronisation der Interessen und Entwicklungsrichtungen und Entwicklungsgeschwindigkeiten unrealisierbar ist.

Nationale Sicherheit gegen die Bündnisvormacht kann nicht mehr durch das Erringen militärischer Souveränität und völliger Bündnisfreiheit erzielt werden, die es zum Beispiel einem kommunistisch regierten Portugal erlauben würde, Nuklearmacht zu werden und sich der Warschauer Vertragsorganisation anzuschliessen oder Polen, der NATO beizutreten bzw. sich gemeinsam mit Estland, Lettland und Litauen zu den neutralen Nordischen Staaten zu gesellen.

Die Antithese zur Breschnjew-Doktrin oder einer entsprechenden westlichen Interventionsdoktrin, die eventuell im Falle einer schwerwiegenden westlichen Krise entwickelt werden könnte, wie sie seit 1947 nicht wieder aufgetreten ist, ist nicht die vollständige nationale militärische Souveränität, die lediglich durch völkerrechtlich unlösbare Bindungen eingeschränkt wäre. Seit Beginn der sechziger Jahre kann sich kein Staat auf der Erde mehr mit nationalen militärischen und politischen Mitteln hinreichend sichern. Nationale Sicherheit läßt sich deshalb nicht mehr unbedingt durch die Mehrung nationaler Souveränität (19) und militärischer Stärke und Unabhängigkeit erzielen, sondern nur durch die Anerkennung internationaler sicherheitspolitischer Ungleichgewichte und Interdependenzen, in denen lediglich graduell Sicherheitsrisiken umverteilt und verlagert werden können, ohne sie in den kommenden Jahrzehnten völlig beseitigen zu können. Nicht in der nationalen Umverteilung der unvermeidlich ungleichen Sicherheitsrisiken, sondern in der gesamten ost-westlichen Minderung der Unsicherheitsfaktoren liegt eine europäische Chance.

Seit Beginn der sechziger Jahre und offensichtlich seit SALT I im Jahre 1972 hat mit den USA auch die letzte Nation ihre militärische Souveränität verloren, durch eigene Anstrengungen allein nationale Sicherheit gewährleisten zu können. Dies ermöglichte eine dauerhafte Ost-West-Entspannung, untergrub aber auch gleichzeitig die Abschreckungsgarantie der USA für Westeuropa.

Auf dieses Dilemma gibt es im Prinzip zwei entgegengesetzte, wenn auch in der Praxis durch vielfältige Kompromisse vermittelbare Antworten. Entweder muß Westeuropa selbst hinreichende Verteidigungs- und Abschreckungskapazität gegenüber der WVO aufbauen, so daß den USA nur noch eine Restabschreckungsfunktion überlassen werden muß, oder aber die sowjetisch-osteuropäische militärische Bedrohungskapazität gegenüber Westeuropa wird drastisch verringert. Letzteres wirft aber das unlösbare Problem auf, daß die Sowjetunion nicht gleichzeitig eine schwache Militärmacht gegenüber Westeuropa und ebenso gegenüber Ostasien und eine starke Weltmacht gegenüber den USA sein kann. Die europäische sicherheitspolitische Lage ist deshalb untrennbar mit der weltpolitischen sicherheitspolitischen Lage, zunehmend auch mit der ostasiatischen verknüpft. Die abrüstungs- und rüstungskontrollpolitischen Optionen in Europa sind äußerst begrenzt, wenn sie nicht gleichzeitig in asienpolitische und weltpolitische eingebettet sind. Ein Grund dafür liegt darin, daß Europa eigentlich kein Kontinent, sondern lediglich der Appendix des asiatischen Kontinents ist, (20) und daß die Sowjetunion nicht nur eine europäische, sondern auch eine asiatische Großmacht und außerdem seit wenigen Jahrzehnten auch eine Weltmacht ist. Das macht ein rein europäisches sicherheitspolitisches Gleichgewicht und eine rein europäische Sicherheitsordnung unmöglich. Die Behauptung, daß Europa ein Kontinent sei, ist ein Relikt einer eurozentrischen Welt des Kolonialzeitalters.

Klassische Sicherheitspolitik ist als nationale oder multinational verbündete Sicherheitspolitik gegen vermutliche oder potentielle Aggressionspolitik von außen gerichtet. In diesem Sinn war bisher von bündnisexterner und bündnisinterner Sicherheitspolitik die Rede. Im letzten Jahrzehnt ist ein dritter sicherheitspolitischer Problembereich bewußt geworden. Selbst wenn vermutlich in den nächsten Jahrzehnten keine ernsthaften Aggressionsabsichten im Osten oder Westen entstehen oder wieder auftauchen sollten, so enthält das gegenwärtige internationale Militär- und Abschreckungssystem noch eine weitere Gefahr, nämlich die Gefahr der Eskalation lokal-regionaler Konflikte und die Entstehung sogenannter Kriege aus Versehen infolge menschlichen oder militär-technischen Versagens. (21)

Selbst wenn beide Seiten nur zum Verteidigungskrieg, nicht zum Aggressionskrieg bereit sind, so können doch Situationen entstehen, in denen sie sich aus vielen berechtigten Gründen als Verteidiger verstehen werden, die eine Seite als der Verteidiger des Status quo, die andere Seite als der Verteidiger legaler und legitimer Veränderungen des Status quo. Aber auch durch technische Fehler und menschliche Fehlleistungen können militärische Verteidigungsmaßnahmen ausgelöst werden, die auf der anderen Seite wiederum als Aggression wahrgenommen werden und ihrerseits mit Verteidigungsaktionen beantwortet werden.

Gemeinsames ost-westliches Krisenmanagement in lokal-regionalen Konflikten, Entspannungspolitik als Verringerung der Wahrscheinlichkeit, katastrophale Fehlleistungen im Militärsystem als Aggression mißzuverstehen und die Reduktion von militärischen Invasions- und Interventionskapazitäten können die Möglichkeit eines wechselseitigen Verteidigungskrieges drastisch verringern.

4. Bündnispolitik

Die bündnispolitische Dimension der Entwicklung Europas ist seit 1945 von vielfältigen Ideen zur Reorganisation der Bündnisse begleitet gewesen. Zweifellos wird der Status quo durch überwiegend friedliche Politik begünstigt, weil kontroverse Interessen selten zur hinreichend durchsetzungsfähigen, das heißt in einer demokratischen oder föderativen Struktur mehrheitsfähigen oder gar konsensualen Veränderung des Status quo koordiniert werden können. Weder Staaten noch Bündnisse zerfallen in der Regel friedlich.

Solange ein größerer Krieg in Europa trotz aller nationalen und Ost-West-Spannungen unwahrscheinlich bleibt, ist auch eine umfassendere territoriale Umgestaltung Europas ausgeschlossen. Ohne Krieg bleiben die Staatsgrenzen, wie sie im wesentlichen in den Pariser Vorortverträgen festgelegt und in Jalta und Potsdam modifiziert worden sind, höchstwahrscheinlich stabil. Kaum weniger stabil dürften die im Kalten Krieg entstandenen Bündnisse sein trotz aller immer wieder auftretenden Bündniskrisen. Zudem bleiben Bündniserweiterungen wahrscheinlicher als Bündnisschrumpfungen oder Bündnisneugründungen.

Seit 1945 hat sich jedoch die politische Bedeutung der Staats- und Bündnisgrenzen in dreierlei Hinsicht gewandelt, zum einen durch die Veränderung der sicherheitspolitischen Situation, zum anderen durch den Wandel der gesellschaftspolitischen Strukturen innerhalb der Staaten und Bündnisse und zum dritten - vermittelt mit dem inneren Strukturwandel - durch integrative und desintegrative Prozesse im Staatensystem, die den Nationalstaat und den Nationalismus teils restaurieren, teils transzendieren.

Da in Europa auf unabsehbare Zeit der Ost-West-Konflikt weiterhin als gesellschafts- und systempolitischer Konflikt zentraler Bestimmungsfaktor der Entwicklung bleibt, werden weder die Militär- noch die Wirtschaftsbündnisse des Ostens und Westens aufgelöst oder verschmolzen. Auch die beiden Weltmächte bleiben dadurch politisch, militärisch und ökonomisch im Westen und in der Mitte Europas präsent. Umgekehrt tragen die Interessen der Weltmächte unabhängig von ihrer gesellschaftspolitischen Verschiedenheit sowie diejenigen der Bündnisorganisationen zur Aufrechterhaltung des gesellschafts- und systempolitischen Konflikts bei, ohne ihre entscheidende Ursache zu sein oder zu werden.

Auch wenn ein kontinuierlicher, linearer Entspannungsprozeß in den nächsten - sagen wir zwei - Jahrzehnten unwahrscheinlich bleibt, also vorübergehende Ost-West-Spannungsphasen nicht ausgeschlossen werden können, ohne daß sie wirklich zu neuerlichen Kalten Kriegen eskalieren, (22) besteht eine Chance, daß sich der Gegensatz zwischen NATO und WVO weiter abschwächt. Vertrauensbildende militärische Maßnahmen und Rüstungskontrolle können die Ost-West-Konfrontation verringern, ohne die wechselseitige Bedrohung gänzlich zu beseitigen. Vermutlich werden die westeuropäischen integrativen Prozesse innerhalb der NATO und in der Westeuropäischen Union anhalten. In Osteuropa bleibt die WVO die politisch zentrale integrative Institution. Gleichzeitige desintegrative Tendenzen werden kaum zu Austritten aus den Militärbündnissen führen, eher zu Pluralisierungstrends und schwierigerer politischer Koordination in ihnen, die dazu beitragen, sie für Angriffszwecke untauglich zu machen. Friedenspolitisch wäre es durchaus sinnvoll, immer mehr auch nichtdeutsche Truppen der NATO und der WVO zu unterstellen, um sie der Disposition für nationale Aggressions- und Interventionspolitik zu entziehen und internationaler Kontrolle zu unterstellen. Allerdings dürften die nationalen militärischen Souveränitätsvorbehalte eine solche Friedenspolitik auf unabsehbare Zeit unrealisierbar erscheinen lassen.

Im Zusammenhang damit ist eine intensivere ökonomische, kulturelle, ökologische und sonstige Kommunikation über die Ost-West-Grenze zu sehen, die auch auf der institutionellen Ebene die wirtschaftspolitische Zweiteilung Europas in reine westlich-kapitalistische und östlich-sozialistische relativieren wird, ohne sie gänzlich aufzuheben. EG und RGW bleiben wohl noch längere Zeit systemspezifische Organisationen mit enger politischer Bindung an NATO und WVO. Eine Auflösung des RGW und eine Osterweiterung der EG zur Bildung eines ökonomischen Fundaments für ein "gemeinsames Haus Europa" (23) in den kommenden zwei bis drei Jahrzehnten bleibt eher unwahrscheinlich. Nicht ohne Komplikationen käme selbst eine Integration der neutralen Staaten in die EG bzw. den RGW zustande. Ein erfolgreicher Reformprozeß in Osteuropa (24) würde auch eine Reformierung des RGW im Sinne einer ökonomischeren Leistungs- und Integrationsfähigkeit zur Folge haben. Der begrenzt bleibende gesamteuropäische Trend wird eher zugunsten einer vollständigeren Globalisierung einiger anderer Institutionen wie der Weltbank, des Internationalen Währungsfonds, des GATT, der OECD und vieler UN-Sonderorganisationen führen, vielleicht aber auch zur Schaffung neuer spezifischer Organisationsformen für die Kooperation zwischen EG, RGW und der neutralen Staaten oder zu einer gewissen Vitalisierung der europäischen Regionalorganisation der Vereinten Nationen ECE.

Schwerwiegende politische und ökonomische Interessen in Europa wie Außereuropa sprechen dagegen, daß die teilweise Überwindung der nationalen Grenzen und der Systemgrenze in Europa eine Abschottung West- und Gesamteuropas von den USA, Ostasien und den AKP-Staaten zur Folge haben werden, obwohl sie das Gewicht der europäischen Aussengrenzen relativ vergrößern werden, wenn nicht die innereuropäischen integrativen Tendenzen in weltweite integrative Tendenzen eingebettet werden sollten. Die ideologischen Überhöhungen der Problemstellungen, die in Schlagwörtern wie "gemeinsames Haus Europa" oder "Festung (West-)Europa" ausgedrückt werden, sollten nicht übersehen lassen, daß es in Wirklichkeit nicht um absolute Alternativen - etwa zwischen nordatlantischer bzw. gesamtwestlicher (Westeuropa, USA, Japan, etc.) oder gesamteuropäischer Integration -, sondern um relative Gewichtsverlagerungen im internationalen Weltsystem geht.

Das Verhältnis zwischen westeuropäischer und gesamteuropäischer Integration (25) wird vor allem durch den Erfolg bzw. Mißerfolg sowie die Reichweite der gesellschaftlichen Reformprozesse in der Sowjetunion und in ganz Osteuropa bestimmt werden. Je intensiver die marktwirtschaftliche Umgestaltung und die außenwirtschaftliche Entwicklung im Osten Europas sein werden, desto geringer wird der Anreiz zur Bildung einer engen westeuropäischen politischen und militärischen, letztlich auch wirtschaftlichen Einheit Westeuropas sein. Der Reformprozeß im östlichen Europa begünstigt eine gesamteuropäische Pluralisierung, die Herausbildung neuer gesamteuropäischer Strukturen und gleichzeitig auch nationaler und subkontinentaler partikularer Identitäten. Damit würde auch die Alternative westeuropäische oder nordatlantische Integration wieder stärker relativiert, könnten die amerikanisch-westeuropäischen und auch die japanisch-westeuropäischen Differenzen gemildert werden. Die Überwindung des herkömmlichen Ethnonationalismus von Albanien bis Zypern durch irgendeinen Euronationalismus wäre kein Fortschritt zu zivilisierten internationalen Beziehungen, sondern lediglich zu einer potentiell moderneren Form der Barbarei zwischen kontinental-rassischen Oberstaaten und politischen Bewegungen.

Die westeuropäische Identität wird eine unter vielen anderen in Europa bleiben, teils relativiert durch nationale und regionale Identitäten (beispielsweise Benelux, Iberoeuropa, Nordische Staaten), teils transzendiert durch die östliche und westliche Staaten einbeziehenden Identitäten wie die gesamtdeutsche, nordmitteleuropäische, südmitteleuropäische, österreichisch-ungarische, baltische, balkanföderative. Diese auf subkontinentaler Nachbarschaft beruhenden Identitäten überlappen und widersprechen sich zum Teil mit meerzentrierten Identitäten wie der mediterranen, die gleichzeitig europäisch-afrikanische Differenzen zu relativieren vermag, sowie der baltischen um die Ostsee herum, oder auch der hochnordatlantischen (Grönland, Island, Faröer, etc.).

Da die Staaten und Völker sich nicht für ein Entweder-Oder entscheiden müssen, kann unter der Bedingung weiterhin erfolgreicher Kriegsverhütung die Komplexität der partikularen Identitäten in Europa weiterhin zunehmen und die systempolitische westliche und östliche Identität weiterhin relativiert werden. Dänemark z.B. muß sich dann weiterhin nicht für Mitteleuropa und die EG oder für die Nordische Einheit entscheiden; Ungarn nicht für dieses oder jenes Mitteleuropa oder für den RGW; Österreich nicht für Westeuropa oder für Mitteleuropa; die Bundesrepublik Deutschland nicht für die Westintegration oder für die intensive Kooperation mit der DDR; Italien nicht für Westeuropa oder für intensivere Beziehungen zu Nordafrika; die Türkei nicht für Europa oder für Asien; Großbritannien nicht für Europa oder für die besonderen Beziehungen mit den USA oder mit den Commonwealth-Ländern. Europäische Uneindeutigkeiten können weltpolitisch und friedenspolitisch nur erwünscht sein. Nur ein Krieg oder auch ein Kalter Krieg macht eindeutige Grenzen erforderlich, die die Funktion von Fronten erfüllen.

5. Nationale Politik

Die Fortsetzung des ost-westlichen Entspannungsprozesses wird auch die nationalpolitische Dimension der Entwicklung Europas verstärken. Außer der Abschwächung des Ost-West-Konflikts und der Differenzierung der sicherheitspolitischen Interessenslagen wird auch die Verschärfung krisenhafter wirtschaftlicher Entwicklungen im Westen wie auch im Osten nationalstaatlichen Interessen und nationalistischen Bestrebungen Vorschub leisten, die vermutlich kaum die bestehenden Staatenbündnisse oder gar Vielvölkerstaaten sprengen können oder wollen. Auch in den USA und in der UdSSR wird die Auswegslosigkeit des herkömmlichen imperial-missionarischen Universalismus den amerikanischen und sowjetischen bzw. russischen Nationalismus intensivieren und in der Wirtschaft immer wieder protektionistische Bestrebungen hervorrufen. Der wachsende Staats- und Ethnonationalismus (26) wird also vornehmlich die Tendenzen zur nationalen gesellschaftspolitischen und bündnispolitischen Pluralisierung im Osten wie im Westen unterstützen.

Die nationalen Varianten des kommunistischen Sozialismus und des liberal-demokratischen Kapitalismus werden zunehmen. Nicht auszuschließen sind dabei auch neuerliche Versuche, kapitalistisch-sozialistische und demokratisch-sozialistische nationale Mischformen der Gesellschaftssysteme zu entwickeln wie bisher schon in Jugoslawien. Dies gilt vor allem für die Mitte Europas und die Länder mit starken sozialdemokratischen und einflußreichen eurokommunistischen Parteien. Nicht außer acht können auch Trends zur sozialnationalistischen (27) Regression wie jüngst in Rumänien, Armenien und Aserbeidschan, minderheitlich auch in Frankreich, Italien und vielen anderen westeuropäischen Ländern bleiben.

In der Sowjetunion ist die soziale Reform unauflöslich mit einer nationalen Reform verbunden, die einen echten internationalen Föderalismus in der Sowjetunion anstelle des bisherigen russozentrischen Scheinföderalismus verwirklicht und gleichzeitig das östliche Bündnissystem pluralisiert, um den einzelnen Nationen größere innere und äußere Autonomie im Rahmen der UdSSR, der WVO und des RGW zu verleihen. Die Umgestaltungsbemühungen in der Sowjetunion und ihrem Bündnissystem werden gleichzeitig durch sehr starke nationale, separatistische und russisch-sowjetische zentralistische Bestrebungen bekämpft, können sogar für längere Zeit von ihnen vereitelt werden.

Friedenspolitisch optimal wäre es, wenn die Nichtrussen in der Sowjetunion und in Osteuropa nationale Emanzipation nicht über den Umweg nationaler Souveränität suchten, sondern direkt nationale Autonomie im Rahmen der bestehenden sowjetischen, osteuropäischen und gesamteuropäischen Assoziationsformen suchten. Dies kann nur gelingen, wenn sich die Russen im großen und ganzen gleichzeitig von ihren despotisch-imperialen Traditionen und die Nichtrussen in der Sowjetunion und Osteuropa von ihrem kompromißlosen Antirussismus emanzipieren können. Nur in diesem Falle kann sich auch Westeuropa von seinem hochmilitarisierten Antikommunismus und Antisowjetismus lösen. Umgekehrt war und ist aber auch die Reduktion der politischen und militärischen, der tatsächlichen oder auch nur scheinbaren Bedrohung der Sowjetunion durch den Westen eine Konstitutionsbedingung der Emanzipationsprozesse im östlichen Europa in den letzten 25 Jahren gewesen und wird dies auch bleiben. Andererseits kann mangelnder westeuropäischer Wille zur militärischen und/oder nichtmilitärischen Verteidigung seiner Freiheiten, ohne diese Freiheiten nach Osteuropa durch Zwang exportieren zu wollen, nur die despotisch-imperialen Neigungen in der Sowjetunion ermutigen. Zwischen Friedenspolitik und Appeasement-Politik bleibt ein ganz erheblicher Unterschied.

Im friedenspolitisch optimalen Falle steht also in Osteuropa die Umwandlung der russozentrisch erzwungenen Assoziation in der Sowjetunion und im sowjetischen Bündnissystem in eine freiwillige Assoziation gleichberechtigter Nationen auf der politischen Tagesordnung der kommenden Jahrzehnte. Am wahrscheinlichsten dürfte jedoch sein, daß die Entwicklung im östlichen Europa in den nächsten Jahrzehnten durch konterreformerische, restaurativ-zentralistische Rückschläge und durch reformerische Teilerfolge geprägt sein wird. Die fatale Konsequenz eines Sieges der Konterreformer in den kommunistischen Parteien Osteuropas dürfte die Stärkung unversöhnlicher und militanter bis kriegerischer sozialnationalistischer Tendenzen unter Nichtrussen und Russen gleicherweise sein. Eine völlige Pluralisierung oder gar Auflösung des kommunistischen und sowjetischen Herrschaftssystems ist hingegen ziemlich unwahrscheinlich trotz aller Krisen, die es erschüttern könnten.

Sollte sich die Konterreform und damit auch die sozialnationalistische Regression in Osteuropa durchsetzen, so bliebe dies nicht ohne bestätigende Rückwirkung auf nationalistische oder westeuropäische Militarisierungstendenzen im Westen.

Grundsätzlich kann sich im Westen Europas der Nationalismus im Rahmen der gegebenen pluralistischen Strukturen einerseits leichter entfalten und den supranationalen Tendenzen entgegenwirken, andererseits wird er auch weniger durch zentralistische und hegemoniale Strukturen provoziert und gestärkt. Insofern ist eine weitere Überwindung des Nationalismus in Westeuropa durch freiwillige Assoziation der Nationen nicht unmöglich, wenn nicht wirtschaftliche krisenhafte Entwicklungen die nationalen Gegensätze und den Ruf nach ethnischem und nationalstaatlichem Protektionismus gefährlich stimulieren. Das eigentliche Problem Westeuropas und der NATO ist die Demokratisierung der supranationalen Institutionen, weniger ihre häufig beschworenen Auflösungserscheinungen.

Insgesamt dürften im immer noch stark dezentralisierten Westen Europas eher die integrativen, im hochzentralisierten Osten hingegen eher die desintegrativen Tendenzen vorherrschen.

Das Grundthema der internationalen Assoziation, die gleichzeitig nationale (und subnationale) Autonomie und die Relativierung nationaler Souveränität durch europäische und global-humane politische Instanzen durch ständig sich wandelnde Verknüpfungsformen zu verwirklichen trachtet, ist in Westeuropa und Osteuropa dasselbe. Während jedoch in Westeuropa internationale Assoziation aufgrund westlicher Traditionen mühsam, aber desto stabiler "von unten" entsteht, so muß sie sich in Osteuropa offenbar durch viel schmerzhaftere Brüche mit der Tradition russisch-sowjetischer Hegemonie "von oben" durchsetzen.

Europa steht nicht nur vor der Alternative Status quo oder Demokratisierung des Ostens wie auch des Westens. Die sozialnationalistische Regression, die die nationale ökonomische, politische, militärische und geistige Abschottung im Namen "nationaler Selbstbestimmung" und "Souveränität" nach außen betreibt, bleibt nach wie vor eine - unter friedenspolitischen Gesichtspunkten - bedrohliche Entwicklungsmöglichkeit.

Von großer Bedeutung für die Zukunft Europas bleibt auch der Umgang der Deutschen und der Nichtdeutschen mit der deutschen Frage. Radikale Versuche zur Veränderung der Staatenstruktur und der europäischen Sicherheitslage, wie sie etwa ein ernsthaftes und aktives, nicht nur das praktisch bisher zur Rhetorik verurteilte Bemühen um eine friedliche Vereinigung der beiden deutschen Staaten oder gar der Wiederherstellung des Deutschen Reiches in den Grenzen von 1937 darstellen würde, wären mit dem für Deutsche und Nichtdeutsche untragbaren Risiko kriegsträchtiger Spannungen verknüpft. Friedliche deutsche Wiedervereinigung heißt in den Augen der deutschen Nachbarvölker vor allem Wiedervereinigung der Bundeswehr und Nationalen Volksarmee, die Herstellung einer recht großen Wirtschafts- und Militärmacht, die sich durch keinerlei neutralistische oder pazifistische Verkleidung in eine zweite Schweiz oder ein zweites Finnland verwandeln ließe. Deutschland kann nicht die Rolle eines abgerüsteten Großliechtensteins spielen. Nach den Erfahrungen mit der Weimarer Hunderttausend-Mann-Armee unterliegen selbst pazifistische Entwicklungen in Deutschland dem Verdacht, lediglich Übergangsstrategien oder unbeabsichtigte Übergangserscheinungen zur politischen Herauslösung Deutschlands aus dem Osten und dem Westen zu sein, um später den Wiederaufstieg zu einer militärisch starken europäischen Mittelmacht oder zur mitteleuropäischen Großmacht in die Wege zu leiten. Deutsch-nationaler Pazifismus könnte ein historisches Vehikel erst der Wiedervereinigung, dann der Wiederaufrüstung zur Großmacht sein.

Vor Jahrzehnten hatte das Verlangen nach einem Nationalstaat in einer kleinstaatlich zersplitterten Mitte Europas außer vielen anderen Gründen auch einen sicherheitspolitischen Sinn für die Deutschen und Italiener ebenso wie für die Völker, die keinen eigenen Staat mehr hatten oder noch nie besaßen. Heute könnte kein deutscher Nationalstaat mehr, in welchen Grenzen und mit welchen Deutschen auch immer, die Sicherheit der Deutschen vor Krieg oder Aggression vergrößern. Nicht nur ein gewaltsamer, selbst ein friedlicher Versuch zur Herstellung eines deutschen Nationalstaats - bloß durch die Wahrnehmung des Selbstbestimmungsrechtes im Sinne eines national-staatlichen Vereinigungsrechtes - würde die Sicherheit der Deutschen voraussichtlich beträchtlich verringern, wenn nicht ihre Existenz überhaupt gefährden.

Nationales Selbstbestimmungsrecht enthält keine Pflicht zum Nationalstaat. Nationale Selbstbestimmung der Deutschen kann auch heißen, daß sie das Recht auf zwei oder mehr deutsche Staaten wahrnehmen, in denen ihre Sicherheit besser gewährleistet ist als bei einem Versuch, einen deutschen Nationalstaat zu schaffen. Nationale Einheit kann auch durch nationale Vergesellschaftung über bestehende Staatsgrenzen hinweg erlangt werden; nationale Verstaatlichung ist dann nicht erforderlich.

In tausend Jahren deutscher Geschichte von 843 bis heute hat es nur sechs Monate einen deutschen Nationalstaat gegeben, vom September 1938 bis zum März 1939. Davor und danach waren deutsche Großstaaten immer Imperialstaaten, und zwar auch im Zeitalter des demokratischen und undemokratischen Nationalismus. 1848/49 war die deutsche nationale Demokratie zu schwach gegenüber dynastischen und auch populären Reichsinteressen an einer Aufrechterhaltung deutscher Herrschaft über Nichtdeutsche; 1918 war sie zu schwach gegenüber ausländischen Interessen an der Verhinderung eines deutschen Nationalstaates, weil er unvermeidlich eine Großmacht gewesen wäre.

Die Angst der Nichtdeutschen vor einem deutschen Nationalstaat ist eine harte politische Realität, selbst wenn die Entwicklung des deutschen politischen Bewußtseins nach 1945 real keine ernsthafte Gefahr deutscher imperialer Neigungen zur Revision der ethnischen Strukturen im ehemaligen Ostdeutschland und Sudetenland und zur Herrschaft über nichtdeutsche Völker aufkommen lassen sollte. Selbst die Perspektive einer nichtimperialen kleindeutschen kapitalistisch-demokratischen Wirtschaftsmacht in der Mitte Europas ließe sich nur gegen erheblichen Widerstand der deutschen Nachbarvölker durchsetzen, auf demokratische und friedliche Weise kaum. Ohne sozialnationalistische Militarisierung Deutschlands läßt sich kein deutscher Nationalstaat mehr politisch durchsetzen.

Nach 1945 war die Verkleinerung und Teilung Deutschlands nicht nur eine Folge und sekundär auch Mitursache des Ost-West-Konflikts; der Ost-West-Konflikt diente auch als willkommener Vorwand, keine deutsche Großmacht mehr entstehen zu lassen. Alle deutschen Versuche, einen kleindeutschen Nationalstaat auf dem Territorium der heutigen Bundesrepublik Deutschland und der Deutschen Demokratischen Republik durch pazifistische oder bewaffnete Neutralitätspolitik zu errichten, scheiterte nicht nur an der Besatzungspolitik der Siegermächte, sondern auch an der Stärke des gesellschaftspolitischen Antagonismus in der deutschen Gesellschaft selbst.

Die Entspannungspolitik hat die deutsche Frage wieder eröffnet. Je mehr der militärpolitische Antagonismus zwischen Ost und West schwindet und gleichzeitig die konvergenz- und toleranzpolitischen Tendenzen zunehmen, um so mehr werden erneut Hoffnungen und Befürchtungen bezüglich eines zukünftigen deutschen Nationalstaates als größerer Macht virulent. Da weder Deutsche noch Nichtdeutsche Interesse an einer Aufrechterhaltung von größeren Spannungen haben, um besser die deutsche Teilung legitimieren zu können, erfordert die Perspektive weiterer Ost-West-Annäherung und engerer Ost-West-Kooperation neue deutsche und nichtdeutsche Antworten auf die wieder eröffnete deutsche Frage als einer zentralen Frage der Zukunft Mittel- und Gesamteuropas. (28)

Auch in Zukunft wird es voraussichtlich nicht zum Anschluß einer kommunistisch umgestalteten BRD an die DDR oder einer kapitalistisch restaurierten DDR an die BRD kommen, da dies die internationalen Kräfteverhältnisse bedeutsam verschieben würde. Ansätze zu einer bisystemaren Deutschlandpolitik - konföderative oder gar föderative Vereinigung zweier deutscher Staaten mit verschiedenem Gesellschaftssystem - analog der chinesischen Wiedervereinigungstrategie gibt es bislang nicht. Wiederbelebte Bestrebungen, durch pazifistische oder schwach bewaffnete, demokratisch-kapitalistische Neutralität zu einem gesamtdeutschen Staat zu gelangen, werden wie in den vierziger und fünfziger Jahren als drohende Veränderung des sicherheitspolitischen Gleichgewichts zugunsten der Sowjetunion begriffen. Sollten die Deutschen versuchen, im Dissens mit ihren Nachbarvölkern aus WVO und NATO auszuscheiden, würden die Siegermächte des Zweiten Weltkrieges nach den Erfahrungen mit der Weimarer Republik vermutlich versuchen, die vertraglichen und politischen Souveränitätseinschränkungen beider deutscher Staaten zu reaktivieren.

Könnte wider Erwarten die staatliche und demzufolge auch militärische Einigung Deutschlands dennoch durchgesetzt werden, so hätte dies entweder die Auflösung der Rest-NATO oder ihre stärkere Integration und Aufrüstung zur Folge. Die Ost-West-Konfrontation würde sich in neuer Konstellation erheblich verschärft erneuern. Ein stark bewaffnetes Gesamtdeutschland hingegen könnte nur mit Gewalt gegen das in der deutschen imperialen Geschichte tief verwurzelte Mißtrauen der deutschen Nachbarstaaten durchgesetzt werden, würde unvermeidlich Assoziationen zur Vorgeschichte des März 1939 wecken, die ideologisch im Namen der Ausübung des nationalen Selbstbestimmungsrechts ablief. Wie auch immer, jede Variante eines deutschen Nationalstaates, selbst die eines kleindeutschen Nationalstaates in den Grenzen der BRD und DDR, könnte in den kommenden Jahrzehnten die Sicherheit der Deutschen vor Krieg und militärischer Intervention empfindlich verringern und gefährden, ja sogar unmittelbar in einen Krieg führen.

In einem zivilisierten Europa, in dem bereits heute oder 1992 die bundesdeutsch-niederländischen oder gar die bundesdeutsch-österreichischen Grenzen annähernd die qualitative Bedeutung oder Bedeutungslosigkeit erlangt haben wie die bayrisch-hessischen Grenzen, wird Entspannungspolitik auch die Systemgrenze in Deutschland und Europa durch beharrliche friedliche Kleinarbeit auf den Standard der gegenwärtigen bundesdeutsch-niederländischen Grenze bringen. Das Postulat des bundesdeutschen Verfassungsgerichts, daß die thüringisch-hessische Grenze rechtlich keine andere Qualität haben soll als die bayrisch-hessische läßt sich nur durch jahrzehntelange beharrliche Friedens- und Entspannungspolitik auf dem Wege über die Anerkennung der Zweistaatlichkeit gesellschaftlich und politisch realisieren. Irgendwann zwischendurch könnten Mauer und Stacheldraht an der Systemgrenze stückchenweise an Touristen verhökert und Museen übereignet werden, sobald die Deutschen es gelernt haben, mit dem gesellschafts- und systempolitischen Konflikt in Deutschland selbst friedenspolitisch umzugehen. Die gegenwärtige Streitfrage, ob das gesamtdeutsche Nationalbewußtsein in hundert Jahren noch nach der von den Polen aus einem anderen Jahrhundert geborgten Devise "Noch ist Deutschland nicht verloren" existieren wird, ob es einem BRD- und DDR-Nationalbewußtsein oder einem mitteleuropäischen oder gesamteuropäischen Nationalbewußtsein gewichen sein könnte, würde im Falle einer friedlichen Zukunft Europas zu einer scholastischen Frage werden.

Das bayrische Nationalbewußtsein hat sich bereits weitgehend zu einem folkloristischen Bewußtsein in Europa entwickelt. Weshalb könnte nicht jeglichem deutschen Nationalbewußtsein in fünfzig oder hundert Jahren dasselbe folkloristische Schicksal blühen? Nicht auf die Existenz Deutschlands als Staat kommt es an, sondern auf die Existenz der Bevölkerung deutschen Landes, "so weit die deutsche Zunge klingt", also das zusammenhängende deutsche Siedlungsgebiet reicht. Diese Existenz läßt sich nur durch nationale, europäische und weltweite Friedenspolitik sichern und gestalten. Soll nationale Politik nicht eine Metapher für kriegsbereite Politik sein - die in Deutschland wie in Korea weit mehr als in anderen Ländern die Bereitschaft zum Bürger- und Staatenkrieg, zum Krieg gegen Landsleute und gegen Ausländer gleichzeitig enthält - so kann deutsche nationale Politik nur auf der Grundlage der bisystemaren Zweistaatlichkeit betrieben werden.

Tatsächlich nationale deutsche wie übrigens am anderen Ende der Alten Welt auch koreanische Politik, die alle realexistierenden Deutschen bzw. Koreaner ein- und nicht zum Teil ausschließt, wäre sogar ein Experimentierfeld für internationale bisystemare Friedenspolitik, die es versteht, Systemfeindschaft in Systemgegnerschaft zu transformieren. Daß das deutsche Sprachgebiet nicht mehr so weit reicht wie zu Zeiten Ernst Moritz Arndts, der im Jahre 1813 die Frage stellte, was des Deutschen Vaterland sei, ist selbstverschuldete deutsche Reichsgeschichte, die im 19. und 20. Jahrhundert nationalistische Imperialgeschichte wurde, von der es endgültig Abschied zu nehmen gilt. Ob sich die Bürger der zwei, drei oder vielen deutschen Staaten als Mitglieder einer, zweier oder mehrerer deutscher Nationen empfinden, ist demgegenüber belanglos. Deutsche Kulturpolitik überschreitet in der Kunst, im Buchwesen, in Rundfunk und Fernsehen schon längst sowohl staatliche, als auch nationale Grenzen und in vieler Hinsicht sogar die Systemgrenze. Auch mit mehreren deutschen Identitäten läßt es sich im Frieden leben, nur für das Sterben im Krieg braucht man eine einzige Identität, die den Bruder vom Feind unterscheidet. Deutsche nationale Identität über die Systemgrenze hinweg, die nicht "undeutsche" Deutschen von "wahren" Deutschen scheidet, kann ein starker friedenspolitischer Faktor in Europa sein.

6. Vereinigung europäischer Staaten

Im engen Zusammenhang mit der bündnis- und nationalpolitischen, aber auch mit der sicherheits- und gesellschaftspolitischen Entwicklung steht die unionspolitische Dimension der Zukunft Europas. Die Entspannung in den Ost-West-Beziehungen, die Differenzierung der Sicherheitsinteressen und die ökonomische und politische Stärkung der Bündnispartner der beiden Weltmächte haben programmatische Phantasien zur längerfristigen Bildung neuer und Umwandlung bestehender Staatenbündnisse in Bundesstaaten angeregt.

Vor allem in der Mitte Europas scheinen Hoffnungen auf tiefergreifende Umstrukturierungen des europäischen Staatensystems verbreitet. Dennoch spricht wenig für die wirkliche Entstehung neuer bundesstaatlicher Zusammenschlüsse in den kommenden zwei oder drei Jahrzehnten.

Die Kooperation zwischen kleineren Staaten Westeuropas wird sich wohl intensivieren, wird jedoch aus national- und bündnispolitischen Gründen weder bei den Benelux-Staaten noch bei den skandinavischen Staaten bundesstaatliche Dimensionen erlangen. In Osteuropa sind die nationalen Interessen derart unterschiedlich, daß es wahrscheinlich auch in Zukunft nicht zu einem engeren Zusammenschluß der kleineren Bündnispartner der Sowjetunion untereinander kommt. Diese streben vorzugsweise Sonderbeziehungen zu ihren westeuropäischen Nachbarstaaten oder zur EG an. In diesem Zusammenhang könnte es auch zu engeren staatlichen Beziehungen zwischen den Balkan-Staaten oder zwischen den südmitteleuropäischen Staaten Ungarn, Österreich, Jugoslawien - vielleicht auch Italien - über die Systemgrenze hinweg kommen. Allerdings werden sich die mittel- und südosteuropäischen Unionspläne allenfalls als Ideologie, nicht aber als realisierbare politische Programme für die zwischenstaatliche Kooperation eignen.

Die ursprünglichen Pläne einer festeren Verknüpfung der "sozialistischen Staatengemeinschaft" im Rahmen der WVO oder gar des RGW dürften vorerst der Vergangenheit angehören. Auf absehbare Zeit werden hier wohl eher die desintegrativen Tendenzen vorherrschen.

Nachdem in den vergangenen Jahrzehnten häufig das Auseinanderbrechen der EG beschworen wurde, scheint sie nunmehr einer unerwarteten Integrationsdynamik zu unterliegen. Die EFTA als alternative und extensivere Kooperationsform ist historisch auf Restfunktionen geschrumpft. Politisch umstritten bleiben nach wie vor die Integrationsreichweite und die Integrationsziele. (29) Sollen vermehrt auch neutrale Staaten wie nach Irland auch Österreich, die Schweiz und Schweden aufgenommen werden? Will die EG die wirtschaftlichen, sozialen und ethnischen Probleme der Aufnahme der Türkei in die EG oder kann sie die politischen Folgen für die NATO in Kauf nehmen, falls der Türkei auf Dauer der Zugang zur EG verweigert wird? Sollen längerfristig auch sozialistische Staaten in die EG aufgenommen werden, vielleicht eines Tages sogar eine gründlich reformierte Sowjetunion?

Oder soll die EG nicht nur wirtschaftlich, sondern auch außen- und sicherheitspolitisch zum zweiten Pfeiler innerhalb der nordatlantischen Gemeinschaft werden? Sollen die Vereinigten Staaten von Amerika (mit zunehmend engerer Anbindung Kanadas und eventuell auch Mexikos) in den Vereinigten Staaten Westeuropas einen gleichgewichtigen Partner und Konkurrenten innerhalb der NATO erhalten, eventuell auch die NATO erübrigen?

Oft erheben EG-Politiker auch einen gesamteuropäischen Integrationsanspruch, der auf manche Resonanz in Mittel- und Südosteuropa stößt. Wird es zu einem Integrationswettbewerb zwischen der Sowjet-Union und einer Europäischen Union um die Assoziation der zwischen der EG und der SU liegenden Staaten geben, die Mittel- und Südosteuropa erneut zu einem gefährdeten "Zwischeneuropa" machen werden?

Unwahrscheinlich dürfte eine erfolgreiche Renaissance deutscher Mitteleuropa-Pläne sein. Die Bundesrepublik ist wirtschaftlich und auch gesellschaftspolitisch in vierzig Jahren derart in den Westen integriert, daß es trotz aller innerwestlichen Differenzen nicht erneut zur Illusion einer unabhängigen deutschen wirtschaftlichen und militärischen Machtposition in Mitteleuropa kommen kann. Die Grundlagen für Friedrich Naumanns Erwägungen einer mitteleuropäischen Weltmacht sind historisch in vielfacher Hinsicht geschwunden oder durch den Nationalsozialismus vernichtet. Mitteleuropäische politische Gedankenspielereien bleiben in Deutschland voraussichtlich auf rechte und linke Randgruppen begrenzt. Sie können ansonsten allenfalls als Spielmaterial für deutsch-nationale und gesamteuropäische Aspirationen deutscher Politik dienen. Durch eine Abgrenzung von Westeuropa und den USA und eine begrenzte Annäherung an die Sowjetunion könnte die Bundesrepublik längerfristig fast in jeder Hinsicht nur Nachteile, vor allem wirtschaftliche und sicherheitspolitische erlangen. War auch das erste Rapallo - in Verbindung mit Locarno - keine Tragödie, (30) sondern eine Chance für eine europäische Friedensordnung, so wäre ein erneutes Rapallo mit Sicherheit eine Farce deutscher Machtphantasien.

Für die relevanten politischen Kräfte in der Bundesrepublik ist mitteleuropäische Nostalgie-Pflege allenfalls Mittel zu einem gesamteuropäischen Zweck, nämlich der Ausdehnung wirtschaftlichen und gesellschaftspolitischen Einflusses Westeuropas, d.h. dann praktisch vornehmlich der Bundesrepublik, über die Systemgrenze hinweg auf das östliche Europa. Traditionelles, auf zukünftige großstaatliche Machtbildung orientiertes konservatives Denken wird dabei ein vornehmlich katholisch-protestantisches, abendländisches, kapitalistisch-demokratisches Europa von Polen bis Portugal im Auge haben, das sich eines Tages als Europäische Union zwischen der Sowjet-Union und der amerikanischen Union erstreckt. Dieses Europa impliziert eine Verschiebung der Systemgrenze von der Elbe an den Bug.

Sozialdemokratisches und demokratisch-sozialistisches einschließlich eurokommunistisches Denken wird unter sicherheitspolitischen Gesichtspunkten auch zu diesem Europa von Polen und Portugal zwischen den beiden Supermächten tendieren, im Falle tiefergreifender demokratischer Reformen in der Sowjetunion jedoch auch für eine Einbeziehung der Sowjetunion in den europäischen Einigungsprozeß offen sein. Die Vorstellung von der "Wiedervereinigung der europäischen Arbeiterbewegung" könnte sich im Extremfalle in der Eurolinken zur schärferen Distanzierung von den kapitalistischen USA und zur engeren Zusammenarbeit zwischen einem wirtschaftlich und militärisch starken sozialkapitalistischen West- und Mitteleuropa als gleichberechtigter Partner einer demokratisch-sozialistischen Sowjetunion weiterentwickeln.

Friedenspolitisch am günstigsten und unter den Bedingungen anhaltender Entspannung zugleich am wahrscheinlichsten dürfte es möglicherweise sein, wenn es in den nächsten Jahrzehnten überhaupt nicht zu einem europäischen Bundesstaat kommt, weder zu einem westeuropäischen vom Atlantik bis zur Elbe noch zu einem westeuropäisch-gesamtdeutschen bis zur Oder, noch zu einem kleineuropäischen vom Atlantik bis zum Bug, noch zu einem großeuropäischen von Gibraltar bis Wladiwostok.

Von allen europäischen Unionsplänen ist die viel zitierte Idee von einem einigen Europa vom Atlantik bis zum Ural der unsinnigste und der am eindeutigsten unrealistische unter allen utopischen Phantasien. Eine solche Einigung Europas setzte eine Spaltung nicht nur der Sowjetunion, sondern auch des heutigen russisch-ostslawischen Siedlungsgebietes voraus. Dies wäre nicht ohne verheerenden Krieg und wahrscheinlich auch nicht mit einem Krieg zu erreichen.

Jahrhundertelang galt der Don als die Ostgrenze Europas. Erst im 18. Jahrhundert wurde Rußland als Teil Europas, genauer Nordeuropas (mit Petersburg als Hauptstadt), gedacht - in Rußland selbst ebenso wie in West- und Mitteleuropa. (31) Die Reformen Peters des Großen und Katharinas der Großen gaben dazu Anlaß wie der Bedeutungsverlust der christlichen Konfessionsunterschiede zwischen Katholizismus-Protestantismus einerseits und Orthodoxie andererseits. Die Türkenkriege und die westliche Säkularisation und Aufklärung trugen ebenfalls dazu bei. Im Verlaufe des 18. Jahrhunderts verlagerte sich die europäische Ostgrenze im europäischen Denken schrittweise weiter nach Osten, und zwar im Zuge der russisch-ostslawischen Ost- und Südkolonisation schließlich bis zum Ural und über den Kaukasus hinaus. Ende des 19. Jahrhunderts wurde damit gerechnet, daß der weitere Fortschritt der russisch-ostslawischen Ostsiedlung auch die Ostgrenze Europas weiter nach Osten verlagern würde. (32)

Erst die Oktoberrevolution hat durch ihren Internationalismus und Antikolonialismus versucht, das russisch-europäische Kolonialreich in eine internationale, d.h. auch interkontinentale Union sozialistischer Sowjetrepubliken umzuwandeln. (33) Das sowjetische Selbstverständis als bikontinentaler Staat und die Entkolonialisierung der Welt in den fünfziger und sechziger Jahren sowie das wachsende Selbstbewußtsein der Nichteuropäer dürfte einer weiteren Ostausdehnung des Europabegriffs bis nach Wladiwostok entgegenstehen. Auch der impliziten Bedrohung Nordamerikas, nicht nur Japans und Chinas, durch eine europäische Einheit von Gibraltar bis Wladiwostok stehen großeuropäische Phantasien entgegen.

Völlig außerhalb berechenbarer Entwicklungstendenzen steht eine supereuropäische Einigung KSZE-Europas von "San Francisco bis Wladiwostok", also unter Einschluß des ehemaligen "Neueuropa" in Nordamerika, die offen rassischen Charakter trüge und einer rassistischen Weltpolitik Vorschub leisten würde.

Jede bundesstaatliche Unionsbildung, also auch zentralisierte Militärmachtbildung, in Europa würde zu riskanten sicherheits-, wirtschafts- und machtpolitischen Gewichtsverlagerungen im internationalen System führen. Sie stieße unvermeidlich auf den Widerstand und das Mißtrauen der meisten übrigen Staaten der Welt. Deshalb wird europäische Friedenspolitik am besten keine unionsstaatliche Machtkonzentration anstreben und sich nicht von Außereuropa abschotten dürfen. Die Welt muß nicht, aber kann immer noch aus einer Ära hochmilitarisierten und destruktiven Nationalismus in eine Ära potentiell noch verheerenderen militarisierten Kontinentalismus und Rassismus taumeln. Das Naumannsche und Hitlersche weltpolitische Denken wäre dann nicht Spätform nationalistischer Weltmachtpolitik, sondern Vorbote einer zukünftigen kontinentalen oder rassischen Weltpolitik gewesen. Die USA und die UdSSR begannen ihre Geschichte nicht als Groß- und Weltmächte, sondern als räumlich begrenzte liberal-demokratische und sozialistisch-kommunistische internationalistische Antithesen zur europäischen Großmachtpolitik. Sie degenerierten erst im Verlaufe ihrer Geschichte zu Groß- und Weltmächten, besitzen aber immer noch Keimzellen für humane und internationalistische Weltpolitik.

Gelingt es, Kompromisse zwischen dem amerikanischen und sowjetischen Internationalismus zu erzielen, nicht nur - aber unvermeidlich auch - sowjetisch-amerikanisches kondominiales Weltkrisenmanagement zu betreiben, dann wird auch die Entstehung einer west- oder west-/mitteleuropäischen Weltmacht vermeidbar. Europäische Politik könnte sich dann darauf konzentrieren, die vielfältigen, damit gleichzeitig auch unvermeidlich teilweise widersprüchlichen Bindungen an die USA und die ganze erste oder westliche Welt, an die Sowjetunion und die ganze zweite oder östliche Welt und an die dritte oder südliche Welt Afrikas, Asiens und Lateinamerikas zu vertiefen, anstatt seine inneren Barrieren abzubauen, um die äußeren zu erhöhen und zu bewaffnen, zunächst kulturell, dann ideologisch, schließlich wirtschaftlich, dann politisch und in letzter Instanz auch militärisch und kriegerisch.

Auch europäische kontinentale und subkontinentale Identitäten dürfen nur partielle Identitäten sein, die durch eine human-globale Identität relativiert werden. Diese human-globale Identität kann im auslaufenden 2. Jahrtausend nicht mehr monistisch-universalistisch konzipiert werden wie noch die liberal-demokratische und die sozialistisch-kommunistische oder früher die christliche oder die islamische. Sie muß vielmehr systempluralistisch, zugleich inter-national und inter-konfessionell konzipiert werden. Sie darf die partikularen, sozialsystemspezifischen, nationalen, konfessionellen und anderen Identitäten nicht auslöschen, sondern sollte sie im bekannten dreifachen Sinne aufheben, also gleichzeitig bewahren, auf eine höhere humane und zivile Entwicklungsstufe heben und in ihrer Borniertheit überwinden.

7. Kommunale Politik

Ein wichtiger, wenn auch bisher noch ziemlich unentwickelter Beitrag für diese Entwicklungsperspektive ist in der kommunalen Dimension der Zukunft Europas enthalten. Der Nationalstaat und der Nationalismus hatten nicht nur unmenschliche Konsequenzen für die Außenbeziehungen der Völker. Beide, der Nationalstaat wie der populäre Nationalismus, haben gleichzeitig die Vielfalt lokaler, regionaler, konfessioneller, ethnischer und sonstiger zwischenmenschlicher Assoziationsformen zerstört und unterdrückt.

Erst die Abschwächung des Nationalismus, die Entfaltung transnationaler Beziehungen insbesondere in der westlichen Welt und die Ost-West-Entspannung haben die erneute Entfaltung überschaubarer mikrokosmischer oder kommunaler gesellschaftlicher und politischer Assoziationen auf vielen subnationalen regionalen oder interpersonellen Integrationsebenen ermöglicht. (34) Bürgerinitiativen, Verbände, Vereine, öffentliche Gemeinden und Bezirke schaffen eine vielfältig gefächerte demokratische Infrastruktur der modernen Gesellschaft des Westens und zunehmend auch des Ostens, deren weitere Entfaltung der beste und vielleicht einzige Schutz gegen den despotischen und tyrannischen Mißbrauch der modernen Kommunikations-, Gen-, Medizin-, Transport-, Waffen- und sonstigen Techniken nicht nur zur Unterwerfung und Ausbeutung, sondern auch zur Vernichtung des Menschen durch den Menschen bietet.

Gegen die Tendenzen zur Verstaatlichung der Gesellschaft wandte sich historisch zuerst der Liberalismus und die demokratische Bewegung. Nachdem die liberal-demokratische Bewegung ihren Frieden mit dem Staat und mit dem Staats- oder aber mit dem Staatlichkeit anstrebenden Ethnonationalismus gemacht hatte, versammelten sich die freiheitlichen Bestrebungen für Jahrzehnte unter der Fahne des Sozialismus. Nachdem auch der Sozialismus historisch verstaatlichte, sowohl in seiner sozialkapitalistischen westlichen Form als auch in seiner leninistischen und stalinistischen östlichen Form, gab es zwar noch Wiederbelebungsversuche der emanzipatorischen, demokratischen und liberalen Traditionen der sozialistischen Bewegung unter den Fahnen der internationalen Studentenbewegung um 1968, des jugoslawischen Selbstverwaltungssozialismus, des tschechoslowakischen Reformkommunismus und des italienisch-spanischen Eurokommunismus. Aber heute scheint der Sozialismus genau wie der Liberalismus seine Funktion als gesellschaftspolitische Utopie für die junge Generation in Ost und West verbraucht zu haben. Auch der Sozialismus ist durch seine Realität hoffnungslos kompromittiert. Die alten liberalen und sozialistischen Hoffnungen und Utopien in neuer Gestalt beginnen sich gegenwärtig unter dem Schlagwort der "zivilen Gesellschaft" erneut zu formieren.

Zivile Gesellschaft kann vieles bedeuten. Im Osten bedeutet häufig zivile Gesellschaft nicht viel anderes als bürgerliche Gesellschaft und westliches, demokratisch-pluralistisches System in idealisierter Version. Dieselben Freiheiten, die für die Bevölkerung des Ostens zum Teil noch reale Verbesserungen ihrer Lebenslage versprechen - und dies großenteils auch zu Recht -, diese Freiheiten reichen großen Minderheiten der westlichen und auch der östlichen Bevölkerung schon nicht mehr aus, werden oft als politisch wenig relevante Spielweise jenseits der Sphären staatlicher und gesellschaftlicher Machtzentren erfahren.

Moderate, "neo-liberale" oder "links-liberale" Konzepte der zivilen Gesellschaft streben eine Zurückdrängung staatlicher und wirtschaftskorporativer Machtorgane in der Gesellschaft an. (35) Andere hingegen stehen in der sozialistischen Tradition. Sie streben eine Umwandlung vieler staatlicher öffentlicher Angelegenheiten in selbstverwaltete, gesellschaftliche Angelegenheiten an.

Radikale Konzepte der zivilen Gesellschaft, etwa der Zivilismus, (36) greifen die Traditionen des Anarchismus, des ständigen Wegbegleiters des Liberalismus und Sozialismus auf, und gießen den Traum von einer herrschaftsfreien, staatsfreien, waffen- und militärlosen, (37) polizeilosen, gefängnisfreien, ausbeutungs- und repressionsfreien, schlicht gewaltfreien Gesellschaft in neue Gestalt. Zu den wichtigen neuen Elementen gehört z.B. die Tendenz zu einer parteifreien Politik, die es für unergiebig hält, Machtpositionen in Parlamenten oder in Staatsorganen anzustreben, sondern sich auf den Ausbau direkter gesellschaftlicher Macht in sozialer Bewegung konzentriert. Dabei gelten manchmal selbst die Begriffe Macht und Bewegung oder gar Politik als staats- und parteigeschichtlich verbraucht. Diesen neuen gesellschaftlichen Bewegungen seit der Mitte der siebziger Jahre scheinen die Unterschiede zwischen privatkapitalistisch und staatssozialistisch organisierter Umweltzerstörung, Genmanipulation, zivilen und militärischen Atomkatastrophen, staatlicher Medien- und Datenkontrolle entweder völlig gleichgültig oder doch sekundär. Diese neuen sozialen Bewegungen wollen den Ost-West-Konflikt gar nicht mehr lösen wie die Konvergenz-Politiker der sechziger und siebziger Jahre, sie halten ihn schlicht für irrelevant bzw. für eine bloße Legitimationsideologie der Macht von Staats- und Parteibürokraten und der Militär- und Polizeiapparate in Ost und West. Ein jüngster Versuch, nicht nur die alten Ordnungen vor 1789, sondern auch das Scheitern der radikalen Emanzipation durch die liberal-demokratische und sozialistische Bewegung zu erklären, ist die feministische Bewegung, die kritisierte Mißstände der Gesellschaft auf den Begriff des Patriarchats zu konzentrieren bemüht ist.

Der Begriff der zivilen Gesellschaft ist offenbar hervorragend geeignet, die Differenzen zwischen Pazifismus und Anhängern einer milizförmigen oder anderweitig demokratischen "defensiven Verteidigung" zwischen Feminismus, Anarchismus, gemäßigtem und radikalem Liberalismus und Sozialismus unter einem gemeinsamen Dach der Opposition gegen das Übermaß von staatlicher, parteilicher und wirtschaftskorporativer Macht zu versammeln wie zu verschleiern. Dabei läßt sich Bekämpfung von "Übermaß" beliebig abstufen bis zur Nulloption des "keine Macht für niemanden."

Es wäre illusorisch, diese neuen sozialen Bewegungen (38) als vorübergehende Ausdrucksformen der "Partei- und Staatsverdrossenheit" zu begreifen, die durch Kampagnen für Partei- und Staatsvertrauen wieder aus der Welt geschafft werden könnten. Dennoch wird der Ost-West-Konflikt kaum durch eine gemeinsame ost-westliche Sicherheitspolitik der alten Partei- und Staatsordnungen gegen die neuen sozialen Bewegungen abgelöst werden, allein schon wegen der lokalen, regionalen, nationalen und systempolitischen, wohl auch geschlechtspolitischen Differenzen innerhalb der neuen sozialen Bewegungen selbst.

Dennoch wird es eine neue gesellschaftspolitische Front in Europa und darüber hinaus zwischen den neuen sozialen Bewegungen und den gemeinsamen Sicherheitsbedürfnissen der östlichen und westlichen Partei- und Staatsbürokraten geben, die die weitgehenden Freiheitsbedürfnisse der neuen sozialen Bewegungen abzuwehren trachten, sei es mit Verweis auf den grundsätzlich unrealisierbaren Charakter der emanzipatorischen Utopien, sei es mit dem Hinweis auf die mögliche Ausnutzung durch den Systemgegner. Die Politik der "gemeinsamen Sicherheit" und der Entspannung wird jedoch gleichzeitig die Glaubwürdigkeit der Freiheitsbeschränkung mit Blick auf die Bedürfnisse der Abgrenzungs- und Abschreckungspolitik immer weiter unterminieren, so daß ein leicht kochender, wenn auch nicht ein brodelnder Ost-West-Konflikt im gemeinsamen Interesse der östlichen und westlichen Machteliten sein dürfte. Friedenspolitisch günstiger wäre es jedoch, wenn sie sich in die Lage versetzten, ihre gesellschaftlichen und politischen Führungsfunktionen auf eine neue, gesellschaftlich und demokratisch legitimierte Grundlage zu stellen. Diese Grundlage wäre eine, wie auch immer beschränkt gemeinsame west-östliche Politik zur Überwindung des weltweiten sozialen Gegensatzes zwischen Nord und Süd, zur Bekämpfung der neuen gesellschaftlichen Gefahren wie Umweltzerstörung, Genmanipulation, Drogen, etc. oder zur Lösung alter, liegengebliebener Probleme selbst der höchstentwickelten Gesellschaften, die in vieler Hinsicht fehlentwickelte Gesellschaften sind. (39)

Traditionelle Staats- und Parteipolitik und alternative gesellschaftliche Bewegungspolitik werden auf die Dauer sicher keine völligen Gegensätze sein, sondern teils komplementär, teils konfrontativ wirken. (40) Ein in der Zukunft tragfähiges Konzept ziviler Vergesellschaftung historisch zu weit verstaatlichter Gesellschaften wird die politischen Monopolansprüche sowohl des Staates und der Parteien als auch der gesellschaftlichen Organisationen und sozialen Bewegungen in Frage stellen und systemspezifische, national unterschiedliche Kompromisse des politischen Gestaltungswillens "von oben" und "von unten" entwickeln müssen. Sie sind in den skizzierten Komplex nationaler, subkontinentaler, kontinentaler und globaler Identitäten einzufügen. Partielle Entstaatlichung, nicht nur Entmilitarisierung, also Zivilisierung der Gesellschaft, läßt sich nicht im borniert nationalen oder kontinentalen Rahmen verwirklichen. An die Stelle des alten monistischen Universalismus (41) der Liberalen und der Kommunisten könnte durchaus ein systempluralistischer Internationalismus treten, der gleichzeitig Interregionalismus, Interkommunalismus und Interkonfessionalismus ist und der auch die Geschlechterbeziehung neu regelt. Nicht einer einheitlichen Weltordnung, sondern einer Vielfalt von Welten gehört die Zukunft, die zu lernen haben, ihre notwendigen Konflikte zivilisierter auszutragen - bei Strafe des Untergangs aller Beteiligten.

ANMERKUNGEN

1 Einige Beispiele präsentieren Ole Waever – Pierre Lemaitre – Elzbieta Tromer: European Polyphony: Perspectives Beyond East-West Confrontation, London 1989.

2 Vgl. Manfred Efinger – Volker Rittberger – Michael Zürn: Internationale Regime in den Ost-West-Beziehungen. Ein Beitrag zur Erforschung der friedlichen Behandlung internationaler Konflikte, Frankfurt 1988, S. 65 f.

3 Einen vielzitierten theoretischen Ausdruck davon bot W.W. Rostow: Politics and the Stages of Growth, Cambridge 1971, z.B. S. 117 ff.

4 Beispielhaft etwa noch Waleri N. Jegorow: Friedliche Koexistenz und revolutionärer Prozeß, Berlin (DDR) 1972, S. 30 ff.

5 Sie veranlaßte einige Autoren, den Beginn der Entspannungsperiode schon für das Jahr 1955 anzunehmen, z.B. Wilfried Loth: Die Teilung der Welt. Geschichte des Kalten Krieges 1941-1955, 6. Aufl., München 1987, S. 334. Für Manfred Görtemaker hingegen beginnt die Entspannung erst 1969: Die unheilige Allianz. Die Geschichte der Entspannungspolitik 1943-1979, München 1979, S. 62.

6 Zur Periodisierung der Nachkriegsperiode siehe Egbert Jahn: Konflikt und Entspannung im West-Ost-Verhältnis, in: Jörg Calließ (Hg.): Der West-Ost-Konflikt. Geschichte – Positionen – Perspektiven, Paderborn 1988, S. 51-54.

7 Als wichtige historische Wende wird es angesehen von W.M. Falin: Schwere Wege der Entspannung, in: Frieden und Abrüstung. Wissenschaftliche Forschungen 1982, Moskau 1982, S. 70.

8 Vgl. Volker Rittberger – Hans Werbik: "Gemeinsame Sicherheit" im Ost-West-Konflikt? Polyzentrisches Sicherheitssystem und friedliche Ko-Evolution in Europa, in: Willibald Pahr – Volker Rittberger – Hans Werbik (Hg.): Europäische Sicherheit. Prinzipien, Perspektiven und Konzepte, Wien 1987, S. 13-37; der Grundgedanke findet sich auch schon im Kommutations-Konzept bei Fritz Vilmar: Sozialistische Friedenspolitik für Europa. Kein Frieden ohne Gesellschaftsreform in West und Ost, Reinbek 1972, S. 116-126.

9 Für eine Politik in diese Richtung plädiert z.B. Jószef Balász: A Note on the Interpretation of Security, in: Development and Peace 6

(1/1985), S. 143-150; vgl. auch die Gemeinsame Erklärung der Grundwertekommission der SPD und der Akademie der Gesellschaftswissenschaften beim ZK der SED, in: Politik. Informationsdienst der SPD, Nr.3, August 1987.

10 Egon Bahr - Dieter S. Lutz: Gemeinsame Sicherheit, 2 Bde, Baden-Baden 1986/87; Stockholm International Peace Research Institute (Hg.): Policies for Common Security, Stockholm 1985.

11 Dieter Senghaas: Rüstung und Militarismus, Frankfurt 1972.

12 Dietrich Beyrau - Wolfgang Eichwede (Hg.): Auf der Suche nach Autonomie. Kultur und Gesellschaft in Osteuropa, Bremen 1987.

13 Siehe z.B. László Kiss: Die Rolle Ungarns im europäischen Sicherheitssystem, HSFK-Report 9/1987.

14 Ansätze einer Differenzierung des Interventionsproblems finden sich bei Ernst-Otto Czempiel - Werner Link (Hg.): Interventionsproblematik aus politikwissenschaftlicher, völkerrechtlicher und wirtschaftswissenschaftlicher Sicht, Kehl - Straßburg 1984.

15 Vgl. Egbert Jahn - Pierre Lemaitre - Ole Waever: European Security - Problems of Research on Non-military Aspects, Copenhagen 1987.

16 Wilhelm Nolte: Militärische Aspekte Gemeinsamer Sicherheit, in: Egon Bahr - Dieter S. Lutz (Hg.): Gemeinsame Sicherheit. Dimensionen und Disziplinen, Baden-Baden 1987, S. 306.

17 Zum Stand der Diskussion siehe Centre of Peace and Conflict Research (Hg.): Non-Offensive Defence - NOD. International Newsletter 11 (1989).

18 Leitantrag "Friedens- und Sicherheitspolitik" auf dem Bundesparteitag der SPD in Nürnberg am 27. August 1986, in: Blätter für deutsche und internationale Politik (10/1986), S. 1269; siehe auch Karsten D. Voigt: Neubestimmung einer Sicherheitspolitik der Linken, in: Sozialismus (2/1986), S. 9; Egon Bahr: Zum Europäischen Frieden. Eine Antwort an Gorbatschow, Berlin 1988, S. 90.

19 Vgl. die älteren Beiträge in: Ernst-Otto Czempiel (Hg.): Die anachronistische Souveränität, Sonderheft 1 der Politischen Vierteljahresschrift, Opladen 1969.

20 Immer wurde die gesonderte Kontinent-Eigenschaft Europas bestritten und die eurasische Einheit der Alten Welt betont, etwa von Alexander von Humboldt oder Arnold J. Toynbee.

21 Bernd Kubbig: Atomkrieg aus Versehen, in: Reiner Steinweg (Red.): Kriegsursachen, Frankfurt 1987, S. 275-293.

22 Anderer Auffassung hingegen Richard W. Stevenson: The Rise and Fall of Détente, Urbana - Chicago 1985, S. 188; Fred Halliday: The Making of the Second Cold War, London 1983, S. 19.

23 Mariana Hausleitner: Die Europapolitik der UdSSR zwischen außenpolitischem Stabilitätsdenken und innenpolitischen Anforderungen, in: Friedensanalysen (im Erscheinen).

24 Christoph Royen: Osteuropa: Reformen und Wandel. Erfahrungen und Aussichten vor dem Hintergrund der sowjetischen Perestrojka, Baden-Baden 1988.

25 Peter Bender: Westeuropa oder Gesamteuropa? in: Werner Weidenfeld (Hg:): Die Identität Europas, Bonn 1985, S. 235-254.

26 Neuer Nationalismus und nationale Minderheiten, in: Osteuropa-Info Nr.61 (2/1985).

27 Unter sozialnationalistischen Systemen werden alle nicht liberal-demokratischen, kommunistischen und aristokratisch-monarchistischen Regime verstanden, darunter unter anderem auch die faschistischen und populistischen, die alle einen integralen Nationalismus auf breiter sozialer Basis pflegen.

28 Dies betonte besonders plausibel z.B. Francois Fejtö: Die Geschichte der Volksdemokratien, Bd.1, Graz - Wien - Köln 1972, S. 463 f.; vgl. auch Werner Weidenfeld, Europa - aber wo liegt es? in: Werner Weidenfeld (Hg.): Die Identität Europas, Bonn 1985, S. 35.

29 Daniel Frei: Integrationsprozesse. Theoretische Erkenntnisse und praktische Folgerungen, in: Werner Weidenfeld (Hg.): Die Identität Europas, Bonn 1985, S. 113-131.

30 Renata Bournazel: Rapallo - ein französisches Trauma, Köln 1976.

31 Dieter Groh: Rußland im Blick Europas. 300 Jahre historischer Perspektiven, Frankfurt 1988, S. 41 ff.

32 F.G. Hahn: Zur Geschichte der Grenze zwischen Europa und Asien, in: Mitteilungen des Vereins für Erdkunde zu Leipzig 1881. Leipzig 1882, S. 104.

33 Egbert Jahn: Sowjetische Weltpolitik, in: Manfred Knapp - Gert Krell (Hg.): Einführung in die internationale Politik, München 1989.

34 Chadwick F. Alger - Saul H. Mendlovitz: Grass-roots Initiatives: the Challenge of Linkages, in: Saul H. Mendlovitz - R. B. J. Walker (Hg.): Towards a Just World Peace. Perspectives from Social Movements, London u.a.: Butterworths 1987, S. 333, 347; Richard A. Falk: The Global Promise of Social Movements: Explorations at the Edge of Time, ebenda, S. 363 ff.

35 Z.B. Zsuzsa Hegedus: The Challenge of the Peace Movement: Civilian Security and Civilian Emancipation, in: Saul H. Mendlovitz - R. B. J. Walker (Hg.): Towards a Just World Peace. Perspectives from Social Movements, London u.a.: Butterworths 1987, S. 191-210.

36 Gernot Jochheim: Länger leben als die Gewalt. Der Zivilismus als Idee und Aktion, Stuttgart 1986.

37 Ekkehart Krippendorff: Staat und Krieg. Die historische Logik politischer Unvernunft, Frankfurt 1985; George Lakey - Michael Randle: Gewaltlose Revolution. Beitrag für eine herrschaftsfreie Gesellschaft, Berlin 1983; Gert Holzapfel: Vom schönen Traum der Anarchie. Zur Wiederaneignung und Neuformulierung des Anarchismus in der Neuen Linken, Berlin 1984.

38 Roland Roth - Dieter Rucht (Hg.): Neue soziale Bewegungen in der Bundesrepublik Deutschland, Frankfurt 1987.

39 Willy Brandt: Der organisierte Wahnsinn. Wettrüsten und Welthunger, Köln 1985; Willy Brandt (Hg.): Hilfe in der Weltkrise. Ein Sofortprogramm. Der 2. Bericht der Nord-Süd-Kommission, Reinbek 1983.

40 Egbert Jahn - Pierre Lemaitre - Ole Waever: European Security - Problems of Research on Non-military Aspects, Copenhagen 1987, S. 63.

41 Dan Diner: Imperialismus, Universalismus, Hegemonie, in: Iring Fetscher - Herfried Münkler (Hg.): Politikwissenschaft, Reinbek 1985, S. 326-336; Peter Wallensteen: Universalism vs. Particularism: On the Limits of Major Power Order, in: Journal of Peace Research 21 (3/1984), S. 243-257.

Wilfried Loth

Die Zukunft des Ost-West-Konflikts

Der Ost-West-Konflikt hat nicht erst seit Gorbatschow an
Brisanz verloren. Seit Lenin bereits und erst recht seit der
Entscheidung für den Aufbau des "Sozialismus in einem Lande"
mußte die Förderung revolutionärer Bewegungen durch die Sowjetunion hinter der Wahrung der nationalen Interessen des Sowjet-
staates zurückstehen. Angesichts der Stärke der potentiellen
Gegner und der Verwundbarkeit des eigenen Systems ergab sich
daraus für die sowjetischen Führer stets der Zwang zu vor-
sichtigem Verhalten, das mitunter sogar die Verhinderung revolutionärer Erschütterungen außerhalb des eigenen Machtbereichs
einschloß, auf jeden Fall aber die Verletzung vitaler Interessen der Gegenseite scheute. Ebenso ist auf der westlichen Seite
der wiederholt geäußerte Wunsch nach Zurückdrängung ("roll back")
des Sowjetkommunismus durch das Interesse an friedlicher Fortentwicklung des Status quo soweit relativiert worden, daß An-
läufe zu einer Politik der Stärke regelmäßig im Deklamatori-
schen steckenblieben. Der Modus vivendi wechselseitigen Ver-
zichsts auf die gewaltsame Durchsetzung der eigenen Ordnungsvorstellungen im Machtbereich der Gegenseite, der sich bereits
daraus ergab (nicht erst, wie eine geläufige These besagt, aus
dem System der atomaren Abschreckung), ist dann durch den Übergang zur atomaren Bewaffnung mehr und mehr zur Notwendigkeit
geworden. Seit beide Seiten mit der Drohung einer unakzeptablen
Vergeltung leben müssen, sind sie zugleich gezwungen, Vorkehrungen gegen eine Eskalation ihrer Gegensätze zu treffen; diesem Zwang sind sie, wenn auch mit deutlichem Widerwillen, noch
stets gefolgt.

Außerdem haben die ordnungspolitischen Gegensätze, die einst
für den Ost-West-Konflikt konstitutiv waren, infolge der seit-

herigen gesellschaftlichen Entwicklung und der historischen
Erfahrung viel von ihrer Relevanz verloren. Die westlichen
Industriegesellschaften sind nicht mehr nach dem Modell des
klassischen Kapitalismus verfaßt, und das sowjetische Alternativmodell übt auf sie absolut keine Faszination mehr aus. Das
Sowjetsystem kommt zwar nach wie vor nicht ohne Verweigerung
des Selbstbestimmungsrechts und ohne Repression aus; es hat
aber in mühevollem Kampf ums Überleben jeglichen universalistischen Messianismus verloren. Beide Systeme stehen vor neuen
Herausforderungen durch Umweltzerstörung, Ressourcenverknappung,
Konfrontation mit der "unterentwickelten" Welt, die sich mit
den hergebrachten Vorstellungen nicht mehr bewältigen lassen.
Das führt sie zwar nicht zu jener "Konvergenz", von der harmoniebedürftige Beobachter gerne träumen; es nimmt ihrem Konflikt aber viel von seiner Dringlichkeit und Aggressivität.

Was den Konflikt trotz eingeschränkter Durchsetzungsfähigkeit
der Blöcke und verminderter Relevanz der Gegensätze weiterhin
gefährlich sein läßt (und die Gefahr, die von ihm ausgeht,
sogar noch gesteigert hat), ist die Neigung, sich in dem
Sicherheitsdilemma, in dem sich beide Supermächte befinden,
eher auf präventive Machtakkumulation zu verlassen, als auf
vertrauensbildende Maßnahmen. In einer Welt, in der die beiden
Supermächte in einer "anarchischen" Konstellation leben müssen,
d.h. ohne in eine über ihnen stehende Einheit integriert zu
sein, die ihnen Schutz gewähren könnte, können sie nie ganz
sicher sein, ob die Gegenseite nicht doch bedrohlich für sie
werden könnte. In einer solchen Situation liegt es nahe (und
entspricht es einer langen Tradition sozialen Verhaltens),
Vorkehrungen zu treffen, um in einer Konfrontation bestehen
zu können. Indem beide Seiten aber solche Präventivmaßnahmen
ergreifen, bestärken sie sich wechselseitig in dem Verdacht,
mit aggressiven Akten der Gegenseite rechnen zu müssen, und
geraten sie demzufolge in eine Konkurrenz um Einflußsphären,
Ressourcen und Rüstungsperfektion, aus der dann kein abrupter
Ausstieg mehr möglich ist, ohne die eigene Sicherheit tatsächlich massiv zu gefährden.

Einer politischen Ausgestaltung des Modus vivendi, die es ermöglichen könnte, diese prekäre Situation zu überwinden, standen bislang schwerwiegende strukturelle Hindernisse im Weg. Auf sowjetischer Seite ließ die ideologische Tradition, die die Verantwortlichen geprägt hatte und mit der Aufrechterhaltung der bestehenden Machtverhältnisse eng verbunden war, einen dauerhaften Ausgleich mit dem Westen gleichzeitig als unmöglich und unnötig erscheinen: Da nach den ideologischen Maximen die kapitalistische Welt grundsätzlich feindselig und zugleich verwundbar war, und darüber hinaus dem eigenen Gesellschaftssystem die Zukunft gehört, erschien es nicht angebracht, sich um eine Sicherheitspartnerschaft mit dieser Welt zu bemühen; viel näher lag es, sich auf die Behauptung bereits errungener Bastionen zu konzentrieren, notfalls auch mit Gewalt, und sich im übrigen mit weiterer Perfektionierung des eigenen Rüstungssystems gegen westliche Übergriffe rückzuversichern. Daneben drängte auch die notorische Unterlegenheit der sowjetischen Seite hinsichtlich wirtschaftlicher, ideologischer und politischer Attraktivität zum Beharren auf der Rüstungskonkurrenz: Sie führte zu einem überzogenen Sicherheitsbedürfnis und ließ die Rüstungsperfektionierung als unverzichtbares, da einzig erfolgreiches Element des eigenen Weltmachtstatus erscheinen.

Die westliche Seite war demgegenüber aufgrund ihrer Vertrautheit mit der Praxis politischer Kompromisse und ihrer größeren Innovationsfähigkeit eher in der Lage, sich auf die Entwicklung partnerschaftlicher Sicherheitsbeziehungen einzustellen. Allerdings trieben auch hier gesellschaftlich tief verwurzelte und mit der Aufrechterhaltung von Machtpositionen verbundene ideologische Traditionen zur Beschränkung auf die Strategie präventiver Machtakkumulation: Zum einen führte das westliche Harmoniebedürfnis immer wieder zu übersteigerten Erwartungen hinsichtlich der Annäherung der Sowjetunion an westliche Maßstäbe und hatte die dann unvermeidliche Enttäuschung regelmäßig Kooperationsverweigerung und Regression zur Folge. Zum anderen stand auch der weit verbreitete und leicht aktivierbare Glaube

an die ungebrochene Dynamik des sowjetischen Expansionismus
dem Bemühen um vertrauensbildende Maßnahmen im Weg. Außerdem
hatte es die westliche Welt in ihrem grundsätzlichen Pluralismus schwerer, in der komplexen Ost-West-Problematik zu einer
einigermaßen verbindlichen Linie zu finden, die der sowjetischen Seite verläßliche Orientierungsmöglichkeiten bot statt
sie permanent in Versuchung zu führen, die innerwestlichen
Divergenzen zur einseitigen Förderung ihrer Sicherheitsinteressen zu nutzen.

Die gegenwärtige Situation des Ost-West-Konflikts ist nun dadurch gekennzeichnet, daß die sowjetische Führung genau diejenigen strukturellen Hemmnisse beseitigt, die bislang auf
ihrer Seite gestanden haben. Gorbatschow hat erklärt, daß im
Zeitalter der Atomwaffe der Wettbewerb zwischen den Systemen
nur noch als friedlicher Wettbewerb möglich sei, "der notwendigerweise auf Kooperation zielt"; und er hat mit substantiellen Abrüstungsvorschlägen gezeigt, daß es ihm mit dieser Überzeugung, die Bemühungen um die Schaffung gemeinsamer Sicherheitsstrukturen unabweisbar erscheinen läßt, ernst ist.
Gleichzeitig hat er mit der Perestrojka einen Umgestaltungsprozeß der Sowjetgesellschaft in Angriff genommen, der es zumindest als Möglichkeit erscheinen läßt, daß sich der Weltmachtstatus der Sowjetunion in Zukunft nicht mehr so ausschließlich auf die militärische Stärke stützen muß.

Demgegenüber ist das Umdenken, das auch auf der westlichen
Seite notwendig ist, noch kaum in Gang gekommen. Der Glaube
an den unverrückbaren Expansionismus der Sowjetunion ist zwar
in der Bundesrepublik gründlich erschüttert worden; andernorts macht er sich aber immer noch recht stark bemerkbar, und
für die Zeit vor Gorbatschow kann er sich, scheinbar bestärkt
durch neuere sowjetische Selbstkritik, nahezu unangefochten
behaupten. Daraus folgt, daß die Verantwortung für den Ost-West-Konflikt einseitig der Sowjetunion zugeschoben wird und
Verbesserungen im Ost-West-Verhältnis allein von der sowjetischein Seite erwartet und mit der Person Gorbatschows verknüpft werden.

KONZEPTUELLE PROBLEME

Das Papier von Volker Rittberger wurde ursprünglich für eine andere Veranstaltung ausgearbeitet, von ihm aber als Arbeitsmaterial für das Kolloquium zur Verfügung gestellt.

Das Papier von Ken Booth wurde bereits in den "International Politics Research Papers" veröffentlicht und in dieser Form für das Kolloquium als Arbeitsmaterial eingereicht.

Die im Kolloquium vorgetragenen Referate von Volker Rittberger und Ken Booth werden im Band 2 der Dokumentation veröffentlicht.

Volker Rittberger

KONFLIKTTRANSFORMATION DURCH INTERNATIONALE REGIME IM OST-WEST-VERHÄLTNIS

Grundlagen einer Entwicklungsperspektive der (friedlichen) Ko-Evolution

Referat in der 4. Wissenschaftlichen Abteilung "Internationale Organisationen und Regime" des 17. Wissenschaftlichen Kongresses der Deutschen Vereinigung für Politische Wissenschaft, Darmstadt, 14. September 1988

Adresse des Autors:
Professor Volker Rittberger, Ph.D.
Institut für Politikwissenschaft
Universität Tübingen
Melanchthonstraße 36
D-7400 Tübingen 1
Tel.: 07071/29 4957

KONFLIKTTRANSFORMATION DURCH INTERNATIONALE REGIME IM OST-WEST-VERHÄLTNIS
Grundlagen einer Entwicklungsperspektive der (friedlichen) Ko-Evolution

1. EINLEITUNG UND THESEN

Durch eine Reihe von Faktoren bedingt ist in den letzten Jahren wieder Bewegung in die Ost-West-Beziehungen gekommen: An die Stelle der Konfrontation v.a. zwischen den beiden Supermächten und die sorgenvolle Frage nach einem "zweiten Kalten Krieg" (vgl. Halliday 1984) ist die Erwartung getreten, am Beginn einer neuen Entspannungsphase zu stehen. Nicht zuletzt der Binnenwandel in der Sowjetunion und ihre abrüstungspolitischen Initiativen lassen Fragen nach dem Realitätsgehalt tradierter Vorstellungen über Feindschaft zwischen Ost und West aufkommen. Umso deutlicher tritt die Unsicherheit darüber zutage, was an die Stelle dieser durch die politikgeschichtliche Entwicklung überholten Vorstellungen treten könnte - ganz sicher nicht ein naives Freundschaftsbild, d.h. die Vorstellung von einer konflikt- oder problemnegierenden "Versöhnung". Die "herrschenden" Interpretationen des "Ost-West-Konflikts" - in West und Ost, die grobrastrigen der politischen Propaganda wie die differenzierteren des wissenschaftlichen Diskurses - (vgl. dazu die Aufzählung und Charakterisierung in Rittberger/Werbik, 1987, 21 f. und Efinger/Rittberger/Zürn, 1988, 11 ff.) versagen angesichts der beobachtbaren Veränderungen im Ost-West-Verhältnis; sie bleiben sprachlos oder verharren in sprachrituellen Wiederholungen. Nicht zuletzt liegt das an ihrem methodologischen Holismus, an ihrem Totalitätsanspruch, Alles und Jedes der Ost-West-Beziehungen aus einem Kern, dem "Wesen" des "Ost-West-Konflikts", zu erklären.

Im folgenden soll ein anderer Weg begangen werden, der daraufhinführt, die Vielschichtigkeit der Konflikte im Ost-West-Verhältnis und die Wandelbarkeit ihres Austrags in analytisch und letztlich auch praxeologisch befriedigenderer Weise zu berücksichtigen:

1. Methodologisch wird eine Anleihe bei den "Postmodernen" aufgenommen und die Position bezogen, an die Stelle der umfassenden "kanonischen Erzählungen" eine Pluralität von "kleinen", partikularen "Erzählungen" treten zu lassen. Bezogen auf den Gegenstand dieser Arbeit läßt sich diese Position dahingehend konkretisieren, daß wir auf die Globaltheorien über den Ost-West-Konflikt zugunsten der Generierung und Überprüfung von Hypothesen über spezifische Formen der Konfliktbearbeitung in den Ost-West-Beziehungen verzichten.

2. Sodann müssen wir uns mit der Frage auseinandersetzen, was wir unter Konflikttransformation durch internationale Regime im Ost-West-Verhältnis verstehen.

2.1. Es bräuchte keine Transformation der Konfliktbearbeitung im Ost-West-Verhältnis zu geben, wenn diese Konflikte selbst im Zuge einer "Konvergenz" zwischen Ost und West wegfielen.

2.2. Da in den Ost-West-Beziehungen "Konvergenz" kein sinnvolles Transformationskonzept darstellt, die Kompatibilität von Konflikten und friedlicher Konfliktbearbeitung aber im Konzept der Ko-Evolution zu fassen ist, stellen sich folgende zwei Fragen:
(1) Schließt die Art oder das Ausmaß der Konflikthaftigkeit des Ost-West-Verhältnisses die verregelte Konfliktbearbeitung durch internationale Regime aus?
(2) Läßt sich die Entwicklungsperspektive der (friedlichen) Ko-Evolution für das Ost-West-Verhältnis auf die Herausbildung von "Ost-West-Regimen" stützen?

3. Für die Region Europa lassen sich Anzeichen finden, die daraufhinweisen, daß eine Verregelung der wichtigsten Konfikte und Problemfelder in den Ost-West-Beziehungen durch internationale Regime nicht nur nicht ausgeschlossen ist, sondern in gewissem Umfange schon vorangeschritten ist.

3.1. Die Verregelung von "low politics"-Konflikten allein indiziert noch nicht die Möglichkeit einer Transformation des Ost-West-Verhältnisses im Sinne einer Entwicklungsperspektive der (friedlichen) Ko-Evolution. Anders aber, wenn diese Verregelung als unabhängig von einem wie auch immer gedeuteten, das gesamte Beziehungsgefüge zwischen Ost und West prägenden "Wesenskern" ausgewiesen werden kann.

3.2. Während die Bearbeitung von "high politics"-Konflikten in den Ost-West-Beziehungen lange Zeit einen hohen Spannungsgrad und mehr oder minder große Regellosigkeit aufwies, haben sich seit dem Ende der sechziger Jahre ("erste Entspannung") jedenfalls in und für Europa die Formen der Bearbeitung auch dieser Konflikte gewandelt und für Verregelungen geöffnet.

3.3. Ein Durchbruch zur Verregelung des Austrags von Konflikten in den Ost-West-Beziehungen im Sinne einer Entwicklungsperpektive der (friedlichen) Ko-Evolution wäre dann erreicht, wenn auch für die Klasse der "Wertekonflikte", die sich aus der unterschiedlichen Beschaffenheit sowjetsozialistischer und demokratisch-kapitalistischer Gesellschaften ergeben, Austragungsmodi institutionalisiert würden, die auf wechselseitig akzeptierten Normen und Regeln beruhen.

4. "Friedliche Ko-Evolution", die von der Verregelung aller drei Klassen von Konflikten in den Ost-West-Beziehungen durch internationale Regime getragen wird, läutet kein Zeitalter der Harmonie ein, sondern bringt den Prozeß der Zivilisation erneut, aber auch revisibel zur Deckung mit der Geschichtskonstanten oder gesellschaftlichen Universalie des Streits.

2. VOM THEORIENSTREIT ÜBER DEN "OST-WEST-KONFLIKT" ZUR ANALYSE DER VERREGELUNG VON KONFLIKTEN IN DEN OST-WEST-BEZIEHUNGEN DURCH INTERNATIONALE REGIME

Methodologisch mag es hilfreich sein, eine Anleihe bei Theoretikern der "Postmoderne" wie Jean Francois Lyotard (vgl. dazu Altwegg/Schmidt 1987; Frank 1988) aufzunehmen und ihrer Argumentation ein Stück weit zu folgen, derzufolge wir in eine Epoche eingetreten seien, in der die umfassenden, "kanonischen Erzählungen" ihre Glaubwürdigkeit und damit ihre legitimierende Kraft eingebüßt haben und von einer Pluralität "kleiner", partikularer "Erzählungen" abgelöst bzw. verdrängt werden. Der "Postmoderne" entspricht - auf der Ebene theoretischer Reflexion - "ein pluralistischer - und kein universaler - Horizont" (Altwegg/Schmidt 1987, S. 149).

Die Ablehnung aller auf universalistische Geltung Anspruch erhebender Globaltheorien und davon abgeleiteter Praxis stellt ein verbreitetes Credo unter den "Postmodernen" dar. Der zur Verbreitung dieser Einsicht aufgewendete aufklärerische Eifer ist zwar nicht frei von einem gewissen Selbstwiderspruch, doch die darin steckende Infragestellung der Geltungsgründe des methodologischen Holismus welcher Couleur auch immer erscheint durchaus berechtigt. Man muß nicht die inhaltlichen Positionen der "Postmodernen" teilen, um die Sackgassen, in die globale System-, Struktur- oder Entwicklungstheorien geführt haben, als methodologische Holzwege zu erkennen. (Ähnlich für den Bereich globaler Entwicklungstheorien Boeckh 1985.)

Vor diesem Hintergrund erscheint die Frage naheliegend, obschon mehr provokativ denn als dezidiertes Programm gemeint, ob nicht auch in der Wissenschaft von den Internationalen Beziehungen eine "postmoderne Wende" ansteht. Nach wie vor spielen in den Internationalen Beziehungen und anderen, benachbarten Teildisziplinen der Politik- und Sozialwissenschaften die "großen", umfassenden "Erzählungen" - Lyotard legt ihnen sogar das Attribut "totalitär" bei (vgl. Frank

1988, S. 21) - eine den wissenschaftlichen Diskurs prägende Rolle. Gerade in dem hier interessierenden Segment der internationalen Beziehungen, dem Ost-West-Verhältnis, kolonisieren die "großen Erzählungen" des Totalitarismus, des Realismus, des Maxismus-Leninismus oder der Neo-Marxismen die Vorstellungswelt von Handelnden und Betrachtern gleichermaßen; Innovationen passen nicht in die Schemata, sie werden entweder ignoriert oder weg-erklärt.

Eine "postmoderne Wende" ließe sich in die These kleiden, daß sich ein - zumindest probeweiser - Abschied von den "großen Erzählungen" wie den holistischen Interpretationen des "Ost-West-Konflikts" und den darauf gegründeten Strategien zugunsten einer hierarchiefreien Vielfalt "kleiner Erzählungen" als wissenschafts- und politikpragmatisch nützlich erweisen könnte. Im Vordergrund stünden dann "Erzählungen", die von Problemfeldern und "issues" in den Ost-West-Beziehungen handeln würden, von den Eigenarten der Akteure, dem Eigengewicht und der Eigendynamik von Institutionen u.ä.m. Man wird die Betonung solcher Aspekte der internationalen Beziehungen kaum als bloß modische Verbeugung vor dem Zeitgeist abtun können, sondern sie als Selbstverständlichkeiten "offener" wissenschaftlicher Analyse anerkennen müssen. Mit anderen Worten: Bezogen auf den Gegenstand dieses Vortrages, die Ost-West-Beziehungen, würde das methodologische Ernstnehmen des "postmodernen" Denkansatzes in den Internationalen Beziehungen Eines zur Folge haben: Nach jahrzehntelangem, wissenschaftlich letztlich fruchtlosem Streit zwischen den unterschiedlichen "großen Erzählungen", die den "Wesenskern" des "Ost-West-Konflikts" aufzudecken und damit den Schlüssel zur Erklärung aller Aspekte dieses Verhältnisses zu finden sich bemühten, würde nunmehr der breiten Vielfalt der Konflikte und Probleme, dem durch sie begründeten politischen Bearbeitungsbedarf und dem darauf bezogenen nicht-uniformen kollektiven Handeln größere politik-analytische Anerkennung zuteil.

Die folgenden Betrachtungen zur "Konflikttransformation durch internationale Regime im Ost-West-Verhältnis" verstehen sich somit in dem Sinne als "postmodern", als sie nicht von einem paradigmatisch geschlossenen Vorverständnis des "Ost-West-Konflikts" ausgehen. Stattdessen wird ein Analysemodell zugrundegelegt, das dazu beiträgt, auf dem Weg über eine analytische Desaggregation der Konflikthaftigkeit der Ost-West-Beziehungen die Entwicklung offenerer, nicht-dogmatischer Bilder von diesem Gegenstand zu ermöglichen. Grundlage dieses Analysemodells ist die Option zugunsten einer trennscharfen Definition des Konfliktbegriffs, die allzu oft in der Disziplin der Internationalen Beziehungen vernachlässigt wird. (Efinger/Rittberger/Zürn 1988, S. 46 ff.) In Anlehnung an Czempiel (1981, S. 199 ff.) soll unter "Konflikt" eine unvereinbare Positionsdifferenz zwischen mindestens zwei Akteuren hinsichtlich der Erzeugung oder Verteilung eines (materiellen oder immateriellen) Gutes verstanden werden. Diese Definition rekurriert also ausdrücklich nicht auf bestimmte Verhaltensweisen der Akteure (z.B. Androhung oder Anwendung von Gewalt) oder auf Merkmalsausprägungen ihrer Interaktionen (z.B. kritische Spannung)[1]; konstitutiv für "Konflikt" ist nach dieser Definition allerdings neben mindestens zwei Akteuren ein Konfliktgegenstand, auf den sich die Positionsdifferenz zwischen den Akteuren bezieht. Aus dieser Begriffsexplikation von Konflikt folgt die analytische Setzung, daß zwischen zwei oder mehr Akteuren kontextabhängig eine Vielzahl unterschiedlicher Konflikte möglich ist, deren Bearbeitung verschiedenartige Formen annehmen kann.

Diese begriffsanalytische Entkoppelung von "Konflikt" und "Konfliktverhalten" schließt mitnichten die Annahme ein, zwischen diesen beiden Klassen von Phänomenen bestünden keine empirisch beobachtbaren, quasi-invarianten Beziehungen. Tatsächlich liegt die Vermutung nahe, daß sich mehr oder

---

[1] Auf die Andersartigkeit der Begriffsbildung bei Link (1988, S. 35 ff.) und die darin eingeschlossene Vorentscheidung zugunsten einer holistischen Konfliktanalyse sei ausdrücklich hingewiesen.

minder enge Zusammenhänge zwischen verschiedenen Konflikttypen einerseits und unterschiedlichen Formen der Konfliktbearbeitung andererseits ausweisen lassen.

Als forschungspragmatisch fruchtbar kann eine auf Vilhelm Auberts (1972) und Louis Kriesbergs (1982) Beiträge zur allgemeinen Konflikttheorie zurückgehende typologische Unterscheidung zwischen Wertekonflikten, Mittelkonflikten und Interessenkonflikten gelten. Als Wertekonflikt wird eine Positionsdifferenz über den normativen Status eines Objekts oder einer Handlung angesehen; entscheidend ist, daß die Akteure "unterschiedliche Sachen" um ihrer selbst willen erstreben. Mittelkonflikte liegen bei Positionsdifferenzen über Strategien vor, die zur Erreichung eines Ziels, über das zwischen den Akteuren Konsens besteht, verfolgt werden sollen. Von Interessenkonflikten ist die Rede, wenn von mehreren Akteuren dasselbe knappe Gute begehrt wird. Je nachdem ob dieses Gut um seiner selbst willen unabhängig davon, wieviel die anderen Akteure von diesem Gut haben, erstrebt wird oder nicht, liegt ein Interessenkonflikt über ein absolut oder über ein relativ bewertetes Gut vor.

Eine naheliegende Klassifikation der Formen der Konfliktbearbeitung könnte deren Gewaltförmigkeit bzw. Gewaltfreiheit zur Grundlage haben. Eine andere, damit eng verbundene Typologie könnte auf der Unterscheidung zwischen Regellosigkeit und Regelbestimmtheit der Konfliktbearbeitung beruhen. Zwar besteht zwischen beiden Typenbildungen keine vollständige Deckungsgleichheit - z.B. würde es sich bei militärischen Sanktionen gegen einen "Aggressor" im Rahmen eines Systems kollektiver Sicherheit um regelgeleitete gewaltsame Konfliktbearbeitung handeln -, doch zeigt gerade dieses eher kontrafaktische Beispiel, daß Konflikte dann zumeist ohne Einmischung gewaltförmigen Handelns bearbeitet werden, wenn sich die Akteure beim Konfliktaustrag von gemeinsam anerkannten Regeln und Normen leiten lassen - zumal die gewaltförmigen Sanktionsmechanismen der "kollektiven Sicherheit" gerade durch besonders schwerwiegende Regel- und Normverletzungen ausgelöst werden.

Internationale Regime, d.h. die Verregelung des Austrags von Konflikten aufgrund gemeinsam anerkannter Normen und Prinzipien,[2] stellen Innovationen im Ost-West-Verhältnis dar, in denen sich eine möglicherweise entscheidende Transformation nicht der Konflikte (genauer: Konfliktgegenstände), sondern der Art der Konfliktbearbeitung in den Ost-West-Beziehungen manifestiert. Die Frage nach den Bedingungen der Möglichkeit internationaler Regime in den Ost-West-Beziehungen als Innovationen der Konfliktbearbeitung verweisen zurück auf die Konflikttypologie(n). Stark verallgemeinert erweisen sich Mittel- und Interessenkonflikte über absolut bewertete Güter als eher der Verregelung des Konfiktaustrags durch internationale Regime zugänglich als Interessenkonflikte über relativ bewertete Güter oder gar Wertekonflikte. (Efinger/Rittberger/Zürn 1988, S. 43 ff, 112 ff) Indessen läßt diese bloß probabilistische Abhängigkeit der Konfliktbearbeitung vom Konflikttyp die Offenheit der Entwicklung der Ost-West-Beziehungen augenfällig werden; d.h. selbst Wertekonflikte schließen den verregelten Konfliktaustrag in Gestalt internationaler Regime nicht aus. Die realen Möglichkeiten des Gelingens wie des Scheiterns unterschiedlich ausgestalteter internationaler Regime in den Ost-West-Beziehungen als Form friedlicher Konfliktbearbeitung rechtfertigen es, die Trans-

---

[2] Ein internationales Regime besteht aus einer Menge von Vorschriften, durch deren Befolgung sich die Staaten ihrer Entscheidungsfreiheit über die Art der Bearbeitung von Konflikten (in der Zukunft) begeben. Die einem internationalen Regime unterworfenen Konfliktgegenstände werden daher von den beteiligten Staaten nicht mehr regellos, sondern auf der Grundlage gemeinsam anerkannter Prinzipien, Normen, Regeln und Entscheidungsverfahren bearbeitet. Regelhaftes Verhalten allein ist demgegenüber noch kein Beleg, obschon häufig ein Indiz für die Existenz eines internationalen Regimes, da es auch durch "Strukturzwänge" beispielsweise des Marktmechanismus erzeugt werden kann. - Zur Regimeanalyse generell vgl. auch Rittberger 1988.

formationsfrage an diesen und nicht an den Konfliktgegenständen festzumachen.

3. DIE KONFLIKTHAFTIGKEIT DES OST-WEST-VERHÄLTNISSES ALS BEDINGUNG UND SCHRANKE INTERNATIONALER REGIME

Die zuvor aufgestellte Behauptung, daß internationale Regime eine institutionelle Innovation in den Ost-West-Beziehungen darstellen, die zwar nicht die Konfliktgegenstände, wohl aber die Konfliktbearbeitung dauerhaft verändert, bedarf zu ihrer Stützung vertiefender Reflexionen über die Konflikthaftigkeit des Ost-West-Verhältnisses ebenso wie über die aus dieser Konflikthaftigkeit folgende Bestimmtheit oder Unbestimmtheit kollektiven Konfliktverhaltens.

Die Transformation der Konfliktbearbeitung durch internationale Regime manifestiert sich nicht zuletzt in der Zurückdrängung der Elemente der Drohung und der Gewalt in den internationalen Beziehungen der beteiligten Staaten. Diese Friedensleistung internationaler Regime setzt aber letztlich voraus, daß keiner der von den Beteiligten als bedeutsam erachteten Konfliktgegenstände von der Tendenz zur Verregelung ausgespart bleibt. Ihrem Begriff nach beziehen sich internationale Regime als eine Form der regelgeleiteten Konfliktbearbeitung nur auf angebbare Konfliktgegenstände oder abgrenzbare Problemfelder ("issue-areas"). "Krieg" und "Frieden" bezeichnen demgegenüber Interaktionsmuster, die die Gesamtheit der Beziehungen zwischen zwei oder mehr Akteuren umfassen. Das heißt, daß es keine konfliktgegenstands- oder problemfeldspezifischen Kriege gibt, obschon bestimmte Konflikte dem Ausbruch von Kriegen in aller Regel zugrundeliegen. Wenn also die These erhärtet werden soll, daß die Transformation der Konfliktbearbeitung in den Ost-West-Beziehungen durch internationale Regime friedenspraxeologisch von grundlegender Tragweite ist, bedürfen folgende Fragen der Klärung:

(1) Wird die Bearbeitung von Konflikten im Ost-West-Verhältnis durch angebbare Merkmalsausprägungen dieses Beziehungsgeflechts ("Wesenskern") dergestalt präformiert, daß diesen "Wesenskern" konstituierende Konfliktgegenstände keiner regelgeleiteten Konfliktbearbeitung durch internationale Regime zugänglich sind und damit einer friedlichen Transformation der Ost-West-Beziehungen entgegenstehen?

(2) Oder erweist sich die Frage nach der Konflikttransformation durch internationale Regime im Ost-West-Verhältnis schon deswegen als überflüssig, weil ohnehin mit einer zur "Konvergenz" treibenden gesellschaftlichen Entwicklung in Ost und West zu rechnen ist, in deren Folge alle als bedeutsam erachteten Konflikte zwischen Ost und West ihrer Gegenstände verlustig gehen werden?

3.1. Als in der Tat überflüssig gestaltete sich die Untersuchung der Frage, ob und wie sich die Bearbeitung von Konflikten in den Ost-West-Beziehungen durch internationale Regime als dauerhafte Transformation dieses Beziehungsgeflechts identifizieren läßt, wenn diese Konflikte selbst, und eben nicht ihre Bearbeitung, als Folge von gesellschaftlichen "Konvergenz"prozessen in Ost und West transformiert würden. Transformation wäre in diesem Fall gleichbedeutend mit Konfliktlösung auf der Grundlage des Wegfalls von Konfliktgegenständen, die das Verhältnis der Konfliktparteien zueinander maßgeblich bestimmten.

Vor allem in den 60er Jahren gewannen im Zusammenhang mit einer seinerzeit viel diskutierten Tendenz der "Entideologisierung" bzw. eines "End of Ideology" sog. Konvergenztheorien als Vorboten einer "Entspannung" im Ost-West-Verhältnis beträchtliche Popularität. (Vgl. von Bredow 1972) Von ganz unterschiedlichen Ausgangspunkten herkommend glaubten Konvergenztheoretiker, säkulare Annäherungsprozesse zwischen den beiden scheinbar unvereinbaren Sozialsystemen des Kapitalismus und des Sozialismus ausmachen zu können. (Bress 1984; 1986) Im Westen legten sie ihrer Erwartung die als gleichsam unaufhaltsam gedeutete Zunahme staatlicher Interventionen in gesellschaftliche Prozesse zugrunde. Im Osten extrapolierten sie die ersten Versuche einer Dezentralisierung des Herrschaftsapparates und der Zurücknahme der parteikommunistischen Monopolherrschaft gekoppelt mit marktorientierten Experimenten. Die - nach dieser Auffassung - in diesen Tendenzen sich abzeichnende Annäherung in der Beschaffenheit der beiden großen Sozialsysteme der Gegenwart wurde als strukturelle Konsequenz der Entwicklung von sowohl kapitalistischen als auch sozialistischen Gesellschaften zu sog. Industriegesellschaften und den daraus sich ergebenden Funktionserfordernissen gesehen. (Vgl. zu den grundlegenden stadientheoretischen Annahmen W.W. Rostow 1960; für eine teilweise negative Konvergenzbeobachtung Galbraith 1973, Kap. XXIX; Anwendungen auf das Ost-West-Verhältnis finden sich bei Zellentin 1970, Kap. 5 und passim, sowie bei Galtung 1973.

Die spätere Entwicklung sowohl der Ost-West-Beziehungen als auch der innergesellschaftlichen Verhältnisse in Ost und West, vor allem in der Zeit zwischen der Mitte der 70er und der Mitte der 80er Jahre, schien den Kritikern der Konvergenztheorien vorbehaltlos rechtzugeben. Einerseits bestätigte sich in den zwischenstaatlichen Beziehungen zwischen Ost und West die von Autoren wie Zellentin u.a. (1976) herausgearbeitete "Dialektik zwischen Annäherung und Abgrenzung" nur allzu sichtbar. Zum anderen stieß die für die kapitalistischen Gesellschaften angenommene unaufhaltsame Zunahme staatlicher Interventionen in gesellschaftliche Prozesse angesichts der neokonservativen Wende in den wichtigsten westlichen Ländern an deutlich markierte Grenzen; stattdessen fanden Strategien der "Deregulierung" und der "Privatisierung" großen Anklang. Und schließlich blieben auch die wirtschaftlichen Reformansätze in den staatssozialistischen Ländern, ganz zu schweigen von den politischen, weit hinter den Extrapolationen der Konvergenztheoretiker zurück - zumal solcher, die unter der industriegesellschaftlich bedingten

"Konvergenz" eine asymmetrische Anpassung des sozialistischen Systems an das kapitalistische verstanden.

Mit der Wiederbelebung der "Entspannung" in den Ost-West-Beziehungen ab der Mitte der 80er Jahre und dem Bewußtwerden von sozialsystemar unspezifischen Gefahren, die z.B. von der globalen Umweltzerstörung und der Ausbreitung der sog. Neuen Technologien ausgehen, ist eine Wiederaufnahme der "Konvergenz"diskussion in Publizistik und Wissenschaft in veränderter Form nicht auszuschließen. Das intellektuelle Gewand, in das eine solche Diskussion schlüpfen müßte, wären Spielarten der Systemtheorie. Die Ironie der Geschichte würde es dann so wollen, daß die Diskussion über die systemtranszendierenden Voraussetzungen und Folgen der sog. postindustriellen oder Informations-Gesellschaft sich des ärgsten Feindes der philosophischen "Postmoderne", der holistischsten aller Theorien bediente.

Das neue "Konvergenz"denken läßt sich denn auch eindrucksvoll am Beispiel neuerer Veröffentlichungen von Damus (1986, 1987) illustrieren. In einem mit "Die Legende der Systemkonkurrenz" überschriebenen Aufsatz führt sie aus:
"Der *'Wettkampf der Systeme'* im Sinne einer realen Konkurrenz zwischen unterschiedlichen Gesellschafts- und Wertsystemen war schon immer ein, allerdings glaubhaft machbares, <u>Phantom der Herrschenden aufgrund bestimmter historischer Bedingungen.</u>" (1987, S. 75; Hervorhebung von mir)

Man mag Damus durchaus insoweit folgen, als sie den Sozialismus sowjetischer Prägung und den westlichen Kapitalismus als Ausprägungen <u>eines</u> Zivilisationsmodells zu begreifen sucht, wenngleich auf dieser Abstraktionsebene der Informationsgehalt solcher Aussagen drastisch sinkt. Anders formuliert, kann es nicht darum gehen zu bestreiten, daß die Gesellschaften in Ost und West viele Gemeinsamkeiten aufweisen, und daß diese Gemeinsamkeiten künftig noch zunehmen können. Das rechtfertigt jedoch noch nicht, die vorhandenen Positionsdifferenzen unterschiedlichster Art als herrschaftsstrategischer

Manipulation entsprungene "Phantome", somit als "irreale" oder Scheinkonflikte abzutun - oder sie wiederum holistisch umzufirmieren, indem an die Stelle des Ausdrucks "Systemkonkurrenz" der des "Hegemoniekonflikts" tritt. Da schon die Systemhomogenität im kapitalistischen Westen und im sozialistischen Osten keine konfliktfreien zwischenstaatlichen Beziehungen zu garantieren vermag, wird die sozialsystemare und politisch-konstitutionelle Heterogenität zwischen Ost und West erst recht nicht die Annahme eines von realen Konflikten freien internationalen Beziehungsgeflechts stützen können.

Konflikte zwischen staatlich verfaßten Gesellschaften verstanden als Positionsdifferenzen über angebbare Konfliktgegenstände wird es geben, solange es Staaten gibt - sie sind unaufhebbare Voraussetzung und Folge der für den Staat konstitutiven Protektion "nationaler" Interessen in der internationalen Umwelt. Anders aber ihre Bearbeitung; Kriege muß es - entgegen Krippendorffs wiederholt vorgetragener These (vgl. zuletzt Krippendorff 1985) - bei zwischenstaatlichem Konfliktaustrag nicht geben. Die friedliche Behandlung von Konflikten zumal zwischen Ost und West kann angesichts der im Vernichtungspotential der beteiligten Staaten begründeten Überlebensbedrohung für die Menschheit als moralischer Imperativ formuliert werden, der nicht nur schlicht idealistisch, sondern auch rationalistisch begründet werden kann. Nichtsdestoweniger muß sich die friedliche Behandlung von Konflikten zwischen Staaten auch als reale historische Erfahrung ausweisen lassen. Als eindrucksvollstes Beispiel der friedlichen Behandlung zwischenstaatlicher Positionsdifferenzen mögen die innerskandinavischen Beziehungen dienen: Die Praxis eines von Anwendung oder Androhung von Gewalt freien, von gemeinsamen Normen und Regeln geleiteten Umgangs mit Konflikten hat sich in diesem Segment der Staatenwelt soweit durchgesetzt, daß es von Karl W. Deutsch schon sehr früh unter seine Kategorie der "pluralistischen Sicherheitsgemeinschaft" subsumiert wurde. (Vgl. Deutsch et al. 1957, S. 29 f., 65 f., 156; 1968, S. 194)

Peter Schlotter (1982) hat - noch unter dem Eindruck der "Entspannung" in den Ost-West-Beziehungen in den 70er Jahren - die Auffassung vertreten, die von Deutsch kreierte Kategorie der pluralistischen Sicherheitsgemeinschaft passe zunehmend auch auf die Entwicklung der Ost-West-Beziehungen in Europa. Dieser Vorschlag hat sich zumindest als voreilig erwiesen; zudem ist er anfällig für konvergenztheoretische Begründungen. Um überzogenen Analogien und irreführenden Extrapolationen zu entgehen, empfiehlt es sich daher, die Analyse der friedlichen Behandlung von Konflikten im Ost-West-Verhältnis als Folge ihrer Verregelung durch internationale Regime in eine weniger holistisch definierte Entwicklungsperspektive als die der "pluralistischen Sicherheitsgemeinschaft" einzubetten, sondern sie im Rahmen eines Modells der "Ko-Evolution" von teils vielfältig differenten, teils vielfältig ähnlichen Gesellschaften durchzuführen. (Dazu schon Rittberger/Werbik 1987) Die Entwicklungsperspektive der Ko-Evolution zwischen Ost und West ist nicht durch die wechselseitige Anpassung der Gesellschaften derart definiert, daß sie zu nahezu beliebig herstellbaren Klonen der jeweils anderen oder zu bloßen Vollzugsorganen der Funktionsnotwendigkeiten der "wissenschaftlich-technischen Revolution" werden. Ausgehend von der Prämisse der Unabgeschlossenheit bzw. Zieloffenheit der Geschichte lenkt das Konzept der Ko-Evolution das Augenmerk auf die kollektiven Möglichkeiten, die den auf Empathie und Toleranz beruhenden Austauschprozessen zwischen Gesellschaften innewohnen: als deren Resultat erhöhen sich die Chancen, daß es in den beteiligten Gesellschaften zu Innovationen kommt, die deren Reproduktion verbessern, ohne sie notwendigerweise einander anzugleichen. Ko-Evolution in diesem Verständnis impliziert nun als konstitutiven Bestandteil einen institutionellen Rahmen zur Optimierung kollektiven Lernens und zur Minimierung von Transaktionskosten. Dem dient die Transformation der Bearbeitung von Konflikten durch internationale Regime. Je umfassender, effektiver und verteilungsgerechter diese Transformation der Konfliktbearbeitung im Ost-West-Verhältnis ausfällt, desto eher wird die Ko-Evolution zwischen Ost und West als "friedliche" gekennzeichnet werden können.

3.2. Erweist sich die Frage nach der Konflikttransformation durch internationale Regime im Ost-West-Verhältnis durch die Zurückweisung konvergenztheoretischer Deutungen als keinesfalls überflüssig, so muß noch der Einwand bedacht werden, daß es einen "Wesenskern" des als "Konfliktformation" begriffenen Ost-West-Verhältnisses geben könnte, an dem die Entwicklungsperspektive der (friedlichen) Ko-Evolution scheitern müßte, weil er der Verregelung durch internationale Regime verschlossen bleibt. Anders formuliert, geht es um die These, daß die Ost-West-Beziehungen durch "Strukturen" definiert "als restriktive Bedingungen für Prozesse" (Senghaas 1973, S. 14) geprägt sind, die eine friedliche Behandlung aller Konflikte im Ost-West-Verhältnis ausschließen. Dieser These zufolge kann die Konflikttransformation nur am Wegfall oder an der Beseitigung der als fundamental erachteten Konfliktgegenstände festgemacht werden; sie impliziert ein kategorisches Verständnis von Frieden und steht im Widerspruch zu einer Vorstellung von Frieden als Prozeßmuster der internationalen Politik. (Vgl. Czempiel 1986, S. 47 ff.)

Viele Analytiker des Ost-West-Verhältnisses, die diesen auf einen "Wesenskern" zurückführen und daraus die zwischen den Beteiligten vorherrschenden Interaktionsmuster ableiten bzw. erklären wollen, begreifen diesen "Wesenskern" als System- oder Ordnungskonflikt, d.h. als eine in umfassender Weise verhaltensbestimmende Inkompatibilität von grundlegenden institutionellen Arrangements in Ost und West. Friedliche internationale Beziehungen im Ost-West-Verhältnis kann es demnach erst geben, wenn diese Inkompatibilität entfallen ist. Die Verregelung der Bearbeitung von Konflikten durch internationale Regime ist in dieser Sichtweise wohl möglich, beschränkt sich aber auf nicht vom "Wesenskern" erfaßte Konfliktgegenstände und bleibt demzufolge auch ohne Auswirkungen auf das Gesamtverhältnis.

Andere Autoren, die sich ebenfalls eingehend der Analyse des Ost-West-Verhältnisses gewidmet haben, betonen, daß es sich seinem "Wesen" nach um einen in der Geschichte der Staatenwelt wiederkehrenden "Großmachtkonflikt" - manche sprechen auch vom "Hegemoniekonflikt" - handele, der in deren anarchischer Verfassung und dem darin begründeten Sicherheitsdilemma der Staaten schon strukturell - also ohne Rekurs auf vulgär-anthropologische Annahmen wie die der "lust for power" o.ä.m. - angelegt sei. Wiederum wird aus der Hypostasierung einer grundlegenden Inkompatibilität auf eine weitgehende Invarianz des Verhaltensrepertoires der Staaten geschlossen. Institutionelle Innovationen der Konfliktbearbeitung in Gestalt ihrer Verregelung durch internationale Regime und erst recht die Vorstellung, daß diese Art der Konflikttransformation konstitutiver Bestandteil (friedlicher) Ko-Evolution zwischen Ost und West sein könnte, haben in diesem "realistischen" Bild des Ost-West-Verhältnisses keinen Platz.[3]

Allen genannten, mehr oder minder holistischen - und damit hinter der "Postmoderne" herhinkenden - Analyseansätzen liegt die Vorstellung von einem das Staatenverhalten weitgehend präformierenden "Wesenskern" des als "Konflikt" oder "Konfliktformation" vermeintlich erschöpfend begriffenen Ost-West-Verhältnisses zugrunde. Die Hartnäckigkeit, mit der sich die Annahme von einem solchen "Wesenskern" gehalten hat und noch hält, nährt die Neigung zur Mystifikation des Ost-West-Verhältnisses und damit zusammenhängend die Gefahr, die Chancen der Konflikttransformation auf der Ebene der Konfliktbearbeitung zu ignorieren.

Die Beweislast in der Debatte über das heuristisch wie praktisch fruchtbarere Verständnis des Ost-West-Verhältnisses

---

[3] Für den "Realisten" gibt es keine Evolution. Das für die Prozesse der internationalen Politik konstitutive Strukturelement der "Anarchie" und daraus folgend des "Sicherheitsdilemmas" läßt sich nur durch den "revolutionären" Sprung zum Weltstaat überwinden.

liegt letztlich bei denen, die ihre Position auf die Annahme eines durch seinen "Wesenskern" bestimmten "Ost-West-Konflikts" gründen.[4] Sie müßten zumindest plausibel machen, wenn nicht gar überzeugend darlegen, daß ohne eine derartige Annahme das Verhalten der Staaten in den Ost-West-Beziehungen nicht exakt genug beschrieben und schlüssig erklärt werden könne. Beides ist indes zu bezweifeln. Diesem Zweifel kommt freilich umso mehr Gewicht zu, je deutlicher gezeigt werden kann, daß eine theoretisch wie praxeologisch befriedigende Analyse auch ohne derartige Annahmen auskommt.

4. TENDENZEN DER HERAUSBILDUNG VON OST-WEST-REGIMEN IN EUROPA

Eine unvoreingenommene, nicht von spektakulären Ereignissen geblendete und die gesamte Bandbreite internationaler Beziehungen berücksichtigende Betrachtung des Ost-West-Verhältnisses, zumal in Europa, kann nicht umhin, auch die kooperativen, z.T. durch Regelwerke institutionalisierten Konflikt- und Problembearbeitungen zwischen Ost und West zur Kenntnis zu nehmen und sie hinsichtlich der Bedingungen ihrer Möglichkeit ebensowie in bezug auf ihre Folgen für das Ost-West-Verhältnis zu würdigen. Kooperative oder gar verregelte Konflikt- und Problembearbeitungen stellen keineswegs einen Fremdkörper in den Ost-West-Beziehungen dar; freilich sind diese Formen der Konfliktbearbeitung noch bei weitem nicht so allgegenwärtig, daß sie sich zu einem eindeutig identifizierbaren, dominanten Prozeßmuster der Ost-West-Beziehungen hätten verdichten können. Indem wir von einer hohen, aber nicht homogenen, analytisch desaggregierbaren Konflikthaftigkeit der Ost-West-Beziehungen ausgehen, und um die Reich- und Tragweite der Verregelung von Ost-West-Konflikten durch internationale Regime genauer bestimmen zu können, erscheint es uns hilfreich, die Konflikte in den Ost-West-Beziehungen-

---

[4] Eine Grundregel rationalen Denkens besagt, daß die Existenz eines angenommenen oder behaupteten Sachverhalts bzw. die Validität eines analytischen Konstrukts und nicht deren Abwesenheit belegt werden muß.

unter Berücksichtigung der oben (Abschn. 2) eingeführten analytischen Konflikttypologie - in drei Klassen zusammenzufassen und sie in eine Rangordnung zu bringen, die den Grad ihrer Eignung für kooperative Bearbeitung bzw. ihrer Regimetauglichkeit widerspiegelt.

(1) In der ersten Klasse finden sich jene "normalen" zwischenstaatlichen und -gesellschaftlichen Konflikte (auch "low politics"-Konflikte genannt), wie sie zwischen allen, auch noch so ähnlichen, verflochtenen und einander mit positiven Kollektivbildern begegnenden Gesellschaften immer wieder auftreten. Dabei handelt es sich zumeist um Interessenkonflikte über absolut bewertete Güter oder um Mittelkonflikte, deren Tauglichkeit für Formen der kooperativen oder verregelten Bearbeitung als relativ hoch anzusetzen ist. Beispiele hierfür sind Umweltkonflikte, wie sie z.B. zwischen Fluß- und Meeresanrainerstaaten, aber auch bei weiträumiger Luftverschmutzung, häufig vorkommen.

(2) Eine weitere Klasse bilden die "dramatischen" Konflikte zwischen Staaten über Gebietsherrschaft, Einflußsphären, Machtprojektion u.ä.m. ("high politics"-Konflikte). Diese Positionsdifferenzen über Aspekte von Sicherheit und Status der Staaten können in der Regel dem Typus des Interessenkonflikts über relativ bewertete Güter subsumiert werden. Konflikte dieser Gattung lassen sich wesentlich schwerer kooperativ bearbeiten oder einem wirksamen Regelwerk auf Dauer unterwerfen. Aber auch hierfür lassen sich mannigfache Beispiele aus der jüngeren Geschichte der internationalen Beziehungen in Europa anführen - man denke nur an die Regelungen der Saarfrage und des Berlinproblems, des Südtirolkonflikts und der österreichischen Neutralität. Aber auch die Rüstungskontrollbestimmungen des WEU-Vertrages und erst recht die Europa betreffenden oder tangierenden Rüstungskontrollabkommen zwischen Ost und West fallen in diese Kategorie.

(3) Zur dritten Klasse zwischenstaatlicher Konflikte in den Ost-West-Beziehungen gehören jene, deren Gegenstände sich

direkt aus der Verschiedenartigkeit der Herrschaftssysteme und ihrer Legitimation ergeben. Diese "symbolträchtigen" Konflikte sind dem Typus des Wertekonflikts zuzurechnen, dessen Bearbeitung durch Kooperation oder gar Verregelung in Gestalt internationaler Regime eine eher geringe Wahrscheinlichkeit aufweist. Bi- und multilaterale Bemühungen zur Gewährleistung von Menschenrechten illustrieren die Ansätze, Positionsdifferenzen über die Verteilung von Teilhabechancen in Staat und Gesellschaft - dieseits wie jenseits der Grenzen des eigenen Staates - einvernehmlich zu verringern bzw. die Herstellung und Umsetzung eines solchen Einvernehmens einem besonderen Regelwerk zu unterstellen.

4.1. Wenden wir uns zunächst den "normalen" internationalen Konflikten zu, so besagt unsere theoretisch begründete Erwartung, daß auch im Ost-West-Verhältnis diese Klasse von Konflikten relativ häufig eine kooperative oder gar eine verregelte Konfliktbearbeitung durch internationale Regime erfährt. Diese Erwartung kann als empirisch bestätigt gelten. Allerdings bleibt die Frage, ob dieser Befund schon ein ausreichendes Indiz dafür liefert, daß sich eine so weitreichende Konflikttransformation im Ost-West-Verhältnis abzeichnet, daß sich darauf eine Entwicklungsperspektive der (friedlichen) Ko-Evolution gründen läßt. Eine Klärung dieser Frage wird sich daraus ergeben, ob zur Analyse oder Deutung der Art der Bearbeitung "normaler" Konflikte jene Annahmen über einen "Wesenskern" des "Ost-West-Konflikts" erforderlich sind, die in holistischen Analyseansätzen eine zentrale Rolle spielen. Anders formuliert, geht es hier darum zu prüfen, ob der "Wesenskern" des "Ost-West-Konflikts", wie immer auch im einzelnen spezifiziert, in vorhersagbarer Weise die Art der Konfliktbearbeitung determiniert und regellose bzw. unkooperative Bearbeitungsformen begünstigt.

Ein gutes Fallbeispiel für diese Klasse "normaler" Konflikte in den Ost-West-Beziehungen bieten zwischenstaatliche Positionsdifferenzen über das Ausmaß und die Verteilung der

Vorteile und Lasten grenzüberschreitender Umweltnutzungen.[5] Umweltkonflikte, die sich z.B. aus unvereinbaren Nutzungsanforderungen der Anrainerstaaten von Flüssen und Meeren ergeben, müßten entsprechend den holistischen Auffassungen über den "Ost-West-Konflikt" im Ost-West-Verhältnis anders als im Verhältnis z.B. zwischen westlichen Industriestaaten bearbeitet werden, wohingegen nach dem hier vertretenen Ansatz keine derartigen Differenzierungsmuster auftreten dürften. Konkreter gefaßt, besagt die nachfolgend zu diskutierende These, daß die Formen der Bearbeitung von Nutzungskonflikten zwischen den Nordseeanrainerstaaten sich nicht merklich von denen unterscheiden, die sich zwischen den Ostseeanrainerstaaten herausgebildet haben.

Tatsächlich weist die genaue Betrachtung dieser beiden Fälle in die von unserer These vorgezeichnete Richtung. Nachdem die erste internationale Konferenz zum Schutze der Nordsee vor weiterer Verschmutzung 1984 in Bremen weitgehend gescheitert war, kam es auf der zweiten Konferenz, die im November 1987 in London stattfand und an der alle acht Anrainerstaaten teilnahmen, erstmals zu gehaltvollen Vereinbarungen mit dem Ziel, vor allem die Meeresumwelt belastende Nutzungen einem wirksamen Regelwerk zu unterwerfen. Angesichts der beharrlichen Bremserrolle besonders der britischen Regierung gegenüber kostenaufwendigen umweltschützenden Vorschriften befindet sich aber die Entwicklung eines Umweltregimes für die Nordsee bestenfalls in einem Embryonalzustand.

Auf der anderen Seite haben sich für den Bereich der Ostsee seit dem Beginn der 70er Jahre eine Reihe multilateraler Regelwerke herausgebildet, die eine umweltverträgliche Koordination und Kooperation der sieben Anrainerstaaten

---

5   Im folgenden stütze ich mich u.a. auf die Arbeitspapiere von Manfred Efinger/Michael Zürn: Umweltschutz und die Ost-West-Konfliktformationen, Tübingen 1988, 23 S. (masch.schr.) und Martin List: Zwischenbericht zur Fallstudie "Ostseeeinhaltungsregime", Tübingen 1988, 11 S. (masch.schr.).

bezwecken, obschon diese teils unterschiedlichen Blöcken angehören oder teils sich als Neutrale oder Nichtpaktgebunde verstehen. Zwar scheiterte 1969/70 der Versuch, ein spezielles Abkommen zur Verhütung und Bekämpfung der Ölverschmutzung abzuschließen, an der zwischen den beiden deutschen Staaten damals noch virulenten Anerkennungsproblematik. Doch schon 1973 erfolgte die Unterzeichnung des sog. Danziger Abkommens über die Fischerei und den Schutz der lebenden Ressourcen in der Ostsee und in den Belten, das bereits 1974 in Kraft trat. Im gleichen Jahr kam es noch zum Abschluß der sog. Helsinki-Konvention über den Schutz der Meeresumwelt des Ostseeraumes, die bis Ende der 70er Jahre von allen Ostseeanrainerstaaten ratifiziert wurde und seit 1980 in Kraft ist. Ungleich deutlicher als im Falle der Nordsee läßt sich somit für die Ostsee ein aus diesen Übereinkommen sich ergebendes Regelwerk identifizieren, das alle Merkmale eines internationalen Umweltregimes aufweist.

Um Mißverständnissen vorzubeugen, sei klarstellend hinzugefügt, daß die Dichte und Effektivität der die lebenden Ressourcen und die Meeresumwelt der Ostsee vor Übernutzung schützenden Regelwerke vom ökologischen Standpunkt aus noch überaus unbefriedigend sind. Aus dem Vergleich der beiden Fälle, d.h. der Entwicklung internationaler Nutzungs- bzw. Umweltregime für die Nordsee und für die Ostsee, läßt sich indessen die Schlußfolgerung ziehen, daß das ökologisch nach wie vor defizitäre Ostseeregime wohl kaum dadurch erklärt werden kann, daß der "Ost-West-Konflikt" ökologisch befriedigendere Regelungen bzw. deren Implementation verhindert hat. Das Nachhinken in der Entwicklung eines Nutzungs- und Umweltregimes für die Nordsee stärkt die Vermutung, daß andere Faktoren für die Herausbildung solcher institutionalisierter Formen der kooperativen Problem- und Konfliktbearbeitung ausschlaggebend sind.

4.2. Als näherliegend könnte demgegenüber die Auffassung gelten, daß für den Austrag "dramatischer" Konflikte über die Sicherheit und den Status von Staaten die "Natur" des "Ost-

West-Konflikts" von entscheidender Bedeutung ist. Unter Zugrundelegung der verschiedenen holistischen Interpretationen des "Ost-West-Konflikts", vor allem solcher, die seinen "Wesenskern" in der Macht- oder Hegemoniekonkurrenz zwischen den von den zwei Supermächten geführten Blöcken erblicken, wäre zu folgern, daß eine Kooperation oder Koordination implizierende verregelte Konfliktbearbeitung bei dieser Klasse von Konflikten ausgeschlossen ist. Auch unsere konflikttheoretisch entwickelten Hypothesen über den Zusammenhang zwischen Konflikttypen und Formen der Konfliktbearbeitung setzen die Wahrscheinlichkeit einer verregelten Konfliktbearbeitung durch internationale Sicherheitsregime als relativ niedrig an, weil es sich um Konflikte des Typus des Interessenkonflikts über relativ bewertete Güter handelt. Doch negiert dieser Analyseansatz mitnichten die Möglichkeit der Entstehung von Sicherheitsregimen auch im Ost-West-Verhältnis, da auf die Wahl der Konfliktbearbeitung noch andere Faktoren einwirken. Tatsächlich läßt sich im Zuge der sog. Entspannung in den Ost-West-Beziehungen ein Wandel in den Formen der Konfliktbearbeitung bei sicherheits- und statuspolitischen Streitfragen vom regellosen, sogar kriegsträchtigen Konfliktaustrag zur institutionalisierten Konfliktregulierung oder gar Konfliktbeendigung beobachten. Die sich aufgrund dieser Feststellung aufdrängende Frage kann somit dahingehend formuliert werden, ob zur Erklärung dieses Wandels die Annahme erforderlich ist, daß sich die "Natur" des "Ost-West-Konflikts" in angebbarer Weise verändert habe.

Als Beispiel sei auf den Komplex der sog. Deutschen Frage nach 1945 eingegangen: Mit dem endgültigen Zusammenbruch des Viermächteregimes für das besiegte Deutschland im Jahre 1948 prägten die mit der "Deutschen Frage" zusammenhängenden Konflikte, wie der "Anerkennungskonflikt" zwischen der Bundesrepublik Deutschland und der DDR, der Konflikt über die "Oder-Neiße-Grenze" und nicht zuletzt der Konflikt über den "Status von und Zugang nach Berlin" die Ost-West-Beziehungen in Europa in besonders nachhaltiger Weise. Dies vor allem deshalb, weil ihre Austragungsformen sich generell durch

Regellosigkeit auszeichneten, sogar kriegsträchtige Krisen einschlossen und von einer aggressiven Rhetorik begleitet waren. Kooperative Konfliktbearbeitung in institutionalisierter Form, gar durch Errichtung internationaler Regime, schien unerreichbar; soweit sich in der Ost-West-Diplomatie jener Zeit Anzeichen für Kooperationswilligkeit ergaben, wurden sie schnell als Taktik oder als besonders raffinierte Variante der "psychologischen Kriegsführung" bzw. des "ideologischen Kampfes" denunziert. Somit drängt sich die Schlußfolgerung auf, daß jedenfalls für die sog. Kalte-Krieg-Phase der Ost-West-Beziehungen von einer weitgehenden Entsprechung zwischen dem aufgrund holistischer Deutungen des "Ost-West-Konflikts" zu erwartenden Konfliktaustrag und den tatsächlich beobachtbaren Formen der Konfliktbearbeitung gesprochen werden kann.

Dies trifft nun aber nicht für die sog. Entspannung in den Ost-West-Beziehungen vor allem in der Zeit vom Ende der 60er bis zur Mitte der 70er Jahre zu. In ihrem Verlaufe wandelten sich die Formen der Bearbeitung jener Konflikte, die dem Komplex der sog. Deutschen Frage zugerechnet wurden, von Grund auf. Durch den Abschluß der sog. Ostverträge zwischen der Bundesrepublik Deutschland mit der Sowjetunion, Polen und der Tschechoslowakei, des Grundlagenvertrages zwischen der Bundesrepublik und der DDR sowie des Viermächteabkommens über Berlin, um nur die wichtigsten normativen Bezugspunkte zu nennen, traten an die Stelle des regellosen Konfliktaustrags die Konfliktregulierung und sogar Konfliktbeendigung, teilweise institutionalisiert in der Errichtung spezifischer internationaler Regime.

Zur Illustration möge der Fall des "Berlin-Regimes" dienen.[6] Die Positionsdifferenzen über den Status von und den Zugang nach Berlin konnten so weit minimiert werden, daß es zur Festlegung von für alle Beteiligten bzw. Betroffenen ver-

---

[6] Die folgenden Ausführungen fußen u.a. auf Gudrun Schwarzer: Fallstudie Berlin: Zwischenbericht, Tübingen 1988, 14 S. (masch.schr.).

bindlichen Verhaltensvorschriften kam, die (1) den zivilen Zugang nach West-Berlin sichern, (2) Art und Grenzen der Bindung West-Berlins an die Bundesrepublik Deutschland bestimmen und (3) die Vertretung West-Berlins im Ausland durch die Bundesrepublik regeln. Das durch das Berlin-Regime bewirkte Novum in den Ost-West-Beziehungen liegt darin, daß sich beide Konfliktparteien bestimmter Verhaltensoptionen begeben haben, deren Verfügbarkeit und Nutzung konstitutiv für die Annahme eines umfassend verhaltensbestimmenden "Wesenskerns" des "Ost-West-Konflikts" sind. Die östliche Seite verzichtete jedenfalls insoweit auf die Option des regellosen Konfliktaustrags, als sie den Status von und den Zugang nach Berlin nicht mehr einseitig zu ändern sucht. Die westliche Seite fand sich bereit, ihre berlinpolitische Praxis daran zu orientieren, daß West-Berlin keinen konstitutiven Bestandteil der Bundesrepublik Deutschland bildet, und - qua "linkage" - die Politik der Nichtanerkennung der DDR aufzugeben. Bemerkenswert für unseren Analysezusammenhang ist nun, daß diese Verregelung des Berlin-Konflikts auch während der sog. Krise der Entspannung bzw. des sog. zweiten Kalten Krieges (Ende der 70er bis Mitte der 80er Jahre) von keiner Seite ernsthaft infragegestellt wurde. Da es in dem gesamten Zeitraum der Existenz dieses Berlin-Konflikts weder zu einer merklichen Veränderung der system- oder ordnungspolitischen Differenzen zwischen kapitalistischen und sozialistischen Gesellschaften noch zu einem grundlegenden Wandel des Sicherheitsdilemmas der beiden Supermächte einschließlich der mit ihnen jeweils verbündeten Staaten gekommen ist, kann die Errichtung und der Bestand eines Sicherheitsregimes wie das für Berlin seit Anfang der 70er Jahre schwerlich auf die - sei es konstante, sei es veränderte - "Natur" des "Ost-West-Konflikts" zurückgeführt werden.

Die geringe analytische Tragfähigkeit holistischer Erklärungsansätze für die wissenschaftliche Durchdringung der Ost-West-Beziehungen vor allem im Politikfeld "Sicherheit" zeigt sich darin, daß "kooperative Rüstungssteuerung" als Reflex und zugleich Bedingung der Minimierung von Positionsdifferenzen zwischen Ost und West über die jeweiligen Verteidigungserfordernisse sich keinen unüberwindbaren Hindernissen gegenübersieht. Dies zeigte sich zuletzt in der Etablierung eines Regelwerks zur Beendigung des Konflikts über die Stationierung von Nuklearraketen mittlerer Reichweite (INF) - und zuvor schon am Beispiel des schon zwei Jahrzehnte alten nuklearen Nichtverbreitungsregimes. Dieser in der einschlägigen Literatur neuerdings stark beachtete Tatbestand der Herausbildung partieller Ost-West-Sicherheitskooperation, z.T. in der Form internationaler Regime institutionalisiert, (vgl. George et al. 1988; Nye 1987, z.T. gegen Jervis 1983, ferner Rittberger/Efinger/Mendler 1988) deutet unmißverständlich auf eine Transformation der Ost-West-Beziehungen auf der Ebene der Konfliktbearbeitung hin, ohne ihre vielschichtige Konflikthaftigkeit selbst in Zweifel zu ziehen. Gerade die Innovationen bei der Konfliktbearbeitung im Bereich der sicherheits- und statuspolitischen Konflikte lassen es berechtigt erscheinen, die Frage nach einer Entwicklungsperspektive der (friedlichen) Ko-Evolution zwischen Ost und West zu thematisieren.

4.3. Zweifel an der Reichweite der konstatierten Konflikttransformation in den Ost-West-Beziehungen, d.h. der Innovationen der Konfliktbearbeitung, könnten aber dennoch insoweit aufkommen, als es sich bei den bisher betrachteten Klassen von Konflikten stets um solche handelte, die das Herrschaftssystem und seine Legitimation unberührt ließen. Jene Vertreter einer holistischen Analyse des "Ost-West-Konflikts", die diesen vornehmlich auf die system- oder ordnungspolitischen Differenzen zwischen kapitalistischer und sozialistischer Gesellschaft bzw. zwischen freiheitlicher Demokratie und totalitärer Diktatur zurückführen, könnten nach wie vor einen irreduziblen "Wesenskern" des "Ost-West-Konflikts" reklamieren, der eine Verregelung der Konfliktbearbeitung jedenfalls für die Klasse der Wertekonflikte ausschließt - eine Erwartung, die - allerdings zurückhaltender, probabilistisch formuliert - auch von unseren früher dargelegten konflikttheoretischen Reflexionen gestützt wird.

Positionsdifferenzen über die Verteilung von Teilhabechancen in Staat und Gesellschaft diesseits und jenseits der Grenzen des eigenen Staates füllen zu einem erheblichen Teil die Klasse der Wertekonflikte zwischen Ost und West, d.h. von Konflikten über den richtigen Status eines Objektes oder einer Handlung. Diese meist als "Menschenrechtskonflikte" angesprochenen Positionsdifferenzen sind schon deswegen nur schwer minimierbar, und dies erst recht in Formen verregelter Konfliktbearbeitung, weil
"universale Menschenrechtsnormen ihrer Normstruktur nach als offene Prinzipien formuliert werden müssen und formuliert sind, wie das im übrigen auch bei nationalen Menschenrechtsnormen mit umfassendem Geltungsanspruch der Fall ist. Die so positivierten Menschenrechtsnormen können deshalb nur als Leitprinzipien die allgemeine Richtung der je notwendigen Konkretisierung ihrer abstrakten Wertaussagen, nicht aber ihre Konkretisierung in bestimmten sozialen Lagen bestimmen."
(Delbrück 1980:134)

Die verregelte Konfliktbearbeitung stößt bei dieser Klasse von Konflikten auch deshalb auf inhärente Schranken, weil das kollektiven Vereinbarungen regelmäßig zugrundeliegende Prinzip der Reziprozität in diesem Kontext nur begrenzt anwendbar ist; anders formuliert, muß man davon ausgehen, daß im Politikfeld "Menschenrechte" eine Reaktion auf Regelverletzungen durch "tit for tat" (Axelrod 1984) ausgeschlossen ist. Dieses spezifische Reziprozitätsdefizit bei Ansätzen zur verregelten Konfliktbearbeitung im Bereich der Menschenrechtsgewährleistungen führt dazu, daß auf Regelverletzungen - wenn überhaupt - mit Sanktionen in anderen Handlungszusammenhängen reagiert wird, was nicht zur Stabilisierung von Regelwerken zur Bearbeitung von Wertekonflikten beiträgt, sondern sie gerade wegen ihrer Symbolträchtigkeit für die Identität des Herrschaftssystems eher zur Disposition stellt. Dieser Mangel an "Reziprozitätsfähigkeit" ist ein Merkmal des Konflikttypus "Wertekonflikt", dessen Konsequenzen für die Konfliktbearbeitung für Ost und West gleichermaßen gültig sind. Daß gerade im Politikfeld "Menschenrechte" die Interaktionen zwischen Ost und West so asymmetrisch anmuten, ist eine bloße Funktion der Verteilung von Offensive und Defensive in dieser Frage. Wenn der Osten die Einhaltung von Menschenrechten der "zweiten Generation" im Westen zum Ziel seiner Politik erheben würde, wäre das Mittel des "tit for tat" auch für ihn nicht anwendbar: die Entlassung von "arbeitslosen Arbeitern" als Sanktion, um die Regierungen im Westen zur Senkung der Arbeitslosenziffern zu bewegen, stünde gerade deshalb, weil es sich dabei um eine Wertfrage handelt, nicht zur Verfügung.

Wertekonflikte in den Ost-West-Beziehungen scheinen jedoch nicht völlig einer Bearbeitung unzugänglich zu sein, die eine Annäherung der Positionen anstrebt und diese Annäherung in einem entwicklungsfähigen Regelwerk zu institutionalisieren sucht. Ein illustratives Fallbeispiel stellt der keineswegs gradlinig verlaufende Prozeß der Konsensbildung zwischen Ost und West über die Arbeitsbedingungen ausländischer Journalisten dar.[7] Zwar haben die diesem Problemfeld gewidmeten Verhandlungen und Übereinkünfte im Rahmen des KSZE-Prozesses noch nicht eine Verregelung der Konfliktbearbeitung von der Qualität eines internationalen Regimes hervorgebracht (anders aber Ropers/Schlotter 1988); doch wäre es gleichermaßen überzogen, von einer Fortdauer regelloser Behandlung der Positionsdifferenzen zwischen Ost und West über die Arbeitsbedingungen ausländischer Journalisten zu sprechen. Ohne Zweifel ergibt eine Längsschnittanalyse deutliche Verbesserungen für die Auslandsberichterstattung vor allem aus den sozialistischen Ländern; darüber hinaus aber hat sich die Berechenbarkeit der Arbeitsbedingungen ausländischer Journalisten generell deutlich erhöht. Wenn man ausgehend von den Tendenzen der jüngsten Vergangenheit eine Extrapolation riskieren wollte, dann spräche Vieles für die Erwartung, daß

---

[7] Für das folgende stütze ich mich u.a. auf Martin Mendler: Arbeitsbedingungen für ausländische Journalisten im Ost-West-Verhältnis. Ein Zwischenbericht zur Fallstudie, Tübingen 1988, 43 S. (masch.schr.).

die Herausbildung eines Ost-West-Regimes für die Auslandsberichterstattung im Bereich des Möglichen liegt. Dies ist jedoch mit darin begründet, daß die Arbeitsbedingungen für ausländische Journalisten - im Gegensatz zu vielen anderen Menschenrechtsfragen - Teil der Transaktionen zwischen West und Ost sind und eben nicht nur die innere Organisation einer Gesellschaft betreffen. Zudem wurde in den USA, aufgrund der dort anzutreffenden Hypersensibilität für sowjetische Spionage und den damit zusammenhängenden Fällen der Ausweisung sowjetischer Journalisten, diese Frage partiell aus dem Bereich der Menschenrechte herausgenommen und zu einer Sicherheitsfrage umdefiniert. Dadurch haben sie sich selbst die Option des "tit for tat" gleichsam zurückgegeben, was die Regelbarkeit dieses Problemfeldes vielleicht erhöht haben mag. Diese Analyse schwächt zwar zunächst die These von der Regelbarkeit der Wertekonflikte; es sollte allerdings nicht vergessen werden, daß die Verbesserung der Arbeitsbedingungen für ausländische Journalisten in den sozialistischen Ländern gleichermaßen westeuropäischen Journalisten zugutekommt. Insofern hätte eine Herausbildung eines Ost-West-Regimes über die Arbeitsbedingungen für ausländische Journalisten durchaus als die Verregelung eines Wertekonflikts zu gelten.

Eine derartige Erwartung, die sich in Widerspruch zu den zwangsläufigen Folgen eines als irreduzibel erachteten "Wesenskerns" des "Ost-West-Konflikts" setzt, könnte ihre Begründung darin finden, daß vor allem auf östlicher Seite erkennbare Lernprozesse stattgefunden haben, die auf eine neuartige Wertstellung von nicht-gelenkter Information und Kommunikation hinauslaufen. Dabei ist allerdings zu konzedieren, daß diese Lernprozesse bisher stark asymmetrisch vonstatten gehen, d.h. den Anschein erwecken, als hätte nur die östliche Seite einen Nachholbedarf zu befriedigen. Soll die Verregelung der Bearbeitung von Wertekonflikten aber auf breiterer Grundlage Aussichten auf Verwirklichung haben und damit die Plausibilität einer Entwicklungsperpektive der (friedlichen) Ko-Evolution zwischen Ost und West erhöhen, so wird sich eine produktive Auseinandersetzung über "Werte" nicht nur in einer Einbahnstraße führen lassen. (Friedliche) Ko-Evolution setzt also neben der Bereitschaft, den Umgang mit dem "Partner" an gemeinsamen, auf der Grundlage der Reziprozität zustandegekommenen Normen und Regeln zu orientieren, auch die Fähigkeit und den Willen voraus, die Entwicklung der eigenen vor allem nach innen wirksamen Normen und Regeln nicht hinter die der internationalen Regime oder allgemeiner: hinter den Stand internationaler normativer Konsensbildungsprozesse zurückfallen zu lassen.

5. INTERNATIONALE REGIME UND DIE ENTWICKLUNGSPERSPEKTIVE DER (FRIEDLICHEN) KO-EVOLUTION ZWISCHEN OST UND WEST

Vor einer abschließenden Bewertung der Herausbildung von Ost-West-Regimen als Manifestationen der Konflikttransformation im Ost-West-Verhältnis soll der Gang und mutmaßliche Ertrag der bisherigen Untersuchung resümiert werden:

Methodologisch "angehaucht" von der den "postmodernen" Denkansätzen gemeinsamen und in ihnen wiederbelebten Kritik des Holismus jeglicher Provenienz in den Geistes- und Gesellschaftswissenschaften ging es zunächst darum, Analysen des Ost-West-Verhältnisses, die diesem eine Konflikttotalität welcher Art auch immer unterschieben, zu problematisieren und die Fragwürdigkeit ihrer wissenschaftlichen und politischen Aussagen zu thematisieren. Durch eine Gegenüberstellung mit einem alternativen Analyseansatz, der von der Desaggregation der Konflikthaftigkeit des Ost-West-Verhältnisses durch Bildung von Konfliktgegenstandstypologien ausgeht, sollte gezeigt werden, daß diese Unterschiede zwischen den beiden Analyseansätzen zu grundlegend verschiedenartigen Erwartungen hinsichtlich der vorherrschenden Interaktionsmuster in den Ost-West-Beziehungen führen: Die holistische Auffassung vom "Ost-West-Konflikt" schreibt diesem eine umfassende, homogenisierende Verhaltensdetermination zu und hält friedliche Ost-West-Beziehungen nur als Konsequenz des Wegfalls des "Ost-West-Konflikts" für möglich. Die dem entgegengesetzte differenzierende Auffassung betont die Nichthomogenität der

Konfliktgegenstände sowie die Spezialität und Variabilität der Konfliktbearbeitung, aber auch das Auftreten von - probabilistisch verstandenen - Invarianzen zwischen Konfliktgegenständen und Arten der Konfliktbearbeitung. Indem dem zumeist kategorischen Friedensbegriff holistischer Analysen des "Ost-West-Konflikts" ein dem differenzierenden Analyseansatz gemäßer Begriff des Friedens als "Prozeßmuster" der internationalen Politik entgegengestellt wird, läßt sich mit diesem Ansatz das je und je präsente Potential für friedliche internationale Beziehungen zwischen Ost und West sowie deren Reichweite entdecken.

Auf der Grundlage dieses differenzierenden Analyseansatzes wurde die Beantwortung der Frage nach der Konflikttransformation im Ost-West-Verhältnis an der Identifikation von Innovationen in der Art der Konfliktbearbeitung bezogen auf unterschiedliche Klassen von Konfliktgegenständen festgemacht. Wegen ihrer gewaltmindernden und kontingent verteilungswirksamen Folgen wurden internationale Regime als besondere, innovatorische Formen des Konfliktaustrags im Ost-West-Verhältnis eingeführt.

Das Konzept des internationalen Regimes wird dem Postulat der problemorientierten, nicht-holistischen Betrachtung und analytischen "Kleinarbeitung" von internationalen Konflikten gerecht. Die darauf gestützte Regimeanalyse orientiert sich zudem nicht an der wenig realitätsnahen Erwartung der Lösung von Konflikten, sondern richtet ihr Augenmerk auf die Formen ihrer kooperativen Bearbeitung sowie auf deren Voraussetzungen und Bedingungen. In dem Ansatz der Regimeanalyse wird der manichäischen Vorstellung der Friedensstiftung sei es durch Einigung auf einen Status-Quo, sei es durch eine revolutionäre Veränderung die Perspektive einer entwicklungsoffenen, prozeßhaften Friedenspraxis gegenübergestellt.

Um die grundsätzliche Tragfähigkeit einer solchen Sichtweise und damit letztlich auch ihre praxeologische Tauglichkeit für die Ost-West-Beziehungen zu "belegen", die gerade von den mit holistischen Konzepten bzw. Ansätzen operierenden Analytikern des "Ost-West-Konflikts" bezweifelt werden dürften, wurde versucht zu zeigen, daß es keine Klasse von Konflikten zwischen Staaten in Ost und West gibt, deren Bearbeitung auch durch internationale Regime von vornehrein als ausgeschlossen zu gelten hat. Darüber hinaus ging es um die Plausibilisierung der These, daß die problemorientierte, regelgeleitete Konfliktbearbeitung sukzessive zu einer problemfeld- bzw. konfliktgegenstandsübergreifenden Verregelung der Ost-West-Beziehungen beizutragen vermag (ohne dabei freilich Rückschläge oder gar Trendwenden ausschließen zu können). Würde sich die hier angesprochene Eigendynamik konfliktspezifischer Verregelung der Ost-West-Beziehungen empirisch erhärten lassen, so liefe der darin zum Ausdruck kommende Vorgang der erweiterten Konflikttransformation auf eine weitere Bestätigung der Entwicklungsperpektive der (friedlichen) Ko-Evolution zwischen Ost und West hinaus.

Die exemplarische, an Fallstudien orientierte Analyse der Bearbeitung unterschiedlicher Konflikte in den Ost-West-Beziehungen erbrachte, daß sowohl für die "normalen" als auch für die "dramatischen" Konflikte das holistische Konstrukt des "Ost-West-Konflikts" seine Bewährungsprobe nicht bestand: Die ihm inhärente Prognose einer institutionalisierte Kooperation ausschließenden Wirkung konnte nicht verifiziert werden. Da es bei beiden Klassen von Konflikten zur Bildung von Ost-West-Regimen gekommen ist, können die Zweifel als begründet gelten, die sich auf die Annahme eines Alles durchdringenden "Wesenskerns" des "Ost-West-Konflikts" beziehen.

Die Betrachtung der Wertekonflikte im Ost-West-Verhältnis lenkte den Blick auf die Grenzen, die der Bildung und der Wirksamkeit internationaler Regime gezogen sein können. Diese sind in der Tat nur bedingt dazu geeignet, einen bestimmten kooperativen Modus des Konfliktaustrags zu institutionalisieren, wenn der Konfliktgegenstand selbst nicht in den Austauschbeziehungen zwischen zwei oder mehr Gesellschaften lokalisiert werden kann. Die geringe Regimetauglichkeit von Wertekonflikten läßt sich indessen zwanglos aus der inneren Beschaffenheit dieses Konflikttypus begründen und bedarf dazu nicht des Rekurs auf die "Natur" des "Ost-West-Konflikts". Dies erweist sich schon daran, daß auch transatlantische ("innerwestliche") Wertekonflikte, z.B. über die Legitimität der Todesstrafe (deren Verhängung auch einen Ausländer treffen könnte, dessen Heimatstaat die Todesstrafe abgeschafft hat), nur sehr bedingt regimefähig sind. Gleichwohl ist nicht zu verkennen, daß es gerade im Ost-West-Verhältnis mehr Wertekonflikte gibt als in anderen Segmenten der internationalen Beziehungen. Indem dargelegt wurde, daß und warum Wertekonflikte weniger regimetauglich sind als andere Konflikttypen, drängte sich als Schlußfolgerung die Einsicht in die Interdependenz von "äußerer" und "innerer" Regimeentwicklung auf. M.a.W., Konflikttransformation im Bereich der Wertekonflikte, die der Entwicklungsperpektive der (friedlichen) Ko-Evolution zwischen Ost und West korrespondiert, setzt ein Doppeltes voraus: Die Bereitschaft, sich an gemeinsam vereinbarte Normen und Regeln der kooperativen Bearbeitung von Konflikten, die durch die Interaktion zwischen zwei oder mehr Staaten entstehen, zu halten, muß die Bereitschaft einschließen, die Normen und Regeln, die das Binnenverhalten in den entsprechenden wertebezogenen Problemfeldern steuern, grenzüberschreitenden Diskursen und damit auch der Möglichkeit einer Überprüfung bzw. eines Wandels durch "Lernen" nicht zu entziehen.

Gerade dadurch, daß die Entwicklungsperpektive der (friedlichen) Ko-Evolution zwischen Ost und West den Totalitätsanspruch sowohl des "Status-Quo" als auch der "Revolution" negiert, ist für sie die Offenheit gegenüber Anderem und Neuem konstitutiv. Diese Entwicklungsperspektive legt die Zukunft der Ost-West-Beziehungen nicht auf bestimmte Ziele fest, obschon ihr selbstverständlich der Imperativ zugrundeliegt, die Entfaltungschancen aller Gesellschaften und Staaten in Ost und West zu wahren. Diese entwicklungsperspektivische Unschärfe setzt die Ko-Evolution zwischen Ost und

West denn auch dem Risiko aus, die Zivilisierung des Streits auf der zwischengesellschaftlichen und -staatlichen Ebene nie zur Vollendung zu bringen.

Literatur

Altwegg, Jürg/Schmidt, Aurel 1987: Französische Denker der Gegenwart. Zwanzig Portraits, München.

Aubert, Vilhelm 1972: Interessenkonflikt und Wertekonflikt: Zwei Typen des Konflikts und der Konfliktlösung, in: Bühl, Walter (Hrsg.): Konflikt und Konfliktstrategien. Ansätze zu einer soziologischen Konflikttheorie, München, 178-205.

Axelrod, Robert 1984: The Evolution of Cooperation, New York.

Boeckh, Andreas 1985: Dependencia und kapitalistisches Weltsystem, oder: Die Grenzen globaler Entwicklungstheorien, in: Politische Vierteljahresschrift, 26: Sonderheft 16 (Dritte Welt-Forschung. Entwicklungstheorie und Entwicklungspolitik), 65-74.

Bredow, Wilfried von 1972: Vom Antagonismus zur Konvergenz? Studien zum Ost-West-Problem, Frankfurt/M.

Bress, Ludwig 1984: Konvergenztheorien, in: Pipers Wörterbuch zur Politik, Bd. 5: Internationale Beziehungen, 283-285.

Bress, Ludwig 1986: Konvergenz, in: Woyke, Wichard (Hrsg.): Handwörterbuch Internationale Politik, Bonn, 283-289.

Czempiel, Ernst-Otto 1981: Internationale Politik. Ein Konfliktmodell, Paderborn usw.

Czempiel, Ernst-Otto 1986: Friedensstrategien. Systemwandel durch internationale Organisationen, Demokratisierung und Wirtschaft, Paderborn usw.

Damus, Renate 1986: Die Legende von der Systemkonkurrenz. Kapitalistische und realsozialistische Industriegesellschaft, Frankfurt/M., New York.

Damus, Renate 1987: Die Legende von der Systemkonkurrenz, in: Rix, Christiane (Hrsg.): Ost-West-Konflikt - Wissen wir, wovon wir sprechen?, Baden-Baden, 75-98.

Delbrück, Jost 1980: Menschenrechte und Entspannung in den Ost-West-Beziehungen, in: DGFK-Jahrbuch 1979/80. Zur Entspannungspolitik in Europa, Baden-Baden, 129-145.

Deutsch, Karl W. et al. 1957: Political Community and the North Atlantic Area. International Organization in the Light of Historical Experience, Princeton, N.J.

Deutsch, Karl W. 1968: Die Analyse internationaler Beziehungen. Konzeptionen und Probleme der Friedensforschung, Frankfurt/M.

Efinger, Manfred/Rittberger, Volker/Zürn, Michael 1988: Internationale Regime in den Ost-West-Beziehungen. Ein

Beitrag zur Erforschung der friedlichen Behandlung internationaler Konflikte, Frankfurt/M.

Efinger, Manfred/Zürn, Michael 1988: Umweltschutz und die Ost-West-Konfliktformationen, Papier, XV. AFK-Kolloquium (Veröff. i.Vorb.).

Frank, Manfred 1988: Die Grenzen der Verständigung. Ein Geistergespräch zwischen Lyotard und Habermas, Frankfurt/M.

Galbraith, John 1973: Die moderne Industriegesellschaft, München, Zürich.

Galtung, John 1973: Europa - bipolar, bizentrisch oder kooperativ?, in: Senghaas, Dieter (Hrsg.): Kann Europa abrüsten?, München, 9-61.

George, Alexander et al. (Hrsg.) 1988: U.S.-Soviet Security Cooperation, New York, Oxford.

Halliday, Fred 1984: Frostige Zeiten. Politik im Kalten Krieg der 80er Jahre, Frankfurt/M.

Jervis, Robert 1983: Security Regimes, in: Krasner, Stephen D. (Hrsg.): International Regimes, Ithaca/London, 173-194.

Kriesberg, Louis 1982: Social Conflicts, Englewood Cliffs, N.J.

Krippendorff, Ekkehart 1985: Staat und Krieg. Die historische Logik politischer Unvernunft, Frankfurt/M.

Link, Werner 1988: Der Ost-West-Konflikt. Die Organisation der internationalen Beziehungen im 20. Jahrhundert. 2. Aufl., Stuttgart usw.

Nye, Joseph S. 1987: Nuclear Learning and U.S.-Soviet Security Regimes, in: International Organization, 41:3, 371-402.

Rittberger, Volker/Werbik, Hans 1987: "Gemeinsame Sicherheit" im Ost-West-Konflikt? Polyzentrisches Sicherheitssystem und friedliche Ko-Evolution in Europa, in: Pahr, Willibald/Rittberger, Volker/Werbik, Hans (Hrsg.): Europäische Sicherheit. Prinzipien, Perspektiven und Konzepte, Wien, 13-37.

Rittberger, Volker (mit Manfred Efinger und Martin Mendler) 1988: Partial Security Regimes in East-West-Relations? The Case of Confidence- and Security-Building Measures (CSBM), Referat, Konferenz über "Canadian and German Perspectives on East-West Arms Control", Toronto (Veröff. in Vb.).

Rittberger, Volker 1988: Frieden durch Assoziation und Integration? Anmerkungen zum Stand der Forschung über Internationale Organisationen und Regime, Referat, XV. AFK-Kolloquium Gummersbach (Veröff. in Vb.).

Ropers, Norbert/Schlotter, Peter 1988: Die KSZE-Verhandlungen als ein regime-generierender Prozeß. Thesenpapier zur Tagung der Sektion "Internationale Politik" der DVPW.

Rostow, Walt Whitman 1960: Stadien wirtschaftlichen Wachstums. Eine Alternative zur marxistischen Entwicklungstheorie, Göttingen.

Schlotter, Peter 1982: Die Ost-West-Beziehungen als pluralistisches Sicherheitssystem, in: HSFK (Hrsg.): Europa zwischen Konfrontation und Kooperation. Entspannungspolitik für die achtziger Jahre, Frankfurt/M., New York, 37-61.

Senghaas, Dieter 1973: Konfliktformation in der gegenwärtigen internationalen Gesellschaft, in: Bredow, Wilfried von (Hrsg.): Zum Charakter internationaler Konflikte. Studien aus West- und Osteuropa, Köln, 10-55.

Zellentin, Gerda 1970: Intersystemare Beziehungen in Europa: Bedingungen der Friedenssicherung. Leiden.

Zellentin, Gerda (Hrsg.) 1976: Annäherung, Abgrenzung und friedlicher Wandel in Europa, Boppard a.Rh.

International Politics
Research Papers

Number 4

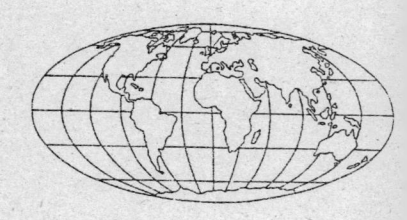

Steps Towards Stable Peace in Europe

A Theory and Practice of Coexistence

Ken Booth

Department of International Politics
University College of Wales, Aberystwyth
1988

Contents

1	Introduction	1
2	The Context	1
3	Regressive Mindsets	2
4	Alternative Futures	4
5	The Short-term Goal: Constructive Engagement	4
6	The Medium-term Goal: A "Legitimate International Order"	6
7	The Long-term Goal: "Stable Peace"	7
8	The Approach: "Process Utopian"	9
9	The Slow Fix Strategy: Non-Provocative Defence	11
10	An Alternative Agenda	13
11	The Prospects	15
12	Conclusion	17
	Notes	18
	The Author	19

Steps Towards Stable Peace in Europe
A Theory and Practice of Coexistence

1 Introduction

Ideas going under the label "alternative defence" — notably "common security", "non-provocative defence" and "denuclearisation" — are setting the agenda for the defence debate in the late 1980s just as surely as did the hawkish notions of the Committee for the Present Danger in the late 1970s. Although alternative defence has become more sophisticated and influential, a critical mass of favourable opinion has not yet evolved; much official and public opinion thinks these ideas are neither practicable nor desirable. This paper, in contrast, will argue that alternative defence ideas provide the basis for a shared practice, and even theory, of coexistence between the two alliance systems in Europe.

The approach adopted in this paper forms the basis for Part One of Ken Booth and John Baylis, *Britain, NATO, and Nuclear Weapons: Alternative Defence versus Alliance Reform* (London: Macmillan, forthcoming). The first draft of this paper was presented at the 51st Pugwash Symposium, "Political Conditions For Peace and Security in Europe: Obstacles and Perspectives" in Bochum, Federal Republic of Germany, 21-24 April 1988. References have been added to that draft and there have been various clarifications and stylistic changes. In due course this preliminary study will be revised for publication and for use in a longer exploration of the past, present and future of East-West relations entitled *Living with Soviet Russia*. Consequently, I would welcome any comments or criticisms about all or parts of this paper.

2 The Context

Forty years ago the cold war seemed perfectly rational to the participants. Conflicts of interest still exist between them, but decades of short-term vigilance, exacerbated by fear and mistrust, have now produced an irrational confrontation. Although the characteristics that defined the first postwar era have changed or are changing in front of our eyes, it continues to be sustained by anachronistic attitudes in some quarters and by the centrality given to nuclear deterrence. Some of our thinking has not caught up, and this results in sets of attitudes and policies that are ill-equipped to manage the transition to a second and what everybody must hope is a more peaceful postwar era.

Cold war thinking and behaviour (mutual threat inflation, high levels of military power, implicit enemy imaging and so on) are out of touch with a world of complex interdependence. The coexistence of the blocs is increasingly recognised as a fact of life, and the welcome given to the INF agreement was a reflection of the general desire to live together in more relaxed conditions rather than perpetuate a dangerous and wasteful confrontation. The accumulation of nuclear overkill has increasingly come to be seen, by experts as well as the public at large, as a problem for rather than a solution to East-West relations [1].

In the West extended deterrence is progressively criticised as having had its day, while strategies of so-called flexible response and limited nuclear options are believed to be both dangerous and incredible. The strength of the US nuclear guarantee to Europe appears to be decreasing. The loyalty of the allies to the defence of the West remains, but expectations and commitments are changing. 1992 could become a date every bit as significant for international affairs as those other milestones of the twentieth century: 1914, 1917, 1938... Both superpowers are experiencing an overstretch of their military and political power. They are decreasingly influential even in their own spheres; the Sandanistas survive and the Brezhnev doctrine appears to be modified. Economically, the United States no longer has its former ascendancy in the world, while few countries even want to consider the Soviet model. The countries of the Warsaw Pact have been running out of steam in everything except military power, while those of Western Europe have grown politically and economically influential. Regimentation in international affairs is decreasing, and orientations are changing. The two halves of Europe want detente, even when superpower relations become chilly. The United States is less concerned with Europe than it was, while Western Europe is somewhat less Atlanticist. For growing numbers of people in both pillars of NATO the image of overwhelming Warsaw Pact military superiority, allied to unbridled Soviet ambition, is no longer convincing: for them, as a result, the controlling nightmare of a Soviet military land-grab westwards is a thing of the past. The Soviet Union itself is changing; it is striving to emerge not just from Stalinism but from even deeper cultural habits. Its present leaders understand that they cannot create successful socialism with a consumer's face without first winding down the enormous military burden they have carried since the war. This process is being assisted by a more realistic view of their history and themselves, and a less doctrinaire attitude towards the West. The economies of both superpowers are under strain, and who gets what in this changing environment will be more often determined by economic and political success than by military rankings; and in this respect a significant shift has been taking place in the international political economy towards the Pacific basin. In short, the first postwar era has virtually run its course.

We survived the cold war and the West won it, but it is too soon to say whether we both — East and West — can now jointly overcome the next problem: that of living together, indefinitely, free of the fear of war, and with energies freed to deal with all the serious issues the future is set to dump upon us. The cold war is brain dead, but its powerful muscles can still twitch dangerously.

3 Regressive Mindsets

Many issues in European security are at a crossroads. There is some fear for the future but more optimism, and a growing body of opinion believes that we now face a rare opportunity to place East-West relations on an unprecedentedly secure footing. Quicker progress is held back by old ways of thinking and the latter reaches its most wasteful expression in the addiction to nuclear deterrence.

Nuclear deterrence cannot promise a long-term answer to the problem of managing European security. It is an essentially static dogma. Indeed, by assuming that a nuclear war is virtually unthinkable, it discourages serious efforts to tackle the very problems that might bring one about. Nuclear deterrence is supposed to breed prudence, and it invariably does, but it does so with an inevitable accompaniment of arms innovation and competition which sustains, and from time to time increases to breaking-point, those tensions which, in a future Sarajevo-like crisis, might bring about that catastrophic collapse in order that nobody wants. As practiced, nuclear deterrence cobbles together short-terms but fails to provide — in fact obstructs — any long term programme of secure coexistence.

A cycle of mistrust, mutual threat inflation and arms competition will naturally continue as long as the superpowers sometimes talk and act as if they were ready, willing and able to exterminate each other's societies at the flicker of a radar screen. The infrastructure and ideology of nuclear deterrence actually reduces the prospects of turning a confrontation checked by permanent fear (and therefore permanent insecurity) into what will later be defined as "stable peace". To change this, it is necessary to place denuclearisation at the centre of East-West relations. If it is not, nuclear deterrence will continue to exercise an irrational influence on everybody's ideas about what is important and what should be done. Such a militarisation of East-West relations was much in evidence in the superpower flare-up of the early 1980s.

Fear of superpower nuclear war spread and was markedly heightened between 1980-1985, but this needs to be seen against a secular trend in European international politics working against the institution of war. We seem to be finally running out of inventiveness when it comes to finding justifications for major war. The deterioration in superpower relations in the early 1980s (marked by arms competition, the collapse of arms control, extreme rhetoric, and the disruption of contacts at all levels) exacerbated and revived deep mistrust and old preconceptions about the game of nations. The atmosphere then generated helped perpetuate the more fundamental reason why cold war habits die hard: this is the fact that much influential thinking on these matters is in the grip of four regressive mindsets that sustain an excessively militarised image of the reality of contemporary international politics [2].

The first is *ethnocentrism*. This distorting mechanism prevents empathy; it makes people unable to appreciate the fears of others, and the extent to which almost all nations see themselves as more threatened than threatening. It magnifies misperception, stereotyping, and nationalistic rivalries. Second, *doctrinal realism* exaggerates the Hobbesian character of inter-state relations in contemporary European affairs. It stresses the propensity for war and the struggle for raw power. Third, *ideological fundamentalism* propagates the most basic beliefs and doctrines in any society, and so tends to heighten one's sense of "friends" and "enemies", and makes people intolerant of diversity. Finally, *strategic reductionism* tends to reduce all questions of international relations to a numbers game. Mechanistic thinking drives out sophisticated analyses of politics in a multicultural world.

Nuclear deterrence is a compulsive addiction to those with such mindsets. It is believed to "work" by inculcating a novel degree of prudence into international relations through the "crystal ball effect" [3]. But it is a palliative rather than a panacea. Nuclear deterrence brings its own unprecedented fears and dangers, it institutionalises cold war ways of thinking and behaving, and it stimulates a process of competitive weapons innovation that ultimately represents a greater threat to civilised life in the countries of the northern hemisphere than they do to each other. To escape this trap we need to encourage more long-term thinking about international security.

4 Alternative Futures

Deterrence theory is static. It inhibits thinking about the long-term, and offers no future other than more-of-the-same, namely the alleged stability of the balance of terror. Unless we believe that this is the best of all possible worlds and that nothing can go catastrophically wrong — the operational assumption of the pro-nuclear majority — we need to define long-term goals that are feasible and desirable, so that we can identify the intermediate steps necessary to achieve them, lay down an agenda from which to choose priorities, and mobilise political support behind preferred policies. Alerting mainstream strategists to the need to project their thinking into the far future, instead of merely refining what they know, has been one of the important contributions of the alternative defence school in the 1980s.

Those who want to reduce the insecurity in East-West relations must not only think in the long-term; they must also be patient. In the absence of a major crisis or calamity, international relations is not normally an area where attitudes and behaviour changes quickly. Change is in the air, but utopia is never just around the corner; nor is it guaranteed. The expectation of business-as-usual is suggested by the British government's decision in the early 1980s to deploy Trident, in order to give it an "independent" deterrent until about 2020, while in 1985 the Soviet Union renewed the Warsaw Pact for another 30 years. The problem we face is not just one of changing policies, but of changing attitudes and even cultures. Whatever timescale we adopt when thinking about stable peace, we cannot expect to achieve it in practice unless we first believe it possible in theory. This is where we are held back by regressive mindsets. The "reality" of the strategic world is closely bound up with our image of it.

If official thinking tends to be static, some alternative futures are either too radical or place too much emphasis on the structures rather than the processes of European security. The approach to coexistence proposed below seeks to rectify these various weaknesses. It is realist, starting from the actual situation we have now, but reformist. It proposes a long-term goal (a stable peace in 30-50 years) but does not assume that its achievement is probable; it only assumes that it is not impossible, and that it is preferable to the alternatives. Short and medium-term objectives are identified that have to be reached if the major goal is to come in sight. These plateaus consist of a process of "constructive engagement" over the next fifteen years, leading to the growth of a "legitimate international order" over the following fifteen. If these objectives are to be reached through the "resistant medium" of international politics, benevolent trends in contemporary international affairs need to be strengthened, old attitudes revised, and new initiatives encouraged. If the long-term goal of "stable peace" is to be achieved, reformers need to act now, as well as be patient.

5 The Short-term Goal: Constructive Engagement

The first plateau is the easiest to reach, but not easy. The prospects are open to discussion, but for the moment it is important to get a critical mass of people to believe that it is not inconceivable that a relationship of constructive engagement could develop between the superpowers over the next fifteen years. Such a process has many benefits. More security at less cost is to the advantage of all. As it happens, nostalgia for detente exists in many minds.

The concept of detente fell into some disrepute in the 1970s. This was largely the result of right-wing critics in the United States, who saw it as nothing more than a cloak behind which the Soviet Union could exploit the superpower relationship. The element of truth in their case was woven into a patriotic cloak to hide their own domestic aggrandisement. The term detente became both muddied and a cliche, and so has been avoided here; however, the term employed, "constructive engagement", is essentially equivalent to the notion of what might be called a mature detente, that is, a relationship where there is a mutual commitment to make a relaxation of tension last. The word "engagement" implies interlocking aims and actions, participation, and obligations; the adjective "constructive" is necessary because "engagement" on its own can also have violent implications. A relationship of constructive engagement or mature detente should be able to withstand knocks, suspicions, ambiguous behaviour, and possibly even minor defections from the spirit of the relationship. The parties will make living together with the intention of reducing the risks of war a higher priority than the pursuit of global competition. Constructive engagement should build upon some of the more positive elements of the superpower detente of the early 1970s. At its best the latter promised

- to be reciprocal,
- to establish ground rules for behaviour,
- to be mutually beneficial,
- to produce concrete results and
- to be institutionalised.

1970s-style detente for a time appeared to give the participants the expectation of a more stable period of coexistence than any period since 1917.

Against the background of what has happened since the mid-1970s, it will obviously take some time to recapture a better relationship and longer still to develop a shared commitment to constructive engagement. There will be pressures on both sides to defect: some groups in both superpowers are more comfortable with cold war than detente. In the 1970s each superpower had grounds for claiming that the responsibility for the breakdown in the relationship was its adversary's. Neither country pursued an unambiguous and consistent detente policy over a lengthy time.

Both superpowers remain short of trust, and the ballyhoo accompanying the INF agreement and talk of "deep cuts" in strategic forces should not obscure that. Even with good will on both sides — a commodity that has so far been largely absent — it would take years for them to become reasonably confident of each other's intentions and behaviour. From the Western point of view the Soviet Union will continue to be a difficult country with which to deal. As in the past, its words and actions can sometimes be expected to feed worst Western fears. Even so, though disappointments may occur — a Soviet leader may for example be tempted into exploiting a situation in the Third World — these should not be sufficient cause for a hasty change of direction or attitude. It was such a lack of persistence that led to the US defection from detente in the 1970s. Although Soviet behaviour did not match the early and inflated US expectations about detente, no Soviet actions in the 1970s, until possibly the blunder of intervening in Afghanistan, were either threatening or outside the then crude norms of coexistence. The United States defected too soon. It could have countered by other means or safely ignored those Soviet actions it chose to classify as unacceptable. But the collapse of detente was a two-way responsibility. Various aspects of US behaviour in the 1970s provoked Soviet mistrust; this led the Brezhnev leadership to yield to the temptations of unilateral gain, thereby sacrificing whatever prospects of mutual restraint remained.

Despite its problems and failures, 1970s-style detente at its best provides a framework for thinking about the future. It reveals the potentialities and advantages of such a relationship, as well as the scope for disappointment. Constructive engagement or a mature detente relationship should be the immediate objective of superpower relations. If the trend towards a relaxation of superpower tensions could develop over the next few years, and then consolidate for a decade or so, with the superpowers learning the advantages of regulating their competitiveness, and committing themselves to winding down their military competition, we could then look forward to moving towards the next plateau, that of a "legitimate international order".

6 The Medium-Term Goal: A "Legitimate International Order"

What has variously been called a "legitimate international order" or "security regime" requires that all the major powers agree on the permissible aims and methods of foreign policy [4]. The outcome will be one of international security, that is, a condition in which states have a justifiably high expectation that there will not be a major war, and that in the peace that prevails their core values will not be under threat. If each major power is basically satisfied, this will ensure that none need express its dissatisfaction against the prevailing international order by a revolutionary foreign policy, as did Germany after the Treaty of Versailles. International security will exist when the members of international society reach common consent about the rules of behaviour between them, and about the practical implementation of those rules. If states lived by the UN Charter we would have a "legitimate order" as defined above.

The UN Charter remains a dream rather than an operational code, but a legitimate international order is not unknown in international relations. The Concert of Europe after 1815 is a notable example [5]. Admittedly it did not last long — until the Crimean War of 1853 — but it did exhibit many of the features required for the achievement of a condition of international security:

- The governments involved in the Concert placed a common value on moderation; they sought to prevent attempts at domination like those that had characterised the Napoleonic era, at such a cost to all.

- The parties took a long view, recognising that they had an interest in restraint (some treaties, for example, contained formal and mutual self-denying ordinances).

- The great powers, for a period, foreswore unilateral advantages.

- Different political philosophies coexisted in the Concert; the restraint practised was not rooted in shared ideologies but in shared ideas about external conduct.

- Despite ideological differences there was a widespread recognition of the need for honest and full communication if effective cooperation was to be achieved.

- Differences between the powers were subordinated to a high degree of consensus: the fear of another period of bitter warfare, and the belief that war would provoke revolution greatly strengthened the commitment to cooperation.

Such attitudes, which made the Concert work, were assisted by the absence of some of the pressures that later raised such fears and suspicion in European diplomacy : the impact of public opinion, the influence of economic interest groups, and the efforts of military establishments to increase national strength.

The history of the Concert shows that international security is possible in a condition of interstate anarchy; the history of Europe as a whole however shows that such times have been rare. Today we do not have a legitimate international order in Europe, despite the absence of major war for over 40 years and the prudence with which the superpowers have conducted themselves, particularly since the early 1960s. The reasons for arguing this are:

- Although the risk of war is generally thought to be remote, it is not ruled out.

- Governments and sections of society believe that core values are under threat from ideological adversaries.

- Although the postwar territorial status quo has been formalised, it is not universally regarded as having been permanently settled, as the German question shows.

- Fear exists about unacceptable political interference by the other side, whether through subversion or human rights.

These characteristics remain, although they are felt less intensely than twenty and certainly forty years ago. At the heart of the problem is whether the superpowers can learn to live with a more relaxed order in Europe. The requirements and prospects will be discussed later. For the moment it is necessary only to imagine that such a condition could be manufactured within thirty years if a predictable constructive engagement evolved over the next fifteen; if it could be achieved, stable peace would then be on the agenda.

7   The Long-term Goal: "Stable Peace"

A conceivable utopia — that is, as ideal a situation as is imaginable without a radical change in the nature of nations and the international system — is encapsulated in Kenneth Boulding's phrase "stable peace"[6]. This is a condition in which war is thought unlikely not because of a threat of mutual annihilation but because of mutual satisfaction with the prevailing situation. It is a peace based upon a political relationship rather than on cosmic fear. The nuclear arms race encourages prudence, but it also prohibits the evolution of stable peace by perpetuating anachronistic ways of thinking, maintaining an infrastructure of insecurity, and providing through fear the most likely cause of war between the blocs.

It is too soon to say categorically that "the international system" is a "war system". In practice stable peace can exist between conglomerations of countries, including those who were formerly enemies. These conglomerations have been categorised by Karl Deutsch and others as "security communities"[7]. They do not have each other targeted in a military sense, they have a high degree of interaction, and there is a confident expectation of peace. It is difficult at present to conceive a security community in this sense developing across the globe or even between the superpowers. Existing security communities did not develop between the two greatest military powers of the day, nor did they have to cope with the problem of nuclear weapons. The US-Soviet confrontation is in part "system-induced": the biggest military power has always to look at the next-placed, and in the nuclear age it seems inevitable that mistrustful powers will target each other. Even if other difficulties could be overcome, the problem of "disinventing" nuclear weapons will remain a major obstacle to the idea of stable peace. The INF agreement and the commitment to deep cuts should not lead us into any unrealistic expectations about the immediate prospects for superpower denuclearisation. The achievement of deep cuts would only take us back to the apparently insurmountable arms reduction problems of the 1970s, though admittedly a favourable downward momentum would have been generated. Even if the latter continued, it now appears highly unlikely that we could create such a framework of international security that all nuclear weapons could be abolished, that is, scrapped globally and the knowledge lost. But the best should not be the enemy of the good. If we can survive the first century of the nuclear age without nuclear use, yet with a progressive commitment to denuclearisation, it is probable that by then we will have relegated these weapons to a merely symbolic role. They might even be seen as more of an environmental problem than a political instrument; we would not need them but we would not know how to get rid of the last few hundred of them. As their use becomes progressively more unimaginable, so their disinventing will become both more conceivable yet less urgent.

A similar problem exists with the military blocs, since it would also seem that a stable peace, by definition, requires the ending of opposing military blocs. But this is not so, if the military preparations of the blocs can be believed to be entirely "defensive" in orientation. Since the continued existence of the blocs serves a variety of interests for the members, changing military doctrine is a more feasible objective than dissolving the alliances; hence doctrinal change should be the first priority. Indeed, if we gave precedence to the dissolution of the blocs we would be placing an enormous obstacle across important positive steps towards a more stable coexistence. The dissolution of the blocs is therefore an issue that should be circumvented at present; it is one of the areas where we could spend too much time worrying (and disagreeing) about structure rather than process. What matters most is not the existence of "blocs" but their character. Like nuclear weapons, we presently do not know how to get rid of the alliance systems in Europe, and so to expend great energy on this issue now would be a distraction from helpful and achievable practical steps towards more security. Furthermore, it goes without saying that many believe that "dealignment" at this stage would not be desirable. What we should all be able to agree upon is the proposition that if we could reduce the sense of threat that exists on both sides, dissolving the bloc structures becomes both more conceivable yet less urgent.

In 1983 the Alternative Defence Commission in Britain recommended a non-provocative defence posture, and followed this up in 1987 with a second report seeking to devise a foreign policy to "unfreeze" the blocs[8]. Most observers might concede that dealignment is a desirable long-term goal. In the shorter-term, however, there are strong reasons for thinking that it is unrealistic; it is threatening to those who, rightly or wrongly, believe that the alliance systems offer them security. In particular, dealignment is likely to be provocative to the Soviet Union. The renewal of the Warsaw Pact in 1985 underlined Soviet intentions with regard to dominating Eastern Europe for the foreseeable future. Furthermore, while the German problem remains intractable, speculation about dealignment is premature. Should Germany be re-united? Is Europe not safer with a permanently divided Germany? Is the DDR capable of independent existence? Honest differences of opinion exist on these and other questions. It is not unlikely, for example, that differences of opinion exist among Soviet policymakers about the military role they would like to see the United States playing in Western Europe.

The US military presence has advantages for the Soviet Union, as well as creating some headaches. The long-term structure of European security is one that is not now capable of a pan-European and superpower consensus. In these circumstances we could easily waste decades disagreeing when we could profitably build upon areas of agreement which threaten no one but which almost everybody might accept as necessary to move us in a positive direction.

8 The Approach: "Process Utopian"

We should therefore postpone wondering too much about or pressing too strongly for particular structures of European security. Instead we should concentrate on those processes that seem to increase the chances that we will reach the intermediate plateaus which promise more satisfactory arrangements than those at present in existence. When confronted by such a problem as this Joseph Nye has offered a useful distinction between "end point utopians" and "process utopians" [9].

Most utopians visions, according to Nye, point to what are considered to be a better set of future conditions. Ideas about general and comprehensive disarmament or world government are of this type. One such idea about Europe is the notion of a "healed" continent. In a sense, history comes to a stop when end point utopias are reached. This paper has been written from a different stand-point; it does not believe that radical end points are feasible in a foreseeable time-scale, and is presently agnostic about some issues (would a "healed" Germany be more of a problem than a divided one?). Rather than concentrate upon distant, controversial and uncertain matters, this paper suggests that the most productive approach to the problem of European security — progressive yet pragmatic — is that of the process utopian.

Nye has defined "process utopias" as benign or pacific trends, with the end-point being uncertain. The process utopian takes modest, reformist steps in order to make a better world somewhat more probable for future generations. What exactly that better world will look like must be settled by future generations, when the possibilities and new problems become clearer. We cannot now see far enough ahead. For the time-being, then, we can only identify mid-term goals, say 30 years ahead. At the same time we must attend to the most important task, that of reducing the risks of nuclear war. If each year we can lower the risk a little more than the previous year, we will over time wipe out the threat of nuclear war.

The next-generation objective towards which we should direct benign and pacific efforts was earlier encapsulated in the idea of a legitimate international order. To many this might not be a compelling vision — compared for example with complete disarmament or a healed continent — but it is the only "utopia" realistically on the agenda; and even achieving that would just about be a miracle within the next thirty years. If a predictable peace could emerge in that time-span, based on stable political attitudes rather than the insecurity of fear, then a future generation could start thinking practically about what now seems dreams.

Those who try to bring about a new world too quickly can easily become discouraged. This happened to some extent in the Western peace movement after the deployment of cruise missiles and the collapse of the Freeze movement in the United States. One of the advantages of the process utopian approach is that nobody expects heaven tomorrow, and that setbacks are taken for granted. Moreover, because movement towards a legitimate international order must be incremental and across a broad front, many different people and bodies can be involved. The goal will not be achieved unless people believe that it is possible, and so there has to be consciousness-raising, as well as changes in policies. The process utopian approach is social, cultural and educational, as well as diplomatic and strategic. Process utopian approaches can range from trying to negotiate crisis prevention centres between the superpowers, to encouraging cooperation through trade, to cultural and educational efforts which seek to reduce stereotyping. Personal diplomacy — "detente from below" — can be helpful. It is important simply to talk to friends, families and opponents about the international situation, with a view to encouraging the adoption of a wider perspective than simply that of the country in which one happens to have been born. Young people are particularly important, before their ideas become rigidified. Irrational mistrust between nations is not the whole of the problem, but it is an aspect, and one we can all address. There is also a special role for medium powers. They can keep certain issues on the superpower agenda and make forward-looking initiatives. They can remind the superpowers that size is not a guarantor of wisdom or rationality. They can help each other to moderate superpower behaviour and loosen bloc ties.

The present period is a particularly promising time to promote process utopian ideas in East-West relations. Significant change is taking place in the Soviet Union, and it would be sensible if the West took whatever steps were open to encourage those trends in the Soviet Union pointing towards moderate behaviour abroad and more respect for human rights at home. So far, the major Western governments have responded to Mr. Gorbachev's strategic-diplomatic agenda with much more circumspection than they have embraced the opportunities he has given them for image-building (or rebuilding in the case of President Reagan). Actions speak louder than words on both sides. It is not sensible, except for those wanting to poison the prospects for detente, to take actions that play into the hands of those in the Soviet Union favouring confrontational ways of behaviour. Soviet leaders, for their part, must also come to have a better appreciation of their input into Western, and especially US politics. The growth of Reaganism was not just a phenomenon of the US political system; it was also the result of US reactions to Soviet behaviour in the 1970s.

Although the process utopian approach can and should proceed across a wide front, the most immediate problem at the level of high politics is arms restraint. More objective assessments of the character of the Soviet Union, the military balance, and the threat of war in Europe should help more people in the West to appreciate that although relations with the Soviet Union will continue to be characterised by struggle, the ultimate threat we face is not of a Soviet military breakout across the central front, but of the superpower military confrontation collapsing through internal and intolerable strategic and technological strain. To avoid such an outcome, stringent arms restraint is necessary.

Armaments are obviously necessary for all states at the present juncture of international politics, and will remain so. But their accumulation can sometimes detract from national security, instead of adding to it. This was wastefully and dangerously obvious in the early 1980s. The pattern of the postwar years has generally been that national strength merely provokes countervailing strength. The growing irrationality of the arms race has been admitted by a significant body of former "insiders", including famous scientific advisers[10]. There has also been some recognition within the Soviet Union that its weapons may be deployed as a result of technological inertia rather than political calculation, and are counterproductive to security needs[11]. While some military power is necessary as a reminder of the disutility of war between industrialised societies, a major part of it - the nuclear stockpile - has become disfunctional. A predictably peaceful relationship cannot evolve as long as both superpowers and others fear the size and character of the forces the other side has targeted against them. Fear leads to insecurity, and this cannot be the basis of prolonged "stability". Insecurity is dangerous to all. The only way out of this predicament is to move to more recognisably defensive military postures.

9 The Slow Fix Strategy: Non-Provocative Defence

"Alternative defence" should be the centre-piece of a process utopian approach to the problem of European insecurity. One of the most important lessons of the postwar period is that Western security is and will remain intimately tied up with the security of the Soviet Union. This means that we must recognise and accept the idea that increases in Soviet insecurity will not necessarily improve Western security. This apparently simple but rather radical idea has been slowly gaining support under the banner of "common security". In contrast to the prevailing self-help security-through-strength beliefs of the early Reagan presidency, the Palme Commission Report of 1982 gave some political backing to the notion of common security, arguing that states can no longer attain security at each other's expense, but only through cooperative efforts[12]. One implication of this approach is that Western policymakers need to appreciate how and to what extent we ourselves are a "threat" by better comprehending the psychological realities of Soviet policymakers; if this were achieved more Western policymakers would be in a position to deal objectively rather than in a doctrinaire fashion with Soviet words and actions. If they do not better understand the Soviet side of the matter, Western policymakers cannot claim to understand contemporary strategic "reality". The same is true, of course, for their Soviet counterparts in their dealings with the West.

The body of ideas going under the umbrella term alternative defence crystallised in the late 1970s and early 1980s, though some of the doctrinal ideas and theoretical assumptions go back further. In essence, alternative defence seeks an escape from the "security dilemma" that grips many states, that is, the condition whereby what one state does to enhance its own security provokes fears on the part of others, and so countervailing military efforts[13]. Alternative defence thinkers do not accept that this is a necessary condition between states, and that in the case of the East-West confrontation we are not bound to live with high and permanent levels of insecurity. We can choose to change the situation. Instead of relying indefinitely on order based on fear, as at present, alternative defence schemes seek to maintain a level of deterrence against aggression but to do so in such a way that the arms race will be reversed, crisis stability will be increased, and arms reduction will be encouraged. Political stability will evolve and gradually there will be more security for all at less cost.

The alternative defence school now includes a rich interplay of ideas about strategies, tactics, weapons and policies[14]. These range from the goal of complete nuclear disarmament to the indefinite acceptance of minimum nuclear deterrents, and from non-violent resistance to more modest reforms of NATO's existing doctrines. But there are two elements in all the schemes, however radical or however reformist. The first is an emphasis on denuclearisation rather than nuclear deterrence. At all levels, from battlefield to strategic systems, the aim is to move towards increasingly non-nuclear postures. The second element is the objective of achieving non-provocative military postures. While retaining defensive forces to raise the entry price of aggression (making the benefits of occupation not worth the cost) offensive strategies and weaponry are ruled out as far as possible. Security will be based on "defensive deterrence" (a "structural non-aggression capability") together with reassurance, rather than on threats of retaliation.

The principle of alternative defence is simple in theory but more complex to establish in practice. Critics of defensive deterrence, such as the British government in the 1985 Defence White Paper, argue that it is not possible to make clear-cut distinctions between "defensive" and "offensive" weapons, and so they reject the principle. This argument does not carry weight. What matters is not whether individual weapons are offensive or defensive - an old and impossible conundrum - but whether the total posture looks provocative or otherwise. NATO's present aim is "defensive" (it has no intention of being the first to use force) but it does contain some dangerous retaliatory and escalatory elements, especially if seen through the eyes of the adversary's defence planners. The Warsaw Pact also claims to be defensive, but it also has dangerous offensive potential. If neither alliance wants war, or intends to strike first, it should be possible to reduce their mutual interlocking fear.

Whatever the critics say, it is in fact possible to create defence policies that are clearly and without question designed for defence purposes only. They already exist. The defence postures of several countries do not threaten their neighbours: they do not have dangerous retaliatory and escalatory doctrines and weapons; they are structurally incapable of aggression; and they do not provoke suspicion and threat inflation among those who might challenge them. Nevertheless, they do maintain a strong defensive capacity: their forces threaten to put up the costs to any invader, their doctrines and equipment carry military conviction, and their governments speak from some strength. Sweden, Switzerland and Yugoslavia are three countries whose defence policies are successfully non-provocative. Their conventional deterrents have worked. It would clearly be difficult for nuclear alliances to wind down to such levels of non-provocation, but it is not impossible to conceive, and it should not be impossible to achieve a clearly defensive posture. The conventional defensive capabilities of the major alliances would of course be markedly greater than for Sweden, Switzerland and Yugoslavia, for whom defensive deterrence has worked for well over forty years in two cases. By words and actions, in both the political and military realms, it should be possible for the political and military planners in each alliance to devise packages that their counterparts could accept as "defensive".

A non-provocative posture on NATO's part is appropriate to deal with all Soviet threats except that of wiping Western Europe off the face of the earth. That threat, presumably, is only likely to arise if a Soviet leader comes to believe that the West is about to wipe the Soviet Union off the face of the earth. But by denuclearising and moving to a non-provocative posture the West will begin to show the Politburo that this is not its intention. Even if some urgent reason were found for making such a threat, following the denuclearisation of NATO's strategy, several factors would give the threateners food for second and third thoughts. Among these are the "existential deterrent" that would still exist in US hands, and the risk of proliferation that any nuclear blackmail would provoke [15]. A non-provocative posture would improve security and is appropriate for the strategic-historical period. For purposes of territorial acquisition and "compellence", as opposed to deterrence and defence, military power in Europe has lost its utility.

Alternative defence has to carry military conviction, but its fundamental aim is not to fight but to send diplomatic signals to make unlikely wars even more remote. At the moment the Western and Eastern European nationalists can look forward to a complete winding down of the Soviet military presence in Eastern Europe only when the Kremlin is confident about the stability and cooperation of the regimes concerned, and is confident that NATO will not attack. The growth of this confidence depends in part on a certain military and political reassurance being given by the West, even if this is at the cost of occasionally having to mute its demands - if not desires - for the freedom of the peoples of Eastern Europe. Speaking out when unacceptable behaviour takes place is necessary, but the achievement of Western-defined human rights and national independence in Eastern Europe must not be made a precondition for moving towards a stable peace. A legitimate international order does not depend on universal adherence to democracy, freedom or human rights (although anyone with liberal instincts will believe that it will help). The main requirement of a legitimate international order is not democracy but moderate external behaviour. The Berlin Wall, for example, does not need to be torn down to achieve this.

Alternative defence seeks to reshape the European security landscape. Words and actions would interact to reshape our images of it, and then its reality. If it were successful it would, in the course of time, produce a predictable peace founded upon political relations rather than a dangerous order balanced on mutual fear. At this stage giving priority on the agenda to end-point utopias like "dealignment" is distractingly premature, while technological quick-fixes like Star Wars are unworkable. Alternative defence is a slow-fix to the nagging problem of the security dilemma.

10 An Alternative Agenda

The preceding sections have indicated the direction in which thinking about European security should proceed. Space limitations preclude a full discussion of the practicalities, but what follows are actions and policies that for the West are in the spirit of the process utopian approach, and so should be pursued:

1. **Maintain the momentum of nuclear arms control.** The progress of 1987 should not be squandered. The West should encourage a START agreement, press for a Comprehensive Test Ban Treaty, resist attempts to circumvent the INF Treaty, prevent the weaponization of space, strengthen the non-proliferation regime, and press the UK and France to become ex-nuclear.

2. **Talk seriously about reducing the threat of "offensive" conventional forces.** Success here could have a crucial effect on mutual threat perception, and therefore on the prospects for further progress. NATO should put itself in a position to respond to WTO proposals about reducing imbalances of forces, identify the most threatening areas of WTO capability (since the West needs reassuring and the Soviet Union needs to know how to reassure it), be more active in CBM talks, and create machinery for NATO-WTO communication.

3. **Adopt a non-provocative defence posture.** Both alliances are now giving some thought to movement in this direction (if only on the other's part). NATO should denuclearise (resist modernization and endorse the "third zero"), adopt a no-first-nuclear-use policy, maintain its conventional strength, reverse deep strike doctrines, support nuclear-free zones and zones of thinned out or removed offensive forces (for example tanks), take decisions about procurement and tactics which strengthen non-provocative elements.

4. **Encourage movement to minimum deterrent postures.** Even minimum deterrents can destroy modern societies, but movement in this direction would be a signal that nuclear war is taboo. There should be movement away from strategic doctrines involving pre-emption, launch-on-warning, decapitation strikes, "prevailing" and "victory" towards nuclear doctrines where retaliation is a last and not a first step, is gradual rather than massive and is based on what is considered sufficient for a minimum deterrent rather than what is thought necessary for warfighting.

5. **Destructure NATO.** The alliance serves important interests of its members and their commitment to Western defence remains, but the organisation as such is too rigid. The evolution of a looser and more variegated NATO should be encouraged, whereby states can express their own national outlooks more fully, have

different membership requirements, for example on base rights. An alliance in which the biggest power always gets its way is not democratic; and one in which decisions are based on loyalty tests is not rational. A more patchwork alliance will allow members greater freedom to explore East-West relations and, where appropriate, criticise the United States. Support should be given to the maintenance of US interest in European security, but at the same time the European pillar should be strengthened and some US troop withdrawals not discouraged.

6. Build a critical mass of alternative defence supporters. Success will be achieved when "alternative" defence becomes "official" policy. Although some obvious targets for protest have gone, there are always useful tasks for process utopians: work to elect governments which will be more progressive than those that exist; try to keep defence issues in the public eye and raise the level of debate by disseminating knowledge, critical arguments and an awareness that alternatives are available; participate in "detente from below"; support campaigning groups, organisations and political parties working for alternatives, and within them encourage the strengthening of ties with like-minded bodies in other countries both East and West.

7. Widen horizons. Europe is unlikely to be able to remain a stable ship of peace and security if the seas all around are stormy. Building a more just and therefore stable world order is a matter of enlightened self-interest for the industrialised nations of the northern hemisphere. The image is sometimes drawn of a powder keg (Europe) and a potential spark (Third World troubles). Attention needs to be given to the sparks, of which the Middle East is the most dangerous. It is important to enhance the European commitment to nation-building and peaceful development in the Third World by rebuilding international institutions, ameliorating North-South differences, discouraging military intervention, and seeking to reduce the superpower confrontation.

8. Develop a "philosophy of coexistence" with the Soviet Union [16]. Mr. Gorbachev has created opportunities for better East-West relations, but the policies proposed here for the West arise out of the objective needs of the situation; they are not dependent on personality. For the most part Western leaders conduct their relationship with the Soviet Union on the basis of old habits and stale Sovietology. In order to live together more successfully the West should, among other changes: treat the Soviet Union as a legitimate member of international society and not as a virus to be isolated or a bandit to be put in the dock; move nuclear deterrence from the centre of the relationship; appreciate the danger of Soviet insecurity; encourage measures of political and military confidence-building; base policy on "empirical" rather than ideological realism; be consistent rather than unstable; curb the US temptation to engage in a global crusade; and encourage the Soviet Union to take the steps that will reassure the West. The West has nothing to fear from non-violent competition, and there is a great margin of safety in the European powder-keg when it comes to winding down that military confrontation which inhibits the achievement of greater common security.

If the countries involved in the East-West relationship fail to define a realistic and long-term practice of coexistence, their interaction will blow hot or cold according to the vagaries of technological innovation and political and other developments. We in the West, for our part, lack a philosophy of coexistence and a long-term strategy. This paper has offered the outline of one. It proposes an approach that would avoid the dangers of faith in indefinite more-of-the-same by looking towards the creation of a more soundly based structure of peace and security. Reformers must be patient, it was argued earlier, but they must also act; and in this respect small steps should not be scorned. Every successful small step should make the next one somewhat easier, as it becomes apparent that change is not leading to the sky falling down, but to a more stable security environment. As it happens, despite all the obstacles, the prospects for moving away from an order based on infinite hope in the success of the nuclear balance of terror have never been better.

11 The Prospects

Talking the language of common security and defining a medium-term goal of a legitimate international order is one thing, but radically changing the outlooks and operating procedures of entrenched military and political establishments is another matter entirely. The immediate problem remains the superpower relationship, and whether it can move towards a mature detente and beyond. The record, forty years after the ending of Hitler's war, is not encouraging, but there are some positive signs.

Among the developments and trends suggesting that the goals identified earlier are not only possible but are also realistic, the following are the most prominent:

- A mutual desire to avoid nuclear war and a growing understanding that war is an unacceptable method of advancing political interests.
- A record of prudence in managing European problems.
- A growing tradition of non-use of force.
- Economic interdependence and preoccupations.
- New thinking in the Soviet Union, going back to Khrushchev in 1956 about the role of war, and extending to Gorbachev's statements about common security and interdependence.
- Generational changes among policymakers and publics, bringing forward those whose formative experiences came after the height of the cold war.
- The capacity for "mellowing", to use George Kennan's phrase, on both sides of the ideological divide.
- The experience of the second cold war, which never had the expectations of actual war that had accompanied the first.
- The INF Treaty, promising real disarmament and intrusive verification.
- A recognition of the need to avoid conflict in an unstable world, including trying to cope with Third World countries (for example, to prevent nuclear proliferation). To societies in the northern hemisphere, some Third World outlooks are sometimes more alien than those of the major ideological rival.
- The pro-detente attitudes of Europeans, East and West.
- The growth of support for alternative defence ideas, in both East (largely official) and West (largely unofficial); this includes developments such as the 29 May 1987 Communique by the WTO, and the growth of organisations and political parties in the West committed to the theory and practice of common security.
- The strength of public opinion in the West, which, in the adverse conditions of the 1980s, managed to prevent Reagan from being Reagan on matters such as the MX, Star Wars, SALT II, and foreign intervention.
- The leadership of Mikhail Gorbachev, whose views on issues of international security seem as promising as Western opinion could have hoped, and therefore much more promising than could have been predicted.

Against such positive developments as those just listed a range of traditional negative factors persist:

- The "system-induced" dimension of the confrontation.
- The mistrust-confirming record: cold war has been more "normal" than detente.
- Features of domestic politics (four-yearly succession struggles in Washington, the utility of ideological struggle for the CPSU).
- Strategic cultures which have traditionally seen security in terms of self-help and strength rather than as a result of tacit or formal agreements with old adversaries.
- The persistence of regressive mindsets in policymaking circles.

Such negative factors are powerful and well-established; the positive signs, on the other hand are generally more recent and are potentially transitory. We cannot say how permanent any of the positive trends might be, or how far they will be allowed to go (for example Reagan's commitment to nuclear disarmament or Gorbachev's to common security). History suggests that we must always reserve the right to be cynical in such matters, both in terms of the motives of leaders and their ability to carry out their programmes, especially if they fly in the face of established thinking. Glimmers of trends pointing towards more stable superpower relations do not guarantee such an outcome, but they do offer some confidence that we are not doomed forever in the trap of cold war and nuclear arms racing.

For the benevolent processes discussed earlier to develop and bear fruit, it is necessary that there be reciprocity in East-West relations. We should be careful how we think about this, because it will determine how we act — or whether we do. First, when the prospects for two-way give-and-take are discussed in the West, the issue is invariably framed in terms of the difficulty of getting the Soviet Union to reciprocate possible future Western initiatives. This traditional scepticism about the Soviet Union needs revising in the light of the cautious response of the major Western governments to the various arms control proposals made by the Kremlin since 1985. Indeed, at the present juncture the approach set out in this paper has been more in evidence in Moscow than in London or Washington. Whereas Mr. Gorbachev's thinking about "a common European home" accords closely with the notion of a legitimate international order discussed earlier, Western thinking has not been forward looking; it has been rooted in a more-of-the-same approach. Furthermore, as the Reagan-Thatcher cultivation of the human rights issue shows, there has been no ideological disarmament on the part of these leaders. In contrast, Mr Shevardnadze's declaratory position, that peaceful coexistence must not be identified with the class struggle, and that the latter is no longer the "determining tendency" of the present age, reveals at least a verbal commitment to play down the ideological competition in a manner that is necessary if we are to move towards the plateaus of constructive engagement, legitimate order, and stable peace. It should be evident, therefore, that the Kremlin is not the only problem when it comes to reciprocation. Second, reciprocation is usually seen in terms of mutual positive reactions. In an evolving and difficult relationship mutually positive and balanced responses might represent an unrealistic expectation. We should learn to settle for negative reciprocation. The latter implies that although a particular positive gesture or step by one side might not be responded to in kind, it would not be responded to in any way, verbally or practically, that could be described as unfriendly. Negative reciprocation can help confidence-building, albeit slowly. Again, reformers in international politics must be patient.

Even if there is further progress in superpower relations, it will therefore be slow, and there will undoubtedly be downs as well as ups. Mistakes will be made and history will toss its share of unpleasant surprises into the arena. But if a critical mass of political support for new thinking can be created in both alliance systems, a long-term commitment to coexistence could result in the building up of a web of inter-relationships, rules, institutions, and habits that will do for the East-West relationship - but without the prologue of disastrous wars - what the processes of European unity have done for the nations of Western Europe in the last forty years. Among the nations of Western Europe deeply entrenched rivalries have been ameliorated, and old thinking about the role of force in their inter-relationships has been dramatically reversed (when seen in the perspective of centuries). War between the alliances is now as irrational as it became between the European great powers in the first half of the twentieth century. Consequently we could witness comparable changes in the level of rivalry and attitudes about the use of force in East-West relations. A legitimate international order might yet evolve out of a perilous century of nationalism and ideology.

12 Conclusion

In international politics states are constantly confronted by cross-roads, and no road they can take is entirely risk-free. Even so, some routes are more hopeful than others. It is therefore important to have helpful theoretical maps. The direction plotted in this paper looks towards the achievement of a successful period of constructive East-West engagement over the next fifteen years and the evolution of a legitimate international order within thirty. These are the milestones that have to be reached before the prospect, structure and practicalities of stable peace can be more clearly delineated. We cannot at present know what new social, political, technological or economic preoccupations will be shaping our thinking in thirty years time. We cannot yet know whether we can in fact manufacture a stable East-West peace in Europe: we can only conceive that it is not impossible. If we do not conceive it to be impossible, we can then work to make it possible. Furthermore, if a legitimate international order were to evolve, the dynamics of international relations would be significantly different from today's, and a stable peace would then be on the agenda. Objectives long aspired to, but not now feasible, could then be realistically planned: the healing of the continent, massive disarmament, non-intervention, and defensive-only military postures across the globe.

Stable peace will only become possible, therefore, if we reject the static thinking of ideological realism, and if the political support can be generated to back those processes necessary to progress towards the intermediate milestones. The latter can only be reached if there is a realistic sense of direction; they will not be attained by political sleep-walkers, regressive establishment thinkers, or radicals whose ideas are so perfect that no political leader will countenance them. The approach proposed in this paper attempts to manufacture a convergence of the desirable and the feasible; it risks being criticised from the right as "too idealistic" and from left as "too embedded in the existing system". This process utopian approach seeks to implement, unilaterally and multilaterally, alternative defence ideas such as common security, denuclearisation and non-provocative strategies; these seek to remove those forces that tighten the security dilemma and which are out of step with a Europe of complex interdependence and changing attitudes. Alternative defence is a process utopian way out of what Stanley Hoffmann has described as the central problem of international politics, viz. turning the traditional vicious circle of relations between states into a relationship of trust and peace [17].

Stable peace might or might not be achieved in East-West relations, but it is not impossible. As was argued earlier, it is too soon to say that the international system is necessarily a war system. There is only one certain obstacle to our finding out; there is, only one possibility which would cancel out this and all other possibilities (to use the language of Heiddegger). That is nuclear war. The most pressing requirement for European security is not the abolition of the blocs or continent-wide democracy, it is moderate behaviour designed progressively to reduce the risks of war. Process in the first instance is a greater priority than structure. This argument necessarily implies that we live for an unspecified time with a Europe of blocs and that we leave open many basic questions about the future. This verdict is not based on cynical "spheres of influence" thinking; rather it is informed by the belief that this approach is what utopian realism entails at this historical juncture and the certainty that the transcendent human right is the avoidance of nuclear catastrophe.

Notes

1. See, inter alia, Michael MccGwire, "Deterrence: the Problem - not the Solution", *International Affairs*, Vol.62(1), Winter 1985/86, pp.55-70. Compare with the simultaneously written Ken Booth, "Nuclear Deterrence and "World War III": How Will History Judge?", pp. 251-82 in Roman Kolkowicz (ed.) *The Logic of Nuclear Terror* (Boston: Allen & Unwin, 1987).
2. This is explained further in Ken Booth, "New Challenges and Old Mindsets: Ten Rules for Empirical Realists", Chapter 3 in Carl Jacobsen (ed.), *The Uncertain Course* (Oxford:OUP for SIPRI, 1987).
3. Joseph S. Nye Jr., "The Long-Term Future of Deterrence", in Kolkowicz, op. cit. 234-5.
4. See Henry Kissinger, *A World Restored Metternich, Castlereagh and the Problems of Peace* (Boston: Houghton Mifflin, 1957) and Robert Jervis, "Cooperation Under the Security Dilemma", *World Politics*, Vol.30(2), January 1978, pp. 167-214.
5. These points are based on Kissinger, op.cit.; Jervis, op.cit.; and Gordon A. Craig and Alexander L. George, *Force And Statecraft* (New York: Oxford University Press, 1983), Chapter 3, "Balance of Power, 1815-1914: Three Experiments".
6. The phrase is elaborated in Kenneth Boulding, *Stable Peace* (Austin: University of Texas Press, 1979).
7. The concept was defined by Karl W. Deutsch et al., *Political Community and the North Atlantic Area* (Princeton N.J.: Princeton U.P., 1957).
8. Alternative Defence Commission, *Defence without the Bomb* (London: Taylor & Francis, 1983), and *The Politics of Alternative Defence: A Role for a Non-Nuclear Britain* (London: Paladin, 1987).
9. Nye, op. cit., pp. 245-7.
10. See, for example, Lord Zuckerman, *Star Wars in a Nuclear World* (London: William Kimber, 1986).
11. See, for example, *The Guardian*, 21 November 1987.
12. *Common Security: A Programme for Disarmament*. The Report of the Independent Commission on Disarmament and Security Issues under the Chairmanship of Olaf Palme (London: Pan Books Ltd., 1982).
13. This is discussed in Robert Jervis, *Perception and Misperception in International Politics* (Princeton: Princeton University Press, 1976), pp. 62-71.
14. Extensive references will be given in Ken Booth and John Baylis, *Britain, NATO and Nuclear Weapons: Alternative Defence versus Alliance Reform* (London: Macmillan, forthcoming). An excellent brief overview is Michael Clarke, *The Alternative Defence Debate: Non-Nuclear Defence Policies For*

Europe, ADIU Occasional Paper No.3 (University of Sussex, ADIU, August 1985). Essential bibliographies are Bjorn Moller, *Non-Offensive Defence Bibliography* (University of Copenhagen: Centre of Peace and Conflict Research, n.d.), and Marc Stein and Kathleen Fahey, *Bibliography of Alternative Defence Research* (Brookline, MA : Institute for Defence and Disarmament Studies, July 1987).

15. See McGeorge Bundy, "Existential Deterrence and its Consequences" pp. 3-13 in Douglas Maclean (ed.), *The Security Gamble* (Totowa, N.J.: Rowman and Allanhead, 1984). According to Bundy "existential deterrence" is not based on strategic theory or declaratory policy. It occurs simply because of the existence of very large numbers of nuclear weapons which could be used against an opponent. This creates a powerful uncertainty, and the deterrent effect this produces is relatively unaffected by changes in arsenals or declaratory policies. On the largely unexplored subject of nuclear blackmail, see Richard K. Betts, *Nuclear Blackmail and Nuclear Balance* (Washington, D.C.: The Brookings Institution, 1987); McGeorge Bundy, "The Unimpressive Record of Atomic Diplomacy", pp. 42-54 in Gwyn Prins (ed.), *The Choice: Nuclear Weapons Versus Security* (London: Chatto and Windus, 1984). Jeff McMahon, *British Nuclear Weapons: For and Against* (London: Junction Books, 1981). Eric Herring, a Ph.D. candidate in the Department of International Politics, UCW, Aberystwyth, presently at the Institute of War and Peace Studies, Columbia University, is in the final stages of what promises to be the most exhaustive examination of this subject to date. See his "Strategic Concepts and Nuclear Threats: Testing Schelling and Morgan", International Politics Research Paper Number 5, 1988.

16. The need was posted fifteen years ago, with typical elegance, by Marshall D. Shulman, "Towards a Western Philosophy of Coexistence", *Foreign Affairs*, Vol. 51(1), October 1973, pp. 35-58.

17. Stanley Hoffmann, *Duties Beyond Borders* (Syracuse, NY: Syracuse University Press, 1981) p.232.

The Author

Ken Booth is a Professor in the Department of International Politics, UCW, Aberystwyth. In 1977 he was Scholar-in-Residence at the U.S. Naval War College, and from 1979 to 1981 was Senior Research Fellow in the Center for Foreign Policy Studies, Dalhousie University, Canada. Among his books are *Contemporary Strategy: Theories and Policies* (co-author), *Navies and Foreign Policy*, *American Thinking about Peace and War* (co-editor) and *Strategy and Ethnocentrism. Britain, NATO and Nuclear Weapons* (with John Baylis) will be published early in 1989. He is presently working on a research guide in strategic studies, a book on East-West relations and an edited volume entitled *New Thinking about Strategy and International Security*.

Perzeptionen langfristiger Ziele der Gegenseite als Bestimmungsfaktoren bei der Konzipierung von Politik

Diskussionsbeitrag zu dem Experten-Kolloquium
"Die Zivilisierung des Konflikts.
Auf der Suche nach einem Konzept
für die zukünftige Gestaltung des West-Ost-Verhältnisses"

Evangelische Akademie Loccum
3. - 5. Februar 1989

Im Text der Hintergrundinformation zu diesem Kolloquium wird festgestellt, daß nach den Zeiten des Mißtrauens und des Streites, der Konfrontationen und Krisen, der wechselseitigen Abschreckung und des Wettrüstens nunmehr eine realistische Chance bestehe, den Konflikt zu zivilisieren. In dieser Situation, so wird gesagt, könne es sich als problematisch erweisen, daß im Westen zwischen den Partnern der Atlantischen Allianz zur Zeit kaum eine breitere und intensivere Diskussion darüber geführt werde,

- wie das West-Ost-Verhältnis in Zukunft einmal aussehen sollte,

- in welchen Bereichen und in welchen Formen der Konflikt ausgetragen werden müßte,

- wo es Möglichkeiten und Aufgaben für Kooperation gäbe und wie eine konstruktive Kooperation praktiziert werden könnte,

- wie das Spannungsverhältnis zwischen Konflikt und Kooperation ausbalanciert und produktiv gemacht werden könnte.

Es ist sicher richtig, daß die hier durch die Voranstellung von
Spiegelstrichen gekennzeichneten vier Fragen entscheidend wichtig
für die künftige Gestaltung des West-Ost-Verhältnisses sind. Die
Formulierung der oben zitierten Feststellung könnte jedoch den
Eindruck aufkommen lassen, als wäre es für die Partner der
Atlantischen Allianz möglich, sich die Antworten auf die vier Fragen
selbst auszusuchen, als brauchten sie nur untereinander darüber
Übereinstimmung zu erzielen, welche Art von Zukunft, von
Konfliktaustragung, von Kooperation, von Konfliktmanagement sie
wünschten.

In Wirklichkeit ist solchen Wünschen natürlich ein enger Rahmen
gesetzt durch die entsprechenden Wünsche der Partner des Warschauer
Paktes. Wenn die bestehenden Chancen für eine Zivilisierung des
Konflikts genutzt werden sollen, müssen **beide** Seiten bestrebt sein,
auf die vier Fragen wirkliche Antworten zu geben. Das heißt, diese
Antworten müssen über die üblichen Clichés hinausgehen, sie müssen
substantiell sein. Die clichéhaften Antworten lauten bekanntlich:

1. Die Zukunft des West-Ost-Verhältnisses sollte eine friedliche sein.

2. Der Konflikt sollte nicht im militärischen Bereich ausgetragen werden, die Formen des Austrags sollten gewaltfrei sein.

3. Die Kooperation sollte sich auf möglichst viele Gebiete erstrecken und besonders auf die Lösung der globalen Probleme zielen.

4. Das Spannungsverhältnis zwischen Konflikt und Kooperation sollte so ausbalanciert werden, daß dort kooperiert wird, wo kooperiert werden kann, daß aber keine Seite ihre eigenständigen Interessen aufgibt.

In dieser allgemeinen, auf Konkretisierung verzichtenden Form haben
diese Antworten die West-Ost-Politik der vergangenen Jahrzehnte

bestimmt und bestimmen sie noch heute. Einem gewissen Wandel
unterlag je nach dem gerade vorherrschenden politischen Klima nur
der Grad an Optimismus bzw. Pessimismus, mit dem man die
Möglichkeiten zur langfristigen Erhaltung des Friedens und zur
Erweiterung der Zusammenarbeit abschätzte. Bestimmend blieb auf
beiden Seiten das Mißtrauen über die langfristigen politischen Ziele
der anderen Seite. Jede Seite erwartete, daß es auf lange Sicht die
Absicht der anderen Seite sein müsse, die eigene Politik zu
durchkreuzen. Da es von beiden Seiten als Ziel der eigenen Politik
angesehen wurde, der Menschheit eine friedliche Fortentwicklung zu
sichern, fühlte sich jede Seite berechtigt, ihren Weg unbeirrt
fortzusetzen. Auf die Interessen des Gegenübers, dem ja - mindestens
vorsichtshalber - feindliche Absichten zu unterstellen waren,
brauchte dabei nicht wirklich Rücksicht genommen zu werden.
Allenfalls sprachen taktische Gründe für eine vorübergehende
Berücksichtigung solcher gegnerischen Interessen. In der eigenen
Sicht war es daher klar, daß nur die gegnerische Seite die
Verantwortung dafür trug, daß die eigene - mit der anderen Seite
wegen angenommener Unvereinbarkeit der Interessen nicht abgestimmte
- Friedenspolitik nicht zu einer allgemeinen Befriedung führte. Man
selbst konnte sich vor der eigenen Bevölkerung wegen der eigenen
guten Absichten von jeder Schuld für dieses Mißlingen freisprechen.
Da dies für beide Seiten zutraf und da die auf beiden Seiten die
Politik bestimmenden Perzeptionen von den langfristigen Zielen der
Gegner kein Entgegenkommen zuließen, war es nicht überraschend, daß
in den Jahrzehnten seit Beendigung des Zweiten Weltkriegs nur sehr
geringe Erfolge bei den Bemühungen um Rüstungskontrolle und
internationale Zusammenarbeit erzielt wurden. Solange die Planer auf
beiden Seiten in ihren "worst-case" Szenarios davon ausgehen, daß -
zumindest langfristig - mit feindseligem oder sogar aggressivem
Verhalten der Gegenseite gerechnet werden müsse, sind auch künftig
keine größeren Fortschritte zu erwarten. Selbst spektakuläre
Ankündigungen von Rüstungsreduzierungen und Angebote zur
Kooperation, wie sie in jüngster Zeit von Generalsekretär
Gorbatschow zu hören waren, werden dann als besonders gefährlich -
weil die Verteidigungsbereitschaft lähmend und die Allianz
schwächend - eingestuft werden. Ein Beispiel ist die Äußerung von
Brent Scowcroft, des Sicherheitsberaters von Präsident Bush
(Süddeutsche Zeitung vom 24.1.89), daß eines der Motive für die

Friedensoffensive des sowjetischen Staats- und Parteichefs Michail Gorbatschow das Interesse Moskaus sei, Unruhe in der westlichen Allianz zu stiften. Der Kalte Krieg sei noch nicht vorüber. Solange es keine besseren Hinweise auf das Gegenteil gebe, sollten die USA von der Erwartung ausgehen, daß die UdSSR wieder zu ihrer alten Politik zurückkehren könnte, wenn sie ihre inneren Probleme einmal gelöst habe.

In ähnlichem Sinne äußerte sich der Verteidigungsminister der Bundesrepublik Deutschland, Rupert Scholz (Süddeutsche Zeitung vom 7.11.88): Wie seine Vorgänger verfolge auch Staats- und Parteichef Gorbatschow das Ziel, die UdSSR zur vorherrschenden europäischen Macht werden zu lassen. Der Sieg des Kommunismus über den Kapitalismus sei ein noch immer gültiger Glaubenssatz der sowjetischen Ideologie.

Es ist klar, daß solche Perzeptionen - wie verständlich ihr Zustandekommen auch sein mag - nicht geeignet sind, die Grundlage für eine vertrauensvolle Zusammenarbeit zu bilden. Das Gleiche läßt sich für die in der Sowjetunion noch immer weitverbreiteten Perzeptionen _westlicher_ Ziele und Absichten sagen. Es lassen sich in der UdSSR zahlreiche Äußerungen finden, die erkennen lassen, daß auch hier weiterhin langfristig mit der Möglichkeit feindseligen Verhaltens des ideologischen Gegners gerechnet wird, so daß auf Verteidigungsbereitschaft und ständige Wachsamkeit nicht verzichtet werden könne (siehe z.B. _Anlage 1_).

Jede Seite gibt also der anderen Seite die Schuld dafür, daß es nicht zur Erfüllung der Bedingungen für einen ausschließlich friedlichen, kooperativen Wettbewerb der Systeme kommt.

Wenn der bisherige circulus vitiosus des gegenseitigen Mißtrauens durchbrochen werden soll, wenn es die Absicht ist, eine neue Qualität der Beziehungen herbeizuführen, dann müssen die beiderseitigen Vorstellungen über die langfristig anzustrebenden Ziele geklärt werden. Dabei darf es nicht nur um die jeweils eigenen Ziele gehen, wenn Vertrauen wachsen soll. Vielmehr muß sich jede Seite darüber Rechenschaft ablegen, wie ihre Politik durch die Perzeption der Ziele der _anderen_ Seite bestimmt wird. Es gilt zu

klären, welche Ziele wir bei aller gebotenen Vorsicht der anderen
Seite potentiell unterstellen müssen und welche Ziele die andere
Seite in ihren eigenen Planungen uns möglicherweise unterstellt. Bei
dieser Klärung muß wohl in zwei Schritten vorgegangen werden.
Zunächst muß jede Seite für sich untersuchen, welche Bilder und
Vorstellungen, die sich auf die andere Seite und deren Absichten
beziehen, bei ihr wirksam sind und wodurch diese bestimmt werden.
Perzeptionen außenpolitischer Art haben ja immer auch
innenpolitische Verankerungen, aus denen sie selbst bei einer
deutlichen Änderung der außenpolitischen Lage nicht ohne
weitreichende – und nicht immer willkommene – Folgen gelöst werden
können.

Sodann muß in Diskussionen zwischen den beiden Seiten untersucht
werden, inwieweit die bestehenden Perzeptionen der langfristigen
Ziele der anderen Seite auf Mißverständnissen und
Fehlinterpretationen, auf früher gerechtfertigten, aufgrund neuer
Entwicklungen heute aber überholter Vorstellungen, oder aber auf
einer korrekten Einschätzung der beobachtbaren Vorgänge beruhen.
Sicher wird sich hier nicht immer Übereinstimmung erzielen lassen.
Dann müssen verschiedene Interpretationsmöglichkeiten und die
entsprechenden Zukunftsoptionen nebeneinander bestehen bleiben und
gesondert auf ihre politischen Auswirkungen hin untersucht werden.
Natürlich muß für jede dieser Möglichkeiten eine Politik der
Friedenerhaltung entworfen werden, um das Risiko des Auftretens
unerwarteter Krisen zu begrenzen. Sollte sich das für einzelne der
aus den Annahmen folgenden Szenarien als undurchführbar erweisen, so
ist daraus der Schluß zu ziehen, daß die den Annahmen zugrunde
liegenden Perzeptionen der gegnerischen Ziele eben geändert werden
müssen. Erscheint dies nicht möglich, weil die Perzeptionen auf
korrekten Einschätzungen zu beruhen scheinen, so ist dies ein klarer
Hinweis darauf, daß die Ziele selbst in so deutlicher Weise geändert
werden müssen, daß die andere Seite nicht umhin kann, diese Änderung
zur Kenntnis zu nehmen.

In manchen Fällen mag es jedoch möglich sein, Fehlinterpretationen
zu korrigieren. Dazu ist es erforderlich, die Argumente zu
untersuchen, die zu der in Frage stehenden Perzeption gegnerischer
Intentionen geführt haben, und gegebenenfalls die Maßnahmen zu

korrigieren, auf deren Beobachtung sich diese Argumente stützen.
(Ein bekanntes Beispiel aus dem militärischen Sektor: Die
Sowjetunion hat schon immer angegeben, eine defensive Doktrin zu
besitzen. Bis in die jüngste Vergangenheit hinein betrachtete sie
jedoch die Fähigkeit zu einem kraftvollen Gegenangriff als die best
Verteidigung. Westlichen Beobachtern erschien diese Fähigkeit als
Bereitschaft zum Angriff. Diese Schlußfolgerung wurde von
sowjetischen Analytikern als Fehlperzeption angesehen. Eine
Maßnahme, die die Korrektur dieser angeblichen Fehlperzeption
erleichtern könnte, wäre eine Umstrukturierung der sowjetischen
Streitkräfte derart, daß die Furcht vor einem Überraschungsangriff
beseitigt werden würde. - Ähnliche Beispiele kann man auch in den
Bereichen der Außenpolitik, der Wirtschaft, der Ideologie usw.
finden. Sicher können sowjetische Beobachter analoge Beispiele
geben, in denen westliches Verhalten im Widerspruch zu westlichen
politischen Deklarationen zu stehen scheint und in denen westliche
Umdispositionen dazu beitragen würden, sowjetische
Sicherheitsbedenken zu zerstreuen.)

Solange die Perzeptionen der Ziele der anderen Seite nicht geklärt
sind, gibt es auch keine eindeutige Antwort auf die vier Fragen, die
diesem Kolloquium in der Planungsskizze als Hintergrund
vorangestellt wurden. Je nach den Vorstellungen, die man von diesen
Zielen hegt, wird die Antwort verschieden ausfallen. Wenn
Kooperation als Mittel zu Destabilisierung gesehen wird (siehe die
oben zitierten Äußerungen von Scowcroft), ist die Reaktion natürlich
anders, als wenn man freundliche Absichten unterstellt. Wenn
ersteres zutrifft, wird man sich allenfalls auf ein Minimalprogramm
einigen können, durch das nichts präjudiziert wird, das beiden
Seiten begrenzte Vorteile bringt, durch das aber die Zukunft
keineswegs gesichert wird.

Bei seinem Abschied als Ständiger Vertreter der Bundesrepublik
Deutschland in der DDR betonte Staatssekretär Bräutigam, daß es in
den Beziehungen zwischen den beiden deutschen Staaten eine "neue
Qualität" brauche. Zu einer solchen Qualität gehöre unbedingt der
Verzicht darauf, einander schaden zu wollen (Süddeutsche Zeitung vom
20.12.88). Dasselbe läßt sich auch für die Beziehungen zwischen den
beiden Bündnissystemen sagen. Voraussetzung für eine solche

Umgestaltung der Beziehungen wäre aber, daß man die einzuschlagende Marschroute wechselseitig abstimmt, daß man gegenseitig die Marschziele der jeweils anderen Seite akzeptiert und "Spielregeln" für den Wettbewerb der unterschiedlichen Gesellschaftssysteme aufstellt. Dies meinte vielleicht auch Bundesverteidigungsminister Scholz, als er von dem friedlichen Wettbewerb sprach, bei dem sich die Leistungsfähigkeit der Systeme zu beweisen habe und sich auch die aus solchen Vergleichen notwendigen Anpassungsprozesse ergeben. Der Westen habe allen Grund, diesen Wettbewerb anzunehmen und ihn mit einer politischen Gesamtstrategie zu führen mit dem Ziel einer wirklichen europäischen Friedensordnung (Süddeutsche Zeitung vom 14.11.88). Volker Rühe, der stellvertretende Vorsitzende der CDU/CSU-Bundestagsfraktion, forderte für eine solche europäische Friedensordnung "Visionen" und nicht wie bisher technokratisch erarbeitete Vorschläge (Süddeutsche Zeitung vom 2.12.88).

So richtig solche Feststellungen und Forderungen zu einer europäischen Friedensordnung im Prinzip sind, so sicher ist doch, daß diese nicht zu erreichen sein wird, solange sich die Feindbilder nicht abbauen lassen, die auf den Perzeptionen der global verfolgten Ziele der jeweils anderen Seite beruhen.

Um zur Bereinigung dieser Perzeptionen einen Beitrag zu leisten, hat unsere Forschungsstelle im November 1987 auf Schloß Ringberg einen International Workshop on Western Perceptions of Long-Range Goals of Soviet Policy durchgeführt, auf dem mit einer Bestandsaufnahme der im Westen feststellbaren und auf die Politik einwirkenden Vorstellungen von den langfristigen Zielen sowjetischer Politik begonnen wurde. Dazu war es notwendig, zunächst den Begriff der "Perzeption" und die Quellenlage zu klären. Erwartungsgemäß zeigte sich, daß öffentliche Äußerungen von Politikern, Zeitungsartikel, Schulungsmaterial usw. oft nicht als ungeschminkte Ausflüsse bestehender Perzeptionen der Gegenseite angesehen werden können, sondern daß man hier "strategische" und "normative" Perzeptionen unterscheiden muß, deren Veröffentlichung den Zweck hat, beim Gegner bzw. bei der eigenen Bevölkerung bestimmte Vorstellungen zu wecken. Auch muß der Einfluß der "Selbstperzeption" - also der Art und Weise wie man sich selbst sieht - auf die Perzeptionen der anderen Seite berücksichtigt werden. Ein wichtiger Bestandteil von letzterer ist

natürlich die vorgestellte Selbstperzeption der anderen Seite - als
die Vorstellung davon, wie sich die andere Seite selbst sieht. Zum
Beispiel: Glaubt die andere Seite selbst an die von ihr proklamiert
eigene Friedfertigkeit? Glaubt sie selbst an die Überlegenheit des
eigenen Systems?

Der nächste Schritt soll eine Tagung sein, bei der das Spektrum der
gegenseitigen Perzeptionen in einer Diskussion zwischen
amerikanischen, sowjetischen und deutschen Wissenschaftlern im
Hinblick auf die jeweiligen Begründungen und auf die Möglichkeiten
zur Perzeptionsänderung analysiert werden soll.

Das gegenwärtige Kolloquium der Evangelischen Akademie Loccum könnt
als ein Vorgriff auf das Ergebnis dieser nächsten Tagung angesehen
werden. Denn die Antworten auf die Fragestellung des Kolloquiums,
"welche Konzepte in Zukunft für die westliche Politik gegenüber dem
Osten leitend sein könnten", hängen natürlich davon ab, welche
langfristigen Ziele "dem Osten" unterstellt werden. Die
Schwierigkeit für die Formulierung und Durchsetzung solcher Konzept
besteht ja gerade darin, daß kein Konsens über die Perzeptionen der
eigenen und der sowjetischen Zielsetzungen besteht. Wenn es also
auch nicht möglich sein wird, ohne Klärung dieser Perzeptionen zu
einer Formulierung leitender Konzepte für die westliche Politik
gegenüber dem Osten zu kommen, so wird es doch nützlich sein, solch
Konzepte zu registrieren, um aus ihnen indirekt auf die
zugrundeliegenden Perzeptionen schließen zu können. In einem zweiter
Durchgang wird es dann - hier oder bei anderer Gelegenheit - möglich
sein, solche Perzeptionen auf ihre Stichhaltigkeit bzw.
Korrekturbedürftigkeit zu untersuchen.

Anlage 1

- Aus der Rede von Generalsekretär Gorbatschow zum 113. Geburtstag Lenins, in: Pravda, 23.4.1987 [1]:

Die Jahre, in denen wir leben, werden in die Geschichte als eine Zeit eines angespannten Klassenkampfes auf dem außenpolitischen Feld eingehen. Hier stoßen mit ungewöhnlicher Schärfe zwei Kurse, zwei diametral verschiedene Einstellungen zu den internationalen Problemen aufeinander. Der Hauptgrund für die gegenwärtige Verschärfung der internationalen Lage ist die abenteuerliche Einstellung der aggressivsten Kräfte des Imperialismus zur Hauptfrage der Gegenwart, der Frage nach Krieg und Frieden.

- D.T. Jazov, Die Militärdoktrin des Warschauer Pakts ist die Doktrin der Verteidigung des Sozialismus, in: Pravda, 27.7.87 [1]:

Die breit angelegten militärischen Vorbereitungen der USA und der NATO, die Verstärkung ihrer militärischen Anwesenheit in der Nähe der Territorien der UdSSR und anderer sozialistischer Staaten, die unaufhörlichen provokativen Verletzungen ihrer Grenzen zur See und in der Luft und die (von uns) zu ertragenden hirnrissigen Pläne für die Demontage des Gesellschaftssystems in den Ländern des Sozialismus – diese und andere feindselige Aktionen der Kräfte des Imperialismus stärken den allgemeinen Frieden und die Sicherheit nicht, sondern untergraben sie.

---

1   Zitiert nach Gerhard Wettig, Gorbatschow auf Lenin-Kurs? Dokumente zur neuen sowjetischen Politik, Rheinau-Verlag Köln 1988

- Aus dem Parteiprogramm der KPdSU (Neufassung 1986) (1):

Das brennendste Problem, vor dem die Menschheit steht, ist das Problem von Krieg und Frieden. Der Imperialismus trägt die Schuld an zwei Weltkriegen, die viele Millionen Menschenleben gefordert haben. Er führt die Gefahr eines dritten Weltkrieges herbei. Die Errungenschaften des menschlichen Geistes macht sich der Imperialismus dienstbar, um Waffen von ungeheurer Zerstörungskraft zu schaffen. Die Politik der imperialistischen Kreise, die bereit sind, ganze Völker zu opfern, verstärkt die Gefahr, daß diese Waffen zum Einsatz kommen. Letztendlich kann das zu einem globalen militärischen Konflikt führen, in dem es weder Sieger noch Besiegte geben würde, die Weltzivilisation aber untergehen könnte.

- Aus dem Bericht des Generalsekretärs des ZK der KPdSU, Michail Gorbatchow, an den XXVII. Parteitag der Kommunistischen Partei der Sowjetunion, 27. Parteitag der KPdSU, März 1986, in: Sowjetunion zu neuen Ufern? Dokumente und Materialien. Brücken Verlag, Düsseldorf 1987:

Daß die herrschenden Klassen der kapitalistischen Welt die Realitäten nur mit Mühe erkennen und daß immer wieder Versuche unternommen werden, die ganze Gruppe von Widersprüchen zwischen beiden Welten durch Gewalt zu lösen, ist selbstverständlich kein Zufall. Auch innere Triebfedern, das eigentliche sozialökonomische Wesen des Imperialismus drängen ihn dazu, den Wettbewerb beider Systeme in die Sprache der militärischen Konfrontation zu übertragen. Kraft seiner sozialen Natur bringt der Imperialismus ständig eine aggressive, abenteuerliche Politik hervor. ...

Der Imperialismus ist parasitärer, verfaulender und sterbender Kapitalismus, der Vorabend der sozialistischen Revolution. Die revolutionäre Hauptklasse der gegenwärtigen Epoche war und bleibt die Arbeiterklasse. In der Welt des Kapitals ist sie die Hauptkraft, die für den Sturz der Ausbeuterordnung und den Aufbau einer neuen Gesellschaft kämpft.

Für das Aufsuchen dieser Zitate danke ich Herrn Dr. Manfred Späth.

Jörn Behrmann
Forschungsstelle Goltstein
in der Max Planck Gesellschaft
Frankfurter Ring 243
8 München 40

2. Februar 1989

Politische Perspektivität und Zeit.
Diskussionsbemerkung zur Tagung
"Die Zivilisierung des Konflikts"
der Evangelischen Akademie Loccum
3. - 5. Februar 1989
(ausgearbeitete Fassung)

1. Nach einer Phase unterschiedlicher Reaktionen der Großmächte auf eine seit Mitte der 70er Jahre stattfindende Veränderung der globalen Machtstruktur und auf die zunehmende ökologische Instabilität bildeten sich zwischen den Großmächten Einigungspotentiale heraus, für deren Nutzung in den 90er Jahren ein Instrumentarium gesucht wird. Angesichts der Komplexität der sich wechselseitig verstärkenden circuli vitiosi der inneren und äußeren Sicherheit, der ökonomischen und ökologischen Stabilität sowie der kulturellen Differenzen in der Nord-Süd beziehung läßt sich eine einzige Maßnahme als hinreichende Bedingung der Lösung der circuli vitiosi m.E. nicht finden. In diesem Sinne reichen wohl für das Problem der äußeren Sicherheit, wie Henri Guerlac an Vauban illustriert hat, auch Rückgriffe auf die Tradition der Verteidigerdominanz nicht aus.

Hingegen scheinen mir notwendige Bedingungen für die Lösung der circuli vitiosi angebbar und in diesem Zusammenhang scheint hinsichtlich der äußeren Sicherheit Verteidigerdominanz sowohl für das Ost-West als auch für das Süd-Süd Verhältnis nicht zu viel zu versprechen. Höhere Priorität ist jedoch der <u>politischen Perspektivität</u> unter Beachtung <u>zeitlicher Beschränkungen einzuräumen</u>.

2. Die Problemlage läßt sich wie folgt beschreiben. Derzeit befinden wir uns in einer Phase, in der die wissenschaftliche Politikberatung der Dymamik der Veru senschaftlichung noch nicht entspricht, in der aber die politikberatenden Sozialwissenschaften das Stadium einer Konsolidierung zu erreichen beginnen und interdisziplinäre Analysen wenigstens versucht werden. Die Betrachtung des Zivilisationsprozesses, an dem wir teilnehmen, erfordert heute eine bewußte Herstellung der Balance zwischen Distanzierung und Engagement, zwischen effektiven Umgang mit Unbestimmtheit und Komplexität, intensiver Selbstvergewisserung und Hinterfragung von Methode, Forschungsstand, Sinn und Ziel bis zum infiniten Regreß einerseits und Handlung mit moralischer Begründung unter prinzipiellen Verzicht auf jede Hinterfragung weiterer Gründe andererseits.

Der Zivilisationsprozess verläuft, hier folge ich Norbert Elias), eben zwischen diesen beiden Polen, zwischen einer durch Triebaufschub, Abstraktion und Wissenschaftsvergötzung gekennzeichneten Unterwerfung unter komplexe Zweck-Mittel-Relationen, und deren Gegenteil, einer einseitig affektiv gestimmten, gegenaufklärerischen, vom Korpsgeist bis zum fanatischem Dogmatismus und kollektiv-ekstatischer Selbstaufopferung reichenden fundamentalistischen "Koste-es-was-es-wolle" Mentalität im Kampf um die Erreichung von auch in der Distanzierungsphase als richtig erkannten Zielen.

Die Bemühung, einen derartigen Verschränkungsprozess zu verstehen, hat Tradition. Die Intersubjektivität individueller oder kollektiver Kontrahenten wurde in umfangreichen Analysen diskutiert. Die Ergebnisse der Arbeiten scheinen mir auf drei Ebenen besonderen Nutzen zu versprechen:

der Ebene der Phänomenologie der wechselseitigen Wahrnehmung Edmund Husserls in ihrem Zusammenhang mit der Dialogphilosophie Martin Bubers,
der Ebene des symbolischen Interaktionismus des amerikanischen Philosophen und Pragmatikers George Mead sowie deren Verarbeitung in den 60er und 70er Jahren, sowie der Ebene der Versuche, eine Kommunikationstheorie zu entwerfen, etwa von Jürgen Habermas, in denen die Sprechakttheorie (Austin, Searle, u.a.), Theorien zur moralischen Entwicklung (Kohlberg u.a.) sowie Meads symbolischer Interaktionismus verarbeitet werden.

Diese Ansätze haben sich in Versuchen zum politischen Interaktionismus in Überlegungen zur Vermeidung von Mißverständnissen und deren Folgen (Robert Jervis, Richard Herrmann, Richard Cottam, Ole Holsti, James Rosenau u.a.) aber auch in Analysen zur Semiotik internationaler Rhethorik und zur Sprache politischer Verständigung (insbesondere dem Slavisten und Semiotiker Michael Shapiro) niedergeschlagen und bewährt. Sie bieten sich für künftige gemeinsame Analysen als Grundlagen an. Sie können das frühere Konzept der "Perspektivität" zu einem Konzept der " Politischen Perspektivität" ergänzen.

Sie stehen neben anderen Entwürfen zur politischen Psychologie in der internationalen Politik, wie sie von Eva Senghaas, Jakob Schießler und Christian Tuschhoff übersichtlich beschrieben worden sind, insbesondere hinsichtlich der an der Computersimulation orientierten "Cognitiven Revolution"

Dem ersten Pol entspricht die Zulassung einer Fülle von Perspektiven ohne erkennbar stringente räumliche und zeitliche Beziehung zueinander und die dadurch ausgelöste allmähliche Auflösung von kohäsiven Sinn- und Legitimitätsstrukturen. Dem zweiten Pol entspricht die Strategie der Erhaltung von Sinn und Legitimität mittels Durchsetzung einer Zentralperspektive unter der Bedingung der Verräumlichung der Zeit und hohen kognitiven Verlusten.

Als Mittel zur Zivilisierung des Konflikts suchen wir eine neue Balance zwischen diesen beiden Polen im Rahmen eines kollektiven Lernprozesses. Wir können uns nicht mehr leisten, darauf zu warten, daß sie sich von selbst einstellt. Doch wenn man Deutern des Gorbachovaufbruchs Glauben schenken darf, so ist für eine Neubewertung der komplexen internationalen Beziehungen derzeit eine günstige Konstellation. Eine hinreichende Bedingung zur Herstellung der Balance läßt sich dennoch nicht angeben. Als eine der notwendigen Bedingungen möchte ich wie gesagt vorschlagen, die "Politische Perspektivität" und ihre Bindung an die Zeitsymbolik zu berücksichtigen.

3. Unter _politischer Perspektivität_ verstehe ich den Verschränkungsprozeß der Perspektiven zweier kollektiver politischer Kontrahenten, die sich heute meist von Wissenschaftlern beraten lassen, deren Urteil wiederum durch die Asymmetrie zwischen Distanzierung und Engagement beeinflußt ist. Perspektiven, die in so gearteten sich wechselseitig dechiffrierenden und interpretierenden Wahrnehmungen und Motivationen beider Seiten ihren Ursprung haben, verschränken sich derart, daß sie sich über eine gemeinsame Vorurteilsstruktur in einer Eskalationsdynamik wechselseitig positiv oder negativ verstärken.

4. Der Begriff "Perspektivität" wird noch 1960 gebraucht als Sammelbegriff aller Phänomene, die mit der Perspektive als subjektbezogener Darstellungsform zu tun haben. Perspektive wird also gefaßt als Niederschlag der Perzeption, als perspektivische Struktur "des Weltinnewerdens" mit einem motivationalen oder intentionalen Grundzug. Jede Perzeption enthält eine Komponente der Intentionalitöät, jede Perspektive das Interessenspektrum ihres Subjektes. So beschreibt z.B. Carl-Friedrich Graumann (1960) in seiner grundlegenden "Phänomenologie der Perspektivität" den Sachverhalt Graumann weist auf die Tradition dieses Denkens hin, analysiert den Zusammenhang von Sinnstiftung und Zentralperspektive und identifiziert Quellen der "Perspektivität" in Theorien von Leibniz, Nietzsche, Uexküll, Arnold Gehlen u.a.. Motiv der Arbeit Graumanns war, herauszufinden, warum Kontrahenten aneinander vorbeireden.

Ein wesentlicher Mangel des Graumannschen Begriffs scheint mir das Fehlen einer hinreichenden Erklärung für der Entwicklungsmechanismen der Perspektivität, d.i. einer hinreichenden Erklärung der Gründe, warum sich einige Perspektivelemente negativ, andere positiv verstärken. Auch der hinreichende Hinweis auf die Bedeutung von Zeitdifferenzen im Zusammenhang von Wahrnehmung, Komplexitätsbewältigung (im Sinne Dietrich Dörners) und Gestalterkennung fehlt.

Die analytische Kraft des Begriffes erscheint bei Graumann in der Differenzierung der Determinanten der Perspektiven jeweils einer Seite. Er steht für den Sachverhalt, daß eine Vielzahl von Perspektiven sich zu einer einheitlichen, aber komplexen Struktur von Anschauungsweisen bündeln. Dies führt über das individuelle hinaus und läßt sich auf die Beschreibung der Sicht eines politischen Akteurs anwenden. Eine solche Beschreibung stellt z.B. obwohl sie den Begriff der Evolution verwendet, die Erklärung der endogenen Entwicklung sowjetischer strategischer Zielvorstellungen dar, wie sie vom Michael McCGwire im Zusammenhang dargestellt werden oder ähnlich die der endogenen Entwicklung der sowjetischen Strategie durch Condolezza Rice. Beispiele wären auch die Darstellungen der maritimen Komponente der westlichen Strategie durch Wayne P. Hughes,Jr. und mit komparativen, aber noch nicht interaktionistischen Ansatz Ulrich Weisser, oder die Darstellungen der sowjetischen Wissenschaft durch Loren Graham oder Craig Sinclair.

5. Heute, nachdem der amerikanische Radikaldemokrat George Mead gründlicher rezipiert wurde, kann der Begriff "Perspektivität" auf den Fall erweitert werden, daß sich politische Perspektiven verschränken und sich , bei einem konspektiven Grundkonsens, über beteiligte wissenschaftliche Expertise , interaktiv, eine bipolare endogen und exogen sich selbst verstärkende, diachrone, stabile Vorurteilsstruktur bildet.

Ein Begriff der "Perspektivität", der sich in dieser Weise an Mead orientiert, erlaubt die Erfassung der in der komplexen Wechselwirkungsstruktur sowohl der Entwicklung verschiedener Perspektiven als auch der Entwicklung des sie identifizierenden Begriffsinstrumentariums enthaltene Prozessdynamik und heilt den Mangel des von Graumann in seiner früheren Arbeit verwendeten Begriffs.

Was hatte Mead gemeint? In seinem Aufsatz: "Die objektive Realität von Perspektiven" verband Mead die von Whitehead vorgelegte Philosophie der Relativität mit der behavioristischen Psychologie. Im Sinne Whiteheads, der darin auf Leibniz's "petit perceptions" zurückgreift, wird Natur aufgefaßt als eine Organisation von Perspektiven. Dieses Modell wird für die Gesellschaft, für jedes soziale Gebilde übernommen. Identitäten werden an den jeweils anderen gewonnen. Verstehen und Verständigung werden dann definiert als wechselseitige Übernahme der Perspektiven der jeweils anderen Seite.

Die Rezeption und Modifikation dieses Modells in die Denkmuster der internationalen Beziehungen lassen sich implicite schon vielfältig nachweisen, auch dann, wenn der "Andere" die "kognitive" Gestalt eines " Operational Code" oder die einer Computersimulation annimmt.

Hier nenne ich als Beispiele nur einige von in der wissenschaftlichen Politikberatung aktiven Autoren, bei denen dies augenfällig ist, wie Henry Kelmann, Robert Jervis, Richard Herrmann, Raymond Garthoff, Alexander George, auch Seweryn Bialer, Klaus v. Beyme, Richard Burt, Ben Eklof, Gregory Flynn, Hako Hartovirta, David Holloway, Ole Holsti, Jerry Hough, Manfred Mols, Gottfried Niedhart, Yevgeny M. Primakov, James Rosenau, Harriet und William Scott, Morton Schwartz, Dieter Senghaas, William Zimmerman, sowie etwa Brent Scowcroft und Andrei Kokoshin. Hinsichtlich der Wechselwirkungen zwischen Technik, Wissenschaft und Außenpolitik erscheint das Modell bei Allan Lynch.

6. Schließlich ließe sich "Politische Perspektivität" auch als Grundelement der subjektiven Seite eines Interdependenzmodells interpretieren, wie es etwa von Albrecht v.Müller (1983/1984)im Anschluß an Ilja Prigogine und ähnlich wie von Erich Jantsch vorgeschlagen worden ist. Dabei würden die von v.Müller identifizierten Strukturbildungsprozesse internationaler Kooperation in der sozialpsychologischen Dimension über die positive und negative Verstärkung in der diachronen Gestalt einer sich wandelnden Vorurteilsstruktur sichtbar gemacht.

Ein wesentliches Merkmal dieser Betrachtungsweise wäre die Berücksichtigung von drei <u>Zeitkonzeptionen</u>, zweier der Kontrahenten und als dritte die der gemeinsamen Vorurteilsstruktur. Die Dreiteilung dieser Zeitkonzeptionen erinnert an die von Klaus A.M. Müller vorgeschlagene doppelte Verschränkung der Zeitmodi, mit der die universale Geltung physikalischer Zeit, wie schon von Georg Picht angeregt, um eine das soziale Geschehen angemessen erfassende Dimension erweitert werden soll.

7. Die Pointe von Meads Auffassung der sich kreuzenden
Perspektiven, und dadurch kann sie zur Grundlage eines Begriffs
der "Politischen Perspektivität" werden, liegt nun auch
gerade in der Berücksichtigung der Zeitkomponente der
wechselseitigen Wahrnehmung. Mead definierte die Perspektive
nicht nur unter den Bedingungen der wechselseitigen
Wahrnehmung, sondern auch unter den spezifischen Bedingungen
zeitlicher Wahrnehmung. Für Mead bedeutete jede wechselseitige
Wahrnehmung den Beginn einer neuen Zeitkonfiguration.

Mead hat in seinem Aufsätzen "Die Philosophie der Gegenwart"
und "Das Wesen der Vergangenheit" deutlich gemacht, daß
Gegenwart als Bedingung der Möglichkeit von Neuem nur unter
wechselseitigen Wahrnehmung stattfindet, und Vergangenheit
nichts als stattgehabte Kreuzung von Perspektiven ist. Meads
Ansatz geht also hinsichtlich der wechselseitigen
Konstituierung von Zeit und Wahrnehmung weiter als der von
Klaus A.M. Müller.

Mit seiner Meinung steht Mead nicht allein. Ein anderer
Philosoph und Soziologe, Norbert Elias, definiert Zeit in
ihrer Eigenschaft als Ursache und Wirkung im Prozess
gesellschaftlichen Lernens

> als eine Symbolik der Tätigkeit des Zeitbestimmens, für
> die die Konzeptualisierung der physikalischen Zeit nur
> eine Zwischenstufe ist;

> als die Fähigkeit zur Erinnerung und Synthese von
> Erfahrung, auch der Erfahrung mit Zeitkonzeptionen,

> als ein " Symbol für eine Beziehung, die eine
> Menschengruppe zwischen zwei oder mehrerern
> Geschehensabläufen herstellt, von denen sie einen als
> Bezugsrahmen oder Maßstab für den anderen standardisiert."

als ein Symbolsystem, in das jeder sich kulturspezifisch
einzulernen hat, das ihn bei Abweichung hart
sanktioniert, das von ihm reproduziert und darin
modifiziert wird, und das die Gesellschaft sich
konstruiert.

Damit begreift Elias <u>Zeit</u> als Mittel zur Aufhebung von
Inkommensurabilitäten und zum Zwecke wechselseitiger
Bezugnahme zweier Geschehensabläufe an einem beliebig gewählten
Zeitpunkt, d.h. <u>von Intentionen abhängig</u>.

In ähnlicher Weise wie Elias definiert Mead nun die Phase, den
<u>zeitlichen Rahmen</u>, in dem wechselseitige Wahrnehmung und damit
die Erzeugung einer perspektivischen Struktur stattfinden kann,
als von Wahrnehmungen, d.h. auch <u>von Intentionen abhängig</u>. Die
standardisierte Zeitmessung bleibt also abhängig von einer
immer wieder neu herzustellenden Kompetenz zur Synthese und
damit von einem konspektuellen Konsens.

Bezogen auf die kollektive wechselseitige Wahrnehmung bedeutet
diese Auffassung im Unterschied zur beziehungslosen jeweiligen
Zeitsymbolik jeder der beteiligten Kontrahenten, die
Herausbildung einer gemeinsamen Zeitsymbolik und innerhalb
dieser die Eröffnung eines gemeinsamen Zeithorizontes, d.h.
eines Zeitraums, innerhalb dessen der Prozess der
wechselseitigen Wahrnehmung, möglicherweise sogar ein Prozess
verständigungsgeleiteter politischer Interaktion stattfinden
kann. Das ist die Ermöglichung von Kompatibilität mit Hilfe der
Kommensurabilität.

Die gemeinsame Zeitsymbolik, - die die physikalische Zeit sein
kann, aber nicht sein muß, weil sie Vorgänge als
naturdeterminierte, aber nicht auch von Menschenentscheidungen
beeinflußte begreift,- entspricht der oben erwähnten in einem
kollektiven Lernprozess(Miller 1986) sich selbst positiv oder
negativ verstärkenden gemeinsamen Vorurteilsstruktur, die eine
eigene Dynamik entwickelt, und, obwohl sie sich aus den
Wahrnehmungen und Motivationen der Kontrahenten nährt, von
einem von ihnen nicht allein außer Kraft gesetzt werden kann.

8. Um die Interdependenz zwischen Zeitperzeption und der Zeitkonfiguration, also der verschiedenen Symbolfunktionen der Zeit bei den Kontrahenten und und ihrer wechselseitigen Wahrnehmung für Verständigungen nutzen zu können, und eine gemeinsame intentionale Grundlage verschiedener Anschauungen sozusagen konspektiv gewinnen zu können, bedarf es der Reflexion des Einflusses der Intentionalität sowohl auf die Wahrnehmung - mit der ihr verbundenen Zeitkomponente- als auch auf die Deutungsformen der Konfigurationen, die aus den wechselseitigen Projektionen der motivationalen Ebene der Kontrahenten in der sich positiv oder negativ selbstverstärkenden gemeinsamen Vorurteilstruktur entstehen. Die ist änlich, wie wir physiologisch verstehen können, daß wir mit zwei Augen zwei verschiedene Bilder in zwei verschiedenen Zeitbezügen sehen, aber sich daraus ein einziges Bild mit einer Zeitperzeption koordiniert.

Dies folgt auch aus der Annahme, daß jede Perzeption eine Komponente der Intentionalität enthält und damit ihre spezifische Temporalität entfaltet, und daß jede Perspektive das Interessenspektrum ihres Subjekts enthält und damit ihren spezifischen Zeithorizont eröffnet.

Um erkennen zu können, was aus der komplexen Vorurteilsstruktur und aus den gemeinsamen Zeitkonfigurationen wird, bedarf es einer kategorialen Unterscheidung zwischen Intentionen und Intentionalität.

Zwei Argumente scheinen mir hier erwähnenswert :

> Intentionalität als wesentliches Merkmal der Wahrnehmung ist Gerichtetheit, ist diejenige Eigenschaft vieler geistiger Zustände und Ereignisse, die durch sie auf Gegenstände oder Sachverhalte in der Welt gerichtet sind oder von ihnen handeln. Intentionalität ist nicht Bewußtsein, denn es gibt Bewußtseinszustände, die nicht intentional sind. Absicht - Intention - ist nur eine Form der Intentionalität, nur ein intentionaler Zustand. Sie

steht neben Hoffnung, Befürchtung, Wunsch, Überzeugung,
Zweifel, Versöhnlichkeit, Wut, Erwartung, Enttäuschung u.a.
(Dies übernehme ich von John Searle, der die Intentionalität vo
der Folie seiner Sprechakttheorie erklärt.)

Intentionen werden aus unterstellten Absichten in einem
wechselseitigen Handlungszusammenhang, d.h. in einer
einheitlichen prozessualen Perspektivitätsstruktur gedeutet,
ähnlich wie etwa zwei Schachspieler die vermutete Strategie des
jeweiligen Gegners bei ihren Planungen berücksichtigen, wie es
auch bei der Anwendung der künstlichen Intelligenz und ihren
Computersimulationen der Fall ist. Jede Strategie ist mit der
Strategie ihrer Gegner verschränkt, beide bilden eine Einheit,
und gerade in diesem konspektiven, d.h. einheitlichen,
aufeinander bezogenen, antizipativen Element liegt das Wesen de
gemeinsamen Spiels. (Dies ist die Position von Michael MccGwire
in seinem Aufsatz "Soviet Intentions": ohne Rückgriff auf die
Gemeinsamkeit des Konflikts ist die Beschreibung der Absichten
der anderen Seite wertlos. Auch Y.Primakovs Aufsatz zu den
Interessen der Sowjetunion enthält diese Komponente.)

Es scheint mir demnach plausibel, daß die Zivilisierung des
Konflikts, für die wir, insbesondere im Sinne einer der Dynamik
der Verwissenschaftlichung angemesseneren wissenschaftlichen
Politikberatung der Kontrahenten, in der besseren Balance
zwischen Distanzierung und Engagement eine notwendige Bedingung
vermuten, die Berücksichtigung von antizipativen oder
präventiven Elementen auf der intentionalen und motivationelen
Ebene in der Weise erfordert, daß
    neben die Durchsetzung der jeweils eigenen Perspektive,
    neben die Übernahme der Perspektive der anderen Seite sowi
    neben die distanzierende Reflexion über die wechselseitige
    positive und negative Verstärkung gemeinsamer komplexer
    Vorurteilsstruktur in der Form von gemeinsamen
    Zeitkonfigurationen und Perspektivität,
im Rahmen eines internationalen Sozialisationsprozesses ein
Engagement für eine gemeinsame intentionale Grundlage
verschiedener Anschauungen, d.i. ein konspektives Element
treten muß.

Sruklurmodell der Perspektivität

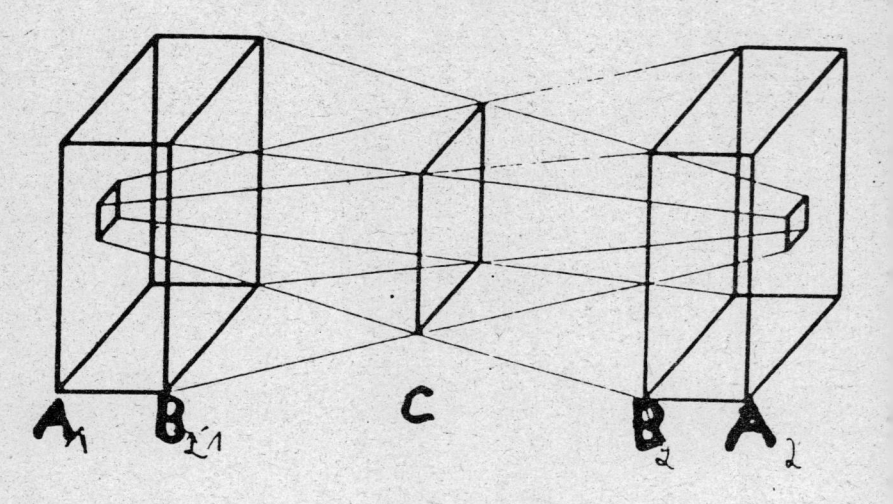

Legende
A 1 Motivationale Ebene des Kontrahenten 1
B 1 Wahrnehmungebene des Kontrahenten 1
A 2 Motivationale Ebene des Kontrahenten 2
B 2 Wahrnehmungsebene des Kontrahenten 2
C : Projektionsebene, auf der sich die Prozeßgestalt einer gemeinsamen Vorurteilsstruktur abzeichnet, auf der die eigenen Projektionen die Wahrnehmungen der jeweils anderen Seite verformen oder verdecken, und die jeweiligen Motivationen, mit denen die jeweiligen Zeitkonfigurationene vermischt sind, positiv oder negativ verstärkt werden. Die Aufsicht auf den Zusammenhang beider Perspektiven erscheint wie ein Neckerscher Würfel, wodurch sichtbar gemacht werden soll, daß auch die Außensicht der Perspektivität nicht notwendig einen objektiven Standpunkt vermittelt

Literatur:

Austin J.L.: Fremdseelisches. In: Austin, J.L.: Wort und Bedeutung.
    München: List 1975. (Deutsche Übersetzung von: Other Minds.
    In: Proceedings of the Aristotelian Society, Supplementary
    Volume XX, 1946)

Bergmann, W.: Temporalität und Perspektive
    In: Bergmann, W.: Die Zeitstrukturen Sozialer Systeme.
    Berlin: Duncker & Humblot 1981

Beyme, K.v.: "Das Selbstverständnis der Sowjetunion in der Theorie
    der Internationalen Politik". In: Beyme, K.v.: Die Sowjetunion
    in der Weltpolitik. Munich: Piper 1985

Bialer, S.: Politics, Society, and Nationality. Inside Gorbachev's
    Russia. Boulder, CO: Westview 1988

-, and M. Mandelbaum (Eds.): Gorbachev's Russia and American Foreign
    Policy. Boulder, CO: Westview 1988

Buber, M.: Ich und Du. Das Dialogische Prinzip.
    Heidelberg: Lambert Schneider 1984

Burt, R.: Wechselseitige Perzeptionen: Sowjetunion und USA.
    In: Sicherheit und Frieden, Heft 4, 1986, pp. 213-216

Cottam, R.: Foreign Policy Motivation: A General Theory and a Case
    Study. Pittsburgh: University of Pittsburgh Press 1977

Czempiel, E.O.: Die Welt nach Reagan. In: Merkur 42/12, 1988,
    S. 1018-1033

Dörner, D. et al. (Eds.): Lohausen. Vom Umgang mit Unbestimmtheit
    und Komplexität. Bern: Huber 1983

Elias, N.: Über den Prozeß der Zivilisation: Soziogenetische und
    psychogenetische Untersuchungen. 2 Bds. Frankfurt: Suhrkamp 1976

-,   : Über die Zeit. Frankfurt: Suhrkamp 1984
      (= Wissenssoziologische Aufsätze, Bd. 2)

-,   : Engagement und Distanzierung. Frankfurt: Suhrkamp 1983
      (= Wissenssoziologische Aufsätze, Bd. 1)

-,   : Humana Conditio. Beobachtungen zur Entwicklung der Menschheit
      am 40. Jahrestag eines Kriegsendes (8.5.1985). Frankfurt:
      Suhrkamp 1985

Garthoff, R.: Detente and Confrontation.
      Washington, D.C.: Brookings 1987

-,   : Soviet Perceptions of Western Strategic Thought and Doctrine.
      In: Flynn, G. (ed.): Soviet Military Doctrine and Western
      Policy. London, New York: Tourledge 1989, pp. 197-209

George, A.: The Causal Nexus between Cognitive Beliefs amd Decision-
      Making Behaviour: The "Operational Code Belief" System. In:
      Falkowski, L.S. (Ed.). Psychological Models in International
      Politics. Boulder, CO: Westview 1979, pp. 95-124

-,   : The "Operational Code". A neglecteed Approach to the Study of
      Political Leaders and Decision-Making.
      In: Hoffmann, E.P. and F. Fleron (Eds.): The Conduct of Soviet
      Foreign Policy. New York, NY: Butterworth 1980, pp. 165-190

-,   : Presidential Decision Making in Foreign Policy. The Effective
      Use of Information and Advice. Boulder, CO: Westview 1980

-,   : Managing US-Soviet Rivalry. Problems of Crisis Prevention.
      Boulder, CO: Westview Press 1983

-,   : US-Security Cooperation. Achievements, Failures, Lessons.

German, R.K.: The Future of U.S.-U.S.S.R. Relations. Lessons from
      Forty Years without World War. Austin: Lyndon B. Johnson School
      of Public Affairs 1986

Graumann, C.F.: Grundlagen einer Phänomenologie und Psychologie der
    Perspektivität. Berlin: De Gruyter 1960
    (= Phänomenologische Forschungen, Bd. 2)

Guerlac, H.: Vauban. The Impact of Science on War.
    In: Paret, P. (ed.): Makers of Modern Strategy. Princeton, NJ:
    Princeton U.P. 1986

Habermas, J.: Theorie des Kommunikativen Handelns.
    Frankfurt: Suhrkamp 1981

—, : Individuierung durch Vergesellschaftung. Zu George H. Meads
    Theorie der Subjektivität. In: Habermas, J.: Nachmetaphysisches
    Denken. Philosophische Aufsätze. Frankfurt: Suhrkamp 1988

Hakovirta, H.: East-West Conflict and European Neutrality.
    Oxford: Oxford U.P. 1988

Herrmann, R.: Perceptions and Behavior in Soviet Foreign Policy.
    Pittsburg, PA: Pittsburg U.P. 1985

—, : The Empirical Challenge of the Cognitive Revolution:
    A Strategy for Drawing Inferences about Perceptions.
    In: International Studies Quarterly, 32/2, 1988, pp. 182-222

Holloway, D.: The Soviet Union and the Arms Race.
    New Haven: Yale U.P. 1983

Holsti, O.: Foreign Policy Viewed Cognitively.
    In: Holsti, O.R.: The Structure of Decision: The Cognitive
    Maps of Political Elites. Princeton, N.J.: Princeton U.P. 1976

—, : What are the Russians up to now: The Beliefs of American
    Leaders about the Soviet Union and Soviet-American Relations,
    1976-1984. In: Intriligator, M.D. and H.yA. Jacobsen (Eds.):
    East-West Conflict. Elite Perceptions and Political Options.
    Boulder, CO: Westview 1988, pp. 45-105

Holsti O.R. and J. Rosenau: American Leadership in World Affairs:
    Vietnam and the Breakdown of Consensus.
    Boston: Allan and Unwin, 1984.

Hough, J.: The Struggle for the Third World: Soviet Debates and
    American Options. Washington, D.C.: Brookings 1986

Hughes, Jr., W.: Fleet Tactics: Theory and Practice.
    Annapolis, MD: Naval Institute Press 1986

Husserl, E.: Zur Phänomenologie der Intersubjektivität 3 Bände.
    Den Haag: Nijhoff 1973

Intriligator, M.D. and H.-A. Jacobsen (Eds.): East-West Conflict.
    Elite Perceptions and Political Options.
    Boulder, CO: Westview 1988

Jantsch, E.: Die Selbstorganisation des Universums. München: DTV 1984

Jervis, R.: Perceptions and Misperceptions in International Politics
    Princeton, N.J.: Princeton U.P. 1976

Joas, H.: Zeitlichkeit und Intersubjektivität.
    In: Joas, H.: Praktische Intersubjektivität. Die Entwicklung
    des Werkes von G.H. Mead. Frankfurt: Suhrkamp 1980. pp. 164-194

Kagarlitsky, B.: The Thinking Reed: Intellectuals and the Soviet
    State from 1917 to the Present. Verso 1988

Kelman, H.C. (ed.): International Behavior: A Social-Psychological
    Analysis. New York, N.Y.: Holt, Rinehart, and Winston 1965

-, : "Societal, Attitudinal and Structural Factors in International
    Relations" In: Journal of Social Issues, 11, 1955

Kohlberg, L.: The Philosophy of Moral Development.
    San Francisco: Harper & Row 1981

Kokoshin, A.: A Soviet Perspective.
   In: German, R.K.: The Future of U.S.-U.S.S.R. Relations.
   Lessons from Forty Years without World War.
   Austin: Lyndon B. Johnson School of Public Affairs 1986

König, H. (Hrsg.): Politische Psychologie heute.
   In: Leviathan, Sonderheft 9/1988

Lewin, M.: The Gorbachev Phenomenon: A Historical Interpretation
   Radius 1988

Zur Lippe, R.: Glanz und Elend der Perspektive.
   In: Loccumer Protokolle 14/1986

Lynch, A.: The Soviet Study of International Relations.
   Cambridge, UK: Cambridge U.P. 1987
   darin besonders Kap. 7: The Scientific-Technical Revolution and
   the Changing Face of International Relations, pp. 131-148

-, and K.S. McNamara: Changing Dimensions of International Relations
   Proceedings of an International Conference held in Milan,
   Italy. New York: Institute for East-West Security Studies 1987

McCGwire, M.: Soviet Intentions. In: International Security, vol. 4,
   no. 1, Summer 1979

-, : Military Objectives in Soviet Foreign Policy.
   Washington, D.C.: Brookings 1987

Mead, G.H.: Die psychologischen Grundlagen des Internationalismus
   (1915). In G. Mead: Gesammelte Ausätze, Bd. 2. Frankfurt:
   Suhrkamp 1983, pp. 424-440

-, : Die objektive Realität der Perspektiven (1927).
   In: G. H. Mead: Gesammelte Aufsätze, Bd. 2. Frankfurt: Suhrkamp
   1983, pp. 211-225

-, : Die Philosophie der Gegenwart.
In:

-, : Das Wesen der Vergangenheit. In: G. Mead: Gesammelte Ausätze, Bd. 2. Frankfurt: Suhrkamp 1983, pp. 337-346

Miller, Max: Kollektive Lernprozesse. Frankfurt: Suhrkamp 1986.

Mols, M.: Wechselseitige Wahrnehmungen von Europa und Lateinamerika. Eine Europäische Perspektive.
In: Außenpolitik, Jg. 38, Heft 1, 1987, pp. 74-86

von Müller, A.A.C.: Zeit und Logik. Bamberg: Bauer 1983

-, : Zur Logik des Friedens.
In: Merkur, Jg. 37, Heft 12, Nr. 422, Dezember 1983

-, : Die Kunst des Friedens. München: Hanser 1984

-, : Das Paradigma der Verteidigerdominanz. Entstehung, Durchsetzung und Zukunftsperspektiven.
In: Merkur, Jg. 42, Heft 12, Nr. 422, Dezember 1988

-, and A. Karkoszka: An East-West negotiating Proposal. A West German and a Polish author translate non-offensive defense ideas into proposals for the negotiating table, suggesting limits in offensive weapons, restriction on force densities, and measures inhibiting mobility.
In: Bulletin of Atomic Sciences, September 1988, pp. 39-41 Special Issue on Non-offensive Defense.

Müller, A.M.K.: Zeit und Evolution. In: Altner, G.: Die Welt als offenes System. Eine Kontroverse um das Werk von Ilja Prigogine. Frankfurt 1986. pp. 124-140.

Niedhart, G.: Perzeption und Umgang mit der Sowjetunion.
Einleitung zu Niedhart, G. (Hrsg.): Der Westen und die Sowjetunion. Einstellungen und Politik gegenüber der UdSSR in Europa und in den USA seit 1917. Paderborn- Schöningh 1983

-, : Western Attitudes toward the Soviet Union: Perceptions and
Misperceptions.
In: **Intriligator**, M.D. and H.-A. **Jacobsen** (Eds.): East-West
Conflict. Elite Perceptions and Political Options
Boulder, CO: Westview 1988, pp. 5-18

Picht, G.: Hier und Jetzt. Philosophie nach Auschwitz,
Stuttgart: Klett-Cotta 1981

Primakov, Y.M.: The Soviet Union's Interests: Myths and Reality.
In: AEI Foreign Policy and Air Defense Review. Bd. 6/1986, pp.
26-34

Reed, E.S.: J. Gibson and the Psychology of Perception.
New Haven: Yale U.P. 1988

Rice, C.: The Making of Soviet Strategy.
In: **Paret**, P. (Ed.): Makers of Modern Strategy. Princeton, NJ:
Princeton U.P. 1986

Schießler, J. and C. **Tuschhoff**: Kognitive Schemata: Zur Bedeutung
neuerer sozialpsychologischer Forschungen für die
Politikwissenschaft. In: Aus Politik und Zeitgeschichte.
Beilage zur Wochenzeitung Das Parlament B52/53/1988,
23.Dezember 1988, pp. 3-13

Schwartz, M.: Gorbachev's America Problem.
In: **Intriligator**, M.D. and H.-A. **Jacobsen** (Eds.): East-West
Conflict. Elite Perceptions and Political Options.
Boulder, CO: Westview 1988, pp. 119-128

Scott, H.F. and W.F. **Scott**: Soviet Military Doctrine. Continuity,
Formulation and Dissentination. Boulder Co: Westview 1988.

Scowcroft, B.: Panel Presentation.
In: **German**, R.K.: The Future of U.S.-U.S.S.R. Relations.
Lessons from Forty Years without World War.
Austin: Lyndon B. Johnson School of Public Affairs 1986

Searle, J.R.: Intentionalität. Frankfurt: Suhrkamp 1987
    darin besonders die Kapitel:
    1 Die Natur intentionaler Zustände
    2 Die Intentionalität der Wahrnehmung
    3 Absicht und Handlung
    4 Intentionale Verursachung

Senghaas, D.: Die Zukunft Europas. Frankfurt: Suhrkamp 1986.
    = es 1339

Senghaas-Knobloch, E.: Zur Politischen Psychologie Internationaler
    Politik. In: Aus Politik und Zeitgeschichte. Beilage zur
    Wochenzeitung Das Parlament B52/53/1988. 23. Dezember 1988,
    pp.14-23

Shapiro, M.: Language and Political Understanding: The Politics of
    Discursive Practices. New Haven: Yale U.P. 1981

-, and G.M. Bonham: Cognitive Process and Foreign Policy Decision
    Making. In: International Studies Quarterly, 17, June 1973,
    pp.147-174

-, :Language and Politics. New York 1984

-, : The Sense of Glamour.
    Bloomington, Indiana: Indiana University Press .1983

Sinclair, C. (Ed.): The Status of Soviet Civil Science. Proc. of
    the Symposium on Soviet Scientific Research, NATO Headquarters
    Brussels, Belgium, Sept. 24-26, 1986.
    Dordrecht/Boston/Lancaster: Nijhoff 1987

Tuschhoff, C.: Denkbilder in der ersten Reagan Administration.
    1981-1984. Eine Fallstudie zur Bedeutung von Perzeptionen im
    sicherheitspolitischen Entscheidungsprozeß der USA.
    Freie Universität Berlin: DISS 1988

Brigitte Traupe
Mitglied des Deutschen Bundestages
Parlamentarische Geschäftsführerin
der SPD-Bundestagsfraktion

Wege aus dem Ost-West-Konflikt

Seit 1985 sind wir Zeugen einer bisher einmaligen Entwicklung in der Sowjetunion und verschiedener Staaten des Warschauer Paktes.

Innere Reformbemühungen, der INF-Vertrag von 1987, Michail Gorbatschows bedeutende Rede vom 7. Dezember 1988 vor den Vereinten Nationen und nun der Abschluß der KSZE-Verhandlungen in Wien bieten Chancen einer friedlichen Lösung des Ost-West-Konfliktes.

Dazu ist es jedoch erforderlich, daß sich der Westen darüber verständigt, wie er die Entwicklungen in den kommunistischen Staaten einschätzt.

Es geht aber nicht nur um Ost- und Westeuropa.

Der Konflikt ist ideologisch und vor allem wirtschaftspolitisch ein globaler Konflikt.

Zwar haben die Europäische Gemeinschaft und der Rat für gegenseitige Wirtschaftshilfe am 25. Juni 1988 in Luxemburg eine "Gemeinsame Erklärung" über die Aufnahme offizieller Beziehungen unterschrieben, damit stehen wir aber erst am Anfang geordneter wirtschaftlicher Beziehungen.

Ich persönlich glaube, daß eine enge wirtschaftliche Zusammenarbeit der folgenreichste und erfolgreichste Weg zur Lösung des Ost-West-Konfliktes sein kann.

In der Realisierung wird er jedoch viel schwieriger sein als etwa die Verhandlungen über Rüstungskontroll- und Abrüstungsverhandlungen!

Zu unterschiedlich ist die wirtschaftliche Entwicklung der westlichen Industriestaaten im Vergleich zu den Staatshandelsländern verlaufen.

Zu lange wollten auch letztere nicht wahrhaben, welche Dynamik in dem freien Welthandel liegt und daß sie den Wettlauf um das erfolgreichere Wirtschaftssystem nicht gewinnen konnten.

Die große Zahl an Aussiedlern und der gewaltige Asylantenstrom sind nur ein Beweis dafür.

Aber auch die westlichen Demokratien begreifen nur langsam, daß es Grenzen der freien Marktwirtschaft geben muß, wenn ein unbegrenztes Wachstum nicht die ökologischen Lebensgrundlagen der Menschheit zerstören soll.

Wichtig scheint mir auch zu sein, daran zu erinnern, daß die wissenschaftlich-technische Revolution in etlichen Bereichen Unterschiede zwischen dem kapitalistischen und dem kommunistischen Wirtschaftssystem relativiert. Die Sicherheit der heute weltweit in Betrieb befindlichen 430 Kernkraftwerke verlangt in beiden Systemen ähnliche Maßnahmen, dies gilt auch für den Schutz von Luft, Wasser und Boden.

Wenn Michail Gorbatschow Haushaltsdefizite zugibt, die natürlich alle Länder des Ostblocks seit Jahren plagen, dann ist ein weiterer hoffnungsvoller Ansatz zu ehrlicheren Betrachtungen über die wirtschaftliche Zusammenarbeit gegeben. Wird dadurch doch bestätigt, daß die Sowjetunion ihre militärische Stärke und die wirtschaftliche Unterstützung ihrer politischen Partner nur auf Kosten des eigenen Staates und der eigenen Bevölkerung erbringen konnte.

Das bedeutet umgekehrt, daß für eine erfolgreiche Ausweitung des Ost-West-Handels und für die enge wirtschaftliche Zusammenarbeit die westlichen Staaten Vorleistungen erbringen müssen.

Nicht nur die Regelung von Quoten, Zöllen, Embargos, Subventionen oder Joint Ventures zwischen den westlichen Industriestaaten und den Staaten des RGWs sind gefragt, vor allem geht es wohl um langfristige, zinsgünstige Kredite, die in großem Ausmaß zur Verfügung gestellt werden müßten.

Aber welches westliche Bankenkonsortium wird ohne staatliche Bürgschaften Polen, Ungarn, Vietnam oder Kuba größere Kredite gewähren, ohne Einfluß auf die innere Wirtschaftreform des jeweiligen Landes nehmen zu können?

Und – woher nimmt der Westen Tausende hochqualifizierter Wirtschaftsfachleute, um sie Osteuropa und anderen Staaten für die notwendigen Veränderungen als Berater zur Verfügung zu stellen?

Hier scheint mir eine große Chance im Ausbau der modernen Kommunikationstechnologien zu liegen, die uns ja mehr als zwanzig verschiedene Fernsehprogramme bieten können. Sie können Wissens- und Beratungsaustausch über große Entfernungen ermöglichen, wie dies heute schon tagtäglich innerhalb weltweiter Unternehmen oder im Geld- und Kreditmarkt erfolgt.

Ich zögere mit einer Empfehlung, wie diese wirtschaftliche Zusammenarbeit institutionell erfolgen kann. Sicher scheint mir zu sein, daß sie bestimmter Spielregeln bedarf, wenn sie erfolgreich verlaufen soll. Bei allem Zorn auf Bürokratien, was wären die zwölf Staaten der EG ohne die Gemeinschaft?

Abschließend möchte ich feststellen, daß mir die enge wirtschaftliche Zusammenarbeit der einzige dauerhafte Weg zu sein scheint, den Ost-West-Konflikt zu lösen. Ob dies gelingt, wage ich noch nicht zu behaupten.

.-.-.-.-.-.-.-.

PROBLEME

POLITISCHER FRIEDENSGESTALTUNG

Evangelische Akademie Loccum, 3-5 Februar 1989.

Die Zivilisierung des Konflikts

Eine Skizze
von
Edy Korthals Altes
Botschafter a.D.

A

Wie das West-Ost-Verhältnis in Zukunft einmal aussehen sollte. Wohin wollen wir?

Normalisierung des Verhältnis d. h. keine Konfrontation sondern Zusammenarbeit. Respektierung differenzen in sozial politischen Strukturen.

1) <u>Sicherheitspoiitisch</u>: Stark reduzierte Streitkräfte, besonders in Europa(bis auf 20% ?). Defensive Struktur. Wirkliche <u>Abrüstung</u>. Drastische Reduzierung Militär-ausgaben (unter 50% ?) besonders im Bereich vom militär-Research und Entwicklung neuer Waffensysteme.(Stopp qualitatives Wettrüsten).
   Weltweite Abbau Kernwaffen Arsenals bis aufs Minimum unter Verfügung VN.(bis auf 2%?). Keine taktische Nuklearwaffen in Europa. Test stopp. Absolutes verbot der Produktion, Lagerung und Anwendung chemischer und biologischer Waffen. Keine Militarisierung des Weltraums.
   Abzug Amerikanischen und Soviet Truppen aus Europa kombiniert mit einer effektiven internationalen Neutralitäts Garantie der Ost- Block Staaten und Möglichkeiten für eine freie Bestimmung ihres sozialpolitischen Systems.

2) Eine <u>effektive V. N.</u> die überall dort funktioniert wo die wachsende Interdependenz der Nationen solches erfordert(Sicherheit, Wirtschaft, Dritte Welt, Umwelt, Rohstoffe usw.).

3) <u>Europa</u>:
   Keine vergröszerung der Spaltung nach '92, aber eine breit angelegte Zusammenarbeit. Keine Indifferenz!

Freies verkehr von Personen, Ideeën, Güter, Dienste und Information.
Ein Europa auch, das nach auszen, "offen" ist und seine Verantwortung in unserer Welt völlig übernimmt.
4) Respektierung der <u>Menschen Rechte</u> und Recht auf freie Entwicklung gesellschaftlichen Organisationen. Perspektive für alle Bürger auf Arbeit und Wohlergehen.
5) <u>Zusammenarbeit in Fragen der Dritte Welt und Umweltschutz.</u>
6) <u>Zusammenarbeit in anderen Bereichen wie Verkehr, Wohnungsbau, Bildung usw.</u>

B

Wie kommen wir dahin? Schritte.

Eine realistische Betrachtung zeigt uns, dasz:
- jede Form von Krieg zwischen West und Ost- nuklear, konventionell oder chemisch/biologisch- die Vernichtung bedeuten wurde wegen das ungeheure Destruktionspotential moderner Waffen und die aüsserst grosze Verwundbarkeit unserer hochentwickelten Gesellschaften,
- jedes Denken an eine beschränkte "Chirurgische Operation" oder "limited war" als ein Fantasma betrachtet werden soll,
- Mistrauen und Angst noch immer eine beachtliche Rolle spielen bei das Sicherheitsverhältnis und die Abrüstungsverhandlungen.

Deshalb ist es höchster Bedeutung das wir:
-die Wahrscheinlichkeit eines Konflikts vermindern,
-die Möglichkeiten einer Anwendung von Waffen verkleinern,
-das politische und militärische Denken und Handeln anpassen an die Realität.

Das WEU-Platform spricht jedoch noch von eine "adequate mix" von Nuklear und Konventionelle Waffen". Und unsere Verteidigungsminister der NATO bemühen sich um die *Modernisierung und Erweiterung* der Nuklear möglichkeiten in Europa! Manche sogar um eine Erhöhung der Militär ausgaben!

Vielen Jahrhunderte galt:" Wer den Frieden wünscht, bereite den Krieg vor". Im Nuklearzeitalter gilt jedoch: " wer den Krieg *nicht* wünscht *bereite den Frieden vor*".

Diese einfache Wahrheit behält eigentlich nichts mehr als die notwendige Anpassung unseres Denken und Handeln im internationalen Bereich, an der technologischen Entwicklung.

Das bedeutet die Entwicklung **einer breiten Friedenspolitik wobei die militärische Komponent, die in den vergangenen Jahrzehnten so dominiert hat, integriert wird in ein Gesamt-Konzept das daneben auch politische, ökonomische, kulturelle, humanitäre Komponenten umfast und ebenso die Zusammenarbeit in Fragen der Dritte Welt und der Umweltschutz.**

Wesentlich ist hier die "Integrated approach" wobei Aktionen in den verschiedenen Bereiche einander verstärken. Statt ein Separates Vorgehen im wirtschaftlichen oder politischen Bereich: ein "Integriertes Vorgehen".
Zunehmende Verflechtung im wirtschaftlichen Bereich und eine starke Intensivierung der kulturellen Beziehungen kann zum Beispiel dazu beitragen dasz ein bedeutender positiver Faktor in die Sicherheitspolitischen Verhandlungen introduziert wird. wodurch das noch immer vorhandene Mistrauen abgebaut wird. Das Rüstungskontroll- und Abrüstungsprozesz kann dadurch wesentlich gefördert werden.

Die Zeit ist reif für eine <u>West-Europäische Initiative</u> die, nach vorgehende Konsultationen mit den beiden Supermächten, <u>einen bedeutenden Beitrag an die intensivierung der Entspannung zwischen West und Ost liefern kann.</u>

Diese breit angelegte Friedensinitiative umfasst:
1) <u>Wirtschaflich.</u>
Förderung der Einbeziehung von dafür geeignete Ost Block Staaten in das Weltwirtschaftssystem (Gatt, IMF, World Bank, OECD).

Entwicklung eines Programms der Europäisch wirtschaftlichen Zusammenarbeit.

Ziel:
- die wirtschaftliche Verflechtung der Staaten Europa's, so das jeder Gedanke an ein militärisches Konflikt absurd erscheint.
- ein wirksamer Impuls zur wirtschaftlichen Entwicklung der Ost-Europäischen Staaten.
- neue Handelsmöglichkeiten.

Instrumente zur Realisierung:
- Erweiterung der Handelsmöglichkeiten.(Abbau Restriktionen, EWG-Comecon, Cocom liste).
- Kredite und Kapital für dafür geeignete Ost-Europäische Staaten.
- Zusammenarbeit: Management, Training, Marketing und Produktion.

Die finanziellen Mittel können die Staaten aus den freiwerdenden Mitteln der Rüstungs haushalte aufbringen. In Ost und West Europa!

2) Im Kulturellen und Humanitären Bereich.
Die künstliche kulturelle Demarkationslinie quer durch Europa kann nur durch intensives, neues Kennenlernen verschiedenster Bevölkerungsschichten überwunden werden. Austausch der Jugend, Studenten, Wissenschaftler und andere Kategorieën.

Bilaterale Programme wobei jüngere Führungskräfte aus West und Ost sich mit ihrer Berufsproblematik gemeinsam befassen (wirtschaft, politik, presse usw.).

Dringend notwendig ist eine substanzielle Erhöhung der Mittel für bilaterale Kulturabkommen mit Ost- Europäischen Ländern.

Das Europäische Parlament soll ein "Gesamt Europäisches Kulturfond" schaffen zur Förderung der Begegnungen der Menschen in Ost und West.

Respekt für die Menschenrechte ist wesentlich. Fortschritte auf diesem Gebiet sind gröster Bedeutung für das gesamt Prozess der Entspannung und die Förderung des gegenseitigen Vertrauen.

3) Politisch.
Basis bleibt Helsinki Schluss Akt, besonders die Anerkennung der existierenden Grenzen. Darüber hinaus ein dezidiertes Eintreten für die so dringend notwendige Umstrukturierung und Verstärkung der VN. Mitgliedschaft der Europa Rates.

4) Zusammen arbeit in Fragen der Dritte Welt und Umweltschutz.
Die katastrofalen Entwicklungen in manchen Länder der Dritte Welt erfordert eine konstruktive und intensive Zusammenarbeit. Nicht nur auf grund von humanitäre überlegungen. Auch auf Grund unserer Sicherheit!

Die dramatische Verschlechterung unserer Umwelt bedroht die Lebenschancen kommende Generationen. Eine Zusammenarbeit ist jetzt höchster Zeit. Eine effektive Zusammenarbeit ist jedoch ausgeschlossen solange die Ost-West Konfrontation fortdauert und das Wettrüsten solche kolossale Mittel beansprucht.

5) <u>Militärisch.</u> Ein neues Konzept für die Sicherheitspolitik. *Gegenseitig garantierte Sicherheit (MAS)* statt *Gegenseitig garantierte Vernichtung (MAD).* Das bedeutet; "Ich bin erst sicher, wenn Du sicher bist und umgekehrt ". Diese Situation tritt erst ein wenn von die *Gesamtposition (Waffen, Strategie, Struktur, Aufstellung, Logistik usw.)* keine Bedrohung ausgeht. Deshalb ist eine *radikale Umstrukturierung und drastische Verminderung der Streitkräfte unbedingt notwendig.* Nur so kann eine *nicht offensive, mehr stabile* Situation geschaffen werden. Selbstverständlich verlangt MAS auch dasz das qualitative Wettrüsten ein Ende nimmt. Drastische kürzungen im Haushalt für militär Research und Entwicklung sind geboten. Ebenso auch das jede Waffenentwicklung davon abhängig gemacht wird, ob die gegenseitige Sicherheit dadurch gefördert wird.

C

Zeit Plan.

Auf kurzen Termin in den verschiedene Europäischen Ländern Beratungen über eine breit angelegten Friedenspolitik. Stimulierung unserer Regierungen sich für eine Europäische Initiative aktiv einzusetzen. Wegen der Urgenz aber sollen die einzelne Europäische Staaten -nach Konsultationen- sich nicht von passenden konstruktiven Initiativen abhalten lassen. Wichtig dabei ist die Überlegung das die Europäische Staaten die Aufgabe haben die Detente zwischen Ost und West zu <u>fördern</u> und alles unterlassen sollen was Mistrauen erweckt und dieses Prozesz schaden könnte.

Keine negative Signale die eine breite Friedenspolitik schaden könnten(modernisierung, erhöhung militär ausgaben statt reduzierung). Jede einseitige Überbewertung der Sicherheitspolitik soll vermieden werden. Wirkliche und dauerhafte Sicherheit kann nur eine breit angelegte Friedenspolitik bieten. Diese kann auf entscheidener Weise dazu beitragen die aufgebaute Ängste und das noch immer vorhandene Mistrauen abzubauen und dadurch die Verhandlungen im militärischen bereich fördern.

Kurzfristig: klare Aussprache das auch unsere Regierungen tiefstens davon überzeugt sind das der Augenblick eines radikalen Wandels im West-Ost beziehungen gekommen ist und das deshalb der Rüstungswettlauf unmittelbar gestoppt werden könnte und das ein Prozess wirklicher Abrüstung eingeleitet werden soll.

Ein "Comité Monnet" aus West und Ost wäre wichtig ebenso ein hochrangisches Komité für die Europäische wirtschaftliche Zusammenarbeit.

Erst nachdem das Entspannungsprozess weitgehend vorangekommen ist und auf grund der Abrüstung und durch eine vertiefte Zusammenarbeit das Mistrauen beseitigt ist, kommt das Moment des Abzugs Amerikanischer und Sovjet-Truppen aus Europa. Gleicherzeit eine effektive internationale neutralitäts Garantie der Ost-Block Staaten und die freie Bestimmung im Sozial-politischen Bereich.

Lochem, 10 Januar 1989.

MAS bedeutet das ein neuer- vielleicht langer Weg- begangen wird wobei Schritte uns immer weiter entfernen von MAD. Es bedeutet:

1) Beseitigung und Reduzierung aller Waffensysteme, die der Gegner als besonders bedrohlich empfindet.
2) Drastische Reduzierung aller strategischen Kernwaffen bis auf einen Rest, der vorerst noch eine minimale Abschreckung leistet.
3) Verzicht auf Ersteinsatz von Atomwaffen.
4) Keine Modernisierung, sondern Beseitigung atomarer Kurzstrecken raketen und Nuklearen Gefechtsfeldwaffen in Europa.
5) Kernstop abkommen.
6) Einrichtung militärisch verdünnter Zonen in Europa.
7) Beseitigung der Asymmetrien im konventionellen Bereich.
8) Reduzierung der konventionellen Streitkräfte und ihre umbildung zur strukturellen Nichtangriffsfähigkeit.
9) Keine militarisierung des Weltraumes (SDI), strikte Einhaltung des ABM vertrages
10) Absolut Verbot chemische und biologische Waffen.

Dr. Hans Arnold, Botschafter a.D., Riedering

DIE ZIVILISIERUNG DES WEST-OST-KONFLIKTES UND DIE INNENANSICHT DES WESTENS

Für jede Überlegung über künftige Entwicklungen bedarf es der Prämissen. Für eine Suche nach einem Konzept für die zukünftige Gestaltung des West-Ost-Verhältnisses ist u.a. von den zwei Prämissen auszugehen, daß 1. die beiden Supermächte USA und Sowjetunion aus jeweils eigenem Interesse die derzeitige positive Entwicklung ihres Verhältnisses zueinander fortsetzen wollen, und daß 2. die in der Bundesrepublik vorherrschende Auffassung, daß die Westpolitik die Basis jeder Ostpolitik sein soll, weiterhin Gültigkeit hat.

Für die positive Veränderung im Verhältnis der USA und der Sowjetunion zueinander gibt es zahlreiche Markierungspunkte. Für den europäischen Bereich der unmittelbaren West-Ost-Konfrontation war der bisher wichtigste die Ratifizierung des INF-Abkommens im vergangenen Jahr. Im außereuropäischen Bereich der mittelbaren Konfrontationen ergaben sich in der jüngeren Vergangenheit u.a. als Markierungspunkte die zwar unter Einschaltung der UNO erreichten, aber ohne einen Konsens zwischen den USA und der Sowjetunion undenkbaren Beruhigungen in einer Reihe von Krisenherden (Afghanistan, Iran/Irak, Namibia usw.). Aus diesen und vergleichbaren Entwicklungen verdeutlicht sich eine Tendenz der beiden Supermächte, ihr Verhältnis zueinander von dem bisherigen Krisenmanagement durch Konfrontation in Richtung auf Problembereinigungen durch Arrangement umzugestalten.

Für eine solche und in dieser Stärke bisher nicht gekannten Tendenz zum Arrangement mögen einmal interne wirtschaftliche und andere Probleme der beiden Supermächte maßgeblich sein, vielleicht aber auch die Tatsache, daß beide Supermächte allmählich an die Grenzen ihrer internationalen Machtausbreitung zu stoßen scheinen. Sofern solche Annahmen richtig sind, kann nicht nur kurz-, sondern auch mittel- und langfristig mit einer Fortsetzung der gegenwärtigen positiven Entwicklung im amerikanisch-sowjetischen Verhältnis gerechnet werden. In jedem Falle aber dürfte es sich empfehlen, in Überlegungen über ein Konzept für die zukünftige Gestaltung des West-Ost-Verhältnisses eigene nicht nur kurz-, sondern auch mittel- und langfristige Überlegungen einzubeziehen. Hierzu gehört die Frage nach der westlichen Ausgangsposition, also die Innenansicht des Westens, unter Berücksichtigung solcher Fristsetzungen.

In den Jahrzehnten der West-Ost-Konfrontation haben sich in Ost und West die bekannten spezifischen Strukturen herausgebildet. Im Osten entstand mit WP und RGW eine einheitliche politische, militärische und wirtschaftliche Konzentrizität, in der sich alle WP- und RGW-Staaten konzentrisch um die Sowjetunion gruppieren. Im Westen verlief die Entwicklung differenzierter. Hier besteht im militärischen Bereich mit der NATO eine potentiell konzentrische Gruppierung von deren Mitgliedern um die USA. Daneben aber haben sich die 12 EG-Staaten in der EG in einer Gemeinschaft mit fortschreitender wirtschaftlicher Vernetzung und in der EPZ in einer Zusammenarbeit mit dem Ziel einer außenpolitischen Harmonisierung zusammengefunden.

Parallel zu der Verbesserung der Beziehungen zwischen den USA und der Sowjetunion zeichnen sich in Osteuropa einige mögliche Veränderungen ab, die, zusammengenommen, weit über Nivellierungen von Einzelheiten der dort bisher bestehenden Verhältnisse hinausweisen. Sie sind nicht zuletzt auch im Blick auf die künftige Entwicklung der West-Ost-Beziehungen von Bedeutung. Gleiches gilt für künftige interne Entwicklungen im Westen. Zusätzlich stellt sich hier die Frage, welche internen Veränderungen im Westen im Rahmen von Konzepten für die künftige Gestaltung des West-Ost-Verhältnisses aus westlicher Sicht zu wünschen oder abzulehnen sind. Diese Frage zielt in erster Linie auf die NATO und auf das 12er-Europa. Aus deutscher Sicht ist der mit dem Begriff "Deutschlandfrage" umschreibbare politische Komplex dazuzunehmen.

Nach verbreiteten Klischeevorstellungen ist die NATO ein fest geschlossenes militärisches und politisches Bündnis mit einer zur Einheitlichkeit koordinierten Politik zumindest gegenüber dem Osten, ist die EG eine geschlossene, ja integrierte Gemeinschaft, die sich auf dem geraden und immer kürzer werdenden Weg zu einer Europäischen Politischen Union befindet, und ist die Deutschlandpolitik eine schlüssige Kombination aus einem Eingehen auf die Forderungen des Tages und einer längerfristigen Politik der deutschen Wiedervereinigung. Die Wirklichkeit ist bekanntlich weniger strahlend. Sie aber muß maßgeblich sein bei Überlegungen über eine Zivilisierung des West-Ost-Konfliktes. Ein auch nur kursorischer Überblick zeigt, daß sich alle drei Politik-Bereiche - Verteidigung, Europa, Deutschland - in einem bedenkenswerten Zustand befinden und in ihnen die bisherige jeweilige Politik nicht ohne weiteres in die Zukunft hinein wird fortgeschrieben werden können. Zu realistischem Nachdenken über die künftige Entwicklung der West-Ost-Beziehungen gehört somit ein kritischer Blick auf die Innenansicht des Westens. Denn es geht letzten Endes um die Frage der richtigen, will sagen realistisch gestalteten Teilnahme der Westeuropäer an einem möglichen und unter Beteiligung der beiden Supermächte gestalteten gesamteuropäischen Arrangement. Die nachfolgenden Stichworte und Fragestellungen verstehen sich - ohne Anspruch auf Vollständigkeit - als Anregungen für eine Diskussion hierüber.

NATO

Die als militärische Allianz gegründete NATO gewann in ihren ersten gut 20 Jahren zusätzliche politische Bedeutung und damit auch politische Kohäsion. Gleichzeitig wurde mit dieser Entwicklung die aus der realen Faktizität sich ergebende Dominierung der NATO durch die USA einmal in den vielfältigen Konsultations- und Abstimmungsmechanismen wohl verpackt und zum anderen durch die Verwendung dieser Mechanismen auch in eine gewisse gemeinsame Harmonie eingebunden. Die so erreichte Kohäsion war am stärksten in den spannungsreichen 60er Jahren (Berlin-Ultimatum, Mauerbau, Kuba-Krise, Verunsicherungen auf den Berlin-Zugängen usw.). Seither und vor allem in den letzten Jahren ist sie schwächer geworden. Der Schwerpunkt der multilateralen westlichen politischen Konsultationen hat sich in die EPZ verlagert, an der 11 der 16 NATO-Mitglieder teilnehmen, und in der die Konsultationen sich europäisierten. Zudem blieb der Unilateralismus der USA, der die 8 Reagan-Jahre kennzeichnete, auch in der NATO nicht ohne Wirkung. Das Bündnis zeichnet sich, wie die Reaktionen auf die sowjetischen Initiativen in der jüngeren Vergangenheit zeigen, heute nicht durch schnelles, flexibles und konklusives Handeln aus. Es ist am Vorabend seines 40. Geburtstages zu seinen Anfängen einer rein militärischen Verteidigungsorganisation zurückgeschrumpft. Deren Bedeutung verringert sich in dem Maße, in dem im Zuge der gegenwärtigen Entwicklung der West-Ost-Beziehungen bei Regierungen und Öffentlichkeit in den Mitgliedstaaten das Gefühl schwindet, vom Osten her militärisch bedroht zu sein. Die Furcht vor einem militärischen Überfall aus dem Osten, die der Gründung der NATO zugrundelag, ist heute nicht mehr gegeben. Für die Bundesrepublik ist hinzuzufügen: Die Diskussionen über Tiefflüge, Hubschrauberstationierung, Souveränitätsrechte, Wehrdienstverlängerung usw. zeigen ebenso wie Meinungsumfragen, daß in der Bundesrepublik die Akzeptanz alles Militärischen noch nie so gering war wie gegenwärtig. In der Bundeswehr scheint für das erforderliche Selbstverständnis die bisherige, aus Bedrohungsanalyse, NATO-Auftrag und Traditionserlaß gebildete Basis nicht mehr auszureichen.

Ist für die hier zur Debatte stehende Zivilisierung des West-Ost-Konfliktes eine, vor allem politische, Revitalisierung der NATO - sei es allein im Interesse der westlichen Position, sei es im Interesse einer Förderung eines west-östlichen Arrangements - erforderlich? Wenn ja, wie könnte sie geschehen?

Ist die NATO nur ein militärisches Verteidigungsbündnis mit dem begrenzten Ziel, einen möglichst hohen Stand der militärischen Verteidigung unter vorgegebenen Bedingungen zu erreichen, oder kann sie auch Initiator und Instrument für gesamteuropäische Vorhaben der Abrüstung und Umrüstung sein?

Ist der Erhalt der NATO eine Voraussetzung für die notwendige Teilnahme der USA an einem eventuellen künftigen Arrangement für Gesamteuropa?

Ist die NATO eine Konstante, ein Wert an sich, den es unabhängig von dem Gang der Entwicklung im Ost-West-Verhältnis zu erhalten gilt, oder kann sie zur Disposition stehen? Wenn ja, unter welchen Umständen?

12er-Europa

Nach dem Scheitern des Projektes einer Europäischen Verteidigungsgemein-

schaft (EVG - 1954) wurde in der damaligen "relance europênne" die EG in
der Annahme gegründet, daß diese wirtschaftliche Zusammenarbeit einmal,
in einer Art Qualitätssprung, zu einer politischen Union führe, in der
die unabhängigen Nationalstaaten der EG-Partner aufgehen würden. Inzwischen hat sich durch Zeitablauf und durch eine Reihe von Gründen diese
Annahme als irrig erwiesen. Vor allem zeigt sich, daß innerhalb der EG,
ebenso wie innerhalb von Nationalstaaten, die marktwirtschaftlich verfaßte Wirtschaft nicht zu einer Stützung und Festigung von Staatlichkeit
sondern zur Herstellung einer möglichst großen Distanz zwischen ihr und
dem Staat - bzw., in der EG, den 12 Staaten - drängt. Ferner tendiert
die Wirtschaft zu einer Überwindung von Staatsgrenzen - und so auch der
Grenzen der EG - in Richtung einer Schaffung von größeren Wirtschaftsräumen. Dies tut die EG seit langem mit den AKP-Staaten, es geschah dies
mit der Süderweiterung der EG hinsichtlich der außerhalb dieser verbliebenen Mittelmeerstaaten und es zeichnet sich dies nun im gesamteuropäischen Rahmen mit den Kontakten und Vereinbarungen zwischen EG und RGW
ab. Solche wirtschaftliche Offenheit der EG nach außen, die wiederum
wirtschaftliche Interdependenzen mit außerhalb ihrer Grenzen liegenden
Wirtschaftsgebieten schafft, ist auch ständig verkündetes EG-Dogma. Eine
Kraft, durch welche die 12 Staaten der EG in ein gemeinsames politisches
Gebilde gezwungen werden könnten, kann auf diesem Wege allerdings nicht
entstehen. Die Neigung der EG-Staaten, die eigene Souveränität aufzugeben, ist so gering wie eh und je. Die politische Zusammenarbeit EPZ
besteht unverändert aus politischer Konsultation und Harmonisierung zwischen souveränen Staaten. Die Gemeinsame Europäische Akte hat als integratorische Klammer keine Wirkung. Auffällig ist, wenn auch nicht überraschend, daß in Bekundungen von Politikern die Europäische Politische
Union mehr und mehr in eine nicht mehr politisch gestaltbare sondern nur
noch mit Mitteln der Futurologie erfaßbare Zukunft verwiesen wird. Eine
politische Integration der 12 Staaten von der Ägäis bis zum Skagerrak in
einer vereinheitlichten Union ist nicht in Sicht. Der als Höhepunkt der
wirtschaftlichen Vernetzung anvisierte europäische Binnenmarkt findet
indes nicht ungeteilte Zustimmung. Er ist Auslöser für einen sich ausbreitenden Euroskeptizismus, der auch das Theorem von einer Europäischen
Politischen Union zu erfassen beginnt.

Soll bei einer Zivilisierung des West-Ost-Konfliktes das Vorhaben
einer Europäischen Politischen Union derart Priorität haben, daß

alles zu vermeiden ist, was seine Verwirklichung möglicherweise erschweren könnte, oder kann es unter Umständen zur Disposition stehen, etwa zugunsten eines Europas der Vaterländer vom Atlantik bis zum Ural?

Sollen die wirtschaftliche Vernetzung und ein künftiger Binnenmarkt der 12 ausschließlich der wirtschaftlichen Nützlichkeit im EG-Bereich dienen, oder können sie in eine gesamteuropäische Struktur mit Nützlichkeit für ganz Europa eingebracht werden? Wäre dies, falls möglich, aus westlicher Sicht wünschenswert? Wenn ja, wie könnte es geschehen?

Deutschlandfrage

Deutschlandpolitik war in der Bundesrepublik viele Jahre lang - sei es tatsächlich, sei es nur verbal - gleichgesetzt mit Wiedervereinigungspolitik, wobei die Auffassungen darüber, was eine Wiedervereinigung umfassen sollte, variierten und zum Teil auch heute noch variieren. Seit etwa 15 Jahren verwirklicht sich Deutschlandpolitik (auch) in dem Bestreben, die Beziehungen zwischenden beiden deutschen Staaten zu verbessern und menschliche Erleichterungen für die Deutschen in der DDR zu erreichen. Das Thema Wiedervereinigung war und bleibt von den Unklarheiten bestimmt, die hinsichtlich des Zusammenhanges zwischen einer Wiedervereinigung (von was auch immer) und der staatlichen Ordnung in der DDR bestehen. Heute hat die Politik der Verbesserung der Beziehungen zur DDR und des Bemühens um menschliche Erleichterungen für die Deutschen in der DDR mit Abstand Priorität. Zu ihr gehört eine stabile Ordnung in der DDR gleichermaßen als Voraussetzung und als Folgewirkung. Wiedervereinigungspolitik müßte somit künftig von der Unantastbarkeit der inneren Ordnung in den beiden deutschen Staaten ausgehen. Auffällig, wenn auch nicht überraschend, ist, daß die Bekundungen der meisten deutschen Politiker zum Thema Wiedervereinigung auf der gleichen zukunftsorientierten Linie liegen, wie diese für das Thema Europäische Politische Union feststellbar ist, so etwa, wenn gesagt wird, daß die Frage einer deutschen Wiedervereinigung der Geschichte anheimgegeben sei. In der Bundesrepublik bleibt Wiedervereinigung ein schillernder und, nicht zuletzt auch aus politischen Opportunitätserwägungen, unterschiedlich verwendeter Begriff. Außerhalb der Bundesrepublik ist dieser Begriff nicht mehr Teil des politischen Vokabulars und die Sache selbst kein Thema mehr. Auch gibt es dort niemanden mit politischer Verantwortung, der eine, wie auch immer geartete, Wiedervereinigung wollen würde. Insofern ist bei Überlegungen über die Zukunft der West-Ost-Beziehungen die Deutschlandfrage zwar im Ausland kein Thema, doch ist fraglich, ob dies auch in der Bundesrepublik so werden kann.

Kann bei einer Zivilisierung des West-Ost-Konfliktes die Deutschlandfrage ausgeklammert werden? Wenn nein, wie kann sie einbezogen werden?

Wie ist Berlin(West) in eine Zivilisierung des West-Ost-Konfliktes einzubeziehen?

Karl E. Birnbaum:

PROSPECTS FOR EAST-WEST CO-OPERATION: OPPORTUNITIES, CHALLENGES AND REQUIREMENTS

This contribution to the discussion of the possibility to moderate and transform the nature of the East-West conflict will focus on the prospects for East-West co-operation in terms of opportunities, challenges and requirements at the present juncture of international politics. I will argue that this juncture is unprecedented in the sense that it opens up possibilities for a qualitative change in the nature of East-West relations. It is the beginning trend towards a de-militarization of the East-West conflict that has been an essential precondition for reaching this point, in so far as it has liberated hitherto untapped political potential. But that trend is by no means irreversible and therefore requires attention and nourishing care, if the opportunities and challenges that I believe we can discern are to be constructively utilized and adequately met. The need for a continued de-militarization of the East-West conflict is stressed in several of the papers submitted to this conference, particularly in Ken Booth's, and I shall return to this point briefly at the end of my presentation.

Improved prospects for East-West co-operation can be deduced from converging priorities of governments with regard to the urgency of major issues on the international agenda as they have been spelled out in recent official pronouncements and agreements. Two documents in particular would seem to justify this assessment: Mikhael Gorbachev's speech at the UN on 7 December 1988 and the Concluding Document of the CSCE follow-up meeting in Vienna adopted in mid-January 1989. While different in character, both documents bear witness to the concurring perception of political leaders in East and West of the urgent need to address crucial international problems in a collaborative manner.

The Gorbachev speech is the more sensational document in this respect, since it deals with virtually all the main global challenges facing humanity at the end of the 20th century. For the first time since 1917 a leader of the Soviet Union has displayed a sense of responsibility for the fate of all people in non-revolutionary terms and a readiness for joint action with other governments in order to come to terms with these global challenges. The Vienna Document is less visionary but implies instead important new commitments of the 35 CSCE states to bring their performance in line with jointly agreed standards of performance.

The convergence of official views relates to at least _four_ interrelated areas of policy, where progress is deemed to be essential but only achievable in close collaboration with other actors in the international arena.

First _and_ _foremost,_ we can register a common recognition of the need for further steps in arms control, both for the purpose of saving scarce resources and of stabilizing the international security environment. It will be remembered that arms control and disarmament issues had a prominent place in Mr. Gorbachev's UN speech, which included the announcement of substantial unilateral reductions and a restructuring of Soviet conventional forces in Europe.

The Vienna Document has paved the way for the beginning of negotiations on what for a long time has been viewed as the key to European security: the search for conventional military stability on the central front. It is in my mind an irony that the Western code name for these talks, CST (conventional stability talks), was dropped at the moment, when the parties finally agreed to start negotiations. Allegedly, the new name, negotiations on CAFE (for conventional armed forces in Europe), has been chosen at the demand of those in the West who argue that a purely conventional militarily stable constellation in Central Europe is unattainable and who fear that the term CST could be construed as an implicit admission that nuclear deterrence may in the last analysis be dispensable. Yet, for the majority of the participants the purpose of the exercise remains what the acronym CST suggested: the search for conventional stability through the restructuring of military forces and the elimination of offensive options.

A _second_ set of problems, where a convergence of official views and positions has emerged, relates to global and regional problems of environmental pollution. Here too, Mr. Gorbachev's speech strikes a novel note with its explicit recognition that environmental problems face all nations irrespective of their social and political systems and consequently must be tackled by ambitious programs of international co-operation.

Thirdly, an awareness of global threats resulting from the growing gap between living conditions in industrialized and so-called Third World countries is also part and parcel of the recent universalist orientation of Soviet foreign policy. On this issue too, Mr. Gorbachev in his recent pronouncement used a terminology transgressing ideological boundaries and emphasizing a joint responsibility of the industrialized world for the lot of the economically less developed nations.

"Let us not forget, he said, that in the age of colonialism, the developing world, at the cost of countless losses and sacrifices, financed the prosperity of a large portion of the world community. The time has come to make up for the losses that accompanied each historic and tragic contribution to global material progress. We are convinced that here, too, internationalising our approach shows a way out..."[1]

The fourth area, finally, which I should like to single out in this short overview of converging positions in East and West on central issues of international politics, is the importance attributed to the rights of individuals, notably their right to contact and communication across ideological boundaries. The Vienna Document has brought significant progress with regard to the human dimension of the CSCE process. It includes detailed provisions aimed at facilitating inter-systemic communication on all levels but not least on that of private citizens, of Muller and Meyer. And for the first time in the history of the CSCE a mechanism has been created to control the implementation of these commitments. It remains to be seen, how this mechanism will function in practice. But since the agreement on the mechanism itself could hardly have been reached without a fundamental change of attitudes in Moscow, some optimism on this score would seem to be justified. The essence of the changed Soviet attitude is again clearly revealed in Gorbachev's speech at the UN, where he said the following:"... International communication has become easier than ever before. Today the preservation of any kind of closed society is hardly possible. This calls for a radical review of approaches to the totality of the problems of international co-operation as a major element of

---

[1] See text of M. Gorbachev's speech at the UN, on Dec. 7, 1988, as reproduced in The Guardian Weekly, Dec. 18, 1988, p. 12.

universal security..."[2] At last the Soviet leadership would seem to have recognized that closer co-operation with the West presupposes the elimination of barriers to inter-personal contacts and the active promotion of communication processes with prospective partners.

The convergence of official perceptions, while an important development, cannot by itself guarantee that cooperation and communication across the East-West divide will in fact flourish, much less that it will be adequate to meet the new challenges that can be expected to confront the European nations in the years ahead. This is not to deny that converging official views and improved political relations tend to open up new opportunities for mutually rewarding co-operation. It occurred in the aftermath of the US-Soviet detente of the early 1970s, when several agreements were concluded and exchange programmes were initiated to facilitate collaboration in industrial development, agriculture and other areas. The same is true now and can be illustrated with an example from Soviet-West German relations.

The visit of Chancellor Kohl in Moscow in the autumn of 1988 has been hailed by both sides as an important step towards improved relations between the two countries. During that visit Mr. Kohl extended an invitation to his host country to send more than 1000 of its citizens to the FRG for study and training in different fields in the course of 3 years. This is being followed up with concrete programmes of co-operation and exchange on the level of "low politics" implying e.g. that Soviet experts will study West German provisions for the safety and protection of industrial workers as well as vocational rehabilitation. When introducing this co-operative venture the West German Minister for Social Welfare rightly

[2] Ibid., p. 11.

pointed out that it addresses common challenges facing industrial societies irrespective of their political systems - in this case the prevention of accidents and illness, and methods of coping with their consequences, when they occur.[3]

The growth of this type of co-operation is, of course, to be welcomed. It may help to humanize and de-ideologize East-West politics. Yet, caution is justified, when assessing the salutory effects of these co-operative ventures. The experience of the 1970s suggests - to me at least - that processes of inter-systemic co-operation and communication initiated and controlled by governments cannot by themselves, even if they expand further - as is to be hoped and expected -, immunize the present societies in East and West against a relapse into a new confrontational relationship like the one of the early 1980s.
As the new Cold War of those years erupted between Washington and Moscow, US-Soviet programmes of co-operation were stalled or withered away. The Europeans in East and West, it is true, managed to protect some of the fruits of the preceding low-tension period, particularly in the domain of human contacts and economic co-operation. But they were unable to prevent the superpowers from a military build-up in Europe, including the introduction of new weapon systems and destabilizing strategic concepts. Likewise, the Europeans could not insulate themselves from the poisonous effects of a renewed ideological confrontation between East and West.

This experience suggests _two_ conclusions:
1) That current opportunities for a further de-militarization of East-West politics must be explored and exploited to the utmost, if we are to achieve a qualitative transformation of conditions in Europe; and
2) That the improvement of inter-governmental relations between East and West must be sustained by what has often been loosely

[3] Cf. speech by Dr. Norbert Blum on the occasion of the visit to Bonn of the Minister for Social Welfare of the Russian Socialist Republic, Mr. Victor Kaznatchejev, on Dec. 5, 1988; _Bulletin_ No. 171, p. 1517.

termed "detente from below", i.e. broad and continuous processes
of inter-societal contact, communication and co-operation across
ideological and political boundaries.

To spell out these two inter-related requirements for progress towards a more civilized and less crisis-prone East-West relationship would demand more space/time than is at my disposal. May it suffice therefore to indicate briefly some of the practical implications flowing from these two propositions.

The de-militarization of East-West politics will have to include exertions along two dimension. The first implies keeping up the momentum for nuclear arms control beyond the goal of a 50 % reduction of strategic systems. The objective to aim for should in my opinion be a nuclear posture of minimum deterrence, which obviously cannot be achieved overnight, since it presupposes a new strategic concept for NATO with an emphasis on deterrence by denial rather than by punishment. This in turn would involve a reform of the military structure of the Western alliance, which is overdue anyway. Closely related to these changes would be a second set of measures aimed at establishing demonstratively defensive force structures in both military alliances for Europe as a whole, i.e. not ony Central Europe but also the flank regions in the North and in the South.

In this context it seems essential to find a constructive formula for the initiation of the new CAFE -talks beginning in March as well as the continuation of parallel negotiations on a new set of CSBMs. It will not be easy, yet imperative, to minimize the risk of sterile and lengthy controversies about the size and structure of conventional force components of the kind that have bedevilled MBFR negotiations. Hence the idea proposed by the Soviet Union of trying to reach an early agreement on a high political level on principles that would spell out conceptual key elements and over-all goals of a future agreement may be well worth exploring.[4]

[4] Mr. Gorbachev was clearly ill-advised to speak of the need for a "European Reykjavik", when presenting this idea. But this mishap should not kill the idea itself. When Georgy Arbatov argued for the same approach to the CAFE talks, he wisely avoided to use the obnoxious phrase that awakes alarming memories in the minds

But efforts to de-militarize East-West politics must not be limited to a mutual learning process between officials of the two alliances — however important that may be. To achieve lasting results they must be sustained by commitments on the part of powerful constituencies in the polities of the two alliances.

This, finally, brings me to the second of the previously mentioned two conclusions: the importance of mobilizing popular support for a new detente on both sides of the dividing line. The opportunities to achieve tangible results on that score have been significantly improved by the agreement reached at the 3rd CSCE follow-up meeting in Vienna. But it is an urgent task of governments, scholars and other opinion leaders to acquaint the citizens of each country with the implications of these new opportunities, since relevant provisions of the Vienna Document have been couched in a rather abstract bureaucratic language. These important provisions relate in particular to the explicitly guaranteed right of citizens "... to contribute actively, individually or in association with others, to the promotion and protection of human rights and fundamental freedoms..."[5] The right to form so-called Helsinki watch groups has thus been recognized, and at least implicitly also the right of these groups to co-operate across the East-West divide. In addition, as mentioned before, the section on "Co-operation in Humanitarian and Other Fields" contains a host of provisions aimed at facilitating contact and communication among private individuals across national and systemic boundaries.

These commitments and provisions should be invoked in order to make the widest possible use of new opportunities for inter-systemic communication. To explore and exploit the practibility of an innovative process of inter-personal exchanges and pan-European joint actions would seem to be one of the primary requirements of a new, more lasting detente in Europe, and thus one of the main challenges of the present juncture in East-West relations.

of Western political leaders and defence officials. Cf. G. Arbatov, "Glasnost, Talks and Disarmament", *Pravda*, Oct. 17, 1988.

[5] Cf. Concluding Document from the CSCE Follow-up Meeting in Vienna, Principles, Para. 13 e. & 26

Karsten D. Voigt

Gemeinsamer Friede im Gemeinsamen Europäischen Haus

Vorbemerkung

Der Begriff vom Europäischen Haus beinhaltet die Vorstellung von guter Nachbarschaft, vom friedlichen und in Regeln gefaßtem Systemwettbewerb, von der Toleranz im Verhältnis zwischen den Systemen. Die KSZE-Schlußakte und ihre Weiterentwicklung und Konkretisierung im Abschlußdokument des Wiener KSZE-Nachfolgetreffens bilden die Hausordnung eines künftigen Gemeinsamen Europäischen Hauses.

Europäisches Haus heißt Verwirklichung aller Elemente der KSZE-Schlußakte, einschließlich der Menschenrechte und des offenen Dialogs über verbleibende ideologische Auffassungsunterschiede.

Das Konzept eines Europäischen Hauses zielt auf eine blockübergreifende und systemöffnende Zusammenarbeit: in der Ökonomie und Ökologie, beim Kulturaustausch und beim Zusammenwirken der öffentlichen und privaten Medien.

Das Konzept vom Europäischen Haus baut auf die Chance zur drastischen Verminderung der miilitärischen Bedrohung, zum Abbau der Feindbilder, zur gemeinsamen Sicherheit mit dem Ziel der Entmilitarisierung des Ost-West-Verhältnisses und der Überwindung der Militärblöcke im Rahmen einer Europäischen Friedensordnung.

1. Der Begriff vom Gemeinsamen Europäischen Haus entstand zu Zeiten Breschnews. Zu einem zentralen Begriff der sowjetischen Außenpolitik

wurde er erst unter Gorbatschow. Seine Bedeutung und die zum Gemeinsamen Europäischen Haus führende politische Strategie sind noch weitgehend vage. Dies hat den Vorteil, daß das Konzept vom Gemeinsamen Europäischen Haus im Dialog zwischen Ost und West konkretisiert werden kann. Dieser Dialog ist auch erforderlich, damit sich die Regierungen und Völker Europas im wechselseitigen Lernprozess durch Kommunikation miteinander auf gemeinsame Interessen besinnen und gemeinsame europäische Strukturen zu entwickeln beginnen.

2. Als die SPD im Heidelberger Programm von 1925 die "Bildung der Vereinigten Staaten von Europa" forderte, war damit Gesamteuropa gemeint. Wenn das Godesberger Programm die wirtschaftliche, kulturelle und ökologische Zusammenarbeit der europäischen Staaten bejaht und von einem künftigen europäischen Sicherheitssystem spricht, hat es primär eine gesamteuropäische Perspektive im Blick. Insofern entspricht das Streben nach einer gesamteuropäischen Friedensordnung und einem Gemeinsamen Europäischen Haus den programmatischen Zielen der SPD. Eine Abschottung Westeuropas gegenüber Nord- und Osteuropas widerspräche diesen Zielen.

3. Die SPD bejaht die außen- und sicherheitspolitische Westintegration der Bundesrepublik. Sie drängt auf eine Beschleunigung der Zusammenarbeit und Integration im Rahmen der Europäischen Gemeinschaft.
Im Unterschied zu den 5oer Jahren geht es heute aber nicht mehr darum, zwischen westeuropäischem Integrationsprozess und gesamteuropäischer Zusammenarbeit zu wählen, sondern beide Prozesse miteinander zu verbinden. Die kulturelle, ökonomische und politische Öffnung der Sowjetunion und mehrer Staaten in Ost- und Südosteuropa nach Westen sollten durch das Angebot Westeuropas zu einer systemöffnenden Zusammenarbeit beantwortet werden.

4. Die Westintegration begann im Antagonismus zum sowjetisch dominierten Ostblock. Der Stalinismus strebte nach einer autarken Entwicklung der sozialistischen Staatengemeinschaft. Im Kalten Krieg dominierte die Abgrenzung zwischen Ost und West. Der sicherheitspolitische Ausdruck des Antagonismus war die Fixierung auf das System der wechselseitigen Abschreckung.

Der Weg zum Gemeinsamen Europäischen Haus ist auch der Weg vom Antagonismuss zum inneren und äußeren Pluralismus, von der Autarkie zur Interdependenz, von der Abgrenzung zur systemöffnenden Zusammenarbeit und auch von der Abschreckung zur Gemeinsamen Sicherheit.

5. Schon heute ist systempolitisch der Begriff "Ostblock" irreführend. Die Unterschiede zwischen Rumänien und Ungarn sind größer als zwischen Frankreich und der Bundesrepublik. Innerhalb vieler Mitgliedsstaaten des RGW wächst der Pluralismus. Im wachsenden Maße findet er seinen Ausdruck sowohl in der kulturellen wie auch in der ökonomischen und selbst in der politischen Sphäre. Die Zunahme an Pluralismus im Inneren wird von einer wachsenden Vielfalt der Beziehungen zu den einzelnen Staaten und gemeinsamen Institutionen Westeuropas begleitet. Je mehr dieser Reformprozess in Ost- und Südosteuropa an Boden gewinnt desto mehr verbreiten sich die Grundlagen für eine gesamteuropäische kulturelle, wirtschaftliche und politische Zusammenarbeit.

Der politische, kulturelle und ökonomische Spielraum der osteuropäischen Länder war nie so groß wie heute: Ungarn schloß unlängst das Abkommen mit der EG ab, andere werden folgen. In Ungarn wird offen über die Möglichkeit einer Assoziation mit oder sogar Mitgliedschaft in der EG diskutiert. Auch andere RGW-Staaten drängen auf intesivere politische, ökonomische und kulturelle Beziehungen zum Europarat, zur Europäischen Gemeinschaft und anderen bisher vorwiegend auf Westeuropa beschränkte Institutionen.

6. Sicherheitspolitisch dominiert in Europa nach wie vor noch der Antagonismus zwischen den beiden Militärbündnissen. Durch Gespräche, Verhandlungen und Verträge zwischen den Militärbündnissen haben diese zusätzlich zur abschreckenden eine kooperative Funktion erhalten. Durch den Ausbau von blockübergreifenden Absprachen kann ihre friedensgestaltende Funktion ausgebaut werden. Absicht muß es sein, die heutige sicherheitspolitische Stabilität in Europa, die auch auf der Existenz der beiden Militärbündnisse beruht, zu erhalten, aber durch schrittweise Entmilitarisierung des Ost-West-Gegensatzes ihres sicherheitspolitischen Antagonismus zu berauben. Hierauf zielt das Konzept der gemeinsamen Sicherheit. Es soll schließlich zur Überwindung der gegensätzlichen

Militärbündnisse in eine Europäische Friedensordnung führen. An einer Europäischen Friedensordnung sind auch nach Auffassung der Mitgliedstaaten der WVO die USA und Kanada zu beteiligen. Schon aus diesem Grunde gehören beide Staaten zum Gemeinsamen Europäischen Haus.

7. Ein weiterer wichtiger Baustein des Gemeinsamen Europäischen Hauses ist die wirtschaftliche Zusammenarbeit. Auf östlicher Seite hat man das Konzept der "ökonomischen Sicherheit" entwickelt, das auf die intersystemaren Wirtschaftsbeziehungen in Europa abhebt. Ökonomische Sicherheit begreift die intersystemaren Wirtschaftsbeziehungen als eigenständigen Faktor der internationalen Sicherheit. Durch eine Verknüpfung von Interessen, die gegenseitige Abhängigkeiten (Interdependenzen) schafft, soll eine nichtkonjunkturelle ökonomische Kooperation zum gegenseitigen Vorteil zwischen Ost und West ermöglicht und durch ein langfristiges Vertragsnetz abgesichert werden. Dem entspricht Anerkennung des intersystemaren friedlichen Wettbewerbs als gemeinsames Grundprinzip. Der Erfolg der ökonomischen Reformen in Osteuropa würde die Kooperationsfähigkeit dieser Region mit Westeuropa stärken. Ein derartiger Erfolg sollte damit auch im wohlverstandenen Eigeninteresse der EG liegen.

8. Mit der Aufnahme formeller Beziehungen zwischen der EG und dem RGW sowie den einzelnen Mitgliedsstaaten des RGW und der EG haben sich politisch die Voraussetzungen für eine gesamteuropäische wirtschaftliche Zusammenarbeit entscheidend verbessert.

Trotzdem hat die relative Bedeutung des Osthandels für die EG weiter abgenommen. Hierfür sind neben dem Sinken des Ölpreises vor allen Dingen die sich weiterhin verschlechternde Wettbewerbsfähigkeit der osteuropäischen Ökonomien verantwortlich. Ein Mißerfolg der Wirtschaftsreformen würde die Spaltung Europas weiter vertiefen. Mißlänge den RGW-Staaten ihr Versuch der ökonomischen und politischen Reformen, könnte die gesamteuropäische Zusammenarbeit erneut in eine Krise geraten. Eine nicht nur innen- sondern auch außenpolitische Abkehr von der Politik des "Neuen Denkens" wäre erneut denkbar. Dies widerspräche nicht nur den wirtschaftlichen Interessen sondern auch den friedenspolitischen Zielen und dem menschenrechtlichen Engagement der Bundesrepublik.

9. Der EG-Binnenmarkt und das weiterführende Ziel der Europäischen Union können in der Praxis wie eine Abgrenzung zu Osteuropa wirken, weil sich objektive Probleme bei der ökonomischen Zusammenarbeit weiter verstärken und die Kluft sowohl hinsichtlich des technologischen und des Lebensstandards als auch hinsichtlich der industriellen Leistungsfähigkeit größer werden könnte. Das aber würde die Glaubwürdigkeit aller politischen Absichtserklärungen, die die Zusammenarbeit zwischen Ost und West in Europa betreffen, zunichte machen. Deshalb sollte die Bundesregierung darauf drängen, daß die EG im Rahmen eines institutionalisierten Dialogs mit den Mitgliedsstaaten des RGW über Schritte zum Abbau der wirtschaftlichen und technologischen Spaltung Euuropas und zur Entwicklung gemeinsamer technologischer Barrieren vereinbart. Der Prozeß der Ost- und Nordöffnung der EG muß sich zeitlich parallel zu Fortschritten hin zum EG-Binnenmarkt vollziehen. Die Nord- und Ostöffnung der EG darf nicht erst nach Vollzug des EG-Binnenmarktes beginnen.

1o. Die EG zeichnet sich durch ein dichtes Netz von Kooperation, wechselseitiger Verflechtung einschließlich ihrer Institutionalisierung aus. Der RGW hat keine vergleichbaren Institutionen, zum Beispiel keine internationalen Forschungs- und Bildungseinrichtungen, keinen Rat für kulturelle Zusammenarbeit, keine Wirtschafts- und Sozialräte. Der RGW befindet sich außerdem in einer krisenhaften Situation, in der die Entscheidungsmechanismen teilweise blockiert sind und vereinbarte gemeinsame Projekte stagnieren. Auch auf diesem Hintergrund ist eine schnelle Verwirklichung blockübergreifender Zusammenarbeit etwa auf den genannten Sektoren aus Mangel an geeigneten Einrichtungen nicht möglich. Ob die aus anderen politischen Gründen ohnehin bevorzugte direkte Zusammenarbeit der EG mit einzelnen RGW-Staaten dies kompensieren kann, ist nicht sicher. Solange die einzelnen Staaten des RGWs selber noch keinen Binnenmarkt besitzen wird die Fähigkeit auch der einzelnen RGW-Staaten zum Wettbewerb auf dem künftigen Binnenmarkt deer EG begrenzt bleibt.

11. Die Behauptung der ausschließlichen sowjetischen Fixierung auf die USA und der Rückkehr Gorbatschows zum Ansatz des "Big-two-ism" ist nicht mehr länger aufrecht zu erhalten. Die stärkere Orientierung auf Westeuropa ergibt sich aus:

    - der ökonomischen Interessenlage der UdSSR, die 80% ihres Westhandels mit Westeuropa abwickelt (allein das Handelsvolumen mit der BRD ist viermal größer als mit den USA). Westeuropa ist für die UdSSR der Wunschpartner, da es kalkulierbarer ist als die USA, Kredite eher aus Westeuropa zu erhalten sind und ebenso wie die Wirtschaftsbeziehungen weniger stark politischen Schwankungen und / oder politischer Einflußnahme ausgesetzt sind als die Beziehungen mit den USA.

    Die stärkere Orientierung auf Westeuropa ist u.a. ablesbar an der Intensivierung der sowjetischen Westeuropaforschung z.B. durch die Gründung eines Europainstitutes, aber auch an den jüngsten personellen Veränderungen in der sowjetischen Führungsspitze.

12. Die UdSSR steht der Entwicklung eines EG-Binnenmarktes noch mit Vorbehalten gegenüber. Die Behauptung des sowjetischen Widerstandes gegen alle wesentlichen Prozesse von Autonomie- und Einigungsbestrebungen in Westeuropa ist aber heute nicht mehr ohne Einschränkung aufrechtzuerhalten, wenn man die auf breiter Basis vorangetriebenen Kontakte und Vereinbarungen mit EG-Institutionen, dem Europaparlament, der WEU, dem Europarat, etc. betrachtet. Die Sowjetunion und die übrigen RGW-Staaten können die westeuropäische Integration nicht verhindern, sie wollen zunehmend an bisher rein westeuropäischen Institutionen partizipieren und sie tendenziell zu gesamteuropäischen Institutionen erweitern.

13. Die Bedeutung der kulturellen Zusammenarbeit für eine europäische Friedensordnung wird häufig unterschätzt. Gerade in diesem Bereich kann mit Austauschprogrammen, Städtepartnerschaften, etc. der Abbau tradierter Feindbilder und eine positive Bewertung einer kulturellen und politischen Vielfalt in Europa erreicht werden, die zum Teil noch aus der Zeit vor der politischen Spaltung Europas stammen. Die Staaten Osteuropas sollten soweit wie irgendmöglich zur Zusammenarbeit mit oder zur

Mitgliedschaft in bisher ausschließlich westeuropäischen staatlichen und privaten Einrichtungen der kulturellen und wissenschaftlichen Zusammenarbeit eingeladen werden. Damit könnte insbesondere der Europarat eine neue gesamteuropäische Funktion erhalten.

14. Zum gemeinsamen Europäischen Haus gehört auch die Respektierung und Verwirklichung der individuellen und kollektiven Menschenrechte. Individuelle und kollektive Menschenrechte sind kein Gegensatz, sondern müssen eine Einheit bilden. Neue Menschenrechte zum Schutz vor dem Mißbrauch neuer Technologien (Datentechnologie, Gentechnologie) sollten auch im Dialog zwischen Ost und West entwickelt werden. Die Einbeziehung osteuropäischer Staaten in das System der gerichtlichen Überprüfung von Menschenrechtsverletzungen ist anzustreben.

15. Ein intersystemarer Hausbau ist nur denkbar, wenn man nicht länger von der unvermeidbaren Konfrontation der Systeme ausgeht. Das friedliche Nebeneinander der beiden Systeme war bisher im Rahmen der marxistisch-leninistischen Theorie immer nur eine historisch begrenzte Etappe auf dem Weg zum Sieg des Sozialismus im Weltmaßstab. Dieses Verständnis wird bereits im SPD-SED-Papier zum Streit der Ideologien revidiert. Demnach sollen Koexistenz und gemeinsame Sicherheit ohne zeitliche Begrenzung gelten. Akzeptiert wird gleichzeitig die Existenzberechtigung der jeweils anderen Seite und des jeweils anderen Systems. Jetzt hat man in den Mitgliedsstaaten des Warschauer Vertrages die alte Konzeption von der friedlichen Koexistenz als besondere Form des Klassenkampfes reduziert. Damit wird der Pluralismus unterschiedlicher Systeme als zugleich konstitutives und konstruktives Element einer Europäischen Friedensordnung legitimiert.

Fazit:

Mit dem Kalten Krieg erstarrte der macht- und systempolitische Antagonismus zwischen Ost und West. Die Spaltung Berlins, Deutschlands und Europas war die Folge. Mit der Ostpolitik der sozialliberalen Koalition begann auf der Grundlage der bestehenden Realitäten eine Wende zu gesamteuropäischen Perspektiven. Eine europäische Friedensordnung, ein Gemeinsames Europäisches Haus sind ihr

Fernziel. Auf dem Wege zu diesem Ziel sollte die Zusammenarbeit zwischen Ost und West auf allen Gebieten ausgebaut werden.

Westeuropa wird innerhalb der EG seinen Integrationsprozess fortsetzen und mit der Entwicklung hin zum Binnenmarkt beschleunigen. Ebenso wie den EFTA-Staaten sollten wir den Mitgliedsstaaten des RGW durch enge Konsultationen, durch das Angebot der Zusammenarbeit, durch das Angebot der Mitgliedschaft in möglichst vielen hierfür geeigneten privaten, öffentlichen und zwischenstaatlichen Einrichtungen, den Ausbau der Beziehungen zu Westeuropa ermöglichen.

Inwieweit sich die Zusammenarbeit Westeuropas mit dem RGW oder anderen multilateralen Institutionen oder bilateral mit den einzelnen Staaten Osteuropas vollzieht, muß nach dem jeweiligen Wunsch der osteuropäischen Staaten entschieden werden. Westeuropa sollte sich weder im positiven noch im negativen Sinne zum Zensor von Formen und Intensität der osteuropäischen Zusammenarbeit aufschwingen.

Am wahrscheinlichsten ist die Entwicklung von sich regional und funktional überschneidenden Bereichen gesamteuropäischer Zusammenarbeit, in denen manchmal alle KSZE-Staaten, häufig aber wie bei der Eurovision, dem Eureka-Programm oder der ESA-Behörde auch nur eine gewisse über die EG-Staaten hinausreichende Staatengruppe sich beteiligen werden. Dies liefe dann auf eine regional und funktionale erweiterte Konzeption des Europas der verschiedenen Geschwindigkeiten hinaus. Nur wenn diese Vielfalt der Wege und Institutionen respektiert und bewußt gefördert wird, wird es möglich sein, das mögliche Maß an Zusammenarbeit und Konvergenz zu erreichen, das zu den jeweils nächsten Schritten hin zum Gemeinsamen Europäischen Haus möglich ist.

ØYSTEIN MAELAND
POLITICAL ADVISER TO THE MINISTER
OF FOREIGN AFFAIRS
OSLO
NORWAY
EVANGELISCHES AKADEMIE
LOCCUM, 3 - 5 FEBRUARY
1989.

CIVILIZING THE CONFLICT

At a stage when the cold war is definitively being declared a thing of the past and dialogue and interaction are indeed the "Leitmotifs" of the day it is perhaps somewhat of a paradox that the notion of conflict still remains so vivid in our perceptions of the future construction of East-West relations. One would be inclined to think - now when dynamic and genuinely positive processes of change remain at the forefront of our minds - that the conflict-dimension might easily recede into the background.

For all the good reasons there may be for euphoria I believe though, that it does serve our purposes to be reminded - as outlined in the very heading of this seminar - that we are in East-West terms basically still very much dealing with a relationship where conflict remains at the core. As long as the fundamental and system-generic differences between East and West remain, this conflict dimension will continue to represent the primary challenge. Our task then is one of managing and civilizing the conflict.

Being reminded og the validity of the element of rivalry in East-West-relations can, therefore, only make us see

the issues clearer and guide us in our endeavours to
overcome that same conflict.

Before coming to the central issue of this phase of our
seminar - that is - how concrete suggestions for
developing communication and cooperation between East and
West can be realized in practical and political terms - I
would also like to share a few reflections regarding
Norway's general approach to East-West relations.

Norway lies at the crossroads of East and West. Let me
mention in this connection that we have noted with
interest that our German allies have suggested that the
notion of Eastern Europe - as a description for the Warsaw
Pact members - is no longer fitting and ought to be
replaced by East and Central Europe. As an illustration
of how misleading the notion of Eastern Europe can be, I
would like to mention the fact that a fair portion of
(Northern) Norway lies East of all Eastern European
countries, excluding of course the USSR (but still east of
i.a. Kiev). In other words, depending on the
"Blickpunkt", a Norwegian may well refer to Eastern Europe
as Western. But we find ourselves at crossroads also in
another sense. We are members of NATO and a close ally of
the United States. Our neighbour on the North-East is the
Soviet Union with which we share a 200 km long land border
and - when delineated - a more than one thousand km long
maritime border between the respective continental shelves
and economic zones in the Barents Sea. We are situated in
the periphery of Europe, but in an area of increasing
strategic importance to the overall balance between East
and West.

Against this background it remains a prime objective for
the Norwegian government to promote East-West dialogue and
cooperation. Our aim is to reduce - with a view to

eliminating - the artificial barriers that cut across our
continent. This we have sought to achieve through the
development of bilateral relations, through our
participation in regional and international fora - and not
least - through a policy of restraint and unilateral
confidence building measures aimed at enhancing stability
and calm in the High North. It is not least in this
latter area that we feel that we can offer a distinct
Norwegian contribution to the advancement of East-West
relations.

Let me here in all modesty add that although it cannot be
taken as a model for East-West cooperation in general, we
have a rather unique example of coexistence at the
archipelago of Spitsbergen where Soviets for many years
have operated mining communities on Norwegian territory.

How then can a Western concept for an expansion of
contacts and cooperation be transformed into a practical
program and political initiatives?

Frankly, we have to concede that it is not an easy task.
Ironically one may well argue that is was easier to manage
the East-West relationship at the time of a more clear-cut
conflict and limited contacts. Imagination, initiative,
openness and creative thinking, are therefore vital. This
is also why I want to commend the Evangelische Akademie
for this conference. It has given us exactly that much
needed opportunity to take stock, share experiences and
look ahead for new steps.

My point of departure will otherwise be that we have at
hand a number of existing instruments, institutions and
fora - either especially created for such purposes - or
well suited for them. I have in mind first and foremost
the CSCE-process, including not least the provisions of
the concluding document from the Vienna meeting and the
broad program for follow-up meetings outlined therein.

Above all it should be borne in mind that the concluding
document from Vienna, qualitatively has taken us a
significant step forward, in that it provides mechanisms
for bilateral follow-up in the important field of human
rights. My first observations will therefore be that we
should make maximum use of these existing instruments.

In this connection it is of particular importance that we
now have a set of negotiating fora covering the major
fields of arms control. This is of paramount importance
since one of the major flaws of detente in the 70'ies –
and maybe the major reason why it floundered – was that
it did not to a sufficient extent include the military
component – that of redressing the assymetries and lack of
balance in military postures. Without significant and
meaningful progress in these areas, it is difficult to see
how confidence can be built and the process of dialogue
and cooperation sustained. The other components of East-
West relations cannot – in other words – flourish in a
vacuum, but only reach fruition if coupled with tangible
results in the field of arms control.

I deem it appropriate in this context – to emphasize the
importance we attach to the strategic unity of the entire
area from the Atlantic to the Urals and from the Barents
Sea to the Mediterranean. We are concerned that
tendencies towards regionalization and the creation of
various zones, could not only decouple the Northern flank
from Central Europe, but also be detrimental to overall
Western interests. The apprehension expressed here by
others that the Central Europeans may focus too narrowly
on the EC-COMECON-axis and maybe "forget" about those
parts of out continent outside this picture, is one that
we too find relevant.

Concerning the crucial issue of security in East-West
relations, I should like also to underscore the overall

importance of maintaining the cohesion and solidarity of
our alliance. To the smaller and medium-sized countries
in particular, the alliance continues to generate the
feeling of confidence and security that constitutes an
absolute prerequisite for venturing into the unchartered
waters that the breaking-up of the old East-West pattern
also represents. For us, the alliance and the mechanisms
it provides for consultations on the full range of East-
West issues, remains the framework within which concrete
results can best be achieved. Simulaneously I do agree
with those that have pointed to the need for the alliance
to put more emphasize on the political dimension. Indeed,
that would fit very well with the overall concept of the
Harmel-report. But NATO, of course, remains far from the
only forum for us through which to engage in East-West
contacts.

I have already mentioned the CSCE. The treaty signed last
summer between the European Community and COMECON may be
short on concrete substance, but it is obviously of far-
reaching political and symbolic importance and contains a
great potential for cooperation. We see that already this
potential is translated into concrete agreements of
cooperation between the Community and the various COMECON
members.

The Soviet Union and the Eastern European countries have
equally approached EFTA with a view to promoting contacts
and cooperation. Here we could bear in mind that the all-
European market made up of the EC, EFTA and COMECON
countries combined - comprises some 700 million people.
Clearly the differences between EFTA and the EC, will also
make for different links between the EC and COMECON on the
one hand, and EFTA and the COMECON on the other. Suffice
it to say here, though, that these organizations and
institutions like the ECE, the Monetary Fund, the World
Bank, OECD and GATT, can and should to the extent

possible, be used to generate East-West cooperation.

At a time when the Soviet Union and Eastern Europe are wakening up to something which they for a long period seemed to overlook or disregard - i.e. the interdependence of nations and the imperative flowing from it for concerted efforts and joint action in face of global challenges such as poverty, pollution and the debt burden - it would seem appropriate for us to engage the nations of Eastern Europe wherever possible in the broadest texture of multilateral and regional international cooperation. We should do this ever the more emphatically, because while the East-West conflict may hopefully be chanelled into more rational and managable forms, the threat to our security stemming from underdevelopment and the North-South problems, will increasingly loom ever the larger. We realize that international politics more and more are becoming a matter of how states can jointly deal with common and global issues.

In the pursuit of our objectives, the maintenance of classic bilateral diplomacy does not lose its significanse. On the contrary, we see the strenthening of the political dialogue and the expansion of cooperation in various fields, as a basic element in our "Ost-Politik". In this context we should bear in mind also the need to promote people-to-people contacts. The individual element which played a decisive role in shaping Western attitudes to the CSCE-process, remains as crucial as before. In the final instance, the relaxation of tension and removal of barriers can only become irreversible when it has intrinsic bearing and relevance on the individual level.

What is then the vision we hold out for the future of our European continent? - The idea of "a common European home" has been put forward. It is not really the name or symbol

of our concepts that matters. Let me say though, that the
notion of "a European village" - a concept which was i.a.
suggested at an East-West conference in Potsdam last
summer - appeals may be more to us than that of the
"European home". That image of the village holds out the
prospect of a Europe where each nation has its own house
which it can construct and arrange as it sees fit. At the
same time, the inhabitants of this village are dependent
on each other in solving the many common tasks that they
face. It is this image of a Europe of independent and yet
interdependent and interacting nations that we might
attempt to measure up to in practical political terms.

DAS GETEILTE "GEMEINSAME EUROPÄISCHE HAUS"

Harry Piotrowski
Professor of History
Towson State University, Baltimore, USA
Austauschprofessor and der Oldenburg Universität 1988-1989

***

In unserer Aussenpolitik müssen wir aber geographisch
denken - das kann nicht oft genug in Erinnerung gerufen
werden.

Der finnische Staatspräsident Juho Kusti Paasikivi[1]

Willy Brandts "Ostpolitik" war für die Einleitung der Ära der Entspannung zwischen den zwei Lagern verantwortlich, indem sie die Beziehungen zwischen den Kontrahenten normalisierte. Aber nach ein paar Jahren begann die neue Politik zu scheitern. Obwohl die USA und die UdSSR ihre Beziehungen normalisiert hatten und z. B. das erste SALT (Strategic Arms Limitations Talks) Abkommen von 1972 unterzeichnet hatten, betrugen sie sich, als ob der Kalte Krieg noch in voller Blüte stünde. Die USA begann den Prozess der Normalisierung zur Zeit des Kriegs in Vietnam während der verstärkten Bombenangriffe gegen Nordvietnam. Washington sah damals keinen Widerspruch zwischen Detente und dem Feldzug gegen ein kommunistisches, vom Kreml unterstütztes Land. Ein paar Jahre später nahm die Sowjetunion eine ähnliche Gelegenheit, die Rolle einer Grossmacht in Afrika - Äthiopien, Angola und Mozambique - zu spielen wahr, und griff 1979 mit mehr als 100.000

---

1. Ahti Karjalainen, "Finnlands Neutralität," <u>Aussenpolitik</u>, Mai 1958, S. 284.

Truppen in die inneren Angelegenheiten Aghanistans ein. Die Grossmächte, so Washington und Moskau, hatten doch das Recht, ihre Macht anzuwenden.

Es waren die Länder Westeuropas, die in den 70-er Jahren Brandts "Ostpolitik" retteten, als sie sich weigerten, den Prozess rückgängig zu machen. Der Grundvertrag von 1972 zwischen der DDR (Walter Ulbricht) und der BDR (Willy Brandt) z. B. schaffte eine neue Beziehung zum Vorteil beider Staaten. Dieses Abkommen überlebte die Konfrontationspolitik der Supermächte während der ersten Hälfte der 80-er Jahre.

Die Entspannung zwischen den Grossmächten war ein wichtiger Schritt in die richtige Richtung, aber er genügte nicht, weil es immer nur eine Entspannung zwischen den zwei Lagern war. Die Lager aber blieben unverändert und damit geriet die "Ostpolitik" in eine Sackgasse. Die Zeit ist gekommen, sich in eine neue Richtung zu bewegen, einen Schritt weiter zu gehen, hin zu einer Politik der Entspannung in den Zonen der Grossmächte selber. Solange die drohenden Lager intakt bleiben, würden der Kalte Krieg, der Rüstungswettlauf und die Konfrontationspolitik nicht enden. Die wechselseitige Entspannung zwischen Ost und West muss, durch die Entspannung in den Lagern der Supermächte selbst, ergänzt werden.

Wenn Michail Gorbatschow von "unserem gemeinsamen europäischen Hause" spricht, muss der Westen ihm die Gelegenheit geben, diesen Begriff zur Realität werden zu lassen. Der Westen muss ihn beim Wort nehmen. Das erste Prinzip, mit dem Gorbatschow fertig werden muss, ist die Anerkennung, dass in einem "gemeinsamen europäischen Hause" eine Familie nicht in den Zimmern der anderen wohnen kann. Eine Hälfte des Hauses darf nicht der erzwungene Besitz der stärksten Familie sein. Es ist kein Wunder, dass der andere Teil, der westliche Flügel, in Furcht von dieser Familie lebt und daher immer wieder ihren Rücktritt fordert.

Der sowjetische Rücktritt ist aber die andere Seite der Medaille. Er ist verbunden mit der Furcht der gewalttätigen Familie im Osten, die ihrerseits nicht vergessen kann, dass zwischen 1941 und 1945 das europäische Haus versucht hatte, sie zu vernichten. Die Verwüstungen in der Sowjetunion und der Tod von 20 bis 25 Millionen Menschen war die Konsequenz dieser Vernichtungspolitik. Im Verlaufe dieses Versuches wendete Adolf Hitler die Macht des grössten Teils Europas, d. h. auch Osteuropas, gegen die Sowjetunion.

Die Position des Westens seit 1945, besonders die der USA, ist, dass das alles keine Rolle spielt. Die Sowjetunion, so Washingtons unausgesprochene Linie, hat kein Recht auf eine Sicherheitszone in Osteuropa. Sie muss ihre Position dort aufgeben und andere Regierungen akzeptieren, die das Recht haben, auch eine antisowjetische Politik zu betreiben. Das war und bleibt immer noch die Angst der Sowjetunion. Sie fürchtet, wieder allein gegen die antikommunistische and antirussische Macht Europas zu stehen, diesmal unter der Führung der USA. Die Russen verstehen, dass der Vaterlandskrieg 1941-1945 nicht ihr erster gegen den Westen gewesen ist: Schweden, Polen, Deutschland, die Türkei, Grossbritannien, Frankreich, die USA, haben alle schon vorher auf russischem Boden gekämpft.

Die Sowjetunion fürchtet, dass die kapitalistischen Westmächte in die Zimmer ihrer Nachbarn eindringen würden, sobald sie diese selben Zimmer verlassen würde. Der Westen muss dem Kreml klar machen, dass das nicht geschehen wird. George Bushs Wahlkampfversprechen am 20. Oktober 1988, dass "wenn ich die Wahl gewinne, dann werden sie [Polens Solidarnosc] einen Freund im Weissen Haus haben" nützt nichts. Solche Drohungen werden nichts erledigen; stattdessen werden sie das Verhältnis zwischen den USA und der UdSSR nur schlimmer machen. Und wichtiger noch, sie machen auch die politische Lage in Polen nur schlimmer und werden dem polnischen Volk wenig nützen. Der Besuch der englischen Premierministerin Margaret Thatcher in Polen im November 1988 hatte auch keinen positiven Zweck, weil sie sich auch in die inneren Angelegenheiten Polens einmischte. Thatcher hat heute geringere Möglichkeiten, dem polnischen Volk zu Hilfe zu kommen, als ihre politischen Ahnen im September 1939 - obwohl die englische Regierung damals den Krieg gegen Deutschland erklärt hatte.2 Jede, vom Standpunkt des Westens positive Entwicklung in Osteuropa ist die Konsequenz der inneren Dynamik dieser Länder, nicht etwas von draussen Geschaffenes.

Der Westen muss endlich akzeptieren, dass nicht nur seine Länder das Recht auf Sicherheit haben, sondern, dass der Kreml - und das sowjetische Volk - auch dasselbe Recht haben. Gorbatschow sagte, dass er das Recht auf Sicherheit der USA anerkenne. Diese Anerkennung fordert das Gleiche von Seiten der Westmächte. Der Kalte Krieg kann nur zu Ende kommen, wenn die Staatsmänner auf beiden Seiten des Eisernen Vorhangs offiziell das Recht der Sicherheit ihrer Kontrahenten anerkennen. Nur dann wird es für die UdSSR möglich werden, die Entspannung der Beziehungen in ihrem eigenen Ostlager zu schaffen. Nur unter solchen Voraussetzungen wird es für die UdSSR möglich werden, ihre Truppen aus z. B. Ungarn abzuziehen. Der Staatssekretär des ungarischen Aussenministeriums Gyula Horn sprach im November 1988 vor der Versammlung der Parlementarier des Nordatlantischen Paktes in Hamburg, wobei er den "Anachronismus" der Anwesenheit sowjetischer Truppen in seinem Lande kritisierte. Er fügte aber die Anerkennung hinzu, dass der Rückzug der Sowjetischen Armee aus Ungarn "auf jede Fall [nur] im Rahmen des KSZE [der Helsinki Konferenz für Sicherheit und Zusammenarbeit in Europa] Prozesses" erfolgen werde. Horn kritisierte nicht nur die Präsenz fremder Truppen in

---

2. Janusz Tycner, "Balsam für die kranke Seele: Nicht alle Polen glauben and die Allmächtigkeit westlicher Politiker," Die Zeit, 11. November 1988, S. 7.

seinem Land; er erklärte auch den Deligierten des Nordatlantischen Paktes, dass der sowjetische Truppenrückzug nur im Kontext der Sicherheit der UdSSR möglich sei.3 Das Osteuropa, das die Sowjetische Armee verlässt, muss neutral bleiben. Die USA muss auf jede Versuchung verzichten, Osteuropa gegen die UdSSR zu wenden. Sie müssen alle Träume von rollback und liberation aufgeben, sowie den Versuch, die Oststaaten gegen die UdSSR zu kehren. Die Zimmer im östlichen Flügel des europäischen Hauses müssen von allen Gästen - uneingeladenen sowie eingeladenen - frei bleiben.

Das neue Abkommen zwischen Ost und West muss auf der Basis eines quid pro quo stehen, d. h. einer parallelen Entspannung in den westlichen und östlichen Flügeln des Hauses. Das heisst nicht unbedingt die Abnabelung Westeuropas von den USA. Es bedeutet aber die teilweise Abrüstung der militärischen Kapazität beider Lager. Solch ein Vorschlag bringt immer den Vorwurf hervor, dass ganz Europa dem Kreml ohnmächtig gegenüber stehen werde. Es is eine Anklage ohne wesentlichen Gehalt, weil sie zu viel unter den Tisch fallen lässt.

Erstens, die Entspannung wird die drohende Realität der Möglichkeit der Vernichtung der UdSSR durch Atomwaffen nicht ändern. Nicht nur die USA sondern auch Frankreich und Grossbritannien besitzen die Kapazität, die UdSSR zu vernichten. Die Atombombe hat alles geändert, sagte einmal Albert Einstein, mit Ausnahme der Art und Weise, wie wir denken. Es gibt zahllose westliche kritische Zergliederungen der konventionellen Streitkräfte in Europa, in denen kein Wort über das Offensichtliche gesagt wird, nämlich, dass die Seite, die in einem Krieg zur militärischen Niederlage gezwungen ist, zu ihren Atomwaffen greifen würde. Jede wissenschaftliche Untersuchung

---

3. dpa, "Budapester Politiker kritisiert Präsenz fremder Truppen," Frankfurter Allgemeine Zeitung, 17. November 1988, S. 1 u. 4.

dieser Frage im Auftrage des Pentagon ist zu dieser Erkenntnis gekommen. Eine wechselseitige Entspannungspolitik in beiden Lagern wird diese Realität nicht ändern.

Zweitens, ein sowjetischer Versuch der sogenannten "Finnlandisierung" Westeuropas wird gegen ihre kollektive Macht stossen. Der norwegische Sicherheitsexperte Nils Ørvik spricht von sechs Voraussetzungen für eine erfolgreiche Finnlandisierungspolitik. Keine dieser Voraussetzungen könnte die Sowjetunion gegen Westeuropa anwenden. Die ersten zwei Bedingungen, die "Isolierung, d. h. der Mangel an starker und effektiver Hilfe von anderen Ländern," die dem potentiellen Kontrolleur entegentreten könne, und "die Unmöglichkeit, eine Invasion abzuwehren und eine Besetzung des Landes zu verhindern," würden nicht existieren. Die partielle Abrüstung im Zentrum Europas, z. B. der Rückzug amerikanischer Truppen aus der BRD, würde den wesentlichen Charakter des Nordatlantischen Paktes nicht verändern. Im Zeitalter der Forschungssatelliten könnte eine sowjetische Invasion Westeuropas mit den notwendingen vollen Streitkräften im geheimen nicht vorbereitet werden. Ausserdem würde solch ein Angriff einen Atomkrieg entfesseln. Man muss auch in Kauf nehmen, dass die Europäische Gemeinschaft allein 320 Millionen Bewohner hat - unterstützt von ihren Alliierten jenseits des Atlantischen Ozeans und der Türkei - und damit weit enfernt von Finnlands sechs Millionen Einwohnern ist. Die ursprüngliche Strategie der Abschreckung würde ungestört bestehen bleiben, sowie das 40 Jahre alte Prinzip der Zugehörigkeit der Bundesrepublik Deutschland zur Gemeinschaft der europäischen Demokratien. Die Bundesrepublik würde nicht, wie Finnland, alleine stehen.

Die dritte Kondition besteht aus den "gemeinsamen Grenzen und/oder [dem] ungehinderten militärischen Zugang." Ein Blick in den Atlas zeigt, dass das nicht eine Voraussetzung ist, die die Sowjetunion auf Westeuropa anwenden könnte, nachdem sie ihre Armee zurückgezogen hätte. Im Gegenteil, die Sowjetmacht hat seit 1945 eine gemeinsame Grenze mit Westeuropa quer durch das Herz Europas, von nahe bei Lübeck bis zum südöstlichen Winkel Österreichs. Die vierte Bedingung ist der "<u>Mangel an...Einigkeit an Zusammenhalt und nationalen Zielen.</u>" Das ist ein inneres Problem der NATO-Mächte - heute sowie in Zukunft, und hängt nicht direkt mit der Entspannungspolitik zusammen. Die Entspannungspolitik würde die Einigkeit der westeuropäischen Länder nur erhöhen. Die dauernde Konfrontationspolitik hat als Erfolg immer wieder die Prüfung der Solidarität der westlichen Alliierten - vom Lastenausgleich bis zur atomaren Modernisierung und längerer Wehrzeitdienst. Die politischen und militärischen Auseinandersetzungen der Westmächte würden zu einem Problem der Vergangenheit werden.

Die fünfte Voraussetzung ist die "<u>Existenz starker kommunistischer oder linksorientierter Parteien.</u>" Das ist eine Sache, die den westlichen Staatsmännern wenig Sorgen machen sollte: Die kommunistischen Parteien sind überall in Europa im Rückzug. Ausserdem würde eine Entspannungs- und Abrüstungspolitik den kommunistischen Parteien den letzten Wind aus den Segeln nehmen. Die letzte Vorbedingung ist die "<u>wirtschafliche Abhängigkeit</u>" des "finnlandisierten" Landes von dem Kontrolleur.4 Das sollte dem Westen auch wenig Sorgen machen. Gorbatschows ökonomische <u>Perestrojka</u> ist eine Anerkennung, dass die Sowjetunion die Hilfe der Europäischen Gemeinschaft - mit einem Bruttosozialprodukt drei Mal so gross wie das der UdSSR - braucht, eine Tatsache, die während Kanzler Helmut Kohls Besuch in Moskau im Oktober 1988 unterstrichen wurde.

---

4. Nils Ørvik, <u>Sicherheit auf finnisch: Finnland und die Sowjetunion</u> (Stuttgart-Degerloch: Seewald Verlag, 1972), S. 202-208. Alle Betonungen im Original.

"Finnlandisierung" ist in zu vielen Ecken im Westen zum Schimpfwort geworden, aber man darf die positiven Aspekte dieser unterschätzten und verleumdeten Politik nicht vergessen. Beim Waffenstillstand vom 19. September 1944 forderte der Kreml nur einen minimalen Anspruch von Finnland, der mit der Sicherheit der UdSSR verbunden war. Die Geschichte der Brutalität, mit der die Sowjetunion ihre Kontrolle über Osteuropa konsolidierte, ist wohl bekannt. Aber die Geschichte Finnlands und Österreichs - ein zweites Land das "finnlandisiert" worden war - ist viel weniger bekannt.

Das Abkommen zwischen General Carl Gustav Mannerheim und Stalin war im grossen und ganzen zu Gunsten Finnlands, obwohl die UdSSR einen grossen Teil (ca. 10%) des Landes annektierte. Finnland musste die Halbinsel Hanko und den einzigen Zugang zum Eismeer Petsamo aufgeben, die Landzunge Porkkala an die UdSSR auf 50 Jahre verpachten und Reparationen von 300 Millionen Dollar zahlen. Die Alternative war die militärische Kontrolle und Ausbeutung des Landes a la DDR (die auch ein grosses Territorium abgeben musste.) Stalin akzeptierte Mannerheims Vorschlag, als der finnische Widerstand zusammenbrach. Stalins zweite Voraussetzung war die Forderung, dass Finnland in Rat und Tat auf eine zukünftige antisowjetische Politik verzichtete.

Nach der Schlacht von Stalingrad war klar geworden, dass Finnland eine neue Aussenpolitik erarbeiten musste. Obwohl Finnland noch gegen die Sowjetunion auf der deutschen Seite kämpfte, zeigte sich die finnische Regierung im Dezember 1943 bereit, eine neue Beziehung zu der UdSSR zu erörtern. Im Reichsgebäude in neutralen Stockholm erklärte ein finnisches Parlamentsmitglied die Grundrisse einer neuen Aussenpolitik, die später als die "Paasivikilinie" berühmt wurde:

> Es kan nicht im Interesse Finnlands sein, dass es sich mit einer Grossmacht verbündet, um den dicht an der russischen Grenze liegenden, stets alarmbereiten und immer als erster vom Krieg heimgesuchten Vorposten zu bilden....Das Land

würde [zum] Schlachtfeld werden, wann immer weltpolitische
Auseinandersetzungen, auf die es keinen Einfluss hätte, zu
einem Krieg führen würden....Die nationalen Interessen
Finnlands sind also mit einer gegen Russland gerichteten
Politik oder mit der Suche nach einer solchen Politik nicht
zu vereinbaren.5

Nach dem Zweiten Weltkrieg verstanden die Staatsmänner Finnlands, dass weder eine skandinavische Allianz noch eine Allianz mit den Westmächten ihnen helfen könnte. Auf der Jalta Konferenz im Februar 1945 wurden die "Grossen Drei" sich einig, dass Finnland zur sowjetischen Einflusssphäre gehöre. Der finnische Präsident Juho Kusti Paasikivi hatte 1948 keine Wahl als den finnisch-sowjetischen Freundschaftspakt anzunehmen. Finnland akzeptierte die Bedingung, dass niemand durch ihr Land hindurch die Sowjetunion angreiffen würde, dass sie den Angreifer bekämpfen würde. Die Sowjetunion akzeptierte ihrerseits die Unabhängigkeit Finnlands und deren Neutralität im Kalten Kriege.6 Der Enderfolg sind die heutigen guten Beziehungen Finnlands mit beiden Lagern.

Stalins Abkommen mit Karl Renner in Österreich war im wesentlichen wie das mit Finnland. Es war nur anders in den Details. Während der Schlacht von Wien im April 1945 wurde es Renner möglich, Stalin einen Vorschlag zu machen: Renner würde eine neutrale Regierung gründen, die aber die Sicherheitsinteressen der Sowjetunion in Kauf nehmen würde. Das Abkommen vom 27. April 1945 war für die neue österreichische Regierung verantwortlich, die Grosse Koalition der Sozialistischen Partei, der konservativen Volkspartei und der Kommunistischen Partei in einer Minderheitenrolle. In dieser Weise verzichtete Stalin auf die potentielle führende Rolle, die die Kommunist-

---

5. Karjalainen, "Finnlands Neutralität," S. 286.

6. Finnisch Aussenminister Ralf Törngren, "The Neutrality of Finland," <u>Foreign Affairs</u>, Juli 1961, S. 604 und Karjalainen, "Finnlands Neutralität," S. 287-288.

ische Partei Österreichs spielen könnte. Das Abkommen zwischen Stalin und Renner und die Wahl vom 4. November 1945 machten klar, dass die KPÖ in Zukunft nur eine, den anderen zwei Parteien untergeordnete Rolle spielen könnte.

Die Renner Regierung war einzigartig unter den Ländern Europas, die von der Roten Armee besetzt worden waren. Die Regierung war zum grössten Teil bourgeois mit einer westlichen politischen sowie kulturellen Orientierung. Aber das Wichtigste ist, dass sie versprach, ihre Neutralität in dem Streit zwischen Ost und West zu wahren. Renner, ein alter Meister des politischen Kompromisses, hatte von Anfang an intuitiv diese sowjetischen Vorbedingungen verstanden. Die Verhandlungen zwischen Renner und Stalin während den ersten drei Wochen im April 1945 machten den Staatsvertrag von 1955 möglich, bei dem die Sowjettruppen ein zweites "finnlandisiertes" - aber neutrales und unabhängiges - Land verliessen. Dieser Staatsvertrag markierte den einzigen Fall nach dem Zweiten Weltkrieg, in dem die vier Grossmächte ihre Truppen zurückzogen und ein freies Land unter einer Regierung hinterliessen.

Andere Länder, die in kommunistische und antikommunistische Teile gespalten worden waren, hatten kein solches Glück. Vietnam wurde nur nach einem 29-jährigen Krieg vereinigt; Korea kämpfte einen grausamen Krieg, der beide Teile verwüstete; der Bürgerkrieg in China schaffte zwei Regierungen und die beiden deutschen Staaten wurden die Erben, so Heinrich Böll, eines "zur Dauer erhobenen Bürgerkriegswaffenstillstandes."7

Historiker im Westen haben sich auf die Konfrontationspolitik des Kalten Krieges konzentriert und deshalb die erfolgreichen Lösungen ignoriert. Der

---

7. Heinrich Böll, "Adenauers Zeit und unsere Zeit: Über die 'Erinnerungen 1945-1953'", in Das Heinrich Böll Lesebuch (München: dtv, 1982), S. 307.

westdeutsche Historiker Wilfried Loth z. B. schreibt kein Wort über die
Lösung der österreichischen Regierungsfrage vom 1945, obwohl er erkennt,
dass der Staatsvertrag von 1955 Österreich seine Unabhängigkeit gegeben
hatte. Mit der Frage, wie das möglich wurde, beschäftigt er sich nicht. Er
widmet der finnischen Frage nicht einmal einen ganzen Satz: Er erwähnt sie
in einem Satz, in dem er sich auch mit jugoslawischen Angelegenheiten
beschäftigt. Loths Thema ist "die Teilung der Welt," aber die finnischen
und österreichischen Beispiele machen klar, dass die Teilung nie vollendet
wurde.8 Finnland, Österreich und Jugoslawien waren - und blieben - die
neutralen Lücken im Eisernen Vorhang. Der 35. Band der Fischer Weltge-
schichte schildert die Geschichte Finnlands in zehn Seiten, aber hat über
Renners Verhandlungen mit Stalin nichts zu sagen. Wieder ist der Leser im
Dunkeln darüber, wie der Staatsvertrag von 1955 erstand.9 Dasselbe kann man
von amerikanischen Geschichtsbüchern sagen.

Das europäische Haus kann seine Trennung entweder durch militärische oder
durch politische Mitteln erreichen. Nach einem Krieg würde der Gewinner
aber nur die Ruinen des Hauses vereinigen. Für die deutsche Frage gibt es
auch nur zwei Möglichkeiten: Eine politische Lösung - nicht nur durch
Verhandlungen mit der UdSSR wie es vor 30 Jahren der Fall hätte sein können,
sondern auch mit der Regierung der DDR, eines, nachdem Gorbatschow der
Breschnew-Doktrin seinen Rücken gekehrt hatte, unabhängigen Staates - oder
die fortlaufende Trennung des deutschen Volkes. Die Wiedervereinigung des
Überbleibsels des Deutschen Reiches per se ist nicht das wichtigste polit-

---

8. Wilfried Loth, Die Teilung der Welt: Geschichte des Kalten Krieges
1941-1955 (München: dtv, 1980), S. 58 u. 330.

9. Wolfgang Benz und Hermann Gramml, hrsg. Europa nach dem Zweiten
Weltkrieg 1945-1982: Das Zwanzigste Jahrhundert II (Frankfurt am Main:
Fischer, 1983), S. 209-218 u. 223.

ische Nachkriegsproblem, obwohl das zahlreiche deutsche Politiker seit Adenauers Zeit behauptet haben.

Mein Papier beschäftigt sich mit drei anderen Problemen. Erstens, die Demokratisierung des Ostens Europas, ein Prozess, der nur durch die Abwesenheit der Sowjetischen Armee erledigt werden kann. Die politischen Diskussionen in den Oststaaten könnten dann rein innerpolitische Angelegenheiten werden: Nur dann wird die Stärkung der Menschen- und Bürgerrechte möglich werden. Zweitens, nur nach dem Rücktritt der Streitkräfte des Kremls kann das deutsche Volk wiedervereinigt werden. Ob sich die DDR und die BRD vereinigen werden, ist nicht wichtig. Wichtiger ist, ob die Bürger der DDR in Unabhängigkeit und Freiheit leben können. Der zweite Punkt kann aber nur nach dem ersten Punkt realisiert werden. Drittens, die Loslösung der Streitkräfte würde der Sicherheit der UdSSR und dem Westen zu Gunsten sein. Der dritte Punkt is aber die Voraussetzung für die Realisierung der ersten zwei Punkte.

Renner und Mannerheim verstanden die Lage der UdSSR. Dasselbe kann man nicht von den bourgeois und konservativen Politikern nach dem Zweiten Weltkrieg in Rumänien - und im besonderen von der polnischen Regierung im Exil in London - sagen. Renner und Mannerheim dienen als Beispiel der Essenz der Realpolitik, einer "Politik, die vom Möglichen ausgeht und auf abstrakte Programme und ideale Postulate verzichtet."[10] Drohungen von westlichen sogenannten Realpolitikern - von Truman und Dulles bis Brzezinski und Reagan -, dass die Sowjetunion in Polen und Rumänien andere Regierungen akzeptieren müsse, scheiterten an der kalten Realität, dass der Kreml in Osteuropa keine Repräsentaten finden konnte, die die Rolle eines Renners, Mannerheims oder Paasikivi spielen konnten oder wollten. Stalin machte

---

10. Duden Deutsches Universalwörterbuch, 1983; S. 1007.

klar, dass er prowestliche und antisowjetische Politiker nicht akzeptieren
würde. Die traditionelle Politik des Kalten Krieges hat so weit nichts
erledigt.

Der Westen muss sich an seine ursprüngliche Position im Kalten Krieg
erinnern. 1945 forderten die USA und Grossbritannien, dass die UdSSR das
Recht der Selbstbestimmung der osteuropäischen Länder anerkenne. Zwei Jahre
später, nachdem die USA ihre schnelle Abrüstung durchgeführt hatte, entdeckte
der Westen plötzlich die drohende sowjetische, militärische Gefahr. Der
Kalte Krieg war in erster - und einziger Linie - ein politisches Argument,
welches später die Remilitärisierung beider Lager möglich machte. Beide
Seiten, die USA aus politischen und die UdSSR aus ökonomischen Gründen,
brauchten den verheerenden Koreanischen Krieg - der erste Krieg zwischen
amerikanischen und sowjetischen Stellvertretern -, um ihre fantastischen
Wiederaufrüstungen durchzusetzen, obwohl es beiden Seiten deutlich war, dass
im atomaren Zeitalter keiner einen Krieg überleben könnte und deshalb
anfangen würde.

Eine Generation nach der Neutralisierung Finnlands und Österreichs hat
sich die sowjetische Aussenpolitik nicht geändert. Der Kreml hat seit dem
Zweiten Weltkrieg die Bereitwilligkeit gezeigt, neutrale Länder an den
Grenzen seiner Einflusssphäre zu akzeptieren. Afghanistan ist ein treffendes
Beispiel, obwohl es äusserlich nicht so ausschaut. Man soll nicht vergessen,
dass die Sowjetunion Afghanistan während eines tödlichen politischen
Streites zwischen den zwei Fraktionen der kommunistischen Partei in Afghanistan angriff. Nur Mohammed Taraki, der Chef der Moskau-orientierten
Fraktion, wurde, kurz nachdem er von Moskau zurückkehrte, von seinem Gegner
Hafizullah Amin ermordet, obwohl Leonid Breschnew um sein Leben gebeten
hatte. Als Amin mit der CIA zu verhandeln begann, griff der Kreml an. Amin

konnte sein zweifelhafte Geschäft mit der CIA nicht abmachen. Afghanistan konnte unter einer neutralen oder kommunistischen Regierung sein, aber nicht unter dem Schutz der USA.11 Das USA-UdSSR Abkommen von 1988, welches den sowjetischen Rückzug aus Afghanistan ermöglichte, wurde von der UdSSR unterzeichnet - aber nur nachdem die USA eine in ihrer Aussenpolitik neutrale afghanische Regierung akzeptierte, und versprach, sich nicht in die Angelegenheiten Afghanistans einzumischen. Aghanistan, so Moskau, kann nicht mit der USA verknüpft sein. Dasselbe Prinzip gilt auch für Osteuropa, ein Territorium, das für Moskau viel wichter als Afghanistan ist.

Ein westliches Argument, das zur Basis des Kalten Krieges wurde, ist die Behauptung, dass die UdSSR nie ihre Truppen irgendwo abgezogen hatte, nie einen Quadratmeter des Territoriums, das sie erobert hatte, aufgegeben hatte. Stalin aber zog seine Truppen aus Norwegen, Dänemark, Korea, China, dem Iran und der Tschechoslowakei ab - obwohl 1948 seine tschechischen Kommunisten die Regierung Eduard Beneschs stürtzten und zur Macht griffen, als die Benesch Regierung über den Zaun ins westliche Lager zu klettern versuchte. Bei seinem Abkommen mit dem englischen Premierminister Winston Churchill im Oktober 1944 verzichtete Stalin auf eine Einmischung in Griechenland, obwohl dieses Land damals eine starke kommunistische Bewegung hatte und die Rote Armee die Grenze Griechenlands schon erreicht hatte. Stalin hatte die Möglichkeit, Finnland zu annektieren, und niemand hätte einen Finger gerührt, um das kleine, geschlagene, mit dem Dritten Reiche allierte Land zu retten. Stalin folgte 1945 einer Verteidigungs- und nicht einer Expansionspolitik, eine Tatsache, die der Westen nie offiziell anerkannt hat. Der englische Historiker Isaac Deutscher erinnerte 1953,

---

11. Raymond L. Garthoff, Detente and Revolution: American-Soviet Relations from Nixon to Reagan (Washington, D. C.: The Brookings Institution, 1985), S. 887-965.

anscheinend nur mit geringem Erfolg, seine Leser an die Tatsache, dass
Stalin eine zurückhaltende Politik der "Selbsteindämmung" führte.12

Stalins Kontrolle dieser Länder war nicht die Konsequenz einer exakten
und vorher überlegten Politik, sondern die der vielschichtigen und beinahe
zufälligen Ereignisse, die von dem Verlaufe des Weltkrieges geprägt worden
waren. In Osteuropa existierten 1945 dreierlei Typen von Regierungen, mit
denen Stalin verhandelte. Die bekannteste Regierungsgruppe ist die, die
Stalin gegründet hatte: in Polen, in der DDR, in Rumänien, in Bulgarien und
1948 in der Tschechoslowakei. Die zweite Gruppe sind die unabhängigen
kommunistischen Regierungen in Jugoslawien und Albanien, über die Stalin nur
geringen Einfluss übte. Die dritte Gruppe sind die neutralen Regierungen in
Finnland, Österreich und der Tschechoslowakei. Alle diese Länder wurden
Stalins Glacis.

Es würde in Interesse des Westen sein, es der Sowjetunion möglich zu
machen, ein neutrales Glacis zu hinterlassen. Die Westmächte würden damit
erledigen, was ihnen seit 1945 nicht gelungen ist, nähmlich die Unabhängigkeit Osteuropas von der UdSSR zu schaffen. Solch ein Programm, bei dem
beide Lager zurücktreten, hat auf der einen Seite den Vorteil für den
Westen, dass die Gemeinschaft sowie die Verteidigunsfähigkeit der westeuropäischen Demokratien intakt bleiben würde. Auf der anderen Seite verlangt das
Entspannungsprogramm nach den Grundsätzen des Prinzips des "gemeinsamen
europäischen Hauses" den militärischen Rücktritt der Sowjetarmee aus den
Oststaaten und die Auflösung des Warschauer Paktes. Der Warschauer Pakt
würde nicht, wie die NATO, intakt bleiben, weil die NATO ein freiwilliger

---

12. Isaac Deutscher, What Next? (New York: Oxford University Press, 1953), S. 96-112.

Pakt unabhängiker Nationen ist. Der Warschauer Pakt würde die Errichtung unabhängiker Staaten in Osteuropa nicht überleben.

Eine Entspannungspolitik könnte auch ein Schritt zur Wiedervereinigung Deutschlands werden. Kanzler Konrad Adenauer dachte, dass sich die deutsche Frage irgendwie lösen würde. Bei seinem Besuch in Moskau im September 1955 erkannte er, dass die Lösung dieses Problems nicht mehr möglich war. In den zehn Jahren zwischen 1945 und 1955 war es wahrscheinlich noch möglich, ein vereinigtes Deutschland zu schaffen. Aber die Ereignisse des Jahres 1955 beendeten alle Hoffnungen. Am 5. Mai 1955 wurde die Bundesrepublik ein souveräner Staat und am selben Tage ein Mitglied der Europäischen Gemeinschaft. Am 9. Mai 1955, genau zehn Jahre nach der Kapitulation der Wehrmacht des Dritten Reiches vor der Roten Armee, wurde die Bundesrepublik ein Vollmitglied des Nordatlantischen Paktes. "Damit begannen zugleich die Bemühungen um eine internationale Entspannung und die Wiedervereinigung Deutschlands," behauptete Adenauer vor der Presse. John Foster Dulles, der amerikanische Staatssekretär, sagte: "die deutsche Vereinigung liegt in der Luft."

Adenauer und die westlichen Alliierten hatten 1952 die Gelegenheit, sich mit Stalin an den Verhandlungstisch zu setzen und diese Frage zu besprechen. Aber die Stalin-Note vom 10. März 1952, die die Wiedervereinigung gegen ein militärisch neutrales Deutschland angeboten hatte, wurde von Adenauer sofort abgelehnt ohne den Versuch sie auszuloten.[13] Es gibt kein Zeichen, dass sich das Denken in Washington und Bonn inzwischen im wesentlichen geändert hat.

---

13. Rolf Steininger, *Eine vertane Chance: Die Stalin-Note vom 10. März 1952 und die Wiedervereinigung* (Berlin/Bonn: J. H. W. Diets Nachf., 1985.)

In Moskau erwartete Adenauer eine bittere Enttäuschung. Nikita Chruschtschow hatte Adenauer eingeladen, um die diplomatischen Beziehungen zwischen den zwei Staaten zu besprechen. Die deutsche Frage war nicht auf der Tagesordnung. Sie konnte nicht auf der Agenda sein, solange die BRD ein Mitglied der NATO bliebe. Es ist schwer zu verstehen, warum Adenauer das nicht verstanden hatte, und warum Chruschtschow ihm das erklären musste. "Wir wären Toren," so Chruschtschow, "wenn wir dazu beitragen würden, dass ganz Deutschland der NATO beitritt und dadurch die Kräfte verstärkt, die gegen uns gerichtet sind."

Adenauers Besuch an der Moskau war für das Ende der Kriegsgefangenschaft von 30.000 Deutschen und den Anfang diplomatischer Beziehungen zwischen der UdSSR und der BRD verantwortlich. Für die Wiedervereinigung Deutschlands war aber nichts gewonnen. Im Gegenteil, eine Woche nach Adenauers Rückkehr nach Bonn, am 20. September 1955, schlossen die DDR und die UdSSR einen Vertrag ab, der die deutsche Zweistaatlichkeit deutlich unterstrich: Die UdSSR erkannte die Souveranität der DDR an. Der Kreml gründete dann seine eigene Verteidigungsorganisation, den Warschauer Pakt.14

Hans-Dietrich Genscher sprach im Oktober 1983 über bessere Beziehungen zwischen Ost und West. Aber zur gleichen Zeit verteidigte er den politischen und militärischen status quo. Genschers "Plan für das ganze Europa" lehnte

> die Absage an eine Politik des illusionären Neutralismus,
> der uns erneut zu einem Faktor der Unsicherheit in Europa
> und zum gegenstand der Rivalität zwischen West und Ost
> machen würde [ab].15

---

14. Theo Sommer, "Fäusteschütteln, Händedrücken: 33 Jahre vor dem Besuch Kohls im Kreml: Konrad Adenauer tut den ersten Schritt zur Entspannung," Die Zeit, 21. Oktober 1988, S. 49-50.

15. Hans-Dietrich Genscher, "Ein Plan für das ganze Europa," Die Zeit, 21. Oktober 1988, S. 3.

Im Westen nichts neues. Nirgends in seinem Artikel erklärt Genscher, wie man die politischen Probleme im Osten erledigen kann. Der Kalte Krieg ist doch in erster Linie ein politisches Problem. Die Türen zwischen Ost und West sind sowieso jetzt schon offen. Das hatte Willy Brandt schon vor beinahe 20 Jahren geschafft. Man kann sie noch weiter öffnen und Genscher ist wahrscheinlich der beste Mann, das zu erledigen. Aber was notwendig ist, ist nicht, die Türen weiter zu öffnen, sondern es den Russen möglich zu machen, Osteuropa zu verlassen - ohne zu fürchten, dass dieser Teil Europas gegen sie geführt würde.

Wolfgang Loibl

"Die Zivilisierung des Konflikts";
einige ganz persönliche Anmerkungen aus
österreichischer Sicht

Europa ist in Bewegung geraten, und die öffentlichen Erwartungen im Westen vermitteln den Eindruck möglicher Entwicklungen, von denen bisher nur geträumt werden konnte.

Auslösende Elemente dieser Bewegungsansätze sind einerseits die beeindruckenden Anstrengungen Gorbatschows zur Reform der Sowjetunion, deren quantitativ und qualitativ erreichbares Ausmaß heute noch nicht abzusehen ist. Auch muss der eingeleitete Reformprozeß nicht unumkehrbar sein, wiewohl ein etwaiger Rückfall auf das Niveau vor Einleitung der Reformen nicht vorstellbar ist. Über die langfristigen außenpolitischen Zielsetzungen Moskaus kann man nur spekulieren: Bisher ging die westliche Beurteilung ziemlich übereinstimmend von langfristigen Zielsetzungen Moskaus aus, deren Verfolgung allerdings taktischen Anpassungen unterliegen kann. Ist also unter Gorbatschow eine strategische Änderung der sowjetischen Außenpolitik gegenüber Westeuropa zu erwarten? In dem Maße, in dem die Reformen zu Wohlstand und Demokratie in der Sowjetunion beitragen könnten, sind sie jedenfalls zu begrüßen: Ein Staat, der mit sich selbst in Frieden lebt (wofür demokratische Verhältnisse mit ihren pluralistischen Wahl- und Kontrollmechanismen eine gute Grundlage bieten), ist ein verläßlicherer Partner für eine berechenbare, langfristige Friedens- und Zusammenarbeitspolitik. Totalitäre Verhältnisse bringen dagegen die Gefahr abrupter, unvorhersehbarer Kursumlegungen in der Außen- und Sicherheitspolitik. Deshalb besteht ein grundlegender, wenn auch nicht immer äußerlich sichtbarer Zusammenhang zwischen Demokratie und außenpolitischer Mäßigung.

Andererseits entsteht mit dem Binnenmarkt ein Wirtschaftsblock
der 12 EG-Staaten, der sich zunehmend auf sich selbst konzentriert und dadurch, gewollt oder ungewollt, Barrieren nach
außen errichtet: Die Verstärkung der Außenkontrollen im
Waren- und Personenverkehr als Ersatz für den angestrebten Abbau der Binnengrenzen sind ein Indiz hiefür. Der Binnenmarkt
wird die wirtschaftlich dominierende Stellung der EG in Europa
verstärken: Außenstehende westeuropäische Staaten laufen dadurch Gefahr, ausgegrenzt zu werden bzw. eine Zusammenarbeit
mit den EG nur in für die Gemeinschaft interessanten Bereichen
zustande bringen zu können.

Während die Sowjetunion (und ihre Verbündeten) einseitige
Streitkräftereduzierungen ankündigen, die sie sich bei Aufrechterhaltung ihrer eigenen Sicherheit offensichtlich leisten
können, diskutiert die EG über eine Politische Union, die nach
mancher Ansicht auch eine gemeinsame Sicherheitspolitik umfassen soll. Wie stehen diese beiden Entwicklungen im Einklang
miteinander? Was sagen sie über eine zu erwartende oder zu erhoffende Relativierung des militärischen Faktors und die wachsende Bedeutung des Wirtschaftspotentials in den internationalen und den Ost-West-Beziehungen aus? Ist die militärische
Macht weiterhin ausschlaggebendes Attribut einer Großmacht oder
geht die globale Entwicklung in Richtung eines Primats der
Wirtschaftsstärke?

Eine "Zivilisierung des Konflikts" auch durch Reduzierung der
militärischen Komponente im Ost-West-Verhältnis liegt im Interesse neutraler Staaten. Die totale Abrüstung, im Kernwaffen- und/oder konventionellen Bereich, ist utopisch. Für den
verteidigungsmäßig auf sich selbst gestellten Neutralen ist
aber jede Reduzierung des Streitkräftepersonals militärischer
Zusammenschlüsse erwünscht, soferne dabei ein konfliktausschließendes Kräfteverhältnis in Europa erhalten bleibt oder

verbessert wird: Denn dadurch steigen indirekt sein eigenes, ohnedies nur defensiv ausgelegtes Potential und seine Verteidigungsmöglichkeiten.

Für die weiter bestehende Bedeutung von Militärpotentialen auch in der überschaubaren Zukunft spricht allerdings der Wert, den NATO wie Warschauer Pakt ihnen beimessen: Der Ausschluß der neutralen und nicht-paktgebundenen Habenichtse aus der "Zivilisierung des Konflikts" in KRK-Verhandlungen zeigt das u.a. deutlich; die möglicherweise positive Kehrseite der Medaille ist, daß Neutrale ihrerseits daher vorläufig nicht verpflichtet sind, an Abrüstungsschritten der übergerüsteten Militärbündnisse - soferne es dazu kommt - teilzunehmen.

Mit Aufmerksamkeit verfolgt der neutrale Beobachter zudem, daß - zumindest in Westeuropa - die Bedeutung der Neutralen in dem Maße geringer angesetzt wird, in dem sich die Ost-West-Beziehungen verbessern. Diese Verbesserung geht freilich zum nicht geringen Teil auch auf die Anstrengungen der neutralen und nicht-paktgebundenen Länder zurück, die gerade in Zeiten von Ost-West-Spannungen nicht immer geschätzt, sondern bisweilen als mangelnde Parteinahme für die gute Sache verdächtigt wurden. Die ersten Ansätze zu VSBM in der KSZE-Schlußakte, denen die Bündnisstaaten damals wenig abgewinnen konnten, sowie das Drängen auf Weiterentwicklungen in diesem Bereich - ohne die es sehr wahrscheinlich keine Stockholmer Konferenz und keine erstmalige Vereinbarung über Inspektionen vor Ort gegeben hätte - sind den N+N zu danken. Und das Madrider KSZE-Treffen wäre ohne die Bemühungen neutraler Staaten beinahe schon am Vorbereitungstreffen gescheitert.
Die Verbesserung der Beziehungen in Europa ist erfreulich und kein Anlaß zur Unzufriedenheit über eine partiell zurückgehende Bedeutung der N+N; im Gegenteil, denn sie kommt auch diesen Ländern zugute, weil sie ihren Handlungsspielraum erweitert.

Der Ausschluß der N+N aus den KRK-Verhandlungen, die doch auch ihre Sicherheitsinteressen wesentlich berühren, ist aber auch Symptom eines sich gerade in Zeiten einer anlaufenden Verbesserung der Ost-West-Beziehungen seltsamerweise verstärkenden Blockdenkens. Es ist z.B. auffällig, wie sich das Interesse der EG-Staaten bisher fast ausschließlich auf die Regelung ihrer Beziehungen zu Osteuropa bzw. den osteuropäischen Ländern konzentriert, und die anderen demokratischen Staaten Westeuropas ignoriert; in letzter Zeit scheint sich die EG dieses Problems bewußter zu werden - schließlich ist die EFTA u.a. der mit Abstand größte Handelspartner der Gemeinschaft. In analoger Weise gibt es scheinbar auch im gemeinsamen europäischen Haus, das sich in sowjetischer Sicht als Dach über der wirtschaftlichen und technologischen Zusammenarbeit zwischen EG und RGW darstellt, keinen richtigen Platz oder Funktion für die N+N.

Dabei drängt sich die Frage auf, ob nicht verstärkte Blockbildungen, etwa durch eine Europäische Politische Union (d.h. einen Binnenmarkt mit sicherheits- und verteidigungspolitischen Attributen) und durch einen vielleicht organisatorisch gestärkten RGW, das Potential für, jedenfalls aber die Intensität von Auseinandersetzungen in Europa und zwischen Ost und West fördern bzw. verstärken würden. Und würde nicht die Entwicklung der EG zu einer _solchen_ europäischen Union auch die RGW-Länder zu einer stärkeren Bindung aneinander zwingen? Welche Aus- und Rückwirkungen hätte das auf das Ost-West-Verhältnis?

Die Bewegungsansätze in Europa mit den noch nicht im einzelnen erkennbaren Entwicklungsrichtungen veranlassen auch den neutralen Staat zu Überlegungen über seine künftige Rolle in Europa; in einer sich verändernden Umwelt kann er nicht unbeweglich bleiben, sondern muß versuchen, seine bisherige Stellung relativ zur sich bewegenden Umgebung zu erhalten. Österreich hat nach 10jähriger Besatzung durch den Staatsvertrag 1955 seine Unabhängigkeit und Souveränität wiedergewonnen. Nach Inkrafttreten des Staatsvertrages hat das österreichische Parlament in einem Bundesverfassungsgesetz die immerwährende Neutralität

Österreichs beschlossen und dieses den damals existierenden Staaten notifiziert. Die Neutralität ist weder im Staatsvertrag noch in einem anderen völkerrechtlichen Instrument festgelegt; sie ist weder auferlegt (also keine Neutralisierung) noch von irgend jemandem garantiert, sondern der von Österreich freiwillig entrichtete Preis für die Wiederherstellung seiner Souveränität. Sie wurde auch nicht 1945 zwischen Renner und Stalin ausgehandelt (die beiden Männer sind einander meines Wissens nie begegnet); Stalins Tod war vielmehr eine der Voraussetzungen für das spätere Zustandekommen des Staatsvertrags, eine andere Voraussetzung war die konstant unbedeutende Rolle der KPÖ in der österreichischen Innenpolitik.

Das Völkerrecht umschreibt genau die Verpflichtungen eines neutralen Staates, die sich im wesentlichen auf den militärischen Bereich erstrecken und erst im Falle eines Krieges zwischen Drittstaaten aktuell werden - erst dann gibt es begrifflich die Neutralität; diese rechtlichen Verpflichtungen sind deshalb abstrakt für die Zukunft abgrenz- und vorhersehbar. Darüber hinaus hat ein immerwährend Neutraler schon in Friedenszeiten eine Politik zu führen, die ihm die Wahrnehmung seiner Neutralitätsrechte und -pflichten in einem allfälligen Kriegsfall nicht unmöglich macht.

Die EG-Entwicklung droht Österreich wirtschaftlich und damit in der Folge allmählich auch politisch von seinem angestammten Platz in Westeuropa zu verdrängen; Österreich muß deshalb sein Verhältnis zu den EG neu ordnen. Bisherige Bemühungen im EFTA-Rahmen, bilaterale Verhandlungen mit den EG, wie auch der autonome Nachvollzug von EG-Regelungen haben keine Aussichten auf volle Teilnahme am Binnenmarkt - mit allen Rechten und Pflichten - eröffnet. Deshalb prüft die österreichische Bundesregierung - unter Wahrung der österreichischen Neutralität, die

Bestandteil der politischen Landkarte Europas ist - auch die Möglichkeit eines Aufnahmeansuchens, soferne nicht andere erfolgversprechende, umfassende Zusammenarbeitsmöglichkeiten gefunden werden.

Bei der Weiterentwicklung Europas und damit der zukünftigen Gestaltung des Ost-West-Verhältnisses kommt somit den Zielsetzungen der EG eine wesentliche Rolle und Verantwortung zu. Würde eine wirtschaftliche und politische Abgrenzung und Konzentration der EG auf sich selbst zu verstärkter wirtschaftlicher Zusammenarbeit und Interdependenz mit Osteuropa führen, oder eher die Teilung Europas in zwei Blöcke verfestigen? Welche Auswirkungen wird die wirtschaftliche Attraktivität der EG auf die kleineren RGW-Staaten und damit den Zusammenhalt in Osteuropa haben? Wie wird sich die Sowjetunion dazu verhalten?

Oder wird die EG für weitere demokratisch legitimierte Mitglieder offen bleiben, selbst wenn es sich um Neutrale handeln sollte? Welche Rolle ist überhaupt den westeuropäischen Neutralen zugedacht: Sind sie, als EFTA der wichtigste Handelspartner der EG, zur politisch bedeutungslosen Masse geworden, die EG-Entscheidungen nachzuvollziehen haben, oder können sie nützliches Potential und die Vertretung ihrer eigenen Interessen in eine an Gesamteuropa und einer europäischen Friedensordnung interessierte EG einbringen?

Vor allem aber: Entstünde nicht die Gefahr einer zusätzlichen Spaltung Westeuropas zwischen den EG und anderen demokratisch-pluralistischen Staaten Westeuropas?

Kurzum, wie würden sich unterschiedliche Ausgestaltungsformen einer Europäischen Politischen Union (z.B. mit oder ohne eigene Verteidigungskomponente) - der visionäre Begriff beflügelt die Phantasie, seine Verwirklichung würde aber vermutlich schwierige Staatenvertragsverhandlungen voraussetzen - auf das künftige West-Ost-Verhältnis auswirken? Muß die EG/EPZ auch eine

Verteidigungsunion werden, oder gibt es hiefür besser geeignete
Institutionen, wie etwa die WEU? Kann die EG eine gesamteuropäische Zusammenarbeit fördern, will sie im Ansatz offen bleiben
für neue, heute noch nicht abzusehende Entwicklungen zwischen
Ost und West - oder ist diese Zielsetzung für ihre Mitgliedstaaten von untergeordneter Bedeutung gegenüber der Erlangung
einer angestrebten Weltmachtposition? Das Verhalten gegenüber
neutralen Staaten, die das Ost-West-Verhältnis auch unter dem
Gesichtspunkt solcher Überlegungen sehen, könnte ein Testfall
für die EG-Absichten bei der weiteren Ausgestaltung des
Ost-West-Verhältnisses werden.

Wenn man davon ausgeht, daß

- es keine gemeinsame westliche Haltung über die gegenüber
  den RGW-Ländern einzuschlagende Grundlinie gibt,
- die Kraft der Regierungen in den einzelnen westeuropäischen
  Ländern kaum ausreicht, notwendige innere Reformen durchzusetzen,
- die wirtschaftlichen und budgetären Zwänge große außenpolitischen Initiativen kaum zulassen,
- daher die meisten großangelegten Vorschläge und Pläne - wie
  vernünftig sie auch sein mögen - praktisch nicht zu verwirklichen sind, und
- schließlich dauerhafte Veränderungen in den internationalen
  Beziehungen (insbesondere solche evolutiver, nicht-revolutionärer Art) nur über längere Zeiträume zustande kommen,

wird auch die künftige Gestaltung des Ost-West-Verhältnisses
weiterhin nur schrittweise und pragmatisch vor sich gehen
können. Der KSZE-Rahmen bietet die Grundregeln und den Rahmen,
in dem diese Entwicklung geregelt, "zivilisiert", vor sich
gehen kann. Ob und wann es zu einer Auflösung der Militärblöcke
in Europa kommen kann, ob das wünschenswert wäre oder nicht,
läßt sich heute nicht verläßlich vorhersagen oder auch nur abschätzen. Der KSZE-Prozeß gibt jedoch allen Teilnehmerstaaten
die Möglichkeit, als souveräne und unabhängige Staaten, außerhalb der militärischen Bündnisse, ihre Positionen selbständig

einzubringen und auf diese Weise zu einer Ausgestaltung des
West-Ost-Verhältnisses beizutragen, welche die Interessen und
Notwendigkeiten jedes KSZE-Staates berücksichtigt.

Die Grundlage für die Zivilisierung des Konfliktes, für ein
gemeinsames europäisches Haus, die Erreichung der europäischen
Friedensordnung usw. ist damit gegeben: In diesem Rahmen muß
weiter gebaut werden, doch kann der Prozeß kein Wert an sich
sein: Ziel muß eine evolutionäre Entwicklung in Osteuropa in
Richtung auf mehr Offenheit und Demokratie sein, um dadurch die
Aussichten für eine verbesserte Ost-West-Zusammenarbeit zu fördern - wobei freilich die nur beschränkten äußeren Möglichkeiten zur Beeinflussung dieser Entwicklung in Osteuropa in Rechnung gestellt werden müssen.

Françoise Manfrass-Sirjacques

Einige Überlegungen im Zusammenhang zum Abrüstungsprozeß

Die Ost-West-Beziehungen scheinen in eine Phase der Bewegung, des Aufbruchs eingetreten zu sein. Unter den verschiedenen Faktoren, die zu dieser Entwicklung beigetragen haben, spielen bei beiden Weltmächten wirtschaftliche bzw. finanzielle Überlegungen sicherlich keine untergeordnete Rolle. Daß die ins Uferlose anmutenden Rüstungsausgaben tendenziell nicht nur die politische Stabilität der Sowjetunion bedrohen, sondern auch die wirtschaftliche Kapazität der westlichen Führungsmacht überfordern, verdanken wir wahrscheinlich, daß im Gegensatz zur ersten Entspannungsphase in den 70er Jahren der Rüstungs- und Militärbereich diesmal nicht vom einsetzenden Entspannungsprozeß ausgeklammert wird. Darüberhinaus bewirken auch diese finanziellen Imperative, daß Entspannung zum ersten Mal von den Hauptakteuren als global und unteilbar betrachtet wird, dh., daß auch die Peripherie in den Entspannungsprozeß einbezogen wird. Wenngleich das Gros der Militärarsenale im Osten und Westen noch weitgehend unangetastet ist und der Abrüstungsprozeß noch zögernd einsetzt, stehen dennoch die Zeichen günstig für eine über das Atmosphärische hinaus reichende Entwicklung im Sinne eines Abbaus von Konfrontation zugunsten eines neuen Ost-West-Verhältnisses.

Doch dürfen Momente, die den einsetzenden Entspannungs- und Abrüstungsprozeß noch gefährden könnten, nicht unterschätzt werden. Wenngleich sich dieser Entspannungsprozeß in wesentlichen Punkten doch vom Prozeß der 70-er Jahren unterscheidet (insbesondere im Hinblick auf die zugrundeliegenden Faktore und vor allem im Hinblick auf den Anspruch zur Globalität) sollten gewisse Parallele im Hinblick auf die den Prozeß gefährdenden Momente nicht übersehen werden. Die sich anbahnende Entideologisierung des Ost-West-Gegensatzes und die Reformpolitik Gorbatschows vermögen dazu beizutragen, daß die Führungsschichten in der Sowjetunion eine Verringerung des sowjetischen Militärpotentials nicht als Weltmachtstatusverlust sondern vielleicht sogar als Gewinn akzeptieren und daß damit die Widerstände geringer gehalten werden.

Die Erfahrungen der 70er Jahren haben gezeigt, daß die zentrifugalen
Kräfte im Sog der Entspannung Auftrieb bekommen. Im Osteuropa hat dies
damals dazu beigetragen, daß das Interesse der Sowjetunion an der
Entspannungspolitik nachließ. Gewiß war das Aufkommen von zentrifugalen
Momenten nicht der einzige Grund für die de facto Aufkündigung der
damaligen Entspannungspolitik. Ihre Begrenzug auf Europa, dh die Teil-
barkeit des damaligen Prozesses war sicherlich ein sehr wesentlicher
Faktor des Scheiterns dieser Phase. Doch die damaligen sowjetischen
Befürchtungen im Hinblick auf Momente, die die Homogeneität ihrer
Einflußsphäre zu gefährden drohten, haben sicherlich bremsende "konservierende" Reaktionen hervorgerufen. Da die Antriebskraft zur Reformpolitik diesmal nicht
von oppositionellen gruppen in den kleinen W.-P.-Staaten sondern von
der Führungsmacht selber herkommt, dürfte kaum Anlaß zu Befürchtungen
im Hinblick auf unerwünschte zentrifugale Momente geben. Wiederum
stellt das Widerstreben einiger Führungen in einzelnen W.-P.-Staaten
ein Unsicherheitsmoment dar, zumal die Kluft zwischen den widerstrebenden
Führungen und den sich auf der sowjetischen Reformpolitik berufenden und
ungeduldig werdenden Bevölkerungen sich ins Dramatische zu vertiefen droht.
Destabilisierende Auswirkungen, die dann auf die politische Stabilität
der sowjetischen Führung und schließlich auf den bereits begonnenen
Entspannungsprozeß sich niederschlagen würden, können auch nicht gänzlich
ausgeschlossen werden. Da schließlich die politischen Reformen Hand
in Hand mit den wirtschaftlichen Umstrukturierungen gehen, bzw. da die
wirtschaftliche Reform das eigentliche Vehikel der politischen Reform
ist, und sich die sozialen Auswirkungen der wirtschaftlichen Umstrukturierung möglicherweise bemerkbar machen werden, ehe die sozialen und
politischen Auffangbecken geschaffen werden können, könnten diese sozialen
Auswirkungen destabilisierende Momente mit sich ziehen.
Die Möglichkeiten des Westens solchen möglichen Destabilisieru ngen
entgegen zu wirken sind begrenzt. Der reformpolitische Prozeß ist nicht
von Außen steuerbar, wenngleich eine zunehmende wirtschaftliche Kooperaton
ohne Zweifel eine unterstützende Wirkung haben könnte.

Doch nicht nur im Osten, wenngleich dort der mit weitgehend tiefgreifenderen
Auswirkungen behafteten Umstrukturierungsprozeß zu politischen Umwälzungen
führen kann, sondern auch im Westen werden wahrscheinlich im Zuge der

Transformation der Ost-West-Beziehungen Problembereiche zum Vorschein kommen, die bisher vom überragenden Blockgegensatz gedeckt waren. Insbesondere können europapolitischen Zielvorstellungen, die bisher miteinander kohabitieren konnten, in konfliktträchtige Antinomien geraten. Sie können in Analogie zu den konservatorischen Reaktionen der Sowjetunion gegenüber zentrifugalen Kräften in der ersten Entspannungsphase bremsende Auswirkungen auf die Transformation der der Ost-West-Beziehungen haben. Und nicht zuletzt die deutsche Frage könnte ein derartiges Konfliktpotential in sich bergen.

So mausert sich z.B. Frankreich, das im Sog der Ost-west-Entspannung "abdriftende" Tendenzen in der Bundesrepublik fürchtet, tendenziell zu einem Verfechter des militärischen und politischen Status Quo. Gewiß treibt Frankreich die westliche Integration (die aus französischer Sicht von vorne herein unter dem Motto der "Kontrolle - des westdeutschen Staates - durch Integration" stand) um so mehr voran, als es solche abdriftende Tendenzen fürchtet. Da aber die politische Klasse davon überzeugt ist, daß die Verankerung der Bundesrepublik in der europäischen Gemeinschaft nur so lange bestehen wird, wie die deutsche Trennung (die ja identisch mit der europäischen Trennung ist) besteht, droht in der französischen Perzeption eine tendenzielle Überwindung der europäischen Teilung zur Antinomie zur westeuropäischen Integration zu werden. Und diese Antinomie zwischen "West-" und "Mitteleuropa" wird zum bremsenden Moment im Prozeß der Normalisierung der Ost-West-Beziehungen, weil sie projizierte Ängste, Befürchtungen und Mißtrauen in konservatorische europapolitische Zielsetzungen umwandeln kann. Bisherige Bestandteile des Ost-West-Gegensatzes wie zB militärische Rückversicherungen können zum Instrument der Aufrechterhaltung des politischen Status Quo umfunktioniert werden. Schon heute hat das französische Nuklearsenal neben seine militärische Abschreckungs- (und teilweise auch operative) Funktion im Kontext des Ost-west-Gegensatzes tendenziell eine zusätzliche europapolitische Funktion erhalten. Als gegengewicht zur wirtshaftlichen Macht der Bundesrepublik fungiert die Nuklearkapazität als Führungsberechtigung in der europäischen gemeinschaft.

Darüber hinaus wird sie auch als Verankerungsmoment gegenüber der von einer Nukleargarantie abhängigen Bundesrepublik verstanden. Die Aufrechterhaltung des politischen Status quo ist in französischer Sicht um so wichtiger, als nicht nur der Verlust des militärischen Vorfelds sondern darüber hinaus eine Prädominanz der deutschen Wirtschaft und im Sog der Entspannung eine westdeutsche Hinwendung zu den östlichen Investitions- und Absatzmärkten gekoppelt mit einer Lockerung der westlichen Bindung gefürchtet wird. Ein strategischer Bedeutungsverlust der DDR für die Sowjetunion vor dem Hintergrund der militärischen Entspannung würde wahrscheinlich solche Befürchtungen noch steigern. Das immer noch tiefsitzende Rapallo-Komplex läßt bei jedem Entspannunngsversuch Paris fürchten. daß die Sowjetunion die "deutsche Karte" spielen könnte.

Im übrigen auch in den USA scheinen solche Bedenken hinsichtlich eines möglichen Abdriften der Bundesrepublik nicht völlig fremd zu sein. Nicht zuletzt in der letzten Zeit mehrten sich in der amerikanischen Publizistik die Hinweise darauf, daß dort auch zentrifugale Momente im Sog der Ost-West-Entspannung gefürchtet werden. Paradigmatisch dafür gilt vielleicht die Perlmutters Analyse, wonach nicht nur die Bundesrepublik sondern auch "mit Deutschland ein großer Teil der westeuropäischen Wirtschaftgemeinschaft nach Osten" abdriften könnte.

Solche Befürchtungen im Westen hinsichtlich zentrifugaler Momente, die vor dem Hintergrund der neueinsetzenden Entspannungspolitik Auftrieb bekommen könnten, sind geeignet eine neue Legitimierung für eine trotz Abrüstungsangebote der Sowjetunion fortsetzende Aufrüstung zu schaffen. Zunächst einmal, weil nicht zuletzt Frankreich erkannt hat, daß die Abhängigkeit der Bundesrepublik von einer Nukleargarantie ein wesentliches Moment ihrer Westbindung darstellt. Darüber hinaus, weil die Bundesregierung ganz offensichtlich die Teilhabe an einer westeuropäischen Großmacht gegenüber einer hypothetischen Wiedervereinigung den Vorzug gegeben hat. Diese politische Entscheidung kann aber vor dem Hintergrund

einer fortschreitenden Entspannung innenpolitisch nur dann legitimiert
werden (vor allem wenn tatsächlich wie auch immer geartete Wiedervereinigungsangebote aus der Sowjetunion kämen), wenn Westeuropa tatsächlich
in der Form einer werdenden Großmacht eine Ersatzidentität biete.
Da zum Großmachtstatus im bisherigen Verständnis die militärische
Kapazität im allgemeinen und die Nuklearkapazität im besonderen gehören,
könnte dies den Grund für erneut über alle Entspannungstendenzen hinweg einsetzende Aufrüstungsanstrengungen im Westeuropa liefern,
gar eine neue Aufrüstungswelle geradezu unvermeidlich machen. Eine
Legitimation würde sich ohnehin in der Notwendigkeit eines neuen
"Burden sharing" innerhalb des Bündnisses finden lassen.

Solche militärische Rückversicherungen zur Aufrechterhaltung des politischen
Status Quo in Europa, wenngleich sie nur politisch einsetzbar wären (etwa
wie die französische Nuklearkapazität), erscheinen kaum vereinbar mit
einer Zivilisierung der Ost-West-Beziehungen. Sie zeigen darüber hinaus, daß
selbst der hohe Integrationsgrad der westlichen Gemeinschaft die Probleme
im Umfeld der deutschen Frage nicht lösen kann. Ob ein ohnehin nicht
vorhandener ähnlicher Integrationsgrad in der RWG-Staatengemeinschaft
die konservierenden Reaktionen im Westen hinfällig machen würde, bleibt
hingestellt. Schwer vorstellbar erscheint eine Zivilisierung des Ost-West-
Verhältnisses, die eine Zunahme der Interdependenz zwischen dem Osten und
dem Westen Europas voraussetzt, wenn eine Zunahme der deutsch-deutschen
Interdependenz als Abdriften verstanden wird. Die Frage ist, ob die
Voraussetzung für eine nachhaltige Zivilisierung des Verhältnisses nicht
eine Lösung der deutschen Frage ist, die die Schaffung von militärischen
auch politisch einsetzbaren Rückversicherungen überflüssig machen würde.
Eine garantierte Neutralität beider deutschen Staaten könnte theoretisch
eine solche Lösung bieten. Unter den gegebenen Prämissen scheint sie
gleichwohl gegenüber den westlichen Partnern wenig durchsetzbar. Schon
eine "Japanisierung" dh. eine Begrenzung des Militärhaushalts würde
wegen ihrer wirtschaftlichen Implikationen die französischen Befürchtungen
im Hinblick auf die deutsche wirtschaftliche Prädominanz so steigern,
daß sie für Frankreich unannehmbar wäre.

Gewiß gibt es im Rahmen der vom zweiten Weltkrieg geerbten Strukture
ein Spielraum für eine zunehmende Kooperation zwischen Ost und West.
Wie belastbar aber sind diese Strukture vor dem Hintergrund des schwindenden
Konflikts wird sich erst erweisen, wenn Mitteleuropa nicht mehr als
Ort der Trennung sondern als Ort der Verbindung fungiert. Zu bedenken
gibt es, daß alle französischen Pläne für eine Zusammenarbeit in
Europa und insbesondere das gaullistische europäische Konzept "vom
Atlantik bis zum Ural", das in der französischen Détente eingebettet
war, eine Lösung der deutschen Frage voraussetzten. Daß Frankreich jetzt
auf die Verankerung der Bundesrepublik in der westeuropäischen Gemeinschaft
um jeden Preis setzt, entspricht den zunehmenden Ängsten im Hinblick
auf seinen wirtschaftlichen Rückstand gegenüber der Bundesrepublik. Dies
macht aber nicht die gaullistischen Prämisse zunichte. Ein deutscher
Sonderweg wäre mit Sicherheit zum Scheitern verurteilt, wenn er im
deutschen Alleingang eingeschlagen wäre. Er würde wahrscheinlich die
Chancen für eine Zivilisierung des Ost-West-Verhälnisses definitiv
untergraben. Eine gemeinsame europäische Lösung der deutschen Frage
dürfte dennoch auch den westlichen (und osteuropäischen) Partnern
zumutbar sein. Es gilt die Folgen des zweiten Weltkrieges, die Teilung
Europas, die Zuspitzung des Konflikts zwischen den ehemaligen Verbündeten,
das Mißtrauen und die dazugehörenden militärischen Rückversicherungen
zu tilgen.

Mechthild J a n s e n, Publizistin, Köln
DIE ZIVILISIERUNG DES KONFLIKTS
- Thesen zur Diskussion -

----

1. Mit den politischen Veränderungen in der Sowjetunion sind die Chancen zur "Zivilisierung des Ost-West-Konfliktes in historisch qualitativ neuer Weise gestiegen. Die Sowjetunion hat es unter Generalsekretär Gorbatschow aufgegeben, als gegengleicher "Partner" und Machtapparat innerhalb des Systems der Abschreckung zu funktionieren. Das "Gleichgewicht des Schreckens" mag als eine Zwischen-oder Übergangsphase einen relativen historischen Fortschritt, eine Parallelisierung der Kräfte, dargestellt haben "Abschreckung" war aber immer in sich widersinnig und der Weg einer Sackgasse. Die Sowjetunion hat Klarheit über die Konsequenz dieser Abschreckungspolitik, deren Zwillingsbruder die Eskalation ist und deren Ende auf eine Menschheitskatastrophe zuläuft, gewonnen. Sie hat diese Einsichten zur Grundlage einer neuen Staatspolitik erhoben. (Sie hat dies aus eigener Einsicht, eigenem Interesse und eigener Fähigkeit getan und nicht, weil die Nato sie mittels der Politik der Stärke "an den Verhandlungstisch gezwungen" hat.)
Die Sowjetunion hat das einzig aussichtsreiche Mittel, aus dem bisherigen Schema und der Struktur der Abschreckung auszubrechen, angewandt: die am Mensch orientierte Politik. Gorbatschow betont die Vielfalt der Menschheit im Weltzusammenhang und das Existenzrecht aller Bewohner/innen. Um einen neuen Weg zu beschreiten, praktiziert seine Regierung 1. Glasnost und Perestroika im eigenen Land. 2. geht sie Schritte einseitiger Abrüstung, trägt neue Vorschläge und Konzepte für bi- und multilaterale Abrüstung vor, läßt Glasnost, Kontrolle und Verifikation im militärischen Bereich zu, führt den politischen Dialog und läßt sich auf die Sichtweise der Nato ein, stellt ihre gesamte Militärstrategie zur Diskussion und Veränderung. In den internationalen Beziehungen und angespannten Konfliktfällen in der Dritten Welt übt sie 3. Selbstbeschränkung und politische Konfliktlösung, erteilt Stellvertreter-Kriegen oder Vorstellungen vom Export der Revolution eine praktische Absage (Afghanistan z.B.). Sie verändert 4. ihre

Haltung in der Frage der universellen Menschenrechte, deren ungeteilte Geltung sie anzuerkennen beginnt, und betont in diesem Zusammenhang das Recht auf Selbstbestimmung und eigenen Entwicklungsweg eines jeden Volkes. Sie verändert diesbezüglich auch ihr praktisches Verhältnis zu den sozialistischen Bündnisstaaten. 5. beginnt die Sowjetunion, den globalen Problemen Rechnung zu tragen und nach neuen Wegen wie Institutionen zu suchen, die eine ihnen entsprechende Weltinnenpolitik gestalten könnten (siehe Vorschläge vor der UNO und zu ihrer Rolle).

Die Sowjetunion anerkennt, daß das Überleben der verschiedenen Systeme und Völker nur noch *mit* anderen möglich ist. Es ist eine neue Form *gegenseitiger* Abhängigkeit entstanden, bei der auch nicht mehr nur einer oder zwei (Weltmächte) das "Sagen" haben, sondern mehrere, wenn auch noch in sehr unterschiedlichem Maße. Die gegenseitige Abhängigkeit bedingt aber auch, daß keine Seite die Lösung der heutigen Probleme allein bewältigen kann.

Wir alle bleiben angewiesen auf einen "Ausstieg aus der Abschreckung" auch im Westen und auf weitere Lernprozesse in Ost und West.

2. Der Westen zeigt sich beeindruckt oder beängstigt, daß der Wandel des Sozialismus möglich ist. Er ist erfreut, daß der Osten freiwillig neue Märkte öffnet und der Weg einstweilen nicht mehr mit der Drohung, ihn freizuschießen, freigepreßt werden muß. Es gibt in der westlichen Politik offenkundig tiefe Verunsicherungen, Vielstimmigkeiten und zahlreiche Widersprüchlichkeiten, aber noch keine qualitativen Veränderungen, die der neuen Lage und den neuen Möglichkeiten entsprechen würden. Bei den regierungspolitisch Verantwortlichen dominiert das Festhalten an der Abschreckungspolitik. Alle bisherigen militärischen Optionen werden - modernisiert, effektiviert, möglichst billiger - offengehalten, sowohl von der Bundesregierung als auch von der Nato insgesamt. Ob sich die realistischeren Optionen und entspannungsorientierte Haltung des Außenministers Genscher praktisch durchsetzen werden, ist einstweilen offen und wird sich bald an der geplanten neuen Aufrüstung namens "Modernisierung" ablesen

lassen. Der Verlust des Feindbildes "Bedrohung aus dem Osten" wird vom Verteidigungsminister und der Bundesregierung nicht als Chance zur Abrüstung und Kooperation begriffen, mit der auch die Politik Gorbatschows bestärkt werden könnte. Vielmehr wird die Lauterbarkeit der neuen sowjetischen Politik bezweifelt, ihr Scheitern förmlich herbeigeredet, durch die eigene blockierende Politik geradezu befördert. Wo dies nicht hinreicht, wird neuerdings von einem "nationalen Recht" auf Selbstverteidigung als Sinn und Auftrag der Bundeswehr gesprochen, von Unverzichtbarkeit einer ("minimalen") Abschreckung und der Atomwaffen. Die "Historikerdebatte" muß in diesem Kontext noch einmal in neuem Licht erscheinen. Der alltägliche Rüstungsprozeß läuft ungestört weiter und wird sogar forciert. Verlängerung des Wehrdienstes, Fortsetzung der Tiefflüge (Bestandteil der offensiven Vorneverteidigung!), neue atomare Kurzstreckenraketen, Basteln an der deutschen Atombombe, Fortentwicklung des Rüstungswettlaufes mit "intelligenten" Waffen, Jäger 90, Rüstungsexportgeschäft, Beihilfe zur chemischen Waffenproduktion, Aufbau einer westeuropäischen Verteidigungsgemeinschaft u.a. sind die aktuellen Stichworte. Es gibt keine eigenen Abrüstungsinitiativen der Bundesregierung und Nato, nicht einmal die Bereitschaft, bei den Verhandlungen die alten westlichen "Hüte" zur Diskussion zu stellen (z.B. Einbeziehung der See- und Luftstreitkräfte, der britischen und französischen Atomwaffen). Im übrigen herrscht Konzeptionslosigkeit, welche Schlußfolgerungen aus der tiefgreifenden Legitimationskrise des Militärs und der Bundeswehr zu ziehen sind, wie zukünftig das Verhältnis zwischen USA und Westeuropa zwischen Eigenständigkeit, Abhängigkeit und Zusammenarbeit zu gestalten ist. Zwischen ökonomischem und politischem Interesse an einer Ost-West-Kooperation und gleichzeitigen Großmachtambitionen mit entsprechenden militärischen Optionen konnten sich Bundesregierung und Westeuropa noch nicht entscheiden.
Es gibt keine gesellschaftspolitischen Veränderungen, nicht einmal die Anstrengung dazu, die Voraussetzungen zur Lösung der globalen Probleme zu schaffen. Mehr werden die BefürworterInnen solcher Veränderungen diskriminiert und kriminalisiert.

3. Beide Systeme, Ost wie West, befinden sich in einer neuen Situation, sehen sich vor neue Probleme gestellt, die alte z.T. überlagern oder mit ihnen verflochten sind, die diese in ihren Lösungsmöglichkeiten aber auch modernifizieren. Die nukleare Gefahr bedroht unverändert die ganze Menschheit; die globalen Probleme der Umweltzerstörung und Naturkatastrophe bringen längst eine ähnliche Gefahr für die Sicherheit und das Überleben auf dem Planeten Erde; Hunger, Elend und Krankheit in der "Dritten Welt" schlagen zurück auf das Leben des Nordens und jene, die zu einem großen Teil für die Ausbeutung dieser Länder verantwortlich zeichnen; die wissenschaftlich-technische Revolution und mit verbundene neue Produktionsweise schaffen eine Gemeinsamkeit beider Systeme bei der unerläßlichen Neugestaltung menschlicher Arbeit und menschlichen Lebens. Diese Probleme und die mit ihnen verbundenen gegenseitigen Abhängigkeiten und Interpedentenzen machen eine "Zivilisierung des Konflikts" nicht nur unerläßlich, sondern auch möglich. Es geht dabei zunächst um die Verhinderung militärischer Gewalt und die Herstellung eines friedlichen Wettbewerbs der Systeme bei der Lösung der vor uns liegenden Probleme und der Lebensgestaltung der Zukunft. Es geht zugleich immer auch schon darum, solche Lebensverhältnisse zu schaffen, die mehr als einen "negativen Frieden" einen "positiven Frieden " herstellen helfen. "Positiver Frieden" (gleich, gerecht, ungeteilt) würde die Verwirklichung aller Menschenrechte für alle, Demokratie und Chancengleichheit vorsehen. "Zivilisierung des Konflikts" beinhaltet von daher Abrüstung und Entmilitarisierung, neue Wege und internationale Regeln der Konfliktlösung sowie eine Demokratisierung internationaler Beziehungen und gesellschaftlicher Lebensweise.

Die Menschheit kann ihre zukünftige Existenz nur wahren, wenn die geschichtliche Entwicklung in ihren Grundzügen radikal erneuert wird. Die Notwendigkeit der Umgestaltung wird von verantwortungsbewußten Kräften heute kaum noch bestritten. Streit und politische Auseinandersetzung gibt es aber um gegensätzliche oder unterschiedliche Konzepte, spezifische Interessenslagen, Nah- und Fernziele, Bewegungs- und Durchsetzungsformen. Die gemeinsame Zukunftsfrage ist die Entwicklung der Produktionskräfte und Lebensweise im Sinne sozialer Gerechtigkeit, Humanität und Freiheit.

4. Zur Bewältigung dieser Aufgabe sind nicht nur Umgestaltungen der Staaten und Gesellschaften des Warschauer Paktes, sondern auch der Nato-Staaten und -Gesellschaften erforderlich. Ausgehend von dem Prinzip und Bestandteil "neuen Denkens und neuer Politik", zunächst bei sich selbst mit der Veränderung anzufangen und dadurch einen Prozeß wechselseitiger Veränderung in Gang zu setzen oder zu befördern, ist nach den notwendigen Veränderungen, nach "Glasnost und Perestroika" im Westen zu fragen. Es wird dabei nicht um "den" "einen" alleinseeligmachenden Weg, sondern um vielfältige, z.T. auch in Konkurrenz zueinander stehende Beiträge all jener gehen, die an Abrüstung, Kooperation und demokratischem Streit interessiert sind. Folgende Mythen und "heiligen Kühe" der Nato-Staaten und Bundesregierung sind zu prüfen und nach rationalen, an unseren Lebensinteressen orientierten Kriterien zu korrigieren:

4.1. Das Verhältnis zu den WHO-Staaten bedarf erklärtermaßen einer Veränderung. Die Anerkennung der Existenzberechtigung sozialistischer Staaten und der Abschied von der Absicht, sie von der Karte der Menschheitsgeschichte wieder verschwinden zu lassen, sind unerläßlich. Ebenso unverzichtbar sind Anerkennung und Toleranz der Verschiedenheit gesellschaftlicher Ordnungen und das Recht auf Sicherheit auch auf der anderen Seite.

Unter dem Vorzeichen globaler Gefahren ist der Aufbau eines partnerschaftlichen Verhältnisses auf der Basis der Akzeptanz grundsätzlicher Systemgegensätze und das Einüben eines friedlichen (d.h. nicht vernichtenden, sondern produktiven) Wettbewerbs überlebenswichtig..

Das schließt die Anerkennung der Souveränität der sozialistischen Staaten ein, die Veränderung als Konsequenz der inneren Dynamik einer Gesellschaft in ihrem Kontext der internationalen Interdependenz akzeptiert. Anerkennung der Souveränität heißt zu respektieren, daß die Völker ihre Angelegenheiten selbst regeln, auch wenn sie es in anderer Weise als kapitalistische Gesellschaften tun. Untersagt ist eine Unterminierung des Reformprozesses dieser bislang staatlich autoritären Systeme ebenso wie jede Art manipulativer Einmischung in innere Angelegenheiten. Sie beschränkt sich auf die Art der Stellung- und Einflußnahme, die in der überzeugenden Praktizierung der eigenen Alternativen und der demokratischen Wahrnehmung der eigenen Lebensinteressen der Bevölkerung des eigenen Landes liegt.

4.2. Der Ost-West-Konflikt kann nicht mit beschränktem Blick allein auf Europa und die beiden Großmächte gelöst werden. Notwendig ist auch ein neues Verhältnis zu den Staaten und Völkern der "Dritten Welt", deren eigenständiges Lebensrecht anerkannt, deren Ausbeutung beendet und denen Wiedergutmachung ("Erlaß" der Verschuldung z.B.) zu leisten ist. Notwendig sind die Aufgabe von Stellvertreter-Kriegen, Waffenexport und Export von Konterrevolution oder Revolution bzw. Stützung autoritärer und faschistischer Regime. Erforderlich ist eine internationale Solidarität, die auf die Autonomie und Selbstbestimmung der Völker und Staaten der "Dritten Welt" gerichtet ist und die Rahmenbedingungen zur Selbsthilfe herstellen hilft.

4.3. In der Sicherheitspolitik ist der Abschied von der Kriegsgeschichte und Abschreckung notwendig. Militärische Verteidigungskonzeptionen, seien sie atomar oder "nur" konventionell, können heute nicht mal mehr als ein Mittel betrachtet werden, die andere Seite vom Krieg abzuschrecken. Die vorhandenen militärischen Vernichtungspotentiale, Atomkraftwerke, Chemieindustrie und -lager u.a. bewirken in einer hochempfindlichen Industriegesellschaft bestenfalls Selbstabschreckung, im Zweifelsfall ständige Selbstmordoption. Um diese Art von Sprengstoff zu entschärfen, sind 1. Abrüstung, Deeskalation und einseitige eigene Schritte dahin unerläßlicher Bestandteil westlicher Umgestaltung. Ein schnell mögliches Zeichen ist 2. die Bereitschaft zur wechselseitigen Reduzierung, bei der jede Seite beginnt, wo sie mehr hat, solange bis beide deutlich niedrigere Obergrenzen haben. Offensive Strategien sind 3. ebenso aufzugeben wie ein Bekenntnis zu gemeinsamer Sicherheit abzulegen ist. Defensive Verteidigungskonzepte - hergestellt über den Weg der Abrüstung und nicht der Modernisierung und Neuproduktion - können ein Zwischenschritt sein. Die Harmel-Doktrin wäre zugunsten eines neuen Sicherheitsverständnisses und eines Votums für Entmilitarisierung zu überwinden. Rüstungsproduktion, Rüstungsforschung und -entwicklung und die Militärapparate sind 4. umzuorientieren auf zivile Aufgaben, die wirkliche globale Sicherheit für alle (Ökologie, Arbeit) schaffen. Die Wirtschaft muß entmilitarisiert werden. 5. schließlich ist der Weg politischer Kooperation und friedlichen Wettbewerbs einzuschlagen. Dabei gilt es regional und international gemeinsame Gremien und Regelungswerke für die Lösung globaler Probleme zu schaffen; den ökonomischen, politischen, kulturellen und wissenschaftlichen Austausch auszubauen; und neue Wege der Verständigung über und Verwirklichung der sozialen und individuellen Menschenrechte für alle zu suchen sowie die gemeinsame Verantwortung für ihre Gewährleistung zu definieren.

4.4. Die Ökologiepolitik darf sich nicht länger in minimalen nachträglichen Korrekturmaßnahmen und öffentlicher Beschwichtigung erschöpfen. Mithilfe regierungspolitischer Maßnahmen ist eine qualitative Wende zugunsten der Verankerung und Verwirklichung eines Grundrechts auf Schutz der Natur einzuleiten. Bestandteil dessen wäre der Ausstieg aus der Atomenergie zugunsten der Entwicklung alternativer Energien, der Wiederaufbau der Natur, Schritte zu einer ökologischen Produktions- und Lebensweise, die Inhaftnahme der Verursacher von Umweltschäden, die Umkehrung der Beweislast der Umweltverträglichkeit neuer Produkte oder Produktionsweisen sowie die gesellschaftliche Verantwortung, Öffentlichkeit und Kontrolle von Wissenschaft und Forschung. International brauchen wir eine Globalpolitik für das Überleben.

4.5. Die ökonomische Entwicklung unserer Gesellschaft darf sich - wenn eine politische Wende gelingen soll - nicht allein und unter Absehung von den Interessen der betroffenen Menschen am maximalen Profit des jeweiligen Unternehmens oder Konzerns orientieren. Dies wird nur möglich sein, wenn der demokratische Anspruch unserer Gesellschaft als Demokratie auch in der Wirtschaft verwirklicht und Konkurrenz als ausschließliches Gesetz und Strukturschema gesellschaftlicher Regelung überwunden wird. Auf der Basis gesicherter Grund- und Menschenrechte (z.B. eines Mindesteinkommens für alle) wäre neuen Formen produktiven Wettbewerbs Platz zu machen. Es bedarf einer großen gesellschaftlichen Anstrengung, über diesbezügliche neue Lösungen nachzudenken und sie zu erproben.

4.6. Auch die "zivilisierten" Gesellschaften des "freien Westens" bedürfen einer elementaren Demokratisierung. Dazu gehören eine weitestgehende Dezentralisierung von Entscheidungen; mehr Rechte und Möglichkeiten der BürgerInnen, Chancengleichheit und Selbstbestimmung in Arbeit und Leben zu erfahren bzw. zu praktizieren; eine Stärkung der Rechte und Möglichkeiten von Bürgerbewegungen und -initiativen sowie wohlerwogene Möglichkeiten von Volksbefragungen und Volksentscheidungen; neue Formen der Verbindung von WählerInnen und Abgeordneten sowie eine Stärkung der Rolle des Parlaments gegenüber Regierung und Administration; ein neues Selbstverständnis und neue Formen demokratischer Kontrolle der Parteien; Maßnahmen gegen Filz und Korruption im Staat; Abschaffung, mindestens aber demokratische Kontrolle des Verfassungsschutz und Begrenzung seiner Befugnisse; Wahlrecht für ImmigrantInnen; eine Demokratisierung der Medien; Schutz von Minderheiten; Toleranz und gleiche Rechte für alle.

4.7. Unsere Gesellschaft braucht eine neue Diskussion und Verständigung über die Zukunft der Arbeit, orientiert an den Interessen und Bedürfnissen jener, die sie verrichten. Alle Menschen haben nicht nur ein Recht, bezahlt zu arbeiten, um zu _leben_, d.h. ohne sich durch die Arbeit kaputtzuschinden. Sie haben auch ein Recht, _in_ der Arbeit _human_ zu _leben_. Die geschlechtsspezifische Arbeitsverteilung ist zugunsten einer Erwerbsarbeit für alle zu überwinden, die nicht zuletzt Zugang zur Gesellschaft und Möglichkeit ihrer Mitgestaltung schafft. Die Produkte unserer Arbeit müssen einen Sinn für den Menschen machen. Freiheit und Selbstbestimmung, maximale Verfügung und Gestaltung über eigene Lebensbedingungen, müssen auch hier gelten.

4.8. Militarismus und Machismo sind stets eng miteinander verbunden gewesen. Zur notwendigen Umgestaltung gehört deshalb auch die Gleichstellung der Frau sowie ausgehend von ihrem Interesse eine Umgestaltung der gesamten Arbeits- und Lebensweise für beide Geschlechter. Emanzipation der Frau kann sich nicht in einer Gleichstellung innerhalb von Verhältnissen erschöpfen, die vom Patriarchat geschaffen sind. Auch die Veränderung der Männer steht an. Emanzipation der Frau impliziert stets mehr Eigenständigkeit und Unabhängigkeit, Autonomie in Form und Inhalt, auf deren Basis erst Menschwerdung für alle möglich wird.

Eine "Zivilisierung des Konflikts" zwischen Ost und West, zwischen unterschiedlichen Gesellschaftsordnungen, kann nur gelingen, wenn jede Gesellschaft sich ihrem Entwicklungsstand gemäß zivilisiert und zu einem entsprechenden internationalen Zusammenleben bzw. einer neuen Weltinnenpolitik befähigt.

5. Die Bundesreplblkik und Westeuropa müssen sich entscheiden zwischen Entmilitarisierung, Kooperation, demokratischer Konfliktlösung einerseits und Großmachtambitionen andererseits, die auf Drohpotentiale, (Kriegs-) Eskalationsgefahr und Gewaltstrukturen im Verhältnis zu anderen Staaten und Völkern setzen.

Die ökonomischen und politischen Interessen an Abrüstung und einem "gemeinsamen europäischen Haus" liegen auf der Hand. Ein alternativer demokratischer Entwicklungsprozeß würde den Westeuropäern selbst mehr Emanzipation (nicht nur von der westlichen Führungsmacht) bringen und gleichzeitig beitragen, international demokratische schöpferische Kräfte freizusetzen. Der Verzicht, eigene Interessen auf Kosten anderer verwirklichen zu wollen, würde auf der anderen Seite einen wirklichen Gewinn neuer Zukunftsperspektiven bringen, die unsere Gesellschaft so dringend braucht. Eine solche Politik wäre gleichzeitig eine Basis, ein wirklich partnerschaftliches, freundschaftliches Verhältnis zu den USA zu praktizieren, das zugleich der Verantwortung für die Zukunft eines menschenwürdigen Lebens auf dem Planeten Erde gerecht wird.

Bislang deutet wenig darauf hin, daß die regierungspolitisch Verantwortlichen diesen Weg gehen wollen bzw. dazu fähig sind. Auch bei der Opposition ist kaum hinreichend Energie und Konsequenz im Engagement für einen alternativen Entwicklungsweg zu erkennen.

Die historische Chance zu einem wirklichen Wandel von Sicherheitspolitik und außerpolitischen Beziehungen ist nirgend so groß und wohl selten so günstig gewesen wie derzeit in Europa.

Diese Chance zu verspielen, hieße die eigene Zukunft, mindestens eine eigene humane Zukunft zu verspielen.
Wer das nicht will, dem oder der bleibt - egal aus welchem sozialen oder politischen Zusammenhang man oder frau kommen mag - sich an einer für ihn oder sie passenden Stelle der Friedensbewegung anzuschließen.

Reinhard Hesse

Zivilisierung ohne Gleichberechtigung?

Die Fortdauer besatzungsrechtlicher Souveränitätseinschränkungen in Deutschland als Hindernisse auf dem Weg zu einer Zivilisierung des West-Ost-Konflikts.

I) Ermunterung zum Weiterdenken und zur Auflösung der Ausgangsfrage unserer Tagung. - Wie weit noch trägt das Konfliktdenken?

Die dem Tagungskonzept zugrundeliegenden Fragen sind ohne Zweifel legitim und wichtig. In der Tat kann man sich ja dem Eindruck kaum entziehen, daß "der Osten" die Führerschaft bei der Neugestaltung der internationalen Verhältnisse übernommen hat und "der Westen" reichlich hilflos dasteht. Die Frage nach einem "Konzept des Westens" liegt auf der Hand. Und natürlich wird es sich darum handeln, zu überlegen, wie man dazu beitragen kann, daß der Konflikt zivilisiert ausgetragen wird, sprich: mindestens ohne Krieg, besser noch auch ohne Gefahr eines ungewollten Kriegsausbruchs.

Zugleich aber wird, so scheint mir, immer deutlicher, daß hinter dem Horizont dieser Fragen eine weitere Perspektive sich eröffnet hin auf Fragen, die den eingeschliffenen Denkmustern der Nachkriegs- und Systemkonfliktjahre noch weniger entsprechen als die nach Reikjavik entstandenen. Wie lange noch wird es "West" und "Ost" geben? Wie lange noch Gesellschaftsformationen, die man mit halbwegs gutem Recht als "unvereinbare" oder gar "antagonistische Systeme" wird interpretieren können? (Gab und gibt es nicht auch Konflikte zwischen systemisch gleichen oder ähnlichen Gesellschaften?) Wird es reichen - so sinnvoll es ist - den im Kern militärisch bleibenden Konflikt in zivilisiertere Bahnen zu lenken; wäre es denn wirklich so ganz unmöglich, die militärischen Komponenten des jetzigen Konflikts zu reduzieren und ihn umzuwandeln in einen eher sozialpolitischen, ökonomischen, kulturellen Konflikt und diesen, nachdem sich das Denken in Konfliktmustern am Ende weiter abgerieben haben mag an einer Wirklichkeit, die ihm kaum noch entspricht, dann schließlich übergehen zu lassen in etwas, das dieses Etikett sich nicht mehr aufkleben läßt, sondern das dem ganz normalen, alltäglichen Miteinanderleben mit all seinem Durcheinander, Sich-Streiten und Sich-Versöhnen gleichkommt? Werden an einer zukünftigen gesamteuropäischen Friedensordnung nicht auch diejenigen Staaten mitzuwirken haben, die nicht zur NATO oder zur WVO gehören? Und außerdem: gibt es das überhaupt und kann und soll es das überhaupt geben: "die westliche" Politik gegenüber "dem Osten"; ist das nicht heute schon, auf beiden Seiten, sehr ausgefächert und differenziert?

Den an einer ferneren Zukunft orientierten Bedenken, aus denen diese Fragen stammen, scheint mir die im Konzeptentwurf gestellte Frage "Welche Aufgaben stellen sich im Zusammenhang der Umgestaltung des West-Ost-Verhältnisses den westlichen Staaten und Gesellschaften?"

(Hervorhebungen von mir) am deutlichsten entgegenzukommen. Dies da mir hier am ehesten Differenzierung ansetzbar zu sein scheint. Hier ließe sich wohl am ehesten die Problematik entfalten, die immer wieder neu zu sehen und immer wieder neu zu beantworten Aufgabe europäischer Politik ist: wie wir es schaffen können, unsere ausdifferenzierten nationalen, sozialen und kulturellen Identitäten zu erhalten und uns gleichwohl auf das uns allen in Ost und West Gemeinsame in einer Weise festzulegen, die Auskömmlichkeit und Frieden sichert. Hier sind politische, kulturelle, wenn man so will mentalitätspolitische Konzepte gefragt. Und hier wird auch deutlich, daß es sinnvoll ist, nachzuschauen, was es unter dem Mantel "Allianz" denn so alles an Partikulärem gibt und wie man sich dazu stellen soll. Gerade wir Deutsche sind, so scheint es doch wohl, in einer besonders partikulären Lage und gerade wir, in West und Ost, könnten uns hier legitimerweise zu Wort melden.

II) Die Doppelstruktur des Nachkriegskonflikts: Deutschland als gemeinsame Sache der Gegner.

Im Fall Deutschland wird die Komplexität des West-Ost-Konflikts besonders deutlich. Die in Potsdam beschlossene endgültige Beseitigung der Ursprünge des deutschen Militarismus führte von der (heute nur noch in West-Berlin fortbestehenden) Entmilitarisierung zur Eingliederung der dann im Zeichen des erneut aufgebrochenen West-Ost-Konflikts wieder remilitarisierten deutschen Teilstaaten in die jeweiligen Bündnisse. D.h. sie führte von der Beseitigung des deutschen <u>Militarismus</u> (qua Entmilitarisierung) zur Beseitigung des militaristischen <u>Deutschland</u> (qua Teilung). Bis auf die Betriebskampfgruppen der DDR, die Mehrzahl der Territorialverbände der Bundeswehr und das österreichische Bundesheer stehen alle militärischen Einheiten in den Nachfolgestaaten des Deutschen Reichs unter fremdem Oberbefehl. Daß die Teilung Deutschlands und seine Neutralisierung bzw. seine Integration in Bündnisse auch in der Absicht geschah, dem erneuten Entstehen eines Machtzentrums im Herzen Europas entgegenzuwirken, wird von beiden Seiten mindestens in der Form zugegeben, daß sie dieses Motiv der jeweils anderen Seite unterstellt.

Im Deutschland der Nachkriegszeit haben sich zwei Konfliktstrukturen überlagert: die des Systemkonflikts zwischen West und Ost und die des Konflikts mit Deutschland als potentieller Zentralgewalt Europas. Die durch Aufteilung und militärische Integration abgesicherte Kontrolle des Zentrums von den Randmächten her hat zu einem quasi-schizophrenen Schwebezustand geführt: der Doppelstaat Deutschland ist ebenso vollwertiger Bündnispartner wie besetztes Feindesland. Dies im historischen Sinn als ehemaliger Kriegsgegner mit dem kein Friedensvertrag geschlossen wurde und im Sinn zukünftiger Konfliktmöglichkeiten um Wahrung oder Aufhebung der Souveränitätsvorbehalte der Siegermächte. Völkerrechtlich gültig fixiert ist dieser Doppelzustand, was die Bundesrepublik betrifft, im sog. Deutschlandvertrag einerseits und im NATO-Vertrag andererseits. Dazu später mehr.

Durch die nun auf der Tagesordnung stehende Abschmelzung und allmähliche Verdunstung des West-Ost-Systemkonflikts werden die genuin machtpolitischen Querstrukturen europäischen Gleichgewichtsdenkens, so wie es sich in Deutschland durch Truppenstationierung und Souveränitätsrecht konkretisiert hat, zunehmend deutlicher hervortreten.(Vgl. die Diskussionen im Anschluß an die Flugzeugabstürze der letzten Zeit.) Es wird sich die Frage stellen, wie eine Zivilisierung des Konflikts und dann vollends, wie ein zivilisiertes Zusammenleben in Europa auf Dauer möglich sein soll, wenn das 'Gemeinsame Haus' mit der Hypothek belastet bleibt, die zwei seiner wichtigsten Bewohnerstaaten zu Miteignern minderen Rechts erklärt.

Die bis heute fortdauernde, völkerrechtlich fixierte Entmündigung der Deutschen in ihren nationalen Belangen durch die vier Siegermächte widerspricht nicht nur in eklatanter Weise dem vielbemühten Selbstbestimmungsrecht, sie diskreditiert zugleich auch moralisch und politisch das Bemühen um ein zivilisiertes - und das heißt ja nicht zuletzt wohl auch - gleichberechtigtes Zusammenleben der Staaten in Europa. Nachdenken über die Zivilisierung des Konflikts und dann weiter über ein zivilisiertes Miteinanderleben heißt zugleich auch: Nachdenken über Wege aus der Minderstellung der beiden Staaten und über ihre gleichberechtigte Integration in das politische Leben Europas.

III) Die Notwendigkeit mündiger politischer Willensbildung der Deutschen.

Der in der Sowjetunion eingeleitete Prozeß der Modernisierung und Demokratisierung ist zugleich ein Prozeß der Normalisierung und Einpassung in den gesamteuropäischen Kontext. Die Sowjetunion wird auf Lernen und Austausch angewiesen sein - so wie andere Staaten auch. Sie wird den übrigen Europäern zunehmend als Partner und als ihresgleichen erscheinen. Das, was an ihr als fremd und bedrohlich empfunden wird, wird tendenziell abnehmen, mindestens aber weniger gesehen werden. "Mars tritt ab und Merkur betritt die Bühne", wie F.J.Strauß sagte. Ich bezweifle, daß aus der Sowjetunion in nächster oder mittlerer Zukunft konkrete politische 'Angebote' zu erwarten sind, etwa i.S. eines Gesamtplanes für die Umstrukturierung der machtpolitischen Verhältnisse in Zentraleuropa. Von der inneren Logik der historischen Entwicklung her steht diese Frage jedoch ohne Zweifel an.

Die Sowjetunion wird jedoch, trotz Glasnost und Perestroika, einfach von ihrem eigenen Schwergewicht her, d a s Sicherheitsproblem der übrigen Europäer bleiben; sie wird auch weiter die stärkste Macht in Europa sein. Wenn die Feindbilder des Kalten Krieges auch zerfallen mögen, das machtpolitische Kalkül wird bleiben. Die alles entscheidende Frage ist, ob die Sowjetunion den übrigen Europäern, insbesondere den West-Europäern, in seriöser Weise glaubhaft machen kann, daß ihre kulturelle und politische Freiheit auch ohne amerikanische Truppenpräsenz werden wahren können. Und zugleich damit stellt sich für die Sowjetunion - und die Westmächte - die Frage, ob es eine in seriöser Weise glaubhaft machbare Lösung der deutschen Problematik gibt, die deutlich macht, daß die Vorteile, die sich aus dem Abbau der Konfrontation in Europa ergeben, das Risiko aufwiegen, das darin besteht, die deutschen Staaten aus dem Zustand militärischer Kontrollzonen, in dem sie sich völkerrechtlich und militärpolitisch gesehen befinden, zu entlassen und ihnen die Freiheit zu geben, sich in einem mit ihnen gemeinsam umzubauenden Haus Europa neu einzurichten.

Der militärische Apparat, mit dem die Sowjetunion Supermacht wurde, verschlingt die Ressourcen, mit denen sie Supermacht bleiben könnte. Nur der Abbau der Konfrontation mit den USA (für die Ähnliches gilt) kann hier einen Ausweg weisen. Es liegt in der Logik der Dinge, daß die Konfrontation primär dort abgebaut wird, wo sie ihre konkretesten Formen angenommen hat: in Europa, besonders aber in Deutschland. Damit ist die Frage nach der Rolle der beiden deutschen Staaten auf der Tagesordnung.

Hinzu kommt ein schleichender Prozeß der Umwandlung der Mentalitäten in Europa, ein Bewußtseinswandel, der auf Dauer - ganz i.S. Hegel'scher "substantieller Sittlichkeit" - ein handfesteres Politikum darstellen wird als manche kurzlebigen Aktivitäten politischer Instanzen. Ich nenne als Beispiele: das zunehmende Bewußtsein der ökologischen und militärstrategischen Krise der Menschheit; das dementsprechend zunehmende Bewußtsein der Zweitrangigkeit ideologischer Auseinandersetzungen; der wachsende Wille, die Paralysierung des planetarisch orientierten Überlebenskampfes der Menschheit durch überlebte Blockbildungen zu überwinden; die nicht mehr aufzuhaltende Einsicht, daß Europa hier als Ganzes gefordert ist; und schließlich die damit verbundene Einsicht, daß den deutschen Staaten als Staaten im Zentrum Europas unvermeidlich eine zentrale Bedeutung zukommt (im möglichen Bösen wie im möglichen Guten).

Deutschland ist, erfreulicherweise und leider, ein Land der Mitte. Wir haben, in der Mitte Europas gelegen, unserer Verantwortung für unsere eigene Fortexistenz und für den Frieden in Europa in politisch kompetenter Weise gerecht zu werden. Diese Mittellage macht uns das Leben in mancher Hinsicht besonders schwer. In einer immer noch auf Konfrontation hin strukturierten Staatenwelt schreibt sie uns zugleich aber auch auf den Leib, was wir zu tun haben: den abwägenden Ausgleich versuchen; die Lager vorsichtig tarierend auseinanderdrücken; Mißtrauen und Angst allmählich abbauen; das Bewußtsein der Mitte i.S. friedlicher Vermittlung von Gegensätzlichem erhalten, das Gegensätzliche dort kritisch auflösen, wo es sich nur fälschlich so versteht und es, verstehend, aussöhnen.

Es gilt aber auch, ein Tabu zu überwinden: das Tabu, daß die Wahrnehmung eigener Interessen, sobald es sich um solche der Deutschen handelt, nationalistisch und daher illegitim sei. Diese simplistische Sicht muß durch differenzierende Analysen überwunden werden. Es ist, um ein banales Beispiel zu nehmen, nicht illegitim, wenn die Deutschen sich gegen die Instrumentalisierung ihres Lebensgebietes als Glacis und war theater wenden. Dieses Recht hätten die hier lebenden Menschen auch wenn es Eskimos oder Buschmänner wären. Und es ist ein Irrtum, zu meinen, wir würden bei unseren Nachbarn nur Angst erzeugen, wenn wir solche eigenen Interessen verfolgen. Wir haben dafür gute Argumente; der nationalistische Glaube an die eigene Überlegenheit und Auserwähltheit, an einen Missionsauftrag oder gar an die Berechtigung von Hegemonialansprüchen gehört nicht dazu.

Und noch ein Weiteres: Politik hat mit Macht zu tun; es wäre naiv, das zu leugnen und etwa von einer befürchteten Machtstellung der Bundesrepublik, bzw. von Bundesrepublik und DDR, in Zentraleuropa zu warnen. Wir müssen unseren deutschen Sicherheits- und Identitätsproblemen mit langfristig konzipierten Entwürfen begegnen. Dabei kann uns das Leugnen faktisch vorhandener und noch weiter wachsender Macht nicht helfen. Es kommt darauf an, sie zu bändigen und vernünftig, friedlich und vermittelnd mit ihr umzugehen.

Wer Auschwitz vergessen machen will, so schrieb Habermas während des Historikerstreits, "zerstört die einzig verläßliche Basis unserer Beziehung zum Westen." Hier erscheint Auschwitz nicht als Aufruf an uns Deutsche (die wir Auschwitz auf dem Gewissen haben), sondern instrumentalisiert als Vehikel, als Hebel, der die Bundesrepublik (übrigens nicht: die Deutschen allgemein) an die Seite "des Westens" drücken soll. Ich halte diesen Umgang mit unserer Geschichte für unsachlich und für zerstörerisch was die Konsolidierung einer mündigen politischen Kultur betrifft. Die Probleme, die vor uns Mitteleuropäern und besonders vor uns Deutschen liegen, sind weder mit dem verlogenen nationalistischen Tamtam (so Habermas) der Revisionisten, noch auf der Grundlage einer pseudouniversalistischen Selbstentmündigungstheorie lösbar. Wir Deutsche müssen, gerade _wegen_ Auschwitz, in den Staaten, in denen wir heute leben, unsere politische Verantwortung im Sinne der Wahrung des Friedens in Europa einzusetzen versuchen. Die jetzige Gestalt der Blöcke und der darin festgeschriebene deutsche Sonderrolle als jeweiliges Glacis und prospektiver Kriegsschauplatz ist lebensgefährlich für uns Deutsche, für Mitteleuropa, ja für die Welt.

Die Definition der eigenen Identität und der eigenen Interessen steht der Befolgung universalistischer Prinzipien nicht nur nicht im Wege, ein gesichertes, mündiges Selbstverständnis scheint mir im Gegenteil sogar Vorbedingung für die Möglichkeit zu sein, sich eigenverantwortlich in einen größeren Kontext einzuordnen. Man muß erst einmal ein Individuum sein, um sich, mit Marx zu sprechen, "frei assoziieren" zu können.

Auf welche Weise aber könnten sich die Deutschen neu und besser der europäischen und der Weltvölkergemeinschaft "assoziieren"? Ich komme damit zum vierten Teil meiner Überlegungen, in dem ich konkrete Schrittte hin auf eine Neuordnung der Verhältnisse in Europa, verstanden als Ende des deutschen Sonderwegs, zur Diskussion stellen möchte.

IV) Bundesrepublik und DDR als (auch mit den übrigen Mächten) gleichberechtigte Staaten im Konzept einer neuen europäischen Friedensordnung.

Die Hauptstoßrichtung deutscher Friedenspolitik sollte auf den Abbau der Konfrontationssituation zielen. Ein, vielleicht gar unter neo-nationalistischen Vorzeichen stehender, deutscher Alleingang wäre sinnlos und friedensgefährdend. Die Minderung der in Europa vorhandenen Risiken kann nur in vertrauensbildender Zusammenarbeit aller Betroffenen, in West und Ost, erreicht werden. Das Ziel muß eine neue europäische Friedensordnung sein, die die Blöcke überwölbt und letztlich überflüssig macht. Dies ist ohne einverständliche Beteiligung der Sowjetunion und der USA nicht denkbar. Elementare Voraussetzung aber ist zunächst die Bildung eines klaren politischen Willens der unmittelbar Betroffenen (der Deutschen zumal). Erst wenn unmißverständlich deutlich wird, daß sie wesentliche Aspekte ihrer bisherigen Lage nicht mehr hinzunehmen bereit sind, haben politische Initiativen auf internationaler Ebene Chancen, ernstgenommen zu werden. Zugleich muß in diesem politischen Willen eine konkrete Alternative für die Reform der politisch-militärischen Verhältnisse in Europa sichtbar werden und zwar eine, in der die beteiligten Mächte ihre Interessen in einer grosso modo akzeptablen Weise aufgehoben sehen können. Hierzu werde ich im Folgenden detaillierte Vorschläge machen.

Wie jede Politik, so muß auch die heutige Deutschland- und Friedenspolitik von der historisch gegebenen Lage ausgehen. Diese ist im Fall Deutschland, gelinde gesagt, komplex. Sicher aber ist es nicht nur auf diese Komplexität der Verhältnisse zurückzuführen, daß wesentliche Fakten im öffentlichen politischen Bewußtsein kaum präsent sind, sondern zugleich auch auf das Interesse, das Verteidiger des status quo daran haben müssen, die Unhaltbarkeit der Situation zu verschweigen oder zu verharmlosen.[1] Das Resümee, das der ehemalige amerikanische Verteidigungsminister McNamara aus seiner Analyse dieser Situation zog, lautete lakonisch: die Deutschen sollten sich auf das völlige Verschwinden ihres Kulturkreises gefaßt machen, wenn sie fortführen, sich den geltenden Militärstrategien unterzuordnen.

Was ist zu tun?

In Übereinstimmung mit dem gemeinsam vom Bund der Evangelischen Kirchen der DDR und der EKD herausgegebenen "Wort zum Frieden" ist das Prinzip der atomaren Abschreckung als inhuman und völkerrechtswidrig abzulehnen. Mit Völkermord und Weltuntergang droht man nicht. Am wenigsten von deutschem Boden aus. Abschreckung und Konfrontation müssen durch Interessenausgleich, Kooperation und Vertrauensbildung ersetzt werden. Die Bundesrepublik kann hierzu sowohl allein wie auch gemeinsam mit ihren jetzigen Bündnispartnern und ihren Nachbarn in West und Ost einen nicht unerheblichen Beitrag leisten.

Eine Vielzahl von konkreten Einzelschritten ist denkbar. Ihre zeitliche und strukturelle Abstimmung aufeinander kann natürlich nicht im Vorhinein rigide festgelegt werden. Im Großen lassen sich vier verschiedene Stufen bzw. Typen von Aktivitäten unterscheiden: 1) Verweigerungs- und Ablehnungshandlungen der Bundesrepublik, die bestehende Verträge unberührt lassen, 2.) Konstruktive Anregungen der Bundesrepublik zu Neukon-

---

1.Anm.: Zu Entstehungsgeschichte und Gegenwart der Situation Deutschlands habe ich in den Ausgaben 18,19 und 20 (1986) des "Deutschen Allgemeinen Sonntagsblatts" einige analytische Anmerkungen gemacht.

zeptionen bzw. Verbesserungen, die bestehende Verträge ebenfalls unberührt lassen, 3.) Initiativen zur Veränderung der bestehenden vertragsrechtlichen Lage unterhalb der Schwelle der Revision des Deutschlandvertrages und 4.) Revision des Deutschlandvertrages und Abschluß von friedensvertraglichen bzw. friedensvertragsäquivalenten Abkommen zwischen Bundesrepublik, DDR und den vier Siegermächten als Kernstück der neuen europäischen Friedensordnung.[1]

1.) Zum ersten Typ von Aktivitäten können Schritte gehören wie: die Ablehnung der 'Modernisierung' der amerikanischen Atomwaffen in der Bundesrepublik; die Verweigerung der Mitarbeit an amerikanischen oder europäischen 'Sternenkriegs'programmen; die Ablehnung der "Airlandbattle-" und "Field Manual 105"-Kampfdoktrinen; die Ablehnung konventioneller Aufrüstung; die Verweigerung der Verlegung von US-Truppen in Grenznähe; die Beendigung der Zustimmung zum weiteren Verbleib von atomaren Gefechtsfeldwaffen in der Bundesrepublik; die Ablehnung der Einfuhr von chemischen Waffen in Spannungs- oder Kriegszeiten; die Verweigerung der geographischen Ausdehnung des NATO-Gebietes; die Ablehnung der Doktrin horizontaler Eskalation; der Abbau des Waffenexports und des Exports von Atomkraftwerken; der Abbau atomarer Großanlagen in der Bundesrepublik (die im Kriegsfall zu doomsday-Maschinen würden); die möglichst weitgehende Konversion von Rüstungsproduktion in Zivilproduktion; die verfassungsrechtliche Festlegung einer Obergrenze für Militärausgaben nach japanischem Vorbild; die Beendigung des Ausbaus der zivil-militärischen Infrastruktur (Flughäfen, Autobahnlandepisten, Atombunker etc.); der Verzicht auf den Ausbau einer Atomkriegsmedizin, auf die Einrichtung von Kriegsgerichten, auf ein kriegsbezogenes Nahrungsmittelsicherstellungsgesetz etc..

2.) "Konstruktive Anregungen.." wären z.B.: die Belebung des KVAE-Prozesses, der den Vertrauens-Grundstein für die zukünftige neue europäische Friedensordnung legen soll; die Belebung der Verhandlungen über die Reduktion der konventionellen Kräfte; die Ratifizierung der "Genfer Zusatzprotokolle", die den Einsatz von Massenvernichtungsmitteln noch klarer verbieten als das bisher schon der Fall ist; die Belebung der Genfer Konferenz über den weltweiten Abbau von Chemiewaffen; der Abschluß von Vereinbarungen mit der DDR und Dritten Staaten sowie zwischen NATO und WVO über die Einrichtung von massenvernichtungsmittelfreien, -reduzierten und/oder kontrollierten Zonen; der Abschluß von Vereinbarungen i.S. eines "memorandum of understanding" über Modi und Reaktionsweisen im Rahmen eines Systems einseitiger, kontrollierter Abrüstungsvorleistungen und die Einleitung solcher Maßnahmen; der Abschluß von Vereinbarungen über das Einfrieren von Rüstungsausgaben, die Beendigung von Waffentests und den Abbau aggressiver Waffensysteme und über die Einrichtung einer gemeinsamen Verifikations- und Schiedsstelle.

1.Anm.: Vgl. hierzu meine Aufsätze in "Deutschland Archiv", 1986, H.6 und im "Deutschen Allgemeinen Sonntagsblatt", 24.4.1988 und 1.5.1988.

3.): "Initiativen zu Veränderungen der vertragsrechtlichen Lage unterhalb der Schwelle der Revision des Deutschlandvertrags". Ich erwähne hier folgende Problembereiche:

Das Grundgesetz beschränkt das Recht der Bundesregierung, militärische Mittel einzusetzen, auf den Fall eines Angriffs auf das Territorium der Bundesrepublik. Der NATO-Vertrag legt, insbesondere durch seine Anwendung im Rahmen der Integrationsverträge, die Möglichkeit der militärischen Hilfeleistung aller Partner im Fall des Angriffs auf einen von ihnen nahe. Das Grundgesetz würde der Bundesregierung eine solche Aktion nicht erlauben.(Art.115a). Dies muß in dem von der Bundesrepublik ratifizierten Vertrag mit den übrigen NATO-Mitgliedern Eingang finden.

Der NATO-Vertrag selbst sieht keine Beistandspflicht vor und ist insofern für die Politik der Bundesrepublik im Krisenfall nicht notwendigerweise relevant. Eine Kündigung ist, streng genommen, überflüssig. Die eigentliche Brisanz der NATO-Bindung liegt in den militärischen Integrationsverträgen. Daher sollte sich die Bundesrepublik einsetzen für die Revision der Integrationsverträge mit dem Ziel der Stärkung der Rechte der Bundesrepublik. Auch der mit den USA abgeschlossene, bilaterale war-time-host-nation-support-Vertrag gehört auf die Agenda für Neuverhandlungen.

Weiter das "Zusatzabkommen" vom 3.8.1959, das in seinem Art.53,1,b den fremden Truppen das Recht gibt, als "geheim" deklarierte Bauten in eigener Regie (ohne Genehmigung oder Inkenntnissetzung deutscher Stellen) zu errichten und das in seinem Artikel 65,5,b,c,d den fremden Truppen das Recht gibt, als "geheim" erklärte Güter ohne Erlaubnis oder Inkenntnissetzung deutscher Behörden auf das Territorium der Bundesrepublik zu verbringen.

Andere mögliche Initiativen wären: die Rücknahme der (offenbar erteilten)Erlaubnis zur Stationierung französischer Atomwaffenträger auf dem Gebiet der Bundesrepublik,oder: die Nutzung der französisch-bundesdeutschen Militärkooperationsvereinbarungen für die Aufnahme von Verhandlungen mit dem Ziel des Abbaus der auf das Territorium der Bundesrepublik und der DDR zielenden Atomwaffen.

4.) Der wichtigste Schritt aber ist die"Revision des Deutschlandvertrages und der Abschluß von friedensvertraglichen bzw. friedensvertragsäquivalenten Abkommen zwischen Bundesrepublik, DDR und den vier Siegermächten als Kernstück einer neuen europäischen Friedensordnung".

Die oben genannten Initiativen sollen den Boden bereiten für die Ingangsetzung eines Verhandlungsprozesses zwischen a) Vertretern der Bundesrepublik, der DDR und der vier Siegermächte und b) Vertretern der Bundesrepublik und der drei westlichen Siegermächte. Das Ziel der Verhandlungen der Gruppe b ist die Beendigung der Gültigkeit des Deutschlandvertrages und damit die Beendigung der Souveränitätsbeschränkungen der Bundesrepublik und die Beendigung der besatzungrechtlichen Grundlagen der ausländischen Militärpräsenz in der Bundesrepublik. Die Verhandlungen der Gruppe a zielen auf die Ausarbeitung der Rahmenbedingungen der neuen europäischen Friedensordnung, in der, als Kernstück, die völkerrechtliche und militärpolitische Lage der Bundesrepublik, Berlins und der DDR neu festgelegt werden soll. Hieran können auch Vertreter Polens und der CSSR, insofern ihre Staaten betroffen sind (Warschauer und Prager Vertrag), als Verhandlungspartner teilnehmen. Vertreter aller übrigen Nachbarn deutscher Staaten sowie Vertreter sonstiger interessierter Staaten können als Beobachter mit Recht auf Anhörung zugelassen werden.

Für die Bundesrepublik würde die Ablösung des Deutschlandvertrages zugleich den Verzicht auf den darin und u.a. im "Grundlagenvertragsurteil" des Bundesverfassungsgerichts von 1973 fixierten Anspruch bedeuten, völkerrechtlich identisch mit dem ehemaligen Deutschen Reich zu sein. Durch die Überwindung des Provisoriums Deutschlandvertrag würde zugleich der aus der Sicht der bisherigen Rechtsauffassung der Bundesrepublik (und der drei Westalliiierten) behauptbare Provisoriumscharakter der in den Ostverträgen getroffenen Grenzregelungen überwunden.

Das Gründungsdokument der DDR, die "Souveränitätserklärung" der Sowjetunion vom 25.3.1954, sieht ebenso wie das Gründungsdokument der Bundesrepublik als souveräner Staat, eben der Deutschlandvertrag, Souveränitätseinschränkungen und zu deren Gewährleistung Fremdtruppenstationierungsrechte vor. Daher würde die Souveränisierung beider deutscher Staaten völkerrechtlich die Möglichkeit des Abzugs der fremden Truppen eröffnen helfen. Damit einhergehen müssen Festlegungen hinsichtlich der Beendigung der militärischen Integration der NVA in die WVO und der BW in die NATO. Weitere Regelungen betreffen:
die Umrüstung von NVA und BW auf Defensivwaffen, deren Art und Umfang; den Abzug fremden Militärs aus Berlin-West und Berlin-Ost sowie dessen Ersetzung durch polizeiliche Selbstverteidigungskräfte der Bundesrepublik bzw. der DDR, deren integrale Bestandteile die respektiven Teile Berlins in Zukunft sein könnten; die Konstituierung von gemeinsamen Gremien von Bundesrepublik und DDR zur Überwachung der Einhaltung der abgeschlossenen Verträge und zum Entscheid von Meinungsverschiedenheiten hierüber; die Ansiedlung dieser Gremien in Berlin-West und Berlin-Ost; den Verbleib der Bundesrepublik in der EG und der DDR im RGW sowie die Kooperation zwischen EG und RGW, insbesondere insofern Bundesrepublik und DDR betroffen sind; den eventuellen Fortbestand bzw. den Neuabschluß bilateraler Beistandsverträge mit Dritten; das Verbot der Fremdtruppenstationierung; das Verbot der Zugehörigkeit von Bundesrepublik und DDR zu gegeneinander gerichteten Militärbündnissen; die Förderung jeder Art von Kooperationsverträgen zwischen Bundesrepublik und DDR sowie Dritten; den Abschluß von Vereinbarungen zum Schutz vor Überraschungsangriffen; die Erreichung des Einverständnisses aller beteiligten Mächte, sich für die ersatzlose Streichung der sog. UNO-Feindstaatenklauseln (Art.53 und Art.107 der UNO-Charta) einzusetzen, die den Siegermächten die Anwendung von Gewalt gegenüber Deutschland erlauben.

Wir sollten uns nicht der Illusion hingeben, daß mit solchen Initiativen die Welt vor den sich anbahnende Katastrophen zuverlässig geschützt werden könne. Dazu sind viel weitergehende Maßnahmen globalen Zuschnitts erforderlich. Hier geht es darum, wenigstens in Europa die Kriegsrisiken zu reduzieren und den deutschen Sonderstatus als

Glacis, Frontgebiet und Atomwaffenrampe zu beenden.

Frankreich und Großbritannien könnten sich bei ruhiger Betrachtung hinter einer solchen kontrollierten Entspannungszone sicherer fühlen als hinter dem jetzigen Pulverfaß. Die USA hätten nicht den 'Verlust' Westeuropas zu befürchten und sähen die sowjetische Militärpräsenz zurückgenommen. Die Bundesrepublik träte der Sowjetunion nicht mehr als militärischer Brückenkopf der USA gegenüber. Die Deutschen wären von den weitreichendsten Formen der Fremdbestimmung in Sachen ihrer physischen Fortexistenz befreit und würden doch zugleich ihren westlichen und ihren östlichen Nachbarn weder als unsicheres Element noch als potentielle Hegemonialmacht oder militärisches Vakuum erscheinen können.

Wir Deutsche haben keinen Grund, uns weiter passiv zu verhalten. Wir haben ganz im Gegenteil gute Gründe zu kämpfen: um den "Ausgang aus unserer selbstverschuldeten Unmündigkeit", um eine aufgeklärte Definition unserer Interessen und um deren politisch mündige Einbringung in den gesamteuropäischen Kontext.

Wir Deutsche haben in diesem Jahrhundert genügend Schützengräben ausgehoben. Wenn es nach allem überhaupt noch eine "historische Aufgabe" für uns gibt, dann die, Gräben zuzuschütten und stattdessen tragfähige Brücken zu bauen - so große und so viel wie möglich.

DIE OSTPROBLEMATIK
EINER
EUROPÄISCHEN FRIEDENSORDNUNG

DIE ZIVILISIERUNG DES KONFLIKTS.

AUF DER SUCHE NACH EINEM KONZEPT FÜR DIE ZUKÜNFTIGE GESTALTUNG DES WEST-OST-VERHÄLTNISSES.

Experten - Kolloquium, 3. - 5. Februar 1989, Loccum

Klaus Segbers

ÜBERLEGUNGEN ZUR SOWJETISCHEN REFORMPOLITIK ZWISCHEN KRISE UND KONSOLIDIERUNG

Die UdSSR ist, als immer noch zweite Weltmacht, ein wichtiger Faktor der internationalen Beziehungen. Wer über diese handelt, muß also die sowjetische Außen- und Sicherheitspolitik mit in den Blick nehmen. Das wiederum bedeutet heute mehr als zuvor, sowjetische Binnenverhältnisse zu beachten; und darauf will ich mich hier beschränken.

Stets ist staatliche Politik wohl innen- und außengeleitet, d.h. inne- re Faktoren und äußere Einflüsse befinden sich in einem Mischungsverhältnis. Der Versuch, dieses Mischungsverhältnis aktuell für die Sowjetunion genauer zu bestimmen, fördert zweierlei zutage. **Zum einen ist die internationale Ordnung heute wie vor 72 Jahren durch die quantitative und qualitative Übermacht "entwikkelter" kapitalistischer Industriestaaten (heute: OECD) geprägt.** Dies setzt der sowjetischen Politik, auch der inneren, einen Handlungs- , aber auch einen Orientierungsrahmen. Das gilt seit Jahrzehnten unverändert. **Zum anderen ist sowjetische Außen- und Sicherheitspolitik heute vor allem anderen eine Funk- tion des Versuchs, die mehrdimensionale Krise des Landes zu überwinden.** Es ist jetzt nicht möglich, die wirtschaftlichen, sozialen, kulturellen und diplomatischen Aspekte dieser Krise im einzelnen nachzuzeichnen, das ist andernorts geschehen. Wesentlich ist, daß das seit den 70er Jahren vorgezeichnete und seit 1985 begonnene Projekt einer umfassenden Reformation und Modernisierung der sowjetischen Binnenverhältnisse aus systematischen und aus pragmatischen Gründen der Gestaltung der Außenbeziehungen vorgelagert ist. Diese sollen im wesentlichen den Umbau im Innern erleichtern und abschirmen, und genau dieser Aufgabe widmet sich die sowjetische Diplomatie seit 1986.

Wenn die Analyse zutrifft, daß der sowjetische Sytemwandel vor allem einen inneren Antrieb hat, der die Interessen der Machtelite (und von größeren Teilen anderer sozialer Gruppen) an der in-

ternationalen Umwelt, der ihre Weltsicht und ihre Politik nach
außen bestimmt, dann führt der Weg zur richtigen Einschätzung der
sowjetischen Sicherheits- und Außenpolitik über die Analyse der
Grundprobleme der inneren Politik und der Strukturprobleme der
Übergangsperiode, in der sich dieses Ursystem "sowjetischen Typs"
befindet.

Diese Probleme sind die eigentlich entscheidenden für den teils
reformerisch betriebenen, teils geschehenden Systemwandel und
damit für das Schicksal der zweiten Weltmacht. Andere Fragen, die
in der westlichen und z.T. auch in der sowjetischen Öffentlichkeit übermäßig behandelt werden, sind dagegen nachrangig. Das
betrifft etwa Spekulationen über die "Ernsthaftigkeit" des Reformprojekts ("Kosmetik"?, "peredyska"?), über die politischen
"Gefahren" für die Reformen oder für den Generalsekretär der
KPdSU persönlich, die berechtigter, aber dennoch vergleichsweise
zweitrangig sind. Denn die eigentlichen Gefahren für den gesteuerten Systemwandel sind zunächst eher sozialer als unmittelbar politischer Natur. Und: selbst wenn weder ein sozialer
noch ein politischer Widerstand nennenswert existierten, - eine
aberwitzige Annahme - , selbst dann wäre eine Gelingen des Reformprojekts kaum greifbarer, weil die zentralen Probleme dieses
historischen Prozesses dieselben wären. Von ihnen möchte ich
gleich reden.

Die UdSSR befand sich an der letzten Jahrzentwende bekanntlich in
einer mehrfachen Krise. Diese war bestimmt durch die wirtschaft-
liche Schwäche des sowjetischen Entwicklungsmodells, und zwar
durch Wachstumseinbußen und Qualitätsprobleme. Die ökonomische
Krise hatte also eine quantitative und eine qualitative Seite.
Krisenerscheinungen waren auch in der Gesellschaft feststellbar,
- Alkohololismus, Rauschgiftkonsum, Wertezerfall, Korruption,
Familienzerrtüttung usw. Entsprechendes galt zumindest, aber
nicht nur für die "offizielle" Kulturproduktion. Diese inneren
Krisenaspekte waren und sind in ihrem Profil und in ihrer Bünde-

lung von einem Zuschnitt, der sich von den Ausgangsbedingungen
früherer Reformansätze oder Wedepunkte (1921, 1929, 1941, 1056,
1965) entscheidend ab hebt. Dies ist ein wesentlicher Aspekt für
das Verständnis des gegenwärtigen Systemwandels und seiner Perspektiven.

Aber auch außenpolitisch geriet die zweite Weltmacht zunehmend
unter Druck, und zwar durch die Ursachen und Symptome des seit
den späten siebziger Jahren einsetzenden neuen kalten Kriegs:
unvorhergesehene und kaum steuerbare Eruptionen in der "Dritten
Welt" (Iran u.a.), durch die neue amerikanische Hochrüstung,
durch die allmähliche Erosion der Bipolarität und die Heterogenisierung der Bündnissysteme und durch neue Qualitätssprünge in der
Waffentechnologie. Die militärischen und zivilen Technologieprogramme, die in den OECD - Staaten Anfang der achtziger Jahre unter verschiedenen Bezeichnungen aufgelegt wurden (SDI, Eureka,
Ariane/Hermes u.a.), verstärkten sowjetische Besorgnisse über
eine sich intensivierende west - westliche technologische Konkurrenz, die die Sowjetunion zwangsläufig weiter zurückfallen lassen
müßten.

Diese mehrdimensionale Krise war Ausgangspunkt des sowjetischen
Systemwandels. Sie übersetzte sich in konzepotionelle, administrative und materielle Reaktionen. Diese Reaktionen vor allem
der Machtelite, aber auch mancher Wissenschgaftler und Funktionseliten waren unterschied- lich und ordneten sich allmählich zu
mehreren Wellen. Ordnungs- und Antikorruptionkampagnen, Kaderwechsel, die Verbreiterung der Diskursräume, die Betonung von
Modernisierungs und "Beschleunigungserfordernissen" standen zunächsdt im Vordergrund (bis Ende 1986) und gingen dem umfassenden
Reformprojekt voraus, das ab 1986 dann etappenweise vorformuliert
wurde und schließlich alle Politikfelder erfaßte. Inzwischen ist
es kaum noch möglich, Themen und Aspekte zu benennen, die nicht
debattiert und hinterfragt würden. Kein politischer und gesell-

schaftlicher Bereich hat sich dem Veränderungsdrang verschließen
können. Das ganze Land ist in Bewegung geraten.

Vor diesem Hintergrund anzunehmen, es handele sich bei dem sich
gleichsam selbst hervorbringenden, ursächlich tief fundamentierten, umfassenden, befreienden, aber auch außerordentlich schmerzlichen und riskanten Systemwandel um ein fein instrumentiertes
Manöver zur Täuschung "des Westens", oder um einen Trippelschritt
zum Atemholen vor dem nächsten Ausgriff zur Weltherrschaft, oder
um Imaginationen eines einzelnen begnadeten principe namens Michail setzt ein hohes Maß an politischer Phantasie und Romantik
oder aber Realitätsverlust voraus.

Die Feststellung der strukturellen Wurzeln, des Umfangs und der
Durchaschlagskraft der neuen Beweglichkeit ist zu trennen von
Aussagen und Spekulationen über die Aussichten und die Richtung
des begonnenen Systemmwandels. Dazu sind vorerst keine sicheren
Angaben zu machen. Daß sich an den politischen und wirtschaftlichen Rahmenbedingungen so viel geändert hat und weiter ändern
wird, und daß es auf wohl allen Gebieten einen oft ungestümen
Ansturm "neuen Denkens" gibt, bedeutet keineswegs, daß den neuen
Reformen Erfolg beschieden sein muß. Dabei wäre "Erfolg" noch
quantitativ, qualitativ und sozial zu definieren, da durchaus ein
technisches Reformgelingen vorstellbar ist - etwa gemäß den Losungen "Konsolidierung" und "Pluralisierung" - , das zugleich ein
soziales Scheitern wäre.

Aber unabhängig davon verschieben sich die Maßstäbe für "Mögliches" und "Unmögliches" im Sowjetsystem, teilweise erheblich. Das
System wandelt sich, ohne daß vorerst mit einem Systemwechsel zu
rechnen wäre. Erstmals seit, je nach Bezugspunkt, 1917, 1928 und
1945 geht es nicht mehr um Oberflächenretuschen eines resistenten
Systems, nicht um Manöver und muddling through - dazu war die
Ausgangslage zu ernst. Auch geht es nicht mehr um die prinzipielle Frage der Wandelbarkeit und Lernfähigkeit des sowjetischen

Modells - beides wird gerade unter Beweis gestellt. Sondern es geht erstmals wirklich um Gehalt und Profil eines sich längst vollziehenden Wandels und Lernens des sowjetischen Systems. Erstmals machen damit die eigentlich wesentlichen Fragen praktischen Sinn, und zwar gerade auch dann, wenn sie nicht nur aus westlicher Perspektive gestellt werden. Dazu zählen aus meiner Sicht die folgenden:

1. Für die radikale Renovierung und Umgestaltung eines Landes, das zugleich Weltmacht und Entwicklungsland ist, gibt es kein Vorbild. Es fehlt an Modellen und Theorien, die den Weg weisen könnten. Es gibt keine Methodologie der "Übergangsperiode" zwischen einer zugleich extensiven und stagnierenden Ökonomie und einer neuen, dynamischen und sozialverträglichen Wirtschafts- und Sozialordnung. Es fehlt auch weitgehend an Erfahrungen: die früheren Reformansätze waren weit bescheidener und immanenter als das Reformprojekt, das nun versucht werden muß. Die sowjetischen Reformer wissen zunehmend genauer, von was sie weg wollen, aber sie haben nur eine ungefähre Vorstellung davon, wohin sie steuern sollen. Solange eine vollständige Übernahme kapitalistischer Regelmechanismen abgelehnt wird - übrigens nicht ohne Plausibilität - , muß die Verbindung von zentralem Durchgriff und Selbstregulierung, von Plan und Markt mühsam erprobt werden. Wo es an Blaupausen fehlt, sind Gedanken-_ und Praxisexperimente erforderlich, mit allen damit verbundenen Chancen und Risiken.

2. Die UdSSR ist zweite Weltmacht und bleibt dies vorerst. Sie kann sich, selbst wenn sie es wollte, nicht vorübergehend von dieser Rolle dispensieren, um inzwischen ihre inneren Verhältnisse zu modernisieren und zukunftstüchtig umzubauen, und dazu noch so umzubauen, daß der Chiffre - Begriff "Sozialismus" nicht nur zur "Sozialdemokratisierung" oder zur Sozialpolitik, sondern zur Karikatur wird. Aus ihrer internationalen Rolle erwachsen

Aufgaben und Verpflichtungen sowie Kosten, die sich trotz ernsthafter Anstrengungen zwar kurzfristig reduzieren, aber nicht ganz abbauen lassen. Die Sowjetunion agiert und reagiert im Weltmaßstab. Das erfordert die Verausgabung von Aufmerksamkeit und Zeit, von Finanz- und Sachmitteln. Dem einseitigen Abbau der Engagements, der in manchen Bereichen versucht wird, sind also praktische Grenzen gesetzt. Die **Dimensionen Raum und Zeit** beschränken zudem manche Notwendigkeit des Umbauprojekts von außen. Wel- chen Aktionsraum und wieviel Zeit hat die UdSSR im Rahmen der gegebenen Struktur der internationalen Beziehungen, sich so intensiv und konsequent wie erforderlich nach innen zu wenden? Wie erfolgreich kann die neue Sanftmut nach außen die Reformen nach innen abschirmen?

3. Ein drittes Problem sind die Reibungsverluste der Umstellung selbst. Ein Reformprogramm dieser Größenordnung kann nicht beschlossen und umgesetzt werden, um sogleich zu funktionieren. Hier sind **schwierige Übergänge und Anpassungen** erforderlich -, mentale, organisatorische, materielle. Allein der Zeitbedarf für die psychologischen Umstellungen mißt nicht nur nach Monaten oder Jahren, sondern eher nach Generationen. Neue organisatorische Formen der Wirtschaftssteuerung, der Entscheidungsprozesse, der Informationsübermittlung und der Anreizsysteme müssen sich erst finden und operationalisiert werden. Umstellungsprozesse einer solchen Dimension müßten eigentlich in Zeiten wirtschaftlicher Blüte begonnen werden (was natürlich nicht geschieht), damit die erforderlichen materiellen Reserven zur Verfügung stehen, um unvermeidliche Schwankungen und möglicherweise stabilitätsgefährdende Einbrüche während der Transformation auffangen zu können. Die heute oder morgen benötigten Extraressourcen zum Manövrieren und zum kurzfristigen Ausgleich unvorhergesehener Probleme sind nicht vorhanden. Sie können erst im Verlauf eines erfolgreichen Reformprozesses angelegt werden, zu dessen Gelingen sie eigentlich eine Voraussetzung darstellen.

Dies könnte ein Teufelskreis sein, eine Achillesferse des ökonomischen Reformprogramms. Je energischer die Umstellungen betrieben werden, desto eher und schärfer werden sich die damit verbundenen Friktionen einstellen - wahrscheinlich in einem Ausmaß, das die Fortschreibung eines "normalen", strukturell krisenhaften Verlaufs gar als gesünder erscheinen ließe. Für eine gewisse Zeit würde ein Nichtstun womöglich "bessere" quantitative Resultate erbringen, als radikale Reformschritte, bevor sich diese auszuwirken beginnen. Dies ist ein Punkt, den konservative politische Kräfte ausnutzen könnten, sobald sie auf ein größeres, orientierungsloses gesellschaftliches Potential enttäuschter materieller Reformverlierer rechnen können, die es spätestens in den neunziger Jahren geben wird. Ein kardinales Problem, das auch die Unentschiedenheit der Preisbildungsreform mitbestimmt.

4. Dieses Problem ist verbunden mit einem anderen, nämlich mit dem allgemeinen Verhältnis von quantitativer Wachstumsorientierung (uskorenie) und dem gleichzeitig vorgetragenen Anspruch zur Qualitätssteigerung. Administrativ durchgesetzte Produktverbesserungen führen unvermeidlich, zumindest vorübergehend, zu Produktionseinbrüchen. Das hat die Erfahrung mit der am 1.1.1987 eingeführten staatlichen Abnahmekontrolle (gospriemka) wieder gezeigt. Strukturell ansetzende Methoden zur Anreizung höherer Qualität können im Rahmen des alten Wirtschaftsmechanismus nicht wirken, der den technologischen Rückstand ja verursacht hat, und einen entfalteten neuen gibt es noch nicht. Das heißt, ein stärkerer Akzent auf die Qualitätsseite müßte mit bescheideneren Wachstumszielen einhergehen, die jedoch aus verschiedenen Gründen als unannehmbar verstanden werden. Erst 1988 gab es erste vorsichtige Anzeichen für ein Umdenken auf diesem Gebiet. Leonid Abalkin, der sich im Laufe der Zeit selbst "radikalisierende" Direktor des Wirtschaftsinstituts der Akademie, erklärte auf der 19. Parteikonferenz kurz und bündig: "Man hat die Wahl: entweder

Quantität oder Qualität".

5. Weiter ist die Frage nach dem **sozialen Kräfteverhältnis** brisant. Das betrifft nicht nur eindeutige "Gewinner" und "Verlierer" der wirtschaftlichen, sozialen und politischen Reformen, sondern den größten Teil der sowjetischen Gesellschaft. Es geht zunächst um die **Motivation der Produzenten**. Der Appell an die (tendenziell) jungen, gut qualifizierten, mobilen, aktiven SowjetbürgerInnen, mitzuziehen, kann nicht mehr (vorwiegend) mit Verheißungen arbeiten; die ideellen Motivationsreserven sind erschöpft. Ein neuer "Sozialvertrag" müßte auf ma- teriellen Angeboten beruhen. Der Differenzierung der Geldeinkommen als Element einer reformtaktisch für nötig gehaltenen Strategie der wohl nicht nur vorübergehenden, sozial teilweise abgefederten Gesellschaftsspaltung (der **Sozialismus** einerseits zum Sozialdemokratismus und andererseits zur Sozialpolitik macht) müßte ein entsprechendes Waren-, Dienstleistungs- und Kulturangebot gegenüberstehen.

Ein solches Angebot gibt es in den sowjetischen Großstädten bisher nicht in ausreichendem Maß, geschweige denn in der Provinz. Vor allem wachsen die Erwartungen und Ansprüche der Menschen sowie die Geldeinkommen des "gesunden Drittels" schneller als das zudem größeren Schwankungen unterworfene Warenangebot. In der Hauptresolution der 19. Parteikonferenz wird die "beschleunigte Lösung der **Probleme des Volkswohlstandes**" als "überaus wichtige Aufgabe" bezeichnet. Genannt werden die Lebensmittelversorgung, der Wohnungsbau, das Gesundheitswesen und der Umweltschutz. Die schlechte Versorgung und die ungenügende Sozialpolitik werden als so wichtig beurteilt, daß gefordert wird, die "soziale Umorientierung der Wirtschaft" müsse nun "zum Kernstück der gesamten Struktur- und Investitionspolitik, zur Ausgangsbasis für die Bestimmung von Tempo und Proportionen der Reproduktion" werden. Zwar haben die Liberalisierung individueller und genossenschaftlicher Arbeitstätigkeit und die Forcierung des Wohnungsbaus hier etwas Erleichterung verschafft, doch bei weitem nicht in genügendem Maße, bzw. nur sozial selektiv. Der staatliche Sektor, aus oben beschriebenen und nicht ganz abwegigen Gründen auf die Entwicklung des Maschinenbaus, des Energie- und des Transportsektors orientiert, bleibt hier weit zurück. Vorerst steht den durch intensivere Verausgabung der Arbeit erzielten Geldeinkommen kein ausreichendes und attraktives Warenangebot gegenüber.

Die Beschäftigten sollen sich verausgaben, aber als Konsumenten ist ihnen erneut Geduld abverlangt. Ob sich die sowjetischen Menschen von der Notwendigkeit ernsthafterer und intensiverer Arbeit überzeugen lassen, wenn sie die Früchte dieser Arbeit nicht sehen oder wenigstens ahnen können, ist fraglich - auch wenn den meisten wohl bewußt ist, daß es diesmal nicht um zweifelhafte und womöglich auch mit viel geringeren Kosten erreichbare Entwikklunsgziele geht. Das Problem bleibt.

6. Hinzu tritt die ebenfalls offene Frage, wie sich die **Notwendigkeit "besserer" Arbeit und größerer Disziplin** mit den erwei- terten Möglichkeiten zur Dezentralisierung und zur Selbstbestimmung auch am Arbeitsplatz vereinbaren lassen wird. Die "Aktivierung des menschlichen Faktors" bringt zunächst wohl eher Unwägbarkeiten mit sich, ein Lernen und Ausprobieren, als größere funktionelle Vervollkommnung der Arbeitsabläufe. Die Ausgestaltung der innerbetrieblichen Arbeit auf der Grundlage des neuen Betriebsgesetzes hängt entscheidend von den jeweiligen Kräfteverhältnissen vor Ort ab. Sie ist "von oben" schwer kalkulierbar.

Ähnliches gilt für größere Teile der Apparate, der "Bürokratie". Aus durchaus verständlichem Eigeninteresse fördern viele Staatsangestellte keine Reformmaßnahmen, die ihnen Einbußen an Geld, Status und Einfluß oder gar ihren Arbeitsplatz abverlangen würden. Der von der Ausdünnung des Leitungs- und Verwaltungspersonals betroffene Personenkreis ist aber so groß, daß er vermittels stiller Sabotagen oder als soziale Kraft über erheblichen Einfluß verfügt. Aus ihrer Sicht durchaus schlüssig weigern sich diese "Beamten" in aller Regel auch, andere Arbeitsplätze anzunehmen, die mit weniger Einkommen oder mit Statuseinbußen verbunden sind. Erst recht akzeptieren sie keine Versetzung in die Produktion oder in die Provinz. Ältere Staatsangestellt lassen sich auch nicht ohne weiteres umschulen, etwa zu Software - Beratern oder zu genossenschaftlichen Köchen. Auch eine Frühpensionierung in Millionenhöhe scheint keine praktikable und wegen der Milliardendefizite des Staatshaushalts finanzierbare Lösung darzustellen -- erst recht nicht angesichts hunderttausender demnächst demobilisierter Soldaten und Offiziere.

Unterhalb dieser "großen" Strukturprobleme gibt es eine Anzahl von tech- nischen und politischen, aber gleichwohl brisanten Problemen und Unklarheiten. Das betrifft vor allem die erforderliche Reform der Preisbildung, die technisch und politisch außerordentlich heikel ist, die Neudefinition der Kompetenzen der verbleibenden Instanzen der oberen Wirtschaftshierarchie, die Entwicklung des Finanz- und Kreditwesens, die Gestaltung der Direktkontakte zwischen den Betrieben einschließlich des Großhandels auf Vertragsbasis, die Ausweitung der außenwirtschaftlichen Beziehungen in- und außerhalb des RgW und anderes mehr. Auch die Ausdünnung der administrativen Apparate parallel mit der größeren wirtschaftlichen Eigenverantwortung der Betriebe und einem Truppenabbau von mehreren hunderttausend Mann wird ein ernstes Problem darstellen, da ein sicher Personenkreis weder den Qualifikationen noch den mentalen Einstellungen nach problemlos in der Zivilwirtschaft oder in der Provinz absorbiert werden, aber auch nicht staatlich unbegrenzt ausgehalten werden kann.

Schließlich ist auf die zur Stützung und Verankerung der Wirtschaftsreformen erforderlichen **politischen Reformen** zu verweisen, die seit der 19. Parteikonferenz in Ansätzen erkennbar und seit Herbst 1988 teilweise beschlossen sind, dier aber noch weiter der Kodifizierung, Ausfüllung und Umsetzung harren. Prinzipiell spannungsgeladen ist das doppelte Interesse an Demokratisierung und Dezentralisierung von Gesellschaft und Produktion einerseits und an Effektivierung der Wirtschaft andererseits. Eine erfolgreiche Reformstrategie könnte manchmal wohl zielgerichteter durchgesteuert als langwierig erprobt und ausgehandelt werden. Womöglich wäre in einer akuten politischen Krise als Folge der Strukturprobleme und Widersprüche der Reformpolitik, nicht der vorgängigen Doppelkrise eine starke und aktionsfähige politische Führung mit dem entsprechenden Instrumentarium vonnöten. Dies widerspräche jedoch der angestrebten und wohl auch unverzichtbaren Bewußtwerdung und Autonomisierung der Gesellschaft und ihrer Teilgruppen. Inwieweit Reformen dieser Dimension überhaupt gesteuert werden können, ist ein gesondertes Problem, das hier außer Betracht bleiben muß.

Ein besonderer Problemkreis wird durch **nationale und religiöse Spannungen**, die überwiegend noch historisch und sozialökonomisch aufgeladen sind und nun ihre Entfaltungsräume finden, konstituiert. In diesem Bereich sind zur Zeit auch ansatzweise keine dauerhaften Lösungen absehbar.

Die Probleme der Nationalitätenpolitik, der politischen Reformen, der Versorgungsengpässe und der sozialen Degradierung mancher sozialer Schichten können in Verbindung mit einer um sich greifenden Werte- und Orientierungskrise vor allem in der sozialen Intelligenz und bei jüngeren sowie bei älteren Sowjetbürgern tatsächlich zu einer Entwicklung führen, die **aus der alten Krise über die Reformpolitik in eine neue Krise** führt.

Die hier erwähnten strukturellen und technischen Probleme sind von einem Zuschnitt, daß die in der westlichen Publizistik häufig im Vordergrund stehenden Spekulationen über "Reformer" und "Konservative", über "Kosmetik" und "Substanz", über "Atempause" und "Ernsthaftigkeit" nicht den Kern des Gegenstandes, nämlich des sich vollziehenden sowjetischen Systemwandels, erreichen, weil sie an der Oberfläch bleiben oder, noch schlimmer, weil sie eigene Wünsche und Befürchtungen unreflektiert zu Projektionen verdichten und damit einer realistischen Wahrnehmung der komplexen sowjetischen Wirklichkeit im Wege stehen.

Der hier vorgetragene strukturelle Zugang legt nicht unbedingt einen größeren Pessimismus oder Optimismus nahe, als common sense - Vermutungen; aber er stellt eine sympathisierende Skepsis, die mir berechtigt und angeraten scheint, auf möglichst unspekulative, zugegeben auch unspektakuläre Füße. Sowenig ein Gelingen des Reformprojekts bzw. einzelner seiner Varianten wegen der skizzierten Probleme vorausgesagt werden kann, sowenig kann derzeit ein Scheitern prognostiziert werden. Noch immer gilt: es gibt zu dem begonnenen und z.Z. von einer politischen Mehrheit im Prinzip getragenen Systemwandel keine reale und praktikable Alternative. Dies ist noch immer ein sehr starkes Argument des Reformlagers.

Im übrigen hängt die Bewertung von "Erfolg" oder "Mißlingen" der perestrojka natürlich, aber oft übersehen entscheidend von den Kriterien ab, mit denen die Vorgänge in der Sowjetunion gemessen und bewertet werden.

Erst ein angemessenes Verständnis der tatsächlichen und oft originären Probleme, denen sich Gesellschaft und Machtelite in der UdSSR gegenübersehen, schafft die Voraussetzungen dafür, qualifiziert die neue Politik nach außen einzuschätzen. Hierbei wird zu unterscheiden sein zwischen drei Ebenen: zwischen der sich erheblich veränderndernden Interessenlage der sowjetischen Führung, wie sie von Außenminister Sevardnadze in vier großen und kaum publizierten Reden als **neues Nationalinteresse** der UdSSR fixiert worden ist; zwischen der **neuen Weltsicht** und -interpretation, d.h. dem "neuen Denken", das zugleich entideologisiert und differenziert und politisert wird; und zwischen der **konkreten Politik** der vorerst noch zweiten Weltmacht, etwa in der Ost- West - und Nord - Süd - Dimension, in den Fragen von Sicherheit und Rüstung, Entwicklung, Ökologie, internationale Regimes, Kriesen und Regionalkonflikte. In all diesen Bereichen haben sich Verständnis und Politik von Wissenschaft, Politik und Gesellschaft in der UdSSR, zum Teil dramatisch, verändert. Doch dies verdient eine gesonderte Betrachtung.

Prof. Dr. Imanuel G e i s s , Bremen

DIE GEGENWÄRTIGE KRISE DES REALEN SOZIALISMUS. HISTORISCHE VORAUSSETZUNGEN UND POLITISCHE KONSEQUENZEN

Bemühungen um die Zivilisierung des Ost-West-Konfliktes eröffnen erstmals die Aussicht, den Konflikt überhaupt zu überwinden, sicher in einem langwierigen Prozeß. Allerdings müßte jede Seite jeweils eine grundsätzliche Bedingung anerkennen: Der Westen dürfte nicht die gegenwärtige Krise des realen Sozialismus zum Versuch mißbrauchen, sie bis zur Destabilisierung oder gar bis zum Zusammenbruch der UdSSR hochzuputschen. Der Kollaps der "Pax Sovietica" wäre für die ganze Menschheit eine Katastrophe, die kein vernünftiger Mensch vor seinem Gewissen verantworten könnte. Andererseits müßte der Osten anerkennen, daß alle offenen Worte, die vom Westen in der notwendigen blockübergreifenden Diskussion kommen, ohne Feindschaft gemeint sind. Der Osten selbst müßte bereit sein, eine nüchterne, aber harte Analyse seiner Lage bona fide zu akzeptieren, wenn sie als Ausgangspunkt zum gemeinsamen Bemühen dient, das gemeinschaftliche Überlegen in unserer hochexplosiven Welt zu menschenwürdigen Bedingungen zu organisieren.

In diesem konstruktiven Sinne ist jedenfalls die folgende Bestandsaufnahme gemeint und wird hoffentlich so auch verstanden. In einer gemeinsam gewordenen Welt müssen gemeinsame Kategorien und Maßstäbe gelten. So muß es erlaubt sein, Elemente der marxistischen Analyse, soweit sie realistisch ist, auch auf den kommunistischen Osten anzuwenden.

Die Lage: Krise des Ostens

Seit der Oktoberrevolution 1917 sind "fortschrittliche", auch nichtkommunistische, Intellektuelle gebannt von der Krise des Kapitalismus, als deren Ergebnis Geburt und Aufstieg der Sowjetunion zur Weltmacht zu sehen sind. Über die realen, noch heute weiter wirkenden Krisenmomente des Westens haben wir jedoch lange die nicht minder reale Krise im realen Sozialismus übersehen. Nur von ihr ist hier die Rede.

Schon der Stalinismus als eine Variante des Kommunismus war ein Stück Sozialismus-Krise, blieb aber durch eine raffinierte Mischung von Zensur und Propaganda weitgehend überdeckt. Sie vertuschte unangenehme Fakten und ihre schlimmen Konsequenzen mit einem System von Terror und Lüge, fortgesetzt - nach einem schüchternen Anlauf unter Chruschtschow zu mehr Ehrlichkeit - durch die Breschnew-Ära. Erst Gorbatschows "Glasnost" enthüllt und bestätigt den ganzen Umfang der gigantischen Manipulation mit Menschen und Wahrheiten, alles im Namen von Fortschritt und Kommunismus, auf die so viele Menschen gutgläubig ganz oder teilweise hereinfielen, in Ost und West.

Endgültig gescheitert ist inzwischen der Marxismus-Leninismus-Kommunismus als nach links säkularisierter messianisch-chiliastisch-apokalyptischer Fundamentalismus an seiner totalen Diesseitigkeit, kulminierend im wahrhaft hybriden Anspruch, mit einem neuen Menschen für ein neues Jerusalem das Paradies auf Erden zu schaffen, eben im voll entwickelten Kommunismus eines technisierten Schlaraffenlandes. Höchste Steigerung moderner Produktivkräfte durch die Diktatur des Proletariats würde gleichsam automatisch alle Menschen zu ihrem Glück im kommunistischen Paradies zwingen, das alle bisherige Geschichte erfüllen und beenden würde. Nun hat uns die Dialektik der Natur und des Wachstums schon längst belehrt, wie brüchig diese manichäische Utopie ist, selbst im kapitalistischen Westen, wo die Entfaltung der modernen Produktivkräfte viel effizienter funktioniert als im kommunistischen Osten. Der reale Sozialismus dagegen ist heute bankrott - materielle, ökonomisch, politisch, geistig, ideologisch. Mit der Abschaffung des Kapitalismus hat der reale Sozialismus keineswegs alle inneren Widersprüche der Gesellschaft für immer aufgehoben, sondern neue Widersprüche geschaffen oder alte überdeckt.

Beide Arten von Widersprüchen zerreißen heute den realen Sozialismus von innen. Das ist kein Werk von Agenten eines bösen Feindes von außen, sondern das normale Ergebnis dialektischer Prozesse, die der Marxismus im jeweiligen Ancien Régime bis zur kommunistischen Revolution oft so brillant und im Prinzip richtig analysierte. Seine große Illusion war jedoch, die kommunistische Revolution würde die bisherigen Mechanismen der Geschichte für den eigenen Herrschaftsbereich aufheben. In Wirklichkeit setzten sie sich im realen Kommunismus fort und holen ihn seit geraumer Zeit ein. Je länger Terror und Propaganda sie gewaltsam unterdrückten, desto massiver kehren sie zurück und schlagen gewaltsam durch, als Konflikte. Glasnost und Perestrojka haben die gegenwärtigen Probleme der Sowjetunion nicht geschaffen, wie Gorbatschows dogmatische Gegner ihm vorwerfen mögen. Vielmehr hat sein "neues Denken" nur den Schleier illusionärer Selbstgerechtigkeit weggerissen, die Übel sowjetischer Herrschaft nur allgemein sichtbar gemacht, die zuvor schon kritische Beobachter aus der Distanz ahnen und in Umrissen erkennen konnten. Seit drei Jahren beweist sich wieder einmal die Weisheit einer Bemerkung Tocquevilles: "Der gefährlichste Augenblick für ein schlechtes (d.h.: reformbedürftiges . I. G.) Regime tritt ein, wenn es anfängt, sich zu bessern."

Genau das passiert gegenwärtig in der UdSSR unter Gorbatschow: Die inneren Schwächen des Systems haben sich über die Jahrzehnte so kumuliert und gesteigert, daß sie heute die Existenz des Kommunismus und der UdSSR schlechthin bedrohen. Gorbatschows Appelle klingen wie verzweifelte Hilferufe eines Mannes, dem das Wasser bis zum Halse steht. Und das Wasser steigt und steigt. Die plötzliche Öffnung der bisher geschlossenen sowjetischen Gesellschaft hat jäh das ganze übliche Spektrum politischer Kräfte freigesetzt, das sich nun explosionsartig weiter ausdehnt, von ganz rechts bis ganz links. Nach jahrzehntelanger Erstarrung entfaltet sich eine innere Dynamik, die nach allen historischen Erfahrungen und naturwissenschaftlichen Gesetzen zunächst ins Chaos führt. Aus der Gärung kann sich dann vielleicht wieder eine neue Ordnung herauskristallisieren, vermutlich nach schweren inneren Konflikten mit Rückwirkungen nach außen.

Ein wesentlicher Grund für die explosive Malaise im realen Sozialismus liegt im totalitären Prinzip des Kommunismus selbst: Die Unterdrückung des öffentlichen Dissens in einer geschlossenen Gesellschaft durch die Fiktion monolithischer Einheit zwang die in modernen komplexen Gesellschaften an sich normalen Differenzen in den Untergrund, wo sie sich gegenseitig aufladen und früher oder später umso explosiver durchbrechen. Deshalb erfolgten Regierungswechsel in der UdSSR oft gewaltsam, seit Chruschtschows Sturz gewiß mit abnehmender Gewalttätigkeit und zunehmender Zivilisierung im Umgang mit politischem Dissens. Aus dem gleichen Grund eskalierten in den Satelliten- oder "Bruderstaaten" Ostmitteleuropa unter kommunistischer Herrschaft verpönte Differenzen zu Spannungen, zu Konflikten und gewaltsamen Eruptionen, weil sie sonst keine institutionell geregelten Bahnen fanden - DDR 1953, Ungarn 1956, Polen 1956, 1970, 1976. An sich friedlich-politisch angelegte Veränderungen wurden gewaltsam beendet oder unterbrochen - CSSR 1968: Polen 1981, so daß sie im Untergrund weiterschwelten und doch wieder zur Oberfläche drängen.

Dagegen institutionalisiert die im Prinzip offene Gesellschaft der westlichen Demokratien den verfassungsmäßig und rechtsstaatlich abgesicherten Pluralismus als permanenten politischen Konflikt auf Sparflamme. Im Idealfall verhindert der öffentliche und ständige Austrag von Dissens und Spannungen die Eskalation zu gewaltsamen Konflikten, durch Diskussion, Auseinandersetzungen innerhalb und zwischen den Parteien, Wahlkämpfe und Wahlen, Streiks und Regierungswechsel. Selbst Skandale, so unerfreulich sie in sich sind, werden zu ebenso vielen Symptomen für das Funktionieren der Selbstreinigung und selbstkritischen Korrektur durch Öffentlichkeit in der Demokratie.

Jetzt soll Gorbatschows "Glasnost" endlich die Wende ("Perestrojka") zu einer hinreichend offenen, rechtsstaatlichen und demokratischen Gesellschaft ermöglichen, um noch die Existenz wenigstens der UdSSR, wenn nicht schon des Kommunismus, zu retten. Dazu gehört der Übergang vom welterlösenden dualistischen Fundamentalismus, der nur noch Gut ("Fortschritt") und Böse ("Reaktion") kennt, zu einem Pragmatismus, der sich mit einer Politik für das Überleben der Menschheit zu erträglichen Bedingungen begnügt.

Ein Untergangsszenario

Gleichwohl sind die Risiken, gerade auch für Gorbatschow, ungeheuer groß: Wie alle bedrängten Ancien Régimes kurz vor ihrem Untergang befindet sich auch der reale Sozialismus der UdSSR in der oft beschworenen Lage des Überdrucks in einem überhitzten Dampfkessel: Das Öffnen des Sicherheitsventils soll inneren Überdruck nach außen ableiten, um die

Explosion zu verhindern, die aber gerade durch das Öffnen des Ventils erst recht eintreten kann. Umgekehrt würde die Weigerung, das Ventil zu öffnen, alles beim Alten lassen, den Binnendruck weiter steigern und die Explosion so erst recht auslösen, früher oder später. Erste voraussehbare innere Konflikte im russischen Kernland, gar in Moskau selbst, und anhebende Nationalitätenkonflikte an der Peripherie demonstrieren nachdrücklich die Rückkehr universaler historischer Mechanismen, die sich nicht ungestraft lange unterdrücken oder auch nur leugnen lassen.

Das Scheitern des Kommunismus als innerweltlich gewendetes heilsgeschichtliches Erlösungsprojekt an allgemeinen historischen Mechanismen leitet über zu machtpolitischen Strukturfragen sozusagen weltlicher Natur, die bisher ausgeblendet blieben. Wie alle großen Revolutionen übernahm zuvor auch die Oktoberrevolution 1917 vorhandene Machtstrukturen, modifizierte sie nur oberflächlich und trat in traditionelle Expansionslinien des Ancien Régime ein. Ungeachtet seines revolutionären Pathos, das den Bruch mit einer schlechten Vergangenheit suggeriert, setzte der Sowjetkommunismus im Kern Traditionen des russischen Zarismus fort: An die Stelle der zaristischen Autokratie, seit den liberalen Reformen unter Alexander II. sogar rechtsstaatlich modifiziert, setzte der Sowjetstaat nach innen kollektiv die totalitäre Diktatur der Partei, seit Stalin genauer ihre selbsternannte, sich selbst regenerierende Oligarchie der Nomenklatura. Gleichzeitig machte der Sowjetkommunismus, noch unter Lenin, sogar noch alle konstitutionellen und rechtsstaatlichen Fortschritte des alten Rußland seit der Bauernbefreiung 1861 wieder rückgängig. So blieben Xenophobie, Isolierung, Mißtrauen gegen die Umwelt im totalitären Bürokratie-, Partei- und Polizeistaat. Der Stalinismus als totalitäre Ein-Mann-Diktatur im Namen der Partei und des Proletariats war nur logische Konsequenz. Umfang und Intensität seiner Verbrechen beginnt die sowjetische Öffentlichkeit jetzt erst zu buchstabieren.

Erst recht trat die UdSSR in imperiale Kontinuitäten des Zarismus ein, doppelt getarnt durch den Schein-Föderalismus ihrer Unionsverfassung und die Ideologie des angeblich proletarischen Internationalismus. Dahinter steckte in Wirklichkeit der großrussische Imperialismus und Chauvinismus seit Iwan dem Schrecklichen. Nach innen tobte er sich in erzwungener

Russifizierung unterworfener Völker aus. Massendeportationen, Masseneinsiedlungen von Großrussen, die Oktroyierung des Russischen als einzige Amtssprache, sollten die unterworfenen Völker im eigenen Land zu marginalen Minderheiten herabdrücken. Der formal existierende Föderalismus war in der harten Realität politischer Essentials nur eine Farce.

Auch nach außen setzte die UdSSR die traditionellen Expansionslinien des Zarismus fort - in alle Richtungen. Im Grunde fand sich die UdSSR nie mit den von den Verhältnissen erzwungenen Nachkriegsgrenzen von 1918/20 ab, namentlich gegenüber dem verhaßten Polen. Die politische Kooperation mit Deutschland unter wechselnden ideologischen Regimen - Rapallo 1922, Berliner Vertrag 1926, Hitler-Stalin-Pakt 1939 - war daher nur Konsequenz und richtete sich zunächst vor allem gegen Polen. Erst als halbverdeckter Bundesgenosse Hitler-Deutschland 1939, dann im Gegenschlag gegen den deutschen Überfall auf den früheren Bettgenossen Stalin 1944/45, trieb die UdSSR unter Stalin die territoriale und machtpolitische Expansion in alle Richtungen weiter, in Erfüllung alter Zarenträume. Vier Phasen zeichnen sich ab:

1. Annexion ehemals zum Zarenreich gehörender Gebiete im Westen 1939/40 mit Hitler

2. gegen Hitler 1945 im Westen (Memelland, Ostpreußen um Königsberg, Karpatho-Ukraine) und Fernen Osten (Sachalin, Kurilen)

3. Errichtung von Satellitenstaaten im Zuge des Kalten Krieges in Ostmitteleuropa 1945-48

4. Ausdehnung in die 3. Welt unterschiedlicher Intensität (Kuba, Vietnam, Laos, Kambodscha, Äthiopien, Madagaskar usw.).

Erst mit der versuchten offenen Sowjetisierung Afghanistans 1979 scheiterte die Expansion des Sowjetkommunismus am Widerstand der Afghanen, der bei einem Minimum oberflächlicher Geschichtskenntnisse voraussehbar war. Seit dem Afghanistankrieg, dem sowjetischen Vietnam, mit seinen ökonomischen, politischen und moralischen Verlusten gerade auch für die Sowjets selbst, schlug die Krise in Permanenz im Sowjetimperium offen durch, zunächst mit der Polenkrise ab 1980: Auch die äußerlich so mächtige Sowjetunion konnte sich keine zwei Afghanistans gleichzeitig erlauben, z.B. durch offene militärische Intervention in Polen nach bekannten historischen Präzedenzfällen.

Seit Afghanistan und Polen enthüllte sich sozusagen auf Weltmaßstab, auch ohne Detailkenntnisse spezialisierter Kreml-Astrologen, unbarmherzig die innere Struktur der Sowjetunion und ihres Herrschaftsbereiches: Hinter der Fassade proletarischer "Demokratie" und proletarischer Internationalismus weist sie die traditionelle Struktur aller Macht- und Herrschaftsgebilde auf, großer und kleiner: Den harten Kern des Imperium Sovieticum, positiv gewendet der "Pax Sovietica", bilden die Großrussen, die gegenüber den unterworfenen Völkern in der Sowjetunion selbst nur wenig mehr als die Hälfte ausmachen. Allerdings sind sie im größeren Bündnisbereich nur eine Minderheit. Dort haben die Sowjets durch Ausbildung, parallele Kommandostrukturen, Waffenausrüstung, Kontrolle der scharfen Munition im Kriegsfalle und massive Militärpräsenz faktisch den Oberbefehl, also die Hegemonie im ursprünglichen Sinne. Wie weit die Armeen der "Bundesgenossen" im Kriegsfall zuverlässig wären, gar bei einer Offensive der Sowjetarmee nach Westen, ist ein Kapitel für sich, über das hier nur zu spekulieren wäre.

Wie in allen Macht- und Herrschaftsstrukturen legt sich um das eigentliche Reichsvolk ein Kranz meist unterworfener Völker, formal nach der Sowjetverfassung mit dem Status der Autonomie, gar der Souveränität als angeblich zur Sezession berechtigten Glieder einer Konföderation unabhängiger Staaten. In Wirklichkeit hatten sie jedoch, bis zu Gorbatschow, den Status von Provinzen mit nur sehr eingeschränkter Kulturautonomie. Faktisch autonom waren die formal souveränen Staaten Ostmitteleuropas. Im klassischen Sinn sind die formalen "Bruderstaaten" und Bundesgenossen der UdSSR real Vasallenstaaten, mit innerer Autonomie und der Verpflichtung zur Heeresfolge im Spannungs- und Konfliktfall. Die sonst übliche Tributzahlung an den Suzerän wickelte die Hegemonialmacht über ökonomische Ausbeutung ab, institutionalisiert und verschleiert seit 1949 im RGW (COMECON). Die Abkürzung steht für einen bezeichnenden Euphemismus wahrhaft Orwellscher Qualität - "Rat für Gegenseitige Wirtschaftshilfe". Klientelstaaten sind die außereuropäischen Staaten der 3. Welt, die sich ab 1959 dem Kommunismus mehr oder weniger offen angeschlossen haben.

Mit gegenwärtigen und künftigen Nationalitätenkonflikten der Sowjetunion rächen sich jetzt 300 Jahre zaristischer Russifizierung und Unterdrückung, verschärft durch 70 Jahre Kommunismus und seine Staatsverbrechen, und prasseln auf den armen, gutmeinenden Gorbatschow nieder. An und für sich sind solche Schwierigkeiten historisch normal: Niederlagen nach außen beenden die Expansion eines Machtzentrums. Daraufhin wenden sich bisher nach außen abgeleitete Spannungen von der Peripherie nach innen. Unterworfene Völker an der Peripherie erheben sich zuerst und verschärfen die innere Krise: Die Logik der Linie Afghanistan - Polen - Krise in der UdSSR selbst - Perestrojka/Glasnost - Armenien-Aserbeidschan-Estland ist unausweichlich und wird sich weiter fortsetzen. Es ist billig, die Nase über borniert Nationalismen zu rümpfen. In Wirklichkeit melden sich tiefsitzende Kontinuitäten wieder zu Wort, die nur oberflächlich vom Kommunismus zugedeckt waren. Protest gegen Unzumutbarkeiten des Kommunismus kleidet sich in den nicht-russischen Teilen des Sowjetimperiums eben am leichtesten in einem Neo-Nationalismus. Wird er im sachlich berechtigten Kern seines Anliegens nicht ernst genommen, kann er tödliche Brisanz entwickeln.

Das Ausbleiben von Beute und Tributen (in noch so modernisierter Form), die Kosten von Niederlagen nach außen (Afghanistan) und massiver Rüstung reduzieren unausbleiblich auch im Sowjetsystem den zur Verfügung stehenden Wirtschaftskuchen. Innere Konflikte geraten auch hier zu Verteilungskämpfen um das dahinschwindende Bruttosozialprodukt. Kommen langwährende ökonomische Mißstände hinzu, wie chronisch in der Sowjetwirtschaft, so können auch die größte Geduld, Passivität und Solidarität gegenüber den abhängigen Nationalitäten in einem herrschenden Reichsvolk reißen. In solchen angespannten Situationen verschärfen sogar technische Groß-Unfälle wie Tschernobyl und Naturkatastrophen wie in Armenien innere Probleme zu Systemkrisen: Erbarmungslos legen sie jäh Konstruktionsfehler des Systems vor der ganzen Welt bloß - z.B. Korruption in gigantischen Ausmaßen und "sozialistisches Bauen" von überdimensionierten Bruchbuden, die bei Erdbeben ihre Bewohner zu Tausenden erschlagen, oder auch nur Schlamperei zum System erhoben, die offensichtlich weitverbreitete Unfähigkeit in technisch-administrativer Hinsicht beim Katastrophenfall, mit dem in erdbebengefährdeten Regionen immerhin zu rechnen ist.

Der reale Sozialismus erweist sich zunehmend als katastrophal unfähig, auch nur die Grundbedürfnisse der ihm unterstellten Menschen zu befriedigen - Ernährung, Wohnen, Bildung, Information. Obwohl der Sozialismus rein theoretisch die besten Instrumente zum Umweltschutz haben könnte, ist die Umweltzerstörung im kommunistischen Osten noch um ein Vielfaches schlimmer als im Westen: Danziger Bucht, Weichsel, Newa, Waldsterben im Erzgebirge, Versalzung von Elbe und Weser (durch die Werra) vor allem aus der DDR, extreme Luftverschmutzung durch Petrochemie und Braunkohlekraftwerke ohne Filterungsanlagen aus der DDR, der CSSR und Polen, schließlich alles noch gekrönt durch Tschernobyl - herrliche Aussichten auf eine strahlende Zukunft im realen Sozialismus. Nur noch letzte Dogmatiker künden tapfer von der angeblichen Überlegenheit des Sozialismus als Modell auf Weltmaßstab. Wenn die Sache nicht so todernst wäre, über Blockgrenzen hinweg, würde es schwer fallen, keine Satire zu schreiben.

Aus der bedrohlichen inneren Situation erklärt sich zwingend Gorbatschows spektakuläre Friedens- und Abrüstungspolitik: Reformen, wie Revolutionen, kosten Geld, viel Geld. Die überfälligen Wirtschafts- und Gesellschaftsreformen - Hinwendung zum Markt, zum Rechtsstaat und zur Demokratie - zur Abwendung des sonst drohenden ökonomischen Zusammenbruchs erfordern tiefe Einschnitte in die aufgeblähten Apparate sich gegenseitig überwachender und lähmender Mehrfachbürokratien, des Militärs, der Polizei und der Geheimpolizei, die zuletzt allein noch das ganze System aufrechterhielten. Im realen Sozialismus macht der Anteil des Militärhaushaltes ungefähr 15 % des Bruttosozialproduktes aus, in westlichen Ländern ca. 3-6 %. Die Reduzierung von Verteidigungskosten und des politisch-militärischen Überengagements außerhalb der UdSSR - Afghanistan, 3. Welt, Ostmitteleuropa - muß einen Teil der Geldmittel zur Finanzierung der Reformen erbringen.

Weltpolitisch zeichnet sich schon ein Rückgang sowjetischer Präsenz ab: Das runde Dutzend Länder der 3. Welt, die sich in der Breschnew-Ära dem realen Sozialismus zugewandt hatten, müssen den bevorstehenden Rückzug ihrer sowjetischen Schutzmacht hinnehmen. Da sie ökonomisch in dieselbe Misere geraten sind wie die UdSSR selbst, werden ihre Regime in absehbarer Zeit zusammenfallen wie Kartenhäuser. Der einst von den USA beschworene Dominoeffekt nach ihrem Rückzug aus Vietnam wird sich nach dem sowjetischen Rückzug aus Afghanistan, dem sowjetischen Vietnam, in Bewegung setzen, nun in entgegengesetzte Richtung. Die Rückwirkung auf die osteuropäischen bisherigen Satelliten- oder "Bruder"-staaten sind heute schon absehbar. 70 Jahre Sowjetherrschaft in der UdSSR und fast ein halbes Jahrhundert der UdSSR in Ostmitteleuropa haben riesige Haßkomplexe aufgebaut - gegen Kommunisten und Großrussen einerseits, die meisten Völker untereinander andererseits. Der gutgemeinte Traum vom (besseren) Neuen Menschen im Paradies des proletarischen Internationalismus hat einen Alptraum böser Gefühle nationalistischer wie antikommunistischer Art aufgetürmt.

Nach allen historischen Erfahrungen steht das Imperium Sovieticum kurz vor dem Zusammenbruch. Wirtschaftliches Chaos, Bürgerkriege, Nationalitätenkriege, Aufstände, interne Konflikte praktisch aller gegen alle zeichnen sich jetzt schon ab. Innerhalb weniger Jahre droht die Pax Sovietica im Chaos zu versinken. Ein Groß-Libanon, von der Werra bis Kamtschatka, wäre eine Katastrophe für die gesamte Menschheit, schon weil sie rund 400 Millionen Menschen direkt träfe. So hart und bedrückend die Pax Sovietica für die meisten von ihr Geschlagenen war und ist, so sicherte sie doch ein Minimum an Ordnung und Stabilität. Niemand sollte Häme oder Schadenfreude über die Not des "Kranken Mannes an der Moskwa" empfinden. Der Preis seines gewaltsamen Exitus könnte für uns alle hoch sein, z.B. vergleichbare innere Konflikte in den post-Reagan-USA, mit unabsehbaren Weigerungen auch für unsere relative Oase des Wohlstandes und des Friedens. Oder ein letztes Aufbäumen in der Agonie in militärische Aggression als letzter Ausweg - Sturz Gorbatschows, Flucht nach vorn, könnte uns doch noch alle in den 3. Weltkrieg stürzen.

Konsequenzen

Was tun? Unsere Ko-Existenz-Partner im Osten sollen sich nicht mehr, wie bis zum Machtantritt Gorbatschows, selbst in die Tasche lügen. Sie sollten die Lagebeschreibung grundsätzlich akzeptieren, auch wenn sie vom bisherigen "Klassenfeind" kommt, denn im Innersten ihres Herzens wissen sie, daß sie stimmt. Sodann sollten sich alle Beteiligten - Sowjets und

Westler, aber auch Polen, Ungarn, Armenier, Aserbeidschaner, Esten usw. - zusammensetzen, um gemeinsam zu überlegen, ob und wie sich das denkbar gewordene Katastrophen-Szenario vielleicht konstruktiv doch noch vermeiden läßt, im Interesse aller Beteiligten. Der Westen müßte offiziell und glaubhaft erklären und praktizieren, was seit Gorbatschow im Grunde schon anläuft, daß er alles unterläßt, was die internen Konflikte im realen Sozialismus noch schüren könnte. Stattdessen muß er bereit sein, alles zu tun, die Katastrophe abzuwenden. Dazu müßte der Westen bewußt zur allgemeinen Politik erheben, was sich seit der Doppelkrise der UdSSR 1980/81 (Afghanistan - Polen) als lebensnotwendig für uns alle erweist - den Sowjets goldene Brücken für einen gesichtwahrenden, aber effektiven Rückzug aus ihren überdehnten Stellungen in der Welt zu bauen, die schon lange überfälligen Systemreformen durch eine konstruktive Welt-Außenpolitik zu stützen. Das Ost-West-Verhältnis darf nicht mehr als Null-Summen-Spiel gelten, sondern Verluste der anderen Seite sind auch Verluste für die eigene, Gewinne der anderen Seite könnten dann auch Vorteile für die eigene Seite bringen. Was nach Gorbatschows Machtantritt rasch erkennbar wurde, hat zuletzt sogar der große Antikommunist Franz-Josef Strauß bei seinem Kremlbesuch um die Jahreswende 1967/88 eingesehen und öffentlich ausgesprochen: Das gigantische Reformprojekt Gorbatschows würde die Sowjetunion auf unabsehbar lange Zeit nach innen so sehr mit sich selbst beschäftigen, daß sie keine überschüssige Energien mehr hätte, die sie in eine militärische oder auch nur ideologische Aggression nach außen lenken könnte, selbst wenn sich noch jemand in der UdSSR in solch halsbrecherische Abenteuer stürzen wollte. Sollte die UdSSR je aus ihrer Phase innerer Reformen herauskommen, so hätten sich hoffentlich bis dahin wirksame Mechanismen internationaler Zusammenarbeit und Friedenssicherung eingespielt, daß die Welt in 50 oder 100 Jahren weiter sehen könnte, wie es weitergehen sollte. Eine große Atempause zur Sicherung des Weltfriedens und Vorbereitung auf die wirklich großen Menschheitsaufgaben wäre auch schon ein unschätzbarer Gewinn.

Ein konstruktives Eingehen des Westens auf die Abrüstungsvorschläge Gorbatschows wäre unerläßlich, zumal sie ja im Kern alte westliche Ideen enthalten, die die UdSSR endlich mit Elan aufgegriffen hat, aus ureigenstem Interesse (siehe oben). Andererseits müßten die bisher unterworfenen Völker innerhalb wie außerhalb der UdSSR endlich volle und reale

Gleichberechtigung erhalten, in einer wirklichen Konföderation und als wirkliche Verbündete. Umgekehrt sollten sie dann den Großrussen mit Geduld begegnen, sich nicht abrupt von ihnen oder gar aus Rache gegen sie wenden. Alle Elemente politischer und ideologischer Bedrohung wären allseitig abzubauen, im Osten definitiv, und nicht nur wie bisher unter Gorbatschow punktuell und pragmatisch, der hybride Welterlösungsanspruch mitsamt den einhergehenden Feindbildern und haßerfüllten Kategorien, z.B. "Opportunisten" für Sozialdemokraten.

Alle Beteiligten müßten dann auch die je eigene "Geschichte, die nicht vergehen will", die eigene "unbewältigte Vergangenheit" mit ihren jeweiligen dunklen Seiten offen aufarbeiten, selbstkritisch gegenüber sich selbst, solidarisch gegenüber den anderen. Nur so wäre es vielleicht noch möglich, traditionelle Haßkomplexe aufzulösen, bevor sie in Rache- und Blutorgien explodieren.

Den großen Religionsgemeinschaften, aber auch der UNESCO könnte eine zentrale Rolle zufallen, als Großforen für die notwendige öffentliche Aussprache in der Welt.
Der öffentliche Dialog über die Blöcke hinweg dürfte nicht Selbstzweck werden, sondern müßte immer dem praktischen Ziel dienen, zunächst den traumatische Zusammenbruch des Imperium Sovieticum zu vermeiden, um ihm die Chance zur friedlichen Umgestaltung ("Perestrojka") in aller Öffentlichkeit ("Glasnost") zu geben und offenzuhalten. Selbstverständlich kämen dann noch größere Probleme unvermeidlich in den Blick - 3. Welt, Wachstum und Umweltzerstörung. Sie hängen alle eng miteinander zusammen. So könnte die Zivilisierung des Ost-West-Konfliktes als Auftakt zu seiner Überwindung auch Mittel freimachen zur Bewältigung der globalen Aufgaben in West und Ost, Nord und Süden, die sich aus unserer globalen Existenzbedrohung durch ungehemmtes Wirtschafts- und Bevölkerungswachstum ergeben. Aber zunächst sollte uns allen die Sanierung des realen Sozialismus unmittelbar auf den Nägeln brennen, weil dort der Kollaps nicht mehr lange auf sich warten läßt, wenn sich Gorbatschow allein mit den Übeln seines Systems herumschlagen muß.

Grundvoraussetzung wäre ein neues, rationaleres und humaneres Verhältnis zur Macht: Macht als Herrschaft über Menschen endete noch stets im

Mißbrauch der Macht, im Extrem zu Diktaturen nach innen, Kriegen nach außen (selbst in Demokratien). Die Konsequenz? Die Möglichkeit zur Selbstauslöschung der Menschheit. Verzicht auf Macht als selbstzerstörende Herrschaft dagegen könnte zu mehr Demokratie führen, zur Föderalisierung nach innen und außen, nach unten und oben, soweit nur immer möglich. Unerläßlich wäre die entschiedene Absage an jegliche Form des dualistischen Fundamentalismus, der geradezu von der Erwartung der Apokalypse lebt, also von der Hoffnung auf die Selbstzerstörung der Menschheit. An die Stelle des bisher dominierenden "manichäischen Ost-West-Gegensatzes" (Danilo Kis), wie er in eigenartiger ideologischer Brechung noch im hysterischen "Historikerstreit" von links aufgebrochen ist, würde mit der Zivilisierung des Ost-West-Konfliktes vielleicht noch seine gänzliche Ausräumung treten: Nicht mehr Heere des "Guten" (wie auch immer definiert) würden gegen das "Böse" (wie auch immer definiert) gegeneinander aufmarschieren, schon weil "Gutes" und "Böses", über Kreuz wechselseitig vertauscht, gar nicht mehr in globaler Sicht zu unterscheiden ist. Auch wäre ihr Endkampf - hie "Armegeddon", hie "auf zum letzten Gefecht" - die Garantie zum kollektiven Selbstmord der Menschheit. Allseitiger Verzicht auf menschheitserlösenden Utopien durch Hinwendung zum menschheitsrettenden Pragmatismus ohne Pathos, Missionsglaube, Feindbilder und Herrschaftsdünkel, wie auch immer ideologisch umschrieben, das wäre das Gebot der Stunde.

Dr. Alfred Blumenfeld

ARBEITSPAPIER

zu einigen Faktoren der jüngeren Geschichte und der Gegenwart, die die "Perestrojka" im Innern der Sowjetunion und das "Neue Denken" in der Außenpolitik schwierig gestalten. Möglichkeiten des Westens, diesen Prozeß zu erleichtern.

Die nachstehenden Überlegungen basieren auf Erfahrungen, Beobachtungen und Erkenntnissen des Verfassers seit den zwanziger Jahren. Sie erheben keinen Anspruch auf Vollständigkeit und sind lediglich als Diskussionsbeitrag gedacht.

I

Die seit über drei Jahren andauernde Neuorientierung im Innern der Sowjetunion erfaßt immer neue Bereiche des wirtschaftlichen, gesellschaftlichen, geistigen und kulturellen Lebens. Was zunächst vor allem als "Beschleunigung" der ökonomischen und technisch-wissenschaftlichen Prozesse programmiert wurde, mündete in den grandiosen Versuch einer Neubewertung der gesamten inneren Struktur der Sowjetunion. Die außenpolitische Neuorientierung im Sinne eines Abbaus übermäßiger Belastungen ergibt sich daraus nahezu zwangsläufig. Doch stellen die schiere Größe des Landes, die Gewöhnung an nun schon über 60 Jahre vertraute innere Strukturen, messianische Vorstellungen von der führenden Rolle des Landes der Oktoberrevolution für die Menschheitsgeschichte und - konkreter - das Festhalten an der schwer erkämpften nuklear-strategischen Parität mit den USA wesentliche Hindernisse für die Prozesse der "Perestrojka" und des "Neuen Denkens" dar.

Diese Prozesse sind weder im Verständnis ihrer Initiatoren noch in der Beurteilung kompetenter ausländischer Beobachter unumkehrbar. Der Erfolg liegt jedoch ohne Zweifel in unserem wohlverstandenen Interesse.

II

Die Maßnahmen, die zur Überwindung der Stagnation der Breshnew-Ära und des Erbes aus der Stalin-Zeit angewendet werden, sind bekannt. Dabei wird mit vielen Tabus gebrochen, so in der Landwirtschaft (Pachtsystem), im Handel, im Dienstleistungsbereich und in der Versorgung (Kooperative), in der Justiz (Versuche einer Gewaltentrennung, Diskussion über die Todesstrafe, Ansätze zu einer Verwaltungsgerichtsbarkeit), in den Geisteswissenschaften und in der Publizistik (Auseinandersetzung mit dem Stalinismus), im Verhältnis zur Religion. Das Schlagwort vom "demokratischen Sozialismus" ist wieder hoffähig, wenn es auch bisher noch kein Modell bedeutet mit festen Konturen. Die früheren Schimpfworte wie "Sozialdemokratismus" und "Revisionismus" sind aus der Mode gekommen. Und doch sind überall Hemmnisse, Verzögerungen, Entstellungen, halbe Maßnahmen zu beobachten, die zumeist dem Widerstand von Bürokraten (deren es insgesamt 18 Millionen geben soll) zugeschrieben werden. Doch dies ist sicherlich nur ein Teil der Wahrheit.

Die theoretische Auseinandersetzung zwischen Anhängern der "Perestrojka" und des "Neuen Denkens" einerseits und den "Neo-Stalinisten" andererseits und die Suche beider Seiten nach Legitimität im Sozialismus hat nicht aufgehört. Sie hat in letzter Zeit, zumal angesichts der erheblichen Schwierigkeiten Gorbatschows und seiner Mannschaft beim Werk der inneren Umgestaltung, an Heftigkeit zugenommen. Gorbatschow kann es sich bei den gegenwärtigen Machtverhältnissen nicht leisten, auf eine Legitimierung seines gesellschaftlichen Modells eines "sozialistischen Rechtsstaates" zu verzichten. Ideologisch und machtpolitisch gefährlich, auch mit Rücksicht auf die anderen Staaten des Warschauer Paktes, wäre eine Übernahme westlicher Wertvorstellungen, wie Freiheit des Individuums, Rechtssicherheit, Privatinitiative, ohne Absicherung durch die Klassiker des Marxismus einschließlich Lenins. Aufschlußreich ist in dieser Hinsicht der Versuch von G. Lissitschkin in der November-Ausgabe der Zeitschrift "Nowyj Mir" unter dem Titel "Die Mythen und die Realität". Lissitschkin sucht nachzuweisen, daß Lenin von der Machtübernahme 1917 an ein ausgewogenes Verhältnis zum Privateigentum und zur privaten Initiative hatte - allerdings gehörten diese unter öffentliche Kontrolle. Bis zum Herbst 1918 habe dieses Schema auch funktioniert. Nur die Grundbesitzer seien enteignet worden und die öffentlichen Dienste, wie Bahn und Post, sowie Banken und Versicherungen seien nationalisiert worden: Die uneinsichtige Bourgeoisie habe dann aber den Bürgerkrieg und den Kriegskommunismus mit verursacht und die gemäßigte Politik Lenins sei gestoppt worden. Insofern sei die Neue Ökonomische Politik (NEP) ab

1921/22 keine Umkehr der Leninschen Strategie gewesen, sondern lediglich deren Fortsetzung aus der Zeit bis zum Herbst 1918. Daß sich Wirtschaft und Gesellschaft ab 1922/23 entscheidend erholten, läßt sich nicht leugnen. Der Verfasser verließ 1921 das von Hunger und Seuchen geplagte Petrograd. Er kehrte nach zwei Jahren, 1923, dorthin zurück und erlebte einen Überfluß in der Versorgung, stabiles Geld und eine hoffnungsfrohe Stimmung in der Gesellschaft, die auch die inzwischen auf 5 000 Seelen zusammengeschrumpfte deutsche Kolonie einbezog.

Lissitschkin versucht nun nachzuweisen, daß das Stalin-System ab 1929 mit der radikalen Abschaffung jeglicher Art von privater Initiative, ja selbst der Genossenschaften, und mit der praktischen Verstaatlichung in Landwirtschaft, Industrie, Handwerk, Handel kein Sozialismus war, wie ihn sich die Gründerväter des Marxismus gedacht hatten. Dies sei reiner Voluntarismus gewesen, wie ihn schon Friedrich Engels in seiner Schrift "Anti-Dühring" 1878 mit Recht angeprangert hätte. Stalin und seine Epigonen seien mit ihren die menschlichen und materiellen Ressourcen verschleudernden Kommandowirtschaft und mit der Überbetonung des Zwanges auf Kosten der Einsicht in die Fußstapfen Dührings getreten. Es sei nun höchste Zeit, die Leninschen Vorstellungen einer differenzierten Haltung zum Privateigentum wieder zu Ehren kommen zu lassen. Dazu werden auch Aussagen der damaligen ZK-Sekretäre W. Medwedew und A. Dobrynin aus jüngster Zeit zitiert, die den Kapitalismus und das Privateigentum in verklärtem Lichte erscheinen lassen.

Medwedew schrieb im "Kommunist" 1988, Nr. 2, die kapitalistische Ordnung habe sich den neuen Bedingungen anzupassen gewußt. Sie sei, trotz der Bildung des sozialistischen Systems, bestehen geblieben, sie habe das Auseinanderfallen des kolonialistischen Systems des Imperialismus überstanden ..., sie habe genügend Ressourcen gefunden, um die technisch-wissenschaftliche Revolution zu vertiefen, sie habe das Wirtschaftswachstum ausgenutzt zur Eindämmung des Klassenkampfes ....

Dobrynin sagte in Prag laut "Prawda" vom 13.4.1988 folgendes: Man müsse zugeben, daß das Privateigentum, der Kapitalismus einen bedeutend größeren Vorrat an Dauerhaftigkeit gezeigt hätten, als bisher angenommen. Es sei also, so Lissitschkin, noch zu früh, das Privateigentum zu begraben. Man solle es vielmehr zum Vorteil des Sozialismus nutzen.

Die vorstehenden Überlegungen mögen eine Vorstellung davon geben, wie schwer es mittlerweile geworden ist, in der Sowjetunion wirtschaftlich und gesellschaftlich vernünftige Maßnahmen zu begründen und durchzuführen, ohne das Odium eines Rückfalles in den Kapitalismus auf sich zu nehmen.

III

Der seit Stalin bestehende innere Staatsaufbau der Sowjetunion wird jetzt im Zeichen der Nationalitätenkonflikte auf eine harte Bewährungsprobe gestellt. Die jüngsten Zwangsmaßnahmen, die sich Honecker leistet, auch und gerade gegen sowjetische Interessen, lassen meines Erachtens vermuten, daß er Gorbatschows Stellung als keinesfalls gesichert ansieht. Ähnliches kann man wohl mit Blick auf die CSSR und Polen sagen, die mit ihren jeweiligen Oppositionen rigoros und unversöhnlich verfahren. Manches deutet nun darauf hin, daß auch Gorbatschow letztendlich gezwungen sein könnte, die inneren Konflikte in seinem Lande mit harter Hand, ja mit Gewalt zu lösen. Man wird unwillkürlich an den Matrosenaufstand in Kronstadt 1921 erinnert, der auf Geheiß Lenins durch Trotzki blutig niedergeschlagen wurde, bevor Lenin die liberale NEP ernsthaft einleiten konnte.

IV

In sich schlüssig erscheint das "Neue Denken" in der Außen- und Sicherheitspolitik Gorbatschows. Da die Weltgeltung der Sowjetunion und die mit Mühe erreichte, durch Präsident Nixon verbriefte Parität mit den USA vornehmlich auf ihrer bewaffneten Macht beruht und keinesfalls auf ihrer wirtschaftlichen Stärke, erscheint es verständlich, wenn die Sowjetunion auf dem Felde der Sicherheit ihre Trümpfe nicht vorzeitig und nur gegen Kompensationen aus der Hand gibt.

Insgesamt gesehen zeigt sich die Sowjetunion nun bereit, ihr als strategischen Fehler bezeichnetes weltweites Engagement zu begrenzen und über alle Probleme zu sprechen, die im Zusammenhang mit diesem Über-Engagement als Reaktion auf die amerikanische Schwäche (Vietnam, Watergate) Mitte und Ende der siebziger Jahre entstanden sind. Also über die regionalen Konflikte Afghanistan, Angola, Mosambik, Äthiopien, Nicaragua, auch über Indochina. Dagegen steht die europäische Nachkriegsordnung, vor allem Deutschland und Berlin, nicht zur Diskussion; auch nicht Japan und wohl auch nicht Kuba (zumal dort ja eine Verpflichtung der USA zur Achtung des territorialen und gesellschaftlichen Status quo besteht). Die Idee eines "gemeinsamen europäischen Hauses" erscheint der Sowjetunion als eine Möglichkeit, auf der Basis des territorialen und gesellschaftspolitischen Status quo ein vernünftiges Nebeneinander in Europa zu etablieren, auch und gerade angesichts des für 1993 erwarteten europäischen Binnenmarktes der EG. Ich glaube nicht, daß die Sowjetunion hierbei eine reelle Chance sieht, die USA und Kanada von Europa abzukoppeln.

V

Nun noch einige Bemerkungen zu den Schwierigkeiten, nach über 60 Jahren in der Sowjetunion ein entspanntes, bürgernahes System einzuführen, um damit die Produktivkräfte und die Eigeninitiative aller Bürger und Völker der Union zu wecken und anzuregen und um endlich wegzukommen von einer Gesellschaftsordnung, in der Initiative bestraft wird und in der Mißtrauen die Regel ist und Vertrauen die Ausnahme. Jeder, der die Sowjetunion kennt, weiß, daß seit jeher zwischen Inländern und Ausländern eine Mauer besteht, die ohne Risiko nicht zu überwinden ist. Jeder kennt die rigorosen Reisebeschränkungen, das Fehlen von Telefonbüchern mit privaten Abonnenten, von Stadtplänen und Landkarten, die Abriegelung der auswärtigen Vertretungen, die Bespitzelung durch einen plethorisch ausgebauten KGB-Apparat, die Ächtung der eigenen Emigration, die Zensur von Presse und Literatur, die straffe Organisation und Disziplinierung durch die sogenannten "schöpferischen Verbände". Manches hat sich seit der Machtübernahme durch Gorbatschow geändert. Es ist eine breite und tiefe Auseinandersetzung mit der Geschichte der Sowjetunion, vor allem mit der stalinistischen Vergangenheit im Gange - doch gibt es bisher kein Eingeständnis der sowjetischen Schuld an Katyn. Es kommen zahlreiche bisher totgeschwiegene Autoren wieder zu Wort -. doch wurde die Auflage des Oktoberhefts 1988 von "Nowyi Mir" eingestampft, weil der Chefredakteur S. Salygin ein Werk von Solshenizyn angekündigt hatte. Dabei erscheint "Archipel Gulag" angesichts der heute publizierten Berichte aus den

Straflagern, etwa der von Schalamow, als geradezu harmlos. Es wurden neue Leute an die Spitze mehrerer "schöpferischer" Verbände gewählt - bei den Filmleuten, im Theaterwesen. Doch blieb der Stalinist Chrennikow bei den Komponisten auf seinem angestammten Sessel. Es wurde mit großem Pomp und erheblichem Aufwand die 1000-Jahrfeier der Christianisierung Rußlands gefeiert. Doch läßt die versprochene Novellierung der extrem restriktiven und schikanösen Kirchengesetzgebung von 1929 immer noch auf sich warten. Weitere Beispiele für Mißtrauen, Paternalismus und Geheimniskrämerei finden sich in der Berichterstattung der Medien über die innerpolitischen Vorgänge der letzten Zeit. Auch über bisher totgeschwiegene Minderheiten - Juden, Deutsche - erfährt der Sowjetbürger kaum etwas. Und schließlich wurde in einer Gesellschaft, die sich als kinderfreundlich, zutiefst human und sozial bezeichnet, ein Begriff völlig vergessen - der der Barmherzigkeit. Es bedurfte eines erschütternden Berichts des Leningrader Schriftstellers Daniil Granin über den einsamen Tod einer alten Frau in einem Leningrader Krankenhaus, um diesen Begriff wieder in das Bewußtsein der Menschen zu rücken.

VI

Die Frage erscheint nun berechtigt, ob angesichts so vieler monströser Fehler und Verbrechen, vor allem in der Zeit Stalins, die bisher ja noch im wesentlichen geltende Gesellschaftsordnung in der Sowjetunion den Namen Sozialismus verdient. Dies muß die heutige Führung der Sowjetunion schon aus Gründen der Selbsterhaltung bejahen, zum Unterschied etwa von Prof. Ju. Afanasjew, der in einem Prawda-Artikel vom 26.7.1988 die Meinung vertrat, die in der Sowjetunion geschaffene Gesellschaft sei nicht sozialistisch. Der vorerwähnte Autor G. Lissitschkin bringt dies, wie mir scheint, auf einen vernünftigen Nenner. Das heutige Sowjetsystem müsse sich an den Erfordernissen und an dem Modell des "wissenschaftlichen Sozialismus" messen lassen. Und da weiche der von Stalin begründete Sozialismus erheblich von diesem Modell ab. Weder sei eine höhere Arbeitsproduktivität erreicht worden als unter dem Kapitalismus (im Gegenteil - die Produktivität insgesamt betrage heute in der Sowjetunion nur 1/3 der amerikanischen, in der Landwirtschaft nur 15 Prozent).
Noch sei das System der Arbeitsteilung überwunden, das den schaffenden Menschen physisch und psychisch verunstalte (Beispiel: schwere Straßenarbeit durch Frauen).

Noch sei die Trennung zwischen Stadt und Land aufgehoben (im Gegenteil -
in der Sowjetunion sei diese Diskrepanz noch tiefer geworden).
Auch sei die Ausbeutung des Menschen durch den Menschen keineswegs ausgeschaltet (Beispiele: Massenarbeit von Strafgefangenen, Fron von Bauern, Spekulation und Korruption). Von der Barmherzigkeit war schon die Rede.
All dies gebiete, zu dem seit langem verlassenen Pfad des "wissenschaftlichen Sozialismus" der Urväter Marx, Engels und Lenin zurückzukehren und die "Perestrojka" - ohne Zwang und ohne Blutvergießen - zu verwirklichen.

VII

Was könnte der Westen nun tun oder unterlassen, um diesen Prozeß zu fördern? Mag dies nun eine Rückkehr zu den Quellen des Sozialismus sein oder der Aufbau eines Sozialismus mit menschlichem Antlitz oder einer Gesellschaftsordnung, in der, so wie bei uns, Vertrauen die Regel wäre und Mißtrauen die Ausnahme. Gorbatschow und seine Berater haben, wie bekannt, vor und im Zuge der Konzipierung ihres Reformprogramms umfangreiche Studien sowohl im sozialistischen wie im westlichen Ausland angestellt - in Ungarn, in der DDR, in Polen, in China; aber auch in der Bundesrepublik Deutschland (Industriemanagement, Gewerkschaften), in den USA (Land- und Ernährungswirtschaft), in Japan (Informationswesen, Außenhandel).
An prominenter Stelle stehen weiterhin der technisch-wissenschaftliche Austausch und Fragen des modernen Managements in Industrie, Handel, Banken, Versicherungen. Ferner der gesamte Komplex der Land- und Ernährungswirtschaft, um die Sowjetunion endlich aus ihrer unzeitgemäßen und unwürdigen Rolle eines der größten Getreideimprteure herauszuführen. Der Austausch sollte auch und gerade im Rahmen gemeinsamer Unternehmen betrieben werden, wie sie etwa in den zwanziger und Anfang der dreißiger Jahre in der Sowjetunion bestanden. Gut vorangekommen ist der kulturelle Austausch (Schriftsteller, bildende Künstler, Musiker, Theaterleute, Filmleute, Medienvertreter). Was noch fehlt, ist ein Jugendaustausch, nicht nur zwischen Partnerstädten, von Schülern und Studenten und der Abbau gegenseitiger Feindbilder. Dazu gehört die gemeinsame Bewältigung der Vergangenheit und die Entfernung "weißer Flecken" aus der gemeinsa-

men Geschichte. Die Sowjetunion scheint mir dazu eher bereit zu sein, als etwa Polen - wie die jüngste Berichterstattung über Königsberg vermuten läßt. Die Ergebnisse der bisherigen deutsch-sowjetischen Historikertreffen waren dagegen eher mager.
Voraussetzung für Einwirkungsmöglichkeiten des Westens wären Liberalisierungsmaßnahmen der sowjetischen Seite auf den Gebieten
- der Ein- und Ausreise der eigenen und fremder Staatsbürger;
- der Kommunikation zwischen Inländern und Ausländern;
- der Reise- und Aufenthaltsmöglichkeiten im Inneren des Landes;
- des Austausches von Literatur, Kunst, Medien;
- der Nationalitätenpolitik, insbesondere gegenüber den zwei Millionen Sowjet-Deutschen (Autonomie, Pflege der Muttersprache, Kommunikation mit beiden deutschen Staaten);
- der Praktizierung der Religion;
- des Gerichtswesens, einschließlich der Nachprüfbarkeit von Verwaltungsakten.

Sollte sich die Sowjetunion nach der Definition von Prof. Boris Meissner von einem totalitären zu einem autoritären Einparteienstaat entwickeln und sollte der KSZE-Prozeß fortdauern, so wären sicherlich die meisten dieser Bedingungen in kürzerer oder längerer Zeit zu erfüllen.
Ein abgestimmtes, etwa gar gemeinsames Vorgehen des Westens über den KSZE-Rahmen hinaus scheint mir dagegen nicht opportun. Zu verschieden sind historische Erfahrungen und gegenwärtige wie künftige Interessen. Deutschland und besonders die Bundesrepublik als traditioneller Mittler und als Drehscheibe im Ost-West-Verhältnis sollte - bei aller Bündnistreue - getrost eine Schrittmacherrolle übernehmen.

Prof. Dr. Kurt T u d y k a , Katholische Universität Nijmegen

MEHR ALS EIN "MARSHALLPLAN FÜR OSTEUROPA" - POSITIVER FRIEDE DURCH GESAMTEUROPÄISCHE KOOPERATION

Strukturelle Erneuerung, Mobilisierung ökonomischer Ressourcen und ökologische Stabilisierung Europas

Überlegungen zu einem Programm

EINLEITUNG

Jüngst ist in der westeuropäischen Öffentlichkeit von verschiedener Seite angeregt worden, die sozialökonomische Entwicklung der Länder Ost-, Mittelost- und Südosteuropas (herkömmlich: "Osteuropa") durch umfangreiche Investitionskredite im Rahmen eines Programms zu fördern; dabei wurde in Erinnerung an die amerikanisch-europäischen Finanztransaktionen zwischen 1947 und 1952 im Rahmen des damaligen Wiederaufbauprogramms der Name "Marshallplan für Osteuropa" geprägt. [1] Eine solche Gleichsetzung oder gar der Gedanke an eine Wiederholung sind falsch und selbst die Analogie ist verkehrt und mißleitend, weil der historische Rahmen und damit die politischen und wirtschaftlichen Bedingungen für ein solches Projekt sich verändert haben. [2]

Das heutige Verhältnis der OECD- oder der EG-Länder zu "Osteuropa" entspricht weder politisch noch wirtschaftlich dem Verhältnis zwischen den USA und Europa im Jahre 1947. [3] Gleichwohl erscheint die Frage nach einem westlicherseits konstruktivem Verhalten oder verstärkendem Impuls zugunsten der Steigerung der Wohlfahrt der Völker "Osteuropas" gerechtfertigt und zeitgemäß angesichts der gegenwärtigen Verhältnisse sowie der vorhandenen Bedürfnisse und geweckten Erwartungen an einen Wandel in Europa.

Doch sollte diese Frage unter friedenspolitischen Aspekten erwogen zu einer doppelten einer sachlichen und einer räumlichen Erweiterung führen.

Einmal mehr erinnerte der Friedenspreisträger des Deutschen Buchhandels 1988, Siegfried Lenz, daran, daß Friede mehr ist als der erklärte Verzicht auf Gewalt und daß wir tatsächlich am Rande eines unfertigen und mehrfach bedrohten Friedens leben. Denn die Welt sei "einer privilegierten, von den Ämtern gesegneten Gewalt" ausgeliefert, die sie immer unbewohnbarer macht. Kämen vergiftete Erde, verseuchtes Wasser, unzähliger anonymer Tod von Tieren und Pflanzen im Ergebnis nicht einer Kriegsaktion gleich? Lenz zitierte die Resolution der Torontoner Klimakonferenz vom Juni 1988, wonach die Folgen einer globalen Klimaänderung vergleichbar seien mit einem Atomkrieg und sie somit eine erstrangige nichtmilitärische Bedrohung der internationalen Sicherheit darstellte. Schließlich appellierte er an die politischen Akteure: "Wenn überhaupt dann kann nur eine tatkräftige und phantasievolle Politik etwas ändern, die bereit ist, sich zunächst den Wirkungsraum zurückzuholen, den Wirtschaft und Industrie ihr abgenommen haben." [4] Damit ist die sachlich erweiterte Dimension umschrieben.

Die zweite umfassender formulierte Frage sollte so lauten: Könnte ein umfängliches g e s a m t europäisches öffentliches Investitionsprogramm zur Wohlfahrt aller seiner Bewohner und damit zu positivem Frieden – wie man einen solchen Prozeß in Begriffen der Friedensforschung zu bezeichnen hätte – beitragen? Und wie müßte es beschaffen sein?

Im folgenden soll untersucht werden, in welchem Rahmen ein solches Programm zur Steigerung der Wohlfahrt in Europa gestellt werden sollte, welchen Voraussetzungen er unterliegt, welchen Bedingungen es genügen müßte und mit welcher Art und Größe von Mitteln es ausgestattet sein müßte.

Dabei sollten verschiedene Optionen vorgestellt werden, um das Für und Wider eines solchen Unternehmens besser abwägen zu können und einer weiter zu führenden und hoffentlich geführten Debatte etwas Hilfestellung zu bieten. Das kann vorerst und hier nur beschränkt geleistet werden.

I. WIE WOHLFAHRTSSTEIGERUNG FRIEDEN MEHREN KANN

Die Formel Wohlfahrtssteigerung = Friede stellt eine verkürzte Aussage dar, die zu Mißverständnissen, Enttäuschungen und entsprechend falschen Folgerungen führen kann. [5]

Die Frage, ob und inwieweit sowie unter welchen Voraussetzungen internationale Wirtschaftsbeziehungen friedensfördernd oder konfliktstiftend sind, hat seit Entstehen des kapitalistischen Weltsystems immer wieder das politische Denken und Handeln beschäftigt. Die liberalen Theoretiker der bürgerlichen Aufklärung sahen einen direkten Zusammenhang zwischen Handel und Friedfertigkeit. [6]
Montesquieu erklärte in seinem Esprit des Lois: "Die natürliche Wirkung des Handelns besteht darin, zum Frieden geneigt zu machen. Zwei Völker, die miteinander Handel treiben, werden wechselseitig abhängig voneinander; hat das eine Interesse zu kaufen, so liegt dem anderen daran zu verkaufen; und alle Vereinbarungen beruhen auf den wechselseitigen Bedürfnissen." [7] Noch dezidierter äußerten sich im gleichen Sinn Jeremy Bentham, Jean Baptiste Say, Richard Cobden, David Ricardo, James Mill und viele andere. "Es ist der Handel, der den Krieg schnell überflüssig machen wird, dies geschieht durch die Verstärkung und Vermehrung des Erwerbstrebens des einzelnen, das in natürlicher Opposition zum Kriege steht", schreibt beispielsweise John Stuart Mill 1848, wobei es ihm wie den anderen liberalen Klassikern der politischen Ökonomie mindestens ebenso sehr um die Propagierung des Freihandels wie um die Verhütung staatlicher Gewaltanwendung geht. [8] Der Handel als solcher barg beide Möglichkeiten, das hatte differenzierter bereits Adam Smith konstatiert, entweder "ein Band der Freundschaft", oder eine "Quelle der Zwietracht und des Hasses" zu sein. [9]
Die Argumentation der Freihändler enthält übrigens die bekannte doppelte Vorstellung von Frieden, die heute Friedensforscher als negativen beziehungsweise positiven Begriff von Frieden unterscheiden: Frieden als Abwesenheit von Krieg und Frieden als Wohlergehen. [10] Denn das Freihandelsargument weist ja nicht nur auf die Unverträglichkeit von Krieg und Handel, sondern betont auch in der Kritik an jeder Form von Protektionismus das Mehr an Wohlfahrt freien Handels für die Partner durch einen komparativen Kostenvorteil. Ob Freiheit des Handelns eine ausreichende

Bedingung für Wohlfahrt und damit - im Sinne des positiven Begriffs - für Friede und zugleich für den Abbau von "struktureller Gewalt", also Ausbeutung und Verelendung ist, blieb bis in die Gegenwart eine Streitfrage. Die Ursachen von Gewalt und Unterdrückung sind vielfältig und zahlreich ebenso wie die Folgen von Handel und anderer Formen des Wirtschaftsverkehrs, sodaß jede deduktive, modellartige Betrachtung mit der Anzahl der Variablen auch ambivalenter wird. [11]

Die vielfältigen Formen internationaler Wirtschaftsbeziehungen, wie Handel von Rohstoffen, Halbfertigwaren, Investitionsgütern etc., Arbeitsteilung, Technologietransfer, Gemeinschaftsunternehmungen und viele andere, beruhen auf kooperativem und konkurrierendem Verhalten der beteiligten Subjekte. Wie sie schließlich "zum wechselseitigen Vorteil", oder in anderer Terminologie, zu einem komparativen Kostenvorteil gereichen und gedeihen, das wird in verschiedenen Traditionen politischen Denkens als Faktor der Sicherung von Frieden betrachtet. [12] Die Hypothese von den friedens- und wohlfahrtsfördernden Transaktionen ist generell plausibel und vernünftig. Unter welchen Voraussetzungen und Bedingungen sie eventuell zutrifft, das kann von Fall zu Fall historische und empirische Forschung erhellen.

Die Verbesserung der Lebensbedingungen kann vor allem die Voraussetzungen für das Fortbestehen von Frieden verstärken und kann einem gewaltfreien Zusammenleben Inhalte geben und es bereichern.

Freilich nicht jede Art von Steigerung der Wohlfahrt schafft die gewünschten Voraussetzungen. Am Ende des 20. Jahrhunderts ist die Einsicht gewachsen, daß die ungehemmte Entfesselung der Produktivkräfte unabhängig von den vorherrschenden gesellschaftlichen Verhältnissen dazu ein falscher Weg ist. Es bedarf eines Überganges zu "sozial-ökologischen" Produktionsverhältnissen, um die sowohl im Kapitalismus wie im real existierenden Sozialismus katastrophal angewachsene Zerstörung der Umwelt einzudämmen und einen Prozeß der Umkehr zu beginnen. [13] Die Einsichten in solche Zusammenhänge sind verhältnismäßig neu, unbequem und auch darum noch nicht überall in Europa gleichermaßen akzeptiert. Noch weniger sind daraus die entsprechenden Folgerungen für politisches Handeln und gesellschaftliches Verhalten gezogen worden.

II. UNTER WELCHEN POLITISCHEN VORAUSSETZUNGEN UND BEDINGUNGEN EIN GESAMTEUROPÄISCHES PROGRAMM VERWIRKLICHT WERDEN KÖNNTE

1. Vorgeschichte

Die besonderen wirtschaftlichen Probleme der "osteuropäischen" Länder und die Bemühungen der politischen Führungen um ihre Lösung haben im Westen seit jeher viel Aufmerksamkeit gefunden. Sie gaben dann auch immer wieder Anlaß für Projekte, die durch Beteiligung und den Transfer von Kapital in verschiedener Form zu den angestrebten Leistungssteigerungen beitragen wollten. Es versteht sich von selbst, daß solche Projekte nicht aus altruistischen Motiven betrieben wurden, sondern daß dabei wirtschaftliches Kalkül im Vordergrund der Erwägungen stand. Es handelte sich dabei im wesentlichen um die Verfolgung individualwirtschaftlicher Interessen im Westen durch Orientierung an den gesamtwirtschaftlichen Zielsetzungen in "Osteuropa". Solche mikro-makro-ökonomischen Kombinationen sind nach wie vor an der Tagesordnung und sie werden auch in der Zukunft immer einen Stellenwert haben.

Aufgrund der gegenwärtigen Lage in "Ost"- u n d Westeuropa und der bisherigen Erfahrungen müssen solche Projekte freilich als unbefriedigend beurteilt werden und zwar gemessen sowohl an ihren beschränkten Zielen wie an den erreichten Resultaten.

1.1 Zur Lage in West- und Osteuropa

In den westeuropäischen Ländern sind trotz steten Wachstums des Sozialprodukts bestehende Ressourcen unausgelastet. Fast ein Achtel der vorhandenen Arbeitskräfte der EG-Länder nehmen am Produktionsprozeß nicht teil, die Tendenz der Arbeitslosigkeit ist weiter steigend, mit stets minder Beschäftigten wird mehr produziert. Auch Anlagen, Maschinen und Transportkapazität sind nicht ausgelastet oder liegen gar brach, Realkapital verkommt. Die nur im verminderten Umfang arbeitenden Volkswirtschaften produzieren ein Angebot, das die kaufkräftige Binnennachfrage und die bestehenden Exportmöglichkeiten übersteigt.

In den ostmittel- und südosteuropäischen Ländern bietet sich ein entgegengesetztes Bild. Es zeigt sich mutatis mutandis auch in der Sowjetunion. Überbelastete oder mangelhafte Produktionsfaktoren können die Nachfrage nicht befriedigen. Neben technisch neu ausgerüsteten Industrien befinden sich weite Sektoren mit verschlissenen Anlagen, geringer Kapitalausstattung, energieaufwendigen und leistungsschwachen Technologien. Der mißliche Zustand des produzierenden Sektors dieser Gesellschaften verschlimmert sich noch durch den überlasteten und großenteils ausgelaugten und maroden Zustand der wirtschaftlichen Infrastruktur und der individuellen und gesellschaftlichen Reproduktionssphären, namentlich der natürlichen Umwelt, Gewässer, Luft und Boden.

Zusammengefaßt, große Angebotsreserven im Westen, große Nachfragereserven im Osten, Überangebot hier, Übernachfrage dort, über (und Fehl-)produktion einerseits, Unter(und Fehl-)konsumtion andererseits.

Dieser hier zunächst grob vereinfachte Vergleich drängt geradewegs die Frage auf: Weisen nicht beide Teile Europas komplementäre Strukturmängel auf und zwar im Rahmen oft genannter gleichartiger Defizite, wie Verstädterung, Zersiedelung, Umweltzerstörung und den Anstieg psychischsozialer Pathologien? [14] Wäre nicht beiden Teilen Europas durch ein großzügiges und umfangreiches Zusammenwirken ein Abbau ihrer jeweiligen u n d gemeinsamen Probleme möglich?

Freilich die hiermit so einfach skizzierten Grundprobleme und ihre angedeutete Lösung werden noch durch zahlreiche widrige Umstände und zusätzliche Schwierigkeiten belastet. Sie liegen in der wirtschaftlichen Sphäre, im Aufbau der politischen Systeme, in dem Verhältnis beider zu einander, schließlich erschweren Gewohnheiten und Ängste, Wahrnehmungen aus der Vergangenheit auch psychologisch die Inangriffnahme umfassender Projekte.

1.2 Erfahrungen seitheriger ost-west-europäischer Beziehungen

Die traditionellen Bemühungen um die staatlichen Förderungen der wechselseitigen Beziehungen beschränkten sich auf die Lockerung der verschiedenartigen Handelsrestriktionen, wie Zölle, Kontingente, bürokratische Hindernisse, militär-strategische Technologiekontrollen.

Relativ wenig positive Handelsförderung wurde betrieben. Gewiß wurden staatlicherseits selbst unter hochpolitisch erschwerten Umständen bestehende Wirtschaftsbeziehungen im großen und ganzen nur marginal eingeschränkt. In entspannteren Phasen wurden staatlich unterstützte Industrieausstellungen westeuropäischer Länder durchgeführt. Endlich wurden öffentliche Bürgschaften und Kredite zu günstigen Bedingungen gewährt. Auch wurden in Einzelfällen Sonderdarlehen eingeräumt. Entstandene Schulden wurden im Einvernehmen mit staatlichen Instanzen gestundet. Im wesentlichen ging es dabei um Zahlungsbilanzhilfe.

Gleichwohl hielten sich diese Förderungsmaßnahmen verglichen mit dem Engagement westeuropäischer Staaten auf anderen Kontinenten in einem engen Rahmen. Überdies wurden ihre Effekte von Zeit zu Zeit durch rein politische Interventionen, wie Boykottmaßnahmen und Rücknahme von Kreditfazilitäten konterkariert oder gar in ihr Gegenteil verkehrt.

Endlich blieb der Ost-West-Handel bescheiden. Eine erwartete Wohlfahrtssteigerung durch eine Zunahme des Handels mußte auch wegen seines niedrigen Niveaus gering bleiben. Die tatsächlichen Effekte sind daher auch klein. Das trifft sowohl für die west- wie die osteuropäischen Länder zu.

Auch weist der Handel in etwa die Merkmale der Beziehungen zwischen Industrieländern und Entwicklungsländern auf: Industriegüter liefert der Westen gegen landwirtschaftliche und industrielle Rohstoffe und Energie aus Osteuropa.

Gegenwärtig ist sogar noch eine Stagnation, und selbst ein partieller Rückgang des Ost-West-Handels festzustellen. Sein Anteil am Welthandel betrug 1987 gerade zwei Prozent verglichen mit fast zehn Prozent während der frühen siebziger Jahre.

Ein alle Transaktionen belastender Umstand sind die inzwischen auf schätzungsweise 130 Milliarden US Dollar - darunter 40 Milliarden sowjetische - angewachsenen Schulden der osteuropäischen Länder bei westlichen Gläubigern. Sie entstanden während der siebziger Jahre in einer Phase der Detente und rezessiver Tendenzen im Westen als Ergebnis des in

Osteuropa unstillbaren Begehrens nach vagabundierenden Öl-Dollars. Sie wuchsen zu Beginn der achtziger Jahre als Folge der gestiegenen Öl- und Gaspreise - auch der sowjetischen -, hoher Zinssätze, der Unfähigkeit, genügend und qualitativ wettbewerbsfähige Waren auf den westlichen Märkten anzubieten und endlich im Falle von Polen als Resultat des inneren Niedergangs.

In jüngster Zeit wird viel Aufhebens von der Möglichkeit der Gründung von "joint ventures" gemacht und dadurch viele Erwartungen geweckt. Zweifellos öffnen sich durch Gemeinschaftsunternehmen neue Betätigungsfelder und bieten sie für seitherige Aktivitäten erweiterte Perspektiven. Doch warnen Vertreter von Banken und Industrie- und Handelsunternehmen vor Hoffnungen, dadurch einen nennenswerten gesamtwirtschaftlichen Aufschwung und Durchbruch der gehemmten ost-west-europäischen Wirtschaftsbeziehungen zu erreichen.

2. Voraussetzungen

2.1 In wirtschaftlicher Hinsicht

Angesichts der geschilderten Lage gibt es im Westen Stimmen, die ein wirtschaftliches Engagement in "Osteuropa" für sinnlos halten. Jeder Aufwand stehe in keinem Verhältnis zu dem zu erwartenden Ergebnis. Anstrengungen müßten sich auf die wechsenden Märkte im pazifischen Raum und in Asien richten. Entgegen früherer Bemühungen sei der quantitative Anteil "Osteuropas" an den westeuropäischen Wirtschaftsbeziehungen marginal geblieben. Das Fertigwarenangebot "Osteuropas" sei auf den westlichen Märkten, abgesehen von Ausnahmen, unverkäuflich. Der Rückstand "Osteuropas" werde permanent größer, die Asymmetrie des Tauschs nehme sogar aufgrund der divergenten Produktivitätsentwicklung in Ost und West noch zu, die "Osteuropäer" müßten stets mehr ihrer Grundstoffe und Halbfabrikate für den Import von Industriegütern aus dem Westen aufbringen, nur zwischen den hochentwickelten Industrieländern finde heutzutage ein hoher Waren- und Dienstleistungsaustausch statt. Ihre eigenen wechselseitigen Lieferverpflichtungen insbesondere der kleineren Länder mit der Sowjetunion mache ihren Außenhandel unflexibel. "Osteuropa" sollte man besser "abschreiben".

Sinngemäße Äußerungen sind auch aus "Osteuropa" vernehmbar. Die Entwicklung in Europa sei divergent. Der Unterschied der technologischen Niveaus sei so groß, daß Kooperation kein Weg mehr zu einer Annäherung sei. Wirtschaftsbeziehungen bewirkten auch noch das Gegenteil, "Osteuropa" erhalte die im Westen schon veralteten Ausrüstungen. Und schon die seien unbezahlbar geworden. Die Schulden seien erdrückend. Ein Ausweg biete sich nur durch Konzentration auf die eigenen Kräfte und eine Beschränkung, wenigstens vorerst auf den eigenen Rahmen.

2.2   In politischer Hinsicht

Die politischen Voraussetzungen eines Zusammenwirkens zwischen "Osteuropa" und Westeuropa scheinen gegenwärtig günstiger als selbst in der Hochzeit der Detente während der siebziger Jahre. Die politischen Klassen aller betroffenen Gesellschaften stimmen jenseits weiter bestehender und gepflegter Differenzierungen darin überein, sich die jeweilige Legitimation nicht streitig zu machen, - wie schwach sie in Einzelfällen auch immer sein mag -, geschweige sich militärisch zu bedrohen.

Freilich gibt es außerhalb der politischen Klassen Dissens, der mehr "ost"- als westeuropäischer Provenienz ist. Opponierende Gruppen bestreiten positive Wirkungen gesamteuropäischer Zusammenarbeit, solang die bestehenden gesellschaftlichen und ökonomischen Strukturen und das politische System nicht von Grund auf verändert worden sind. Sie bezweifeln die Reformfähigkeit der herrschenden Verhältnisse und den Reformwillen der Parteiführungen und ihrer Kader. Sie befürchten, daß wirtschaftliche Kooperation zwischen West- und "Osteuropa" nur die doch unvermeidliche Bankrotterklärung des politischen Systems hinauszögert und den Verfallsprozeß von Wirtschaft und Gesellschaft verlängert. Auch unter Hinweis auf alle bisherigen Mißerfolge erhöhten Engagements westlicherseits empfehlen sie, die weitere Erosion der bisherigen Verhältnisse in "Osteuropa" abzuwarten.

In Westeuropa ist ein Mangel an Bereitschaft zu bemerken, sich wirtschaftspolitisch auf die Probleme der "osteuropäischen" Gesellschaften einzulassen. Neben der schon erwähnten wirtschaftlich begründeten Skepsis über die zu erreichenden Erfolge, bestehen Zweifel und Vorbehalte darüber, ob ein Einsatz öffentlicher Mittel zugunsten der Wohlfahrtssteigerung in "Osteuropa" politisch in Westeuropa akzeptabel ist und damit ein derartiges Programm überhaupt durchsetzbar ist.

So ist bedauerlicherweise ein großes Maß an Fatalismus und Defaitismus und - hinzugefügt - ein Mangel an Kraft und Phantasie beiderseits in "Ost-" und Westeuropa festzustellen, durch eine konstruktive Entfaltung der wechselseitigen wirtschaftlichen Beziehungen die jeweils eigene Situation zu verbessern. Ein erklärter politischer Wille zu einer Zusammenarbeit, die der hier vorgestellten nahekommt, scheint am ehesten in der Bundesrepublik Deutschland, in Italien und in Frankreich zu erwarten zu sein. Diese Länder sind neben Österreich mit ihren Ökonomien auch die wichtigsten westlichen Partner der "osteuropäischen" Wirtschaften.

Aufgrund der Interessenlage der Mehrheit der Mitgliedstaaten der Europäischen Gemeinschaft und einer bei der Kommission traditionell spürbaren Reserve gegenüber einer aktiven "Osteuropa"-Politik scheint eine Initiative seitens der EG auch nicht sehr wahrscheinlich. [15] Immerhin gibt es im Europäischen Parlament Gruppen, wie die Sozialistische Fraktion, die schon ein erkennbares Engagement für eine andere Qualität der ost-westeuropäischen Beziehungen demonstriert haben. [16]

2.3 Politisch-wirtschaftlicher Zusammenhang

Zusammengefaßt ergibt sich das folgende Resümee: Die sowjetische Reformpolitik wird sowohl für die UdSSR als auch für die in ihrem Sog sich verändernden anderen osteuropäischen Ökonomien als notwendige Bedingung für einen Wandel der wirtschaftlichen Verhältnisse gewertet. Die Frage ist, ob das schon eine ausreichende Bedingung ist.
Sicher ist ein Zusammenhang zwischen der Entfaltungsfähigkeit der wirtschaftlichen Kräfte und der Richtung und dem Maß an politischer Steuerung gegeben.

3. Perspektiven

Aufgrund der genannten Voraussetzungen lassen sich für die restlichen Jahre bis zum Ende dieses Jahrhunderts perspektivisch die folgenden alternativen Entwicklungen skizzieren. Unter Beibehaltung der überkommenen politisch-wirtschaftlichen Strukturen werden die bisherigen Beziehungen fortgesetzt; das Ergebnis liegt auf der Hand, - eine gesamteuropäische Dynamik ist nicht zu erwarten.

Der Befund ist also eindeutig: In den ost- und südosteuropäischen Ländern wird das bisherige System der Leitung reformiert, dann ergeben sich Aussichten darauf, ein Programm der gesamt-europäischen Zusammenarbeit zu verwirklichen. Zwischen dem "neuen Denken" und der Qualität (und damit Quantität) eines "neuen Kapitels" in den Beziehungen zwischen "Ost"- und Westeuropa besteht also ein wechselseitiges Verhältnis.

4. Bedingungen

Aus dem bisherigen Prozeß der Umwandlung und den sie begleitenden Äußerungen ergeben sich als Bedingungen, die eine politische und wirtschaftliche Reform der "osteuropäischen" Gesellschaften zur Förderung gesamteuropäischer Beziehungen herbeiführen könnten, die folgenden Punkte:

- Veränderung des Verhältnisses Staat - Wirtschaft
- Einführung und Ausbau des Marktes als Steuerungsfunktion
- Dezentralisierung der Wirtschaftsverwaltung
- Deregulierung im mikroökonomischen Bereich
- Multilateralisierung der wirtschaftlichen Beziehungen
- Wandel der Einstellung zu Arbeit und Leistung.

Unter der Annahme, daß eine solche Reform keine ausreichende Bedingung für einen wirtschaftlichen Aufschwung bietet, sondern daß sie um die Ressourcen ergänzt werden muß, an denen es außerdem noch in Osteuropa mangelt, nämlich Kapital in verschiedener Form, Investitions- und Konsumgüter, drängt sich die Notwendigkeit zu einem gesamteuropäischen Aufbauprogramm auf.

III. WIE DIE WIRTSCHAFTLICHEN RESSOURCEN GEFUNDEN UND MIT WELCHEN MITTELN SIE ZU WELCHEN ZWECKEN ANGEWANDT WERDEN SOLLTEN.
EIN PROGRAMM FÜR EIN ZUSAMMENWIRKEN

1. Das Ziel

Das Programm will durch Steigerung der Wohlfahrt den Frieden in Europa stabilisieren.

1.1 Mittelfristiges Ziel

Das Programm will Wohlfahrt in Ost- und in Westeuropa steigern helfen. Es handelt sich also nicht um eine einseitige Aktion oder um eine nur implizit erwartete Förderung der Ausfuhr, wie etwa durch Maßnahmen der sogenannten Entwicklungshilfe oder anderer Hilfsprogramme, wie des schon erwähnten früheren Europäischen Wiederaufbauprogramms der USA ("Marshallplan").

Was heißt heute Wohlfahrtssteigerung in Westeuropa? Eine Verbesserung der wirtschaftlichen Lage beinhaltet konkret abhängig von der jeweiligen Region verschiedenerlei. Die Unterschiede zwischen Irland, Portugal, Griechenland einerseits und Dänemark, den Niederlanden und Belgiens sind erheblich; gleichwohl weisen auch die letztgenannten Länder sozial unerträglich hohe Arbeitslosenquoten auf. Pauschal geht es bei einem Programm zur Besserstellung Westeuropas um eine drastische Reduzierung der über 15 Millionen Arbeitslosen, die allein in der EG registriert werden.

Wohlfahrtssteigerung in Osteuropa heißt pauschal, erstens, Verbesserung der Grundversorgung der Bevölkerung, Wohnung, Konsumgüter, zweitens, Modernisierung der Produktionsmittel also auch Steigerung der Produktivität, endlich, drittens, Sanierung der Infrastruktur, Verkehrs- und Transportmittel, Energieversorgung, alten Stadtkerne, des Gesundheitswesens sowie der Erholungs- und Ferienzentren sowie vor allem Schonung der bereits überbelasteten Umwelt.

1.2 Nahziel

Die nächstliegenden Ziele sind für Westeuropa Steigerung des Produktionsvolumens der Industrie durch Aufträge und Lieferungen nach Osteuropa und damit Schaffung von mehr Arbeitsplätzen, Erhöhung der Kaufkraft und damit schließlich Stärkung des Binnenmarktes auf der Nachfrageseite.

Die nächstliegenden Ziele für die osteuropäischen Länder sind Erhöhung der Produktivität durch Einführung technisch fortgeschrittener Ausrüstung in Landwirtschaft, Industrie und Dienstleistung, Vergrößerung und Verbesserung des Konsumangebots, Stärkung des Binnenmarktes auf der Angebotsseite.

1.3 Prioritäten

Priorität hat nicht die Stärkung des wechselseitigen Handelns und darin eingeschlossen als Sekundäreffekt eventuell positive Erwartungen für die Binnenwirtschaft zu stärken. Zunächst sind alle Transaktionen im Rahmen des Programms dieser Aufgabe untergeordnet. Es geht um die Chance der Modernisierung ohne den Zwang, diese sogleich durch exportfähige, selbst dringend benötigte Güter bezahlen zu müssen. Eine daneben oder später sich einstellende stärkere wirtschaftliche Verflechtung oder Arbeitsteilung zwischen den Ländern Ost- und Westeuropas liegt jenseits der Zielsetzungen des Programms.
Erstrebenswert sollte das Programm seinen Ansatzpunkt in der Verbesserung der Infrastrukturen und Reproduktionssphäre haben.

2. Die Mittel

Es bedarf einer wirtschaftlichen Initialzündung mit regional und phasenweise differenzierten Akzeleratoreffekten für Investitionen in Ost- und Westeuropa. Wie können sie geschaffen werden?
Und wie kann der beschleunigte Wirtschaftskreislauf in Bewegung gehalten werden? Welchen Anteil nehmen daran die westeuropäischen und die osteuropäischen Länder?

Geht man von der doppelten Rate des normalen Realwachstums von durchschnittlich zwei bis drei Prozent des Bruttosozialprodukts aus, dann muß ein Betrag von 100 Milliarden Dollar aufgebracht werden.

Zum Vergleich, das BSP der BRD beträgt zur Zeit rund 700 Milliarden US Dollar, von Österreich 70 Milliarden US Dollar.

2.1 Herkunft

Voraussetzung und Grundlage ist ein Finanzfonds, der von den westeuropäischen Partnern mit einem Grundbetrag ausgestattet wird. Seine ratenweise Rückzahlung wird von den osteuropäischen Partnern vertraglich garantiert.

Da Westeuropa durch das Programm von kollektiven Ausgaben entlastet werden soll, wie Zahlungen für Arbeitslose, Sozialhilfe, Vorruhestand, Sozialpläne, etc. ferner Subventionen für strukturschwache Regionen oder minder wettbewerbsfähige Industrien müßten die Mittel von den Trägern dieser Transferleistungen im Vorgriff auf ihre künftige Entlastung aufgebracht werden. Dabei handelt es sich um öffentlichrechtliche oder semistaatliche Einrichtungen, wie Versicherungen, Landesförderungsanstalten, regionale Behörden der Wirtschaftsentwicklung; sie werden ein solches Programm westlicherseits freilich nur in einem Konsortium mit den bewährten Institutionen der Vermittlung und Steuerung von Kapitaltransaktionen durchführen können, wie Privatbanken, öffentlichen Kreditanstalten und entsprechenden staatlichen Behörden.

2.2 Verwaltung

Die unmittelbare Durchführung des Programms sollte in Händen einer parastaatlichen neu zu gründenden internationalen Organisation liegen. Jede Bindung an bestehende Institutionen, wie etwa die EG bzw. den RGW oder die ECE, ebenso rein staatliche Einrichtungen versprechen nicht die nötige Flexibilität.

Der Fonds besteht aus drei von einander getrennt tätigen Regionalfonds, je einer zusammen für die CSSR, die DDR und Polen, für Bulgarien, Rumänien und Ungarn, und einen ausschließlich für die Sowjetunion. [17] Diese Gliederung sollte die Wirksamkeit des Fonds steigern, weil sie die besonderen Umstände und Bedürfnisse der osteuropäischen Länder zu berücksichtigen gestattet.

2.3 Einsatz

Der Einsatz der Mittel sollte am Anfang sektorgebunden sein. Dabei kann zunächst an die folgenden Sektoren gedacht werden, die für Osteuropa binnenmarktorientiert sind: Landwirtschaft, Wohnungsbau, Verkehrsinfrastruktur, Dienstleistungen.

Für Westeuropa würde eine solche Orientierung mit Aufträgen für die Maschinenbauindustrie, die Elektroindustrie, Anlagenbau verbunden sein. Auch hier kann an eine regionale Bindung der Aufgaben gedacht werden.

Eventuell ist es zweckmäßig, eine subregionale wechselseitige Verflechtung zu errichten, also an Kooperationsverträge zwischen nationalstaatlichen Teilregionen, wie beispielsweise zwischen Westfalen und dem Bezirk Leipzig, oder zwischen Südholland und Oberschlesien, etc.

2.4 Verwendung

Die durch Kapitalgeber in Westeuropa aufgebrachten Mittel sollten an Auftragnehmer in Westeuropa gebunden in den osteuropäischen Ländern eingesetzt werden. Damit die Mittel nach Möglichkeit wirtschaftlich verwendet werden, sollten sich westliche Unternehmungen jedenfalls öffentlichen Ausschreibungen unterwerfen. Diese könnten in Westeuropa zusammen von Kapitalgebern mit den osteuropäischen Projektträgern durchgeführt werden.
Auf diese Weise sollten die mit dem Programm beabsichtigten Effekte besser erreicht werden können.

3. Der Zeitraum

Angesichts des großen Erneuerungsbedarfs in Osteuropa und der zu seiner Befriedigung zu überwindenden Hürden, sollte von einem kurzfristigen

Programm keine auch nur Annäherung an die Ziele dieses Programms erwartet werden. Das Programm sollte auf zehn Jahre ausgelegt werden, wobei an eine Einteilung in Phasen mit der Möglichkeit zur jeweiligen Revision zu denken wäre.

4. Probleme

Unter der Prämisse der Notwendigkeit und Wünschbarkeit des hier skizzierten Programms sollten die Probleme seiner Initiierung, Vorbereitung, Organisation und Durchführung nicht unerwähnt bleiben. Ein großer Teil seiner Verwirklichung wird sich mit den vielerlei indirekten Schwierigkeiten auseinanderzusetzen haben, die es vielerorts auslösen dürfte.

Zunächst ist zu einigen Problemen in Osteuropa folgendes zu bemerken, wobei nicht auf alle Fragen fertige Antworten gegeben werden können, ja selbst noch manche Fragen nicht einmal gestellt werden können, weil die Probleme noch verborgen sind.

Wird unter dem Deckmantel dieses Programms die bestehende Verschuldung nicht unverantwortlich weitergetrieben? Zweifellos könnte der hier vorgeschlagene Kapitaltransfer so interpretiert werden, wenn nicht ein klarer Trennungsstrich zwischen der bestehenden Altlast und den Krediten dieses Programms gezogen und durchgehalten würde. Der Unterschied zwischen den Ursachen und Umständen der früheren Verschuldung und dem hier beabsichtigten Kapitaltransfer sollte u.a. aus der beschriebenen Verwendung der Mittel deutlich geworden sein. Allerdings sollte unter anderem geprüft werden, inwiefern bestehende Zahlungsverpflichtungen die Durchführung des Programms erschweren und ob beispielsweise mit Hilfe des Instruments der "Debt Equity Swaps" Altlasten konvertiert und damit neue Transaktionen erleichtert werden können.

Sollten die gegenwärtig in allen Ländern manifest oder nur latent spürbaren Reformen nicht erst abgewartet werden? Auf diese Frage ist mit dem Wort von Gorbatschow zu antworten: "Die Geschichte wartet nicht; die Völker dürfen keine Zeit verschwenden. Morgen kann es zu spät sein, und ein übermorgen wird es vielleicht nie mehr geben."

Ist der auch nach aller Umgestaltung in den osteuropäischen Ländern bleibende, weil verwurzelte bürokratische Geist nicht ein unüberwindliches Hindernis für die Wirkungsmöglichkeiten des Programms? Diese Mentalität kann auch der sachgerechten Abwicklung des Programms von Nutzen sein, falls sie richtig gebraucht wird. Ohne ein wenig kameralistische Voraussetzung ist eher zu befürchten, daß die Mittel Korruption und privater Bereicherung dienen. Die Effekte von Entwicklungsprogrammen für viele - auch westeuropäische - Regionen ohne bürokratische Bedingungen lassen das befürchten.

Nun sollen einige Probleme auf westeuropäischer Seite aufgeworfen werden.

Handelt es sich nicht um ein öffentliches Beschäftigungsprogramm und verdienten dann nicht zahllose Vorhaben von Gemeinden, Regionen, des Umweltschutzes etc. Priorität? Das Programm muß zwar staatlicherseits angeregt und kontrolliert werden, seine Verwirklichung soll keine staatliche Veranstaltung sein.

Haben dann nicht die Aufgaben und Verpflichtungen gegenüber der Dritten Welt Vorrang? Diese Frage ist unterschiedlich zu beantworten vom Gesichtspunkt der Bedürftigkeit anders als von der wirtschaftlichen Effizienz des Kapitaltransfers.

Schließlich bringt die vorgeschlagene interdependente Koppelung der wirtschaftlichen Entwicklung in Ost- und Westeuropa eine Anzahl von Problemen mit sich.

Zahlreiche Fragen und Zweifel werden sich einstellen und nicht umgehend ausräumen lassen, wie unter anderen die folgenden:
Wie kann gewährleistet werden, daß die für osteuropäische Auftraggeber zur Verfügung gestellten Mittel auch den Branchen, Industrien, Unternehmen und Regionen zu Gute kommen, die unausgelastete Kapazitäten und Ressourcen haben? Ist dabei ein kohärentes Verfahrensmuster statt punktueller Auftragsvergabe mit verpuffenden Effekten verwirklichbar, also etwa die wechselseitige Bindung ganzer Regionen in Ost- und Westeuropa, also eine Art von doppelter, transnationaler Regionalförderung?

Wie sollen Verzinsung und Amortisation der Mittel geregelt werden? Sollen in den osteuropäischen Ländern Gegenkonten für die Aufnahme der noch nicht konvertierbaren Valuta eingerichtet werden, die eventuell der inter-osteuropäischen Multilateralisierung der dortigen Beziehungen dienen können?

Am Ende des Vorschlags für ein solches Programm stehen sicher vorerst noch mehr Fragen als Anregungen. Dabei sollten die Gründe für einen solchen Entwurf nicht verdrängt werden.

5. Zusammenfassung

Das Ziel ist eine Besserung der Lebens- und Beschäftigungsbedingungen der europäischen Völker und damit eine Förderung des wirtschaftlichen und sozialen Fortschritts auf dem europäischen Kontinent. Das ist verbunden mit der Erwartung, dadurch positiv, d.h. durch mehr als durch den Abbau von Waffen und der Veränderung von Strategien, zum europäischen Frieden beizutragen.

Das Mittel ist gemeinsames Handeln auf der Grundlage eines Programms der wirtschaftlichen Anreize.

Gewiß kann die hier vorausgesetzte Prämisse einer Notwendigkeit und Wünschbarkeit eines solchen Programms in Zweifel gezogen werden. Darum sollen abschließend Gründe, die gegen und die für ein solches Vorhaben sprechen, gegenübergestellt werden.

Gründe, die d a g e g e n eingebracht werden könnten:
Eigene Probleme, andere Verpflichtungen, lukrativere Geschäfte sind anderenorts zu machen, nicht in die "osteuropäischen" Angelegenheiten einmischen, soll denn "Osteuropa" gar "westeuropäisiert" werden?, die Westeuropäer müssen sich gerade jetzt auf dem lange eingeschlagenen Weg, kurz vor einem großen Ziel, auf die Erreichung des Binnenmarktes konzentrieren.

Gründe, die demgegenüber f ü r ein solches Programm sprechen:
Eigene Probleme bisher nicht allein gelöst, im Gegenteil Problemdruck

hat zugenommen, westeuropäische Union ist weiter entfernt als je, gesamteuropäischen Verpflichtungen nachkommen, stärkt Möglichkeiten gegenüber Dritten Welt und anderen Regionen, die Reformen in Osteuropa allein reichen nicht aus, gleichwohl historische Chance, der lukrativere Markt der Zukunft für Westeuropa liegt in Osteuropa, denn dort besteht ein quasi natürlicher Konkurrenzvorteil gegenüber Japan und den USA. Die Renovation des "gemeinsamen Hauses Europa" ist überfällig und zwar mit dem Ziel einer Friedensordnung, die ihren Namen verdient.

Führt das Pro und Kontra abwägend nicht zur Forderung, ein europäisches Aufbauprogramm - umfassender und detaillierter als es hier möglich war - zu entwerfen und sein Beginn vorzubereiten?

ANMERKUNGEN

1) Der frühere französische Staatspräsident Giscard d'Estaing sprach im Frühjahr 1988 vom "Marshallplan für Osteuropa", ebenso der Vorsitzende des Olivetti-Konzerns, ferner der Sprecher der US-Firmengruppe auf der Ost-West-Konferenz im Sommer 1988 in Potsdam, der italienische Senatspräsident G. Spadolini gebrauchte die Bezeichnung "Marshallplan für Polen", der österreichische Publizist P.M. Lingens schrieb am 20.6.1988 in PROFIL, Nr. 25, S. 10 für eine Kolumne über "Ein Marshallplan für die Sowjetunion", der italienische Ministerpräsident schlug nach seinem Gespräch mit M. Gorbatschow im August 1988 ein solches Programm vor.

2) Vgl. H.B. Price, The Marshall Plan and its Meaning, Ithaca, New York 1955

3) Zu den weltwirtschaftlich veränderten Umständen: OECD, From Marshall Plan to Global Interdependence, Paris 1978, darin auch ein ausführlicher Diskurs nach einem Referat von Peter Knirsch über die Interdependence in East-West Economic Relations, ohne daß damals anläßlich des 30jährigen Gedenkens irgendein Sprecher die Idee an einen Marshall Plan für Osteuropa äußerte.

4) Zit. n. Frankfurter Rundschau, 10.10.1988, Nr. 236, S. 13

5) Welche Art des Wirtschaftens Frieden fördern kann, ist eine Frage, deren Beantwortung Friedensforschung noch aufgegeben ist, vgl. Kurt Tudyka, Nicht über den, sondern über die Disziplinen, in: Bernhard Moltmann, Perspektiven der Friedensforschung, Baden-Baden 1988, S. 143 ff.

6) Vgl. E. Silberner, La guerre dans la pensée economique du XIVe au XVIIIe siècle, Paris 1939; ders. La guerre et la paix dans l'histoire des dectrines economiques, Paris 1957; ders. The Problem of War in 19th Century Economic Thought, Princeton N.J. 1946.

7) Vom Geist der Gesetze, hrsg. v. E. Forsthoff, Bd. 2., Tübingen 1951, S. 3

8) Principles of Political Economy, 7th ed., London 1929, S. 582

9) Eine Untersuchung über Natur und Wesen des Volkswohlstandes, Jena 1921, S. 294

10) Zur friedenstheoretischen Reflexion der Friedensforschung vgl. die Beiträge von J. Galtung, H. Schmid und L. Dencik in: Kritische Friedensforschung hrsg. v. D. Senghaas, Frankfurt/M. 1971

11) Eine jüngere Übersicht solcher Versuche enthält R. Rode, Handel und Friede, in: Hilfe + Handel = Friede? Die Bundesrepublik in der Dritten Welt, Redaktion R. Steinweg, Friedensanalysen 15, Frankfurt/M. 1982, S. 19 ff

12) Vgl. dazu E. Silberner a.a.O., R. Rode a.a.O.

13) Dazu u.a. die Beiträge in: Kurt P. Tudyka (Hrsg.), Umweltpolitik in Ost- und Westeuropa, Opladen 1988

14) Hierüber provokant-anregend Renate Damus, Die Legende von der System-Konkurrenz. Kapitalistische und realsozialistische Industriegesellschaft, Frankfurt 1986

15) Exemplarisch die "Mitteilung der Kommission an den Rat vom 18.2.1988 "Wirtschaftliche Lage und Aussichten für 1988", KOM (88) 54 final, in der wohl die USA und Japan behandelt werden, Osteuropa jedoch nicht vorkommt, sondern bestensfalls mit der "übrigen Welt" subsumiert erscheint.

16) Vgl. Broschüre der Sozialistischen Fraktion "Neue Perspektiven für die West-Ost-Beziehungen. Dialog und Kooperation zwischen EG und RGW, Straßburg 1987, sowie den Bericht von Hans-Joachim Seeler vom 22.1.1987 zu den Beziehungen zwischen der EG und dem RGW und dessen osteuropäischen Mitgliedsstaaten, Dok. A. 2-187/87

17) Falls die UdSSR sich daran beteiligen wollte. Im Herbst 1988 hat M. Gorbatschow für sein Land die Idee eines "Marshallplanes" abgewiesen. Freilich geht es hier nicht um diese Idee.

Christoph R o y e n , Wiss. Referent, Stiftung Wissenschaft und Politik, Ebenhausen

PERESTROIKA, EUROPÄISCHE FRIEDENSORDNUNG UND DER RGW
- Ein Diskussionspapier -

Die zentrale These, die hier zur Diskussion gestellt werden soll, lautet:

> Das Gelingen der Reformprozesse in der Sowjetunion und in den osteuropäischen Volksdemokratien sowie die Errichtung einer kooperativen europäischen Friedensordnung erfordern den Umbau des Rats für Gegenseitige Wirtschaftshilfe (RGW) zu einem sozialistischen Binnenmarkt und zur Hauptebene der politischen Integration der sozialistischen Staaten.

Diese Grundthese steht erstens in klarem Widerspruch zu der seit langem im Westen herrschenden Auffassung, wonach der RGW lediglich ein Instrument sowjetischer Hegemonie und sein Fortbestand deshalb unvereinbar sei mit dem Verlangen der Osteuropäer nach Freiheit, Selbstbestimmung und Wohlstand. Zweitens läuft sie der Tendenz zuwider, die heute unter den osteuropäischen Reformern - am deutlichsten in Ungarn -, mitunter aber sogar auch in der Sowjetunion anzutreffen ist: Nach der Diskreditierung und Verwerfung der alten hegemonialen Ordnung gelte es nunmehr, der nationalen Souveränität und den nationalen Eigeninteressen den Vorrang einzuräumen, um den Weg, auf dem der eingetretene Entwicklungsrückstand gegenüber der westlichen Welt aufzuholen ist, allein zu suchen und ohne Rücksicht auf die ehemaligen "Bruderländer" zu beschreiten.

Demgegenüber läßt sich die Ausgangsthese wie folgt begründen:

I.

Der RGW war zu keiner Zeit ein wirksames Instrument sowjetischer Hegemonialpolitik. Zwar fällt seine Gründung 1949 in die Phase der stalinistischen Gleichschaltung der osteuropäischen Länder und steht in offensichtlichem Zusammenhang mit dem "kalten Krieg" und der damals in der Sowjetunion entwickelten "Zwei-Lager-Politik". In deren Konsequenz wurden die Tschechoslowakei, Polen und die übrigen Volksdemokratien daran gehindert, das amerikanische Angebot der Marshall-Plan-Hilfe anzunehmen.

Jedoch blieb der RGW zunächst für fast zehn Jahre faktisch bedeutungslos. Die sowjetische Hegemonialpolitik bediente sich vielmehr der bilateralen Kanäle, um ihre Vormachtziele durchzusetzen. Jeder föderative Ansatz, wie er etwa 1947 Georgij Dimitroff vorschwebte, um die kleineren osteuropäischen Länder enger zusammenarbeiten zu lassen, stieß auf sowjetische Ablehnung. Stalin handelte nach dem klassischen Prinzip: Divide et impera!

In der zweiten Hälfte der 50er Jahre und zu Beginn der 60er Jahre konnte es zeitweilig so scheinen, als wolle die sowjetische Führung unter Chruschtschow den RGW in der Tat zu einem Instrument ihrer Ordnungsvorstellungen für Osteuropa ausgestalten. Vorausgegangen war 1955 die Gründung des Warschauer Pakts sowie 1957 der Abschluß der Römischen Verträge über die Errichtung der Europäischen Wirtschaftsgemeinschaft (EWG). Nunmehr erhielt der RGW erstmals ein Statut, und 1962 schlug Chruschtschow für den RGW ein Programm vor, das nicht nur eine arbeitsteilige Wirtschaftsstruktur für die Mitgliedsländer, sondern auch supranationale Elemente für die Verfassung des RGW vorsah. Bezeichnenderweise aber blieb der Begriff der Integration als Zielvorstellung tabu und wurde als typisches Phänomen imperialistischer Herrschaftstechnik verteufelt.

Gegen Chruschtschows Konzept erhob damals insbesondere Rumänien (unter Gheorghiu Dej) Einspruch mit der Begründung, es zwinge Rumänien und seinen südosteuropäischen Nachbarn den Status unterentwickelter Agrarländer auf und versage ihnen den Aufstieg in die Klasse moderner Industriestaaten. Die Tatsache, daß Rumänien mit seinem Einspruch alsbald durchdrang und Chruschtschow auf die Durchsetzung seiner Vorstellungen verzichtete, deutet indessen an, wie gering der Stellenwert des RGW in der sowjetischen Osteuropapolitik war. Insofern war es fragwürdig, wenn seinerzeit im Westen Rumänien als mutiger Vorkämpfer gegen die sowjetische

Dominanz Osteuropas bewundert wurde. Aus heutiger Sicht kann man außerdem sogar die Frage aufwerfen, ob Rumäniens Wirtschaft sich nicht gesünder und stabiler entwickelt hätte, wenn es auf Chruschtschows Vorschläge eingegangen wäre, statt ein verfehltes ehrgeiziges Industrialisierungsprogramm in Gang zu setzen.

II.

Demgegenüber ist im Westen viel zu wenig zur Kenntnis genommen und gewürdigt worden, daß osteuropäische Wirtschaftsreformer schon vor rund zwei Jahrzehnten den Versuch unternahmen, die RGW-Integration ihren Plänen dienlich zu machen. Ende der 60er Jahre hatte die westeuropäische Integration ihre zwölfjährige Anlaufperiode erfolgreich durchlaufen. Kritische Köpfe in Osteuropa, vor allem in Polen, in der CSSR und in Ungarn, begannen sich zu fragen, wie sinnvoll das Beharren auf einer nationalen Souveränität sei, die durch das im Warschauer Pakt geltende Prinzip des "sozialistischen Internationalismus" eingeschränkt war, und ob nicht gerade im Fehlen multilateraler Integrationsmechanismen die Ursache schwerwiegender Mängel der eigenen Volkswirtschaften liege. Der vorherrschende Bilateralismus in den intrasozialistischen Wirtschaftsbeziehungen bedeutete: 1. das Fehlen einer konvertiblen Währung und folglich die Begrenzung des Volumens des zweiseitigen Warenaustausches auf die Leistungsfähigkeit des schwächeren Partners; 2. das Fehlen transparenter monetärer Wertbemessungsgrundlagen, mit deren Hilfe die ökonomische Zweckmäßigkeit von Investitionen, Austausch und Kooperationsvorhaben objektiv zu beurteilen sind; 3. die Parallelisierung der Wirtschaftsstrukturen statt ihrer Komplementierung und damit den Verzicht auf die Vorteile der Serienproduktion für einen erweiterten Markt; 4. die Durchsetzung des Interesses desjenigen Partners, der über die stärkeren Hebel politischer Macht verfügt, also der Sowjetunion.

Die sowjetische Führung ihrerseits fand sich nun angesichts des Erfolgs der westeuropäischen Wirtschaftsintegration bereit, ein "Komplexprogramm zur weiteren Vertiefung und Vervollkommnung der Zusammenarbeit sowie zur Entwicklung der sozialistischen Wirtschaftsintegration der RGW-Länder" zu diskutieren. Dabei gelang es den Ungarn, die 1968 im nationalen Rahmen den "Neuen Ökonomischen Mechanismus" eingeführt hatten, unterstützt von den Vertretern Polens (die tschechoslowakischen Reformer waren inzwischen aufgrund der gewaltsamen Beendigung des "Prager Frühlings" zum Schweigen verurteilt), die wichtigsten Bedingungen für die ökonomische Rationalisierung der Wirtschaftsbeziehungen im RGW in dem 1971 angenommenen Programmtext zu verankern: Kapitel II, Abschnitt 6-7, enthält die Forderung nach der Vervollkommnung der Außenhandelspreise und vor allem nach der Herstellung einer echten kollektiven Währung als der entscheidenden Voraussetzung für eine ökonomisch begründete multilaterale Arbeitsteilung und Integration. Wenngleich das Komplexprogramm ganz überwiegend an traditionellen orthodox-dogmatischen Methoden der administrativen Koordinierung und Spezialisierung festhielt, war so doch immerhin eine offizielle Plattform für die Auseinandersetzung mit den Ideen der Reformer geschaffen. Zugleich konnten die Reformer darauf hoffen, daß die Verwirklichung des Breshnew'schen Vorschlags an die EG vom März 1972, offizielle Beziehungen zum RGW aufzunehmen, weitere Anstöße zur Anerkennung des Marktes als eines auch für sozialistische Wirtschaften gültigen universellen Regelungsprinzips mit sich bringen werde.

Die RGW-Reformer konnten freilich nicht voraussehen, daß bereits wenig später eine tiefreichende Veränderung der globalen Rahmenbedingungen ihre Erwartungen zunichte machen würde: Der Ölpreisschock im Gefolge der Nahostkrise des Jahres 1973 ließ die Sicherung des Bezugs preisgünstiger Energieträger und Rohstoffe aus der Sowjetunion zur vorrangigen Sorge der Osteuropäer werden. Von 1974 an beherrschte nur noch ein Thema die Tagungen der RGW-Gremien: die gemeinsamen Investitionen zur Deckung dieser Bedürfnisse aus den sowjetischen Vorkommen. Außerdem begann nun die polnische Führung damit, die aufgrund der Petrodollarzuflüsse weit geöffneten Kredithähne der westlichen Banken zu nutzen, um ohne die Anstrengungen einer Wirtschaftsreform eine - kurzlebige - Scheinblüte der polnischen Wirtschaft hervorzubringen. Die Sowjetunion ließ sich ebenfalls blenden von der ihr unverhofft in den Schoß gefallenen Stellung einer Besitzerin begehrter natürlicher Reichtümer. Lediglich die Ungarn mahnten weiterhin die Realisierung der RGW-Reformen an. Doch fanden Sie damit kein Gehör, so daß der Reformansatz der sozialistischen Integration fortan nunmehr auf dem Papier stand.

III.

Aus Brüsseler EG-Sicht bot das Ausbleiben einer Reform des RGW keinen Anlaß, von der bisherigen negativen Einschätzung abzugehen. Zur Verfestigung dieser Haltung trug überdies der Umstand bei, daß die Vertreter der Volksdemokratien es für angebracht hielten, bei den bilateralen Verhandlungen mit der EG über Liberalisierung und Einräumung von Präferenzen im Handel mit den EG-Ländern, Klage über die eigene Integration zu führen, um die EG zum Eingehen auf ihre Wünsche zu bewegen. Wenn freilich die EG dem Begehren des RGW nach gegenseitiger Anerkennung und Aufnahme offizieller Beziehungen den Hinweis entgegensetzte, mangels supranationaler Strukturen im RGW fehle es an der notwendigen Gleichrangigkeit beider Integrationssysteme, so stand dies in gewissem inneren Widerspruch zu der Ermunterung der Osteuropäer, sich gegen jede Einführung supranationaler Integrationsformen im RGW zu wehren.

Das Scheitern des Reformvorstoßes und die Ausrichtung der RGW-Aktivität auf die Abschirmung gegen den Ölpreisschock trugen nun allerdings faktisch dazu bei, daß die Abhängigkeit der osteuropäischen Volkswirtschaften von der Sowjetunion wuchs: Die Sowjetunion versorgte Osteuropa mit Öl unter dem Weltmarktpreis und nahm damit in Kauf, daß ihr aus Lieferungen an andere Abnehmer winkende Gewinne entgingen. Das war der Preis, den Moskau für die Aufrechterhaltung der sozio-ökonomischen und politischen Stabilität im Volksdemokratiengürtel zu entrichten bereit sein mußte. Ökonomisch resultierte daraus indessen in Osteuropa, da der kostenmäßige Anreiz zur Umstellung zu schwach war, das Festhalten an überholten energievergeudenden Technologien und Produktionsschwerpunkten. Hieraus ergab sich wiederum zwangsläufig die zunehmende Abkoppelung vom Entwicklungsstandard der Außenwelt. Insoweit kann tatsächlich von einem Zusammenhang zwischen RGW-Integration und sowjetischer Hegemonie gesprochen werden. Doch bedeutete dies zugleich, daß das gesamte sowjetische Hegemonialsystem im Wettbewerb der Systeme immer mehr in Rückstand geriet und das sowjetische Entwicklungsmodell seine ehemalige Faszination sogar für die Staaten der Dritten Welt einbüßte.

IV.

Die klare Einsicht in diesen Sachverhalt und sein offenes Eingeständnis sind in der Sowjetunion möglich geworden mit dem Aufstieg Michail Gorbatschows zum Generalsekretär der KPdSU 1985 und mit der seither eingeleiteten Politik der "perestroika" im Inneren und des "neuen Denkens" in den Außenbeziehungen der UdSSR. Insofern konnte es im Grunde genommen auch nicht überraschen, als der sowjetische Ministerpräsident Ryshkow im Herbst 1987 auf der 43. (außerordentlichen) Ratstagung des RGW in Moskau Maßnahmen verlangte, die auf die Übernahme und Aktualisierung des alten Programms der osteuropäischen RGW-Reformer aus dem Anfang der 70er Jahre hinauslaufen.

Gegen Ryshkows Forderung, den RGW zu einer Integration als "sozialistischer Binnenmarkt" mit einem Preis- und Währungssystem, das reale Knappheitsrelationen widerspiegelt, zu entwickeln, regte sich offener Widerstand nur seitens Rumäniens und Vietnams. Während Ceausescu sich als letzter Gralshüter der "allgemeinen Gesetzmäßigkeiten des sozialistischen Aufbaus" versteht, fürchten die Vietnamesen, daß die erheblichen Zuwendungen, die sie aus den Wirtschaften der europäischen RGW-Länder erhalten, künftig kritischeren Diskussionen ausgesetzt sein werden. Die DDR zögerte zwar anfangs mit ihrer Zustimmung, da sie vermöge ihres speziellen Zugangs zum EG-Bereich am wenigsten unter den Schwächen des RGW leidet. Doch schloß sie sich im Juli 1988 auf der 44. Ratstagung des RGW in Prag der Mehrheit an, die dahin übereinkam, die Konkretisierung des Reformprogramms zunächst einmal durch entsprechende Studien vorzubereiten.

V.

Die eigentliche Überraschung bildete jedoch die Haltung derjenigen, die den meisten Anlaß hatten, sich durch sowjetische Kehrtwendung bestätigt zu fühlen: die Ungarn. Zwar stimmten sie natürlich dem sowjetischen Vorschlag zu. Dennoch lassen seither ungarische Sprecher erkennen, daß sie dem erneuten Anlauf zur RGW-Reform weit weniger Bedeutung zumessen als der Chance, mit Hilfe des im Herbst 1988 mit der EG abgeschlossenen bilateralen Abkommens ihre Wirtschaft nach Westen auszurichten.

Sie erklären unumwunden, die sowjetische Einsicht sei um zwanzig Jahre zu spät gekommen. Bis die neuen Reformansätze Realität werden könnten, vergingen mindestens weitere 10 - 20 Jahre. So lange aber könne Ungarn nicht mehr warten. Mutatis mutandis scheinen diesen Standpunkt auch die meisten anderen Osteuropäer zu teilen. Nachdem die Rahmenerklärung zwischen EG und RGW vom Juni 1988 die Tür für bilaterale Abkommen mit der EG geöffnet hat, drängen sie sämtlich darauf, den verlorenen Anschluß an die kapitalistische Wirtschaft zu gewinnen. Unterdessen sieht sich die EG-Kommission einmal mehr in ihrer Auffassung bestätigt, richtig zu handeln, wenn sie die Rahmenbeziehungen mit dem RGW auf ein Minimum beschränkt und stattdessen die bilateralen Beziehungen zu den einzelnen RGW-Ländern mit Vorrang versieht.

VI.

Dennoch gibt es, obwohl der Standpunkt der Ungarn leicht einsehbar ist, weil die geltend gemachten Nachteile einer fortgesetzten Orientierung auf den RGW nicht zu bestreiten sind, Gründe, dieser Tendenz zur Abwertung oder gar zur Verneinung der Zukunftsperspektiven des RGW zu widersprechen. Im folgenden werden dafür a c h t Überlegungen zur Diskussion unterbreitet. Dabei handelt es sich überwiegend nicht um spezifisch ökonomische, sondern um system- und außenpolitische Erwägungen:

(1) Sofern die Ungarn erwarten, die EG werde ihr Verhalten auch in Zukunft mit besonderem Entgegenkommen honorieren, wäre dies wenig realistisch. Angesichts der Probleme, die sich sowohl aus der weiteren Entwicklung innerhalb der Zwölfergemeinschaft ergeben als auch aus der Außenwelt an die EG herangetragen werden, werden die ungarischen Wünsche mit vielen anderen konkurrieren.

(2) Darüber hinaus entsteht, falls in Europa die westeuropäische Integration die ab 1992 geplante weitere Intensivierung aufweist, während der RGW bestenfalls in seinem bisherigen Zustand verharrt oder gar Zerfallserscheinungen zeitigt, die generelle Frage: Wie und wo könnte den Ländern Osteuropas ein Ersatz für den RGW geboten werden? Denn die global zu beobachtende Tendenz geht dahin, daß nahezu alle mittleren und kleineren Staaten den Anschluß an eine Integrationsgemeinschaft suchen.

Die EG aber, die schon durch ihre Süderweiterung hinreichend belastet erscheint, den Beitrittswunsch der Türkei dilatorisch behandelt und sich schwer tut, das ökonomisch gesunde, aber neutrale Österreich aufzunehmen, wird eine Osterweiterung um Staaten mit einer völlig andersartigen Wirtschafts- und Gesellschaftsordnung ablehnen müssen. Doch auch die EFTA wird sich dagegen verwahren, nur als eine Art Wartehalle für EG-Beitrittskandidaten aus allen Systemhimmelsrichtungen zu dienen.

(3) Daher kann westliche Unterstützung für die Modernisierung und Effektuierung der östlichen Volkswirtschaften - ebenso wie das für die Länder der Dritten Welt gilt - nur in einer Hilfe zur Selbsthilfe bestehen. Konkret, auf die östliche Integration bezogen, heißt das, daß die EG, wie dies schon vor zwanzig Jahren die damaligen RGW-Reformer erhofften, in den Beziehungen zum RGW darauf dringt und Anreize bietet, die Mechanismen eines sozialistischen Binnenmarktes beschleunigt einzuführen.

(4) Solange davon auszugehen ist, daß in den osteuropäischen Staaten trotz der Einfügung pluralistischer Elemente in das System die regierenden kommunistischen Parteien an ihrer Führungsrolle festhalten und Markt, Verfassung und Rechtsordnung jeweils als "sozialistisch" definierbar bleiben, hätte die Abwendung der Ungarn und anderer Osteuropäer von der Priorität der RGW-Reform die folgende Konsequenz: Entweder erdrücken die alten, unveränderten RGW-Strukturen die nationalen Ansätze zur Reform der Binnenwirtschaft. Oder - bei zunehmender Irrelevanz und Agonie des RGW: die kommunistischen Reformregime sähen sich konfrontiert mit der alleinigen Geltung und Einwirkung der Gesetzmäßigkeiten und Regeln des kapitalistischen Weltmarks. Dies wiederum aber hätte, abgesehen von praktischen Störungen der Evolution eines reformierten Sozialismusmodells, zugleich ideologisch-systempolitisch zur Folge, daß diejenigen Auftrieb erhielten, die im Westen, vom konservativen Standpunkt aus, die Reform des realsozialistischen Systems für aussichtslos halten, und im Osten, als Vertreter dogmatisch-orthodoxer Positionen, Umbau und Erneuerung für eine gefährliche Selbstaufgabe des Systems erklären. Mit anderen Worten: Der Erfolg der Bemühungen um eine Reform der nationalen Wirtschaften der RGW-Länder ist an die gleichzeitige Entwicklung eines eigenen Reformmodells intrasozialistischer Außenwirtschaftsbeziehungen geknüpft.

(5) Umgekehrt würde die Exitenz eines reformierten RGW, in welchem das Marktprinzip multilateral verankert wäre, dazu beitragen, daß einzelne Mitglieder nicht der Versuchung erliegen, vor den beträchtlichen gesellschaftspolitischen Spannungen, die mit einem nachhaltigen, ernstgemeinten Reformkurs verbunden sind, auszuweichen und zurückzukehren zu den Scheinlösungen vergangener Jahrzehnte.

(6) Die Entscheidung für oder gegen die Priorität der Reform des RGW enthält zugleich zwei Weichenstellungen in zentralen Fragen der künftigen Architektur Europas:

Die Einräumung des Vorrangs für die nationale Souveränität und eine betonte Ausrichtung an nationalen Eigeninteressen werden heute nicht länger allein seitens der osteuropäischen Volksdemokratien als Ziele proklamiert, sondern tauchen zunehmend sogar bei sowjetischen Sprechern auf, die in der Verantwortung für den bisherigen Hegemonialbereich eine wachsende Belastung sehen. Würden sich derartige Tendenzen bei allen Beteiligten verstärken, so läge darin die vorläufige Abkehr von der Aussicht auf das Entstehen eines "organischen", d.h. partnerschaftlichen Verhältnisses zwischen der Sowjetunion und den Ländern Osteuropas.

Die osteuropäischen Volksdemokratien würden dann vielmehr versuchen, den ursprünglich in Dissidentenkreisen geborenen Gedanken der Zugehörigkeit zu einem eigenen Raum "Mitteleuropa" zu promovieren. Dabei werden sie indessen bald auf die politische Ambivalenz dieses Begriffs stoßen. Denn solange Vertreter der kulturellen Elite aus dem Raum der ehemaligen Donaumonarchie, wie György Konrad und Milan Kundera, oder ihnen folgend der Deutsche Karl Schlögel, von "Mitteleuropa" sprechen, handelt es sich um die berechtigte Erinnerung an einen dem Alltagsbewußtsein der Westeuropäer immer mehr entrückenden Teil geistiger europäischer Verwandtschaft. Sobald jedoch "Mitteleuropa" als politischer Begriff verwendet werden soll, verlangt dies eine Antwort auf die Frage nach der künftigen Stellung Deutschlands. Nur wer keine Bedenken hätte, auch die beiden deutschen Staaten aus ihrer bisherigen Bündniszugehörigkeit in eine neutrale mitteleuropäische Zone zwischen "Ost" und "West" zu entlassen, wie dies anscheinend zum Beispiel Zbigniew Brzezinski heute vorschwebt, wird hier kein Problem sehen. Selbst dann bliebe freilich noch offen, wie in einer solchen Zone die kleineren östlichen Nachbarn mit der überlegenen ökonomisch-technischen Potenz Deutschlands - wiedervereinigt oder nicht - zusammenleben könnten.

Davon abgesehen, wirft eine Perspektive, in der die Bindungen zwischen der Sowjetunion und Osteuropa schwächer werden, die weitere Frage auf, ob die Sowjetunion dennoch als Bestandteil Europas eingebunden sein wird in eine kooperative gesamteuropäische Friedensordnung. Oder wird die Sowjetunion als "euro-asiatische" Großmacht außerhalb verbleiben müssen und allenfalls die Rolle einer Garantiemacht spielen?

Eines der faszinierendsten Ergebnisse der sowjetischen Perestroika, das bislang noch viel zu wenig außerhalb der Grenzen der Sowjetunion gewürdigt wird, besteht in der überraschenden Entdeckung, daß unter der Decke des Stalinismus und des Breshnewismus ein geistiges Potential lebendig geblieben ist, welches durchaus in der kulturellen und zivilisatorischen Tradition Europas steht. Mag dies vor einem Jahrzehnt bei der Proklamierung einer separaten "mitteleuropäischen" Kulturwelt noch kaum sichtbar gewesen und deshalb von ihren Verbündeten außer acht gelassen worden sein, so ist eine derartige Abgrenzung inzwischen nicht länger zu rechtfertigen. Die beliebte Unterscheidung zwischen dem "lateinischen", eigentlichen Europa und einem "byzantinisch-orientalisch" geprägten Teil, der jahrhundertelang andere Wege gegangen sei, bedarf ohnehin im Zeitalter globaler Kommunikation und Interdependenz der Relativierung.

Ebensowenig vermag der andere, eher geostrategische Einwand gegen ein Europa, das über den Bug hinaus bis zum Ural reicht, zu überzeugen. Die Sorge, die Europäer stünden dann allein mit der Sowjetunion im Verbund, während die amerikanische Schutzmacht aus Europa hinausgedrängt würde, erscheint angesichts der Intensität der politischen, wirtschaftlichen und geistig-zivilisatorischen Verflechtungen in den transatlantischen Beziehungen, trotz gelegentlicher Drohungen mit einer Wende zum "Isolationismus" in der Politik der USA, weit hergeholt. Auf der anderen Seite ist zwar nicht zu bestreiten, daß die Sowjetunion eine asiatische Dimension aufweist und der Ural insofern keine klare Grenze Europas darstellen kann. Doch haben gerade die Ereignisse der jüngsten Vergangenheit gezeigt, daß die Perestroika die Gefahr verschärfter Spannungen in den asiatisch geprägten Teilen der UdSSR mit sich bringt. Würde der Sowjetstaat bei der Suche nach Lösungen der damit aufgeworfenen Konflikte von Europa alleingelassen, so bedeutete das die Verringerung der Aussichten für ein Gelingen des Gorbatschow'schen Reformkurses und zugleich die erneute Entfremdung zwischen den Interessen der östlichen Großmacht und der europäischen Staatengemeinschaft.

Erst recht sollten die Westeuropäer sich nicht von der vielbeschworenen Weite des sibirischen Raums schrecken lassen. Die Besiedlung und Erschließung Sibiriens hat die Russen nicht zu Asiaten gemacht, sondern lediglich einen Menschen- und Zivilisationstypus hervorgebracht, der in mancher Hinsicht an die mittleren und westlichen Teile der Vereinigten Staaten von Amerika erinnert. Eine Teilhabe an der friedlichen Nutzung der natürlichen Reichtümer Sibiriens eröffnet daher vielleicht sogar den übrigen Europäern ebenfalls eine Art von "new frontier".

(7) Hingegen schließt das Entstehen einer partnerschaftlichen sozialistischen Integration im RGW nicht aus, daß diejenigen seiner osteuropäischen Mitglieder, die die deutlichsten Ansätze zur Reform ihrer Ökonomien und ihres politischen Systems zeigen, sich zu einer engeren Integration zusammenschließen. In Betracht kommen dafür nicht nur Ungarn und Polen, sondern auch Bulgarien sowie - in nicht mehr allzu ferner Zukunft - die Tschechoslowakei. Gerade die CSSR besäße eine Reihe günstiger Voraussetzungen, ein wertvoller Partner bei der Stabilisierung einer gemeinsamen evolutionären Reformkonzeption der Osteuropäer zu werden. Ähnlich wie es innerhalb der EG Ansätze zu einer Politik der "deux vitesses" der Integrationsfortschritte gibt, die schließlich der gesamten Zwölfergemeinschaft dient, liefe es den Interessen Moskaus nicht zuwider, wenn es die Verantwortung für die Reform in Osteuropa teilweise an eine solche Vierergruppe delegieren könnte. Daß dabei die DDR ausgeklammert bliebe, würde sich in den Augen aller Beteiligten, also auch Bonns und Moskaus, eher als Vorteil ausnehmen.

(8) Bei der Prüfung der Interessen sowohl der westlichen Staaten wie der osteuropäischen Reformer an der Vitalisierung des RGW wird schließlich auch die folgende Überlegung ins Gewicht fallen: Anders als im Westen dient auf der östlichen Seite bisher als Ebene der politischen In-

tegration das Militärbündnis der "realsozialistischen" Staaten. Im Warschauer Pakt aber spielt aufgrund der absoluten Dominanz ihres militärischen Potentials die Sowjetunion beinahe automatisch die Hauptrolle. Die konkrete Ausgestaltung der politischen Integration kann davon nicht unbeeinflußt bleiben. Baut hingegen die politische Integration auf einem ökonomischen Zusammenschluß auf, so spielen quantitative Ungleichgewichte eine weit geringere Rolle als die qualitativen Fähigkeiten auch der kleineren Partner, wie im Westen etwa das Beispiel der Benelux-Staaten lehrt.

Insofern läge die relative Aufwertung des RGW gegenüber dem Warschauer Pakt auf der Linie einer gesamteuropäischen Architektur, die über symmetrische Integrationssysteme als Pfeiler verfügt. Dies entspräche im übrigen auch dem Geist des KSZE-Prozesses, dessen Kooperationsziele nur durch den Abbau von Asymmetrien erreicht werden können.

DIE SICHERHEITSPROBLEMATIK

Franz H.U. Borkenhagen

Durch Europäisierung zur Kooperation

I.

Die Politik der Konfrontation zwischen West und Ost scheint sich langsam, aber stetig zu wandeln in eine Politik der begrenzten Kooperation. Zumindest sind dafür ermutigende Anzeichen zu erkennen. Ausschlaggebend sind dafür mehrere Zwänge. Vor allem die Überlegung, daß die ökonomischen Ressourcen nicht mehr dafür ausreichen, so weiterzumachen wie bisher. Gleichzeitig wird deutlich, daß die Mittel der Wirtschaft anders eingesetzt werden müssen. Übertriebene Militärausgaben müssen weltweit gekürzt werden. Sonst gelingt es nicht, die übrigen vielfältigen Aufgaben der Staaten zu bewältigen und die dringenden Anforderungen ihrer Bevölkerungen zu befriedigen. Zu nennen ist vor allem die Herausforderung, Umweltschäden zu begrenzen und langfristig zu beheben. Ökologie läßt sich außerdem nicht national umsetzen.

Interessant ist dabei, daß das Phänomen Wille zur Änderung nicht auf einen der herkömmlichen Staaten und/oder Blöcke beschränkt ist. In diesem Sinne muß herausgehoben werden, daß die Sowjetunion unter Gorbatschow aus eben diesen Gründen offensichtlich einen Wandel anstrebt. Der Westen ist ebensowenig untätig. Zumindest die Absicht, in Westeuropa 1992 einen Binnenmarkt zu errichten, ist ein Beleg für die richtige Erkenntnis, daß nationaler und Bündnis-Egoismus die falschen Mittel sind, zwischenstaatliche und internationale Probleme zu lösen.

Dennoch ist es falsch zu behaupten, Sicherheitspolitik des Westens, des Ostens und zwischen den Blöcken sei generell obsolet. Richtig ist vielmehr, daß sie auch weiterhin als Stabilitätsfaktor notwendig, ja, lebenswichtig ist. Genauso richtig ist es aber auch, daß sich ihre Akzente verschieben müssen, um als Sicherheitspolitik wirkungsvoller als bisher und weniger bedrohlich als im Augenblick sein zu können. Zu fordern ist demnach: Die Dimensionen der Sicherheitspolitik müssen neu gewichtet werden und ihr Verhältnis zueinander muß geändert werden. Die militärische Komponente ist zu reduzieren zugunsten der zivilen Dialogformen.

II.

Im allgemeinen gründet sich Sicherheitspolitik auf fünf wesentliche Bausteine:

1. auf politische Gegebenheiten, Rücksichten, Entwicklungen und Absichten;

2. auf wirtschaftliche Potenz und Interaktionen;

3. auf militärische Optionen, Fähigkeiten und Potentiale;

4. auf gesellschaftliche Kraft und Struktur und

5. auf gesamt-psychologische Konstellationen.

Sicherheitspolitik heute und morgen ist letztlich nur dann erfolgreich, wenn eine Mischung gelingt, die diese fünf Dimensionen berücksichtigt und dabei keiner die Vorherrschaft im Denken und Handeln der eigenen Politik einräumt. Sicherheitspolitik ist darüber hinaus realistisch, wenn sie die Bedingungen dieser Dimensionen beachtet und berücksichtigt, nach denen der <u>politische Gegenüber</u> seine Sicherheitspolitik betreibt. Sicherheitspolitik ist schließlich überdies ein Beitrag zu anhaltender Stabilität, wenn sie selbst nicht auf Konfrontation angelegt ist und gleichzeitig den Gegenüber einlädt, auf Gegnerschaft und Expansion zu verzichten. Vor allem gehört dazu, militärische Optionen, Fähigkeiten und Potentiale nicht in den Vordergrund des Maßnahmenkatalogs zu stellen, sondern sie vielmehr gleichzeitig soweit als möglich defensiv zu strukturieren. Diese Sicherheitspolitik ist aber nur dann überzeugend, wenn sie den Gegenüber weitestgehend zu gleichen Maßnahmen "zwingt". Damit wäre eine wesentliche Voraussetzung geschaffen für eine Politik der gemeinsamen Sicherheit zwischen West und Ost.

Dessen ungeachtet hat in den vergangenen 40 Jahren militärisches Sicherheitsdenken die Politik zwischen den Blöcken bestimmt, deren Verhaltens- und Reaktionsmuster zum eigenen und zum ge- genseitigen Nachteil bis heute geprägt und andere Formen des Miteinander in den Hintergrund gedrängt.

Vier hauptsächliche Gründe, die für die westliche und östliche Allianz gleichermaßen gelten, haben trotz aller Widerstände in den vergangenen drei Jahren ein Umdenken "eingeläutet":

Zunächst müssen Politiker, Militärs und Bevölkerung erkennen und lernen, daß die militärischen Instrumente zur Sicherung des Friedens nach bisherigen Maßstäben nicht mehr bezahlt werden können. Personelle, materielle und finanzielle Ressourcen reichen nicht mehr aus, um so weiterzumachen, wie in den vergangenen Jahrzehnten. Gleichzeitig schwindet der Wille, den militärischen Apparat in bisherigem Umfang zu unterhalten. Die gegenseitigen Bedrohungsgefühle nehmen ab.

Außerdem verlangen andere politische, wirtschaftliche und gesellschaftliche Herausforderungen und Ansprüche - national und international - eine Umschichtung der Finanzen und einen Wandel der Politik. Beispielhaft zu nennen sind: Armut und Hunger in der Dritten Welt und Innovation nicht-militärischer Technik.

Drittens hat das unorthodoxe Verhalten des M. Gorbatschow das westliche und östliche Verständnis von Politik zwischen den Bündnissen durcheinander gebracht. Für den Westen so sehr, daß die bisherigen Denkstrukturen und Handlungsgrundsätze offenbar nicht mehr taugen für eine realistische Einschätzung der Verhältnisse und der damit verbundenen Chancen. Deshalb will eine Antwort des Westens zum gegenseitigen Wohl kaum oder nur mühsam gelingen. Vielmehr wirken die meisten westlichen Regierungen wie gelähmt, weil ihre gewohnten Politikschemata nicht mehr greifen wollen und sie die bisherigen Verkrustungen durchaus zum eigenen Wohl und zur Abgrenzung nutzen konnten. Offenheit des "Feind"-Systems verlangt plötzlich auch eine umfassende Reflexion über die eigenen politischen Verhältnisse und die militärischen Schutzmaßnahmen und -umfänge.

Schließlich fordern die Erhaltung und darüber hinaus wirkend die Verbesserung der Umweltbedingungen Anstrengungen, die über die nationalen Möglichkeiten und Fähigkeiten hinausreichen. Ebenso wie die Anforderung an die Sicherheitspolitik scheint mir ein Modell der gemeinsamen Sicherheit gegen Ozon-Schäden, Abholzung von Tropenwäldern, Treibhaus-Klima und Umwelt-Verschmutzung jeglicher Art notwendig und wahrscheinlich nur im internationalen Rahmen wirkungsvoll.

Alle genannten Gefährdungen und Herausforderungen bestehen vor allem auch für die Sicherheitspolitik der europäischen Staaten. Daraus ergibt sich zwangsläufig auch Handlungsbedarf insbesondere für die Europäer in West und Ost. Deshalb ist Europa und speziell Westeuropa verpflichtet, Konfrontationen in Kooperationen zu wandeln.

Europäische Politik hat in diesem Sinne einen inner- und einen außereuropäischen Aspekt. Der innere kann mittel- und langfristig dazu beitragen, die Beziehungen zwischen den Staaten zu verbessern, den wirtschaftlichen Austausch zu beleben, die kulturellen Bindungen zu vertiefen und die Trennung in West- und Osteuropa zu mildern und vielleicht aufzuheben. Der äußere bezieht sich auf die Möglichkeiten und Fähigkeiten, Beiträge zu leisten zur Denuklearisierung, Deeskalation und Dekonfrontation der West-Ost-Beziehungen insgesamt.

Mit beiden Aspekten ist schließlich die Chance verbunden, ein Modell zu schaffen für die Beziehungen zwischen Staaten und Bündnissen weltweit. Vor allem kann ein solches Modell ein Beispiel oder einen Anhalt oder ein Muster bieten für eine Entkrampfung in kritischen Regionen der Dritten Welt und für die Verhältnisse zwischen Nord und Süd.

Euphorisch formuliert, könnte ein Schlagwort für die Nachahmung lauten: Laßt uns europäische Verhältnisse schaffen!

III.

Es bleibt unbestritten, daß bis zum Erreichen dieses Zieles noch einiges in und an der Sicherheitspolitik verändert werden muß. Viele der folgenden Vorschläge mögen visionär wirken. Entsprechend mögen auch die Chancen der Umsetzung bewertet werden. Aber: Erstens sind, wie eingangs dargestellt, vielversprechende Ansätze erkennbar. Zweitens, es gibt, wie ebenfalls kurz angedeutet, dringende, wenn nicht lebensbedrohende Zwänge. Drittens, interessamt ist, daß die Wege und Modelle grundsätzlich möglich scheinen. Somit bleibt nur die Annahme visionär, daß auch die Kraft der Beteiligten und Betroffenen vorhanden ist und <u>ausreicht</u>, das als notwendig und richtig Erkannte umzusetzen.

Welche Aufträge ergeben sich nun? Nach meiner Meinung liegt der Schwerpunkt der Angebote für eine gemeinsame Politik zur Bewältigung der Herausforderungen im Entscheidungs- und Gestaltungsbereich Westeuropas. Die Fähigkeiten und die Durchsetzungskraft der osteuropäischen Staaten werden sich wahrscheinlich zunächst beschränken müssen auf kompatible Reaktionen, Ergänzungen und Folgeschritte. Aber nichtsdestoweniger sind sie eben- so wichtige Voraussetzungen und Bestandteile für einen west- östlichen Dialog.

1. Mögliche <u>politische Aktionsfelder</u> sind im wesentlichen eine gemeinsame Außenpolitik, eine gemeinsame Sicherheitspolitik und eine Stärkung der europäischen Position bei den Vereinten Nationen.

Eine westeuropäische Außenpolitik muß nach gemeinsamen Richtlinien und jeweils untereinander abgestimmt und auch unter Preisgabe von Teilbereichen der nationalen Souveränität eine Offensive starten zu Konflikthemmung. Ziel einer solchen einstimmigen Politik ist Ausgleich und die Annäherung im Verhältnis zu den östlichen Nachbarn. Dazu gehört vor allem ein einheitliches und gemeinsames Krisenmanagement im Rahmen einer gemeinsamen Sicherheitspolitik.

Weitere Ziele einer geschlossenen Außenpolitik sollten sein:

- Vereinheitlichte Sprachregelung und gemeinsame Handlung nach demokratischen Grundsätzen gegenüber Konflikt- und Krisenregionen im eigenen wie im außenpolitischen Bereich;

- Unterstützung und Stabilisierungsbemühungen für die sogenannte Dritte Welt;

- Umsetzung von Maßnahmen gegen Unrechtregime jeder Art.

Zur Verwirklichung sind notwendig eine verbesserte innere Stabilität der westeuropäischen Allianz durch politischen und wirtschaftlichen Regional-Ausgleich, eine Propagierung der glaubwürdigen Menschenrechte verbunden mit der Stärkung einer Menschenrechtspolitik, sowie die Ausweitung der Befugnisse des Europäischen Parlaments. Nur eine rasche und umfassende Stärkung der politischen Instrumente zur Verwirklichung einer einheitlichen politischen Gewaltenteilung auf westeuropäischer Ebene garantiert Erfolg.

2. Die wirtschaftlichen Aktionsfelder sind in Westeuropa gekennzeichnet durch das Stichwort: "Binnenmarkt 1992". Dieses umfängliche Projekt umfaßt weitgehend die ökonomischen Aufgaben, die gestellt sind und zu einem einheitlichen und untereinander freien Markt führen können.

In diesem Zusammenhang sei zusätzlich nur noch auf zwei Aufgaben hingewiesen: Aufgenommen in einen Handlungskatalog müssen werden eine einheitliche und fortschrittliche Sozialpolitik sowie eine gemeinsame Währung für Westeuropa.

Darüber hinaus sind allerdings die Außenbeziehungen zu anderen Ländern, Bündnissen und Regionen nicht zu vernachlässigen.

Als weitere wichtige Bereiche müssen die Entwicklungspolitik und die dazu notwendigen wirtschaftlichen, technischen und finanziellen Unterstützungs- und Begleitmaßnahmen genannt werden. Sie sind zu koppeln mit der zuvor beschriebenen Außenpolitik. Eine Wirtschaftspolitik, die die Regeln der Menschenrechte unterläuft, wäre nichts wert und mittelfristig kontraproduktiv.

Schließlich muß allen wirtschaftlichen Aktivitäten umweltpolitisches und -gerechtes Planen und Handeln vorangehen. Durch die Verbindung von Ökologie und Ökonomie entstehen zusätzliche Aktions- und Innovationsfelder für Wirtschaft, Technik und Bevölkerung. In Verbindung mit einer Abkehr von aufrüstungsorientierter Wirtschaftspolitik und einer Absage an Rüstungsexporte werden Kapazitäten und Finanzen umgeschichtet oder freigemacht für regionale und überregionale Investitionen, die genutzt werden können zum Aufbau neuer Wirtschaftszweige und zur Eindämmung von Unterentwicklung.

Technologietransfer hätte überdies den Vorteil, den osteuropäischen Staaten zu ermöglichen, nach ökologigischen Grundsätzen zu wirtschaften, um die ohnehin gravierende Belastung der Umwelt in Osteuropa nicht noch weiter zu verschärfen und dessen Export von Umweltschäden drastisch einzuschränken.

3. Die militärischen Aktionsfelder und Herausforderungen sollen - wie gewünscht - nur stichpunktartig aufgezählt werden. Zu ihnen gehören:

- Abrüstung;
- kooperative Rüstungssteuerung;
- Rüstungskontrolle;
- chemiewaffenfreie Zone;
- nuklearwaffenfreier Korridor;
- konventionelle Stabilität und strukturelle Angriffsunfähigkeit;
- einheitliche und glaubwürdige Militärstrategie mit verteidigungsorientierten Optionen, Fähigkeiten, Strukturen und Waffen;
- gemeinsame Sicherheit nach dem Prinzip Abhaltung statt Abschreckung.

Vor allem in diesem Bereich bedürfen die bisherigen Angebote der UdSSR einer geschlossenen Antwort des Westens. Mehr noch: Sie verlangen einen eigenen weitreichenden Abrüstungs- und Strategieentwurf. Gefordert ist eine wirkliche "grand strategy".

4. Die gesellschaftspolitischen Aktionsfelder umfassen vor allem ein Bewußtmachen und Umsetzen der Menschenrechte und - nochmals - des Schutzes der Umwelt. Einzelne nationale Aktionen in einer Gemeinschaft nützen wenig, wenn die Mitgliedstaaten nach unterschiedlichen Maßstäben handeln und leben.

Als ein weiteres Feld zur Belebung der gesellschaftlichen Aktivität zwischen den Staaten und als Ansatzpunkt zum Kennenlernen verschiedener Gesellschaftsstrukturen sowie zur Verhinderung von gegenseitigen Diskriminierungen bieten sich umfängliche Kulturaustausche an. Gleichzeitig wird das Handlungsdreieck Gesellschaft, Kultur und Wirtschaft vitalisiert. Damit kann auch dazu beigetragen werden, soziale Probleme mindern oder beseitigen zu helfen.

In herausragender Weise sind die genannten gesellschaftspolitischen Aktionsfelder geeignet, zu einer stärkeren Bindung zwischen West- und Osteuropa einzuladen und beizutragen. Anknüpfend an die gemeinsame europäische Kultur, kann hier der Schlüssel liegen für eine stärkere Annäherung und mehr gegenseitiges Verständnis zwischen den westlichen und östlichen europäischen Staaten. Zweifellos eine Voraussetzung für ein gemeinsames Europa.

5. Die gesamt-psychologischen Aktionsfelder sind gekennzeichnet durch die wichtigen Aufgaben Entfeindung und Empathie.

Mit diesen beiden Denk- und Handlungsgrundsätzen als Grundlage können aggressive und Konflikte provozierende Politikprozesse an der Entstehung gehindert oder in der Entwicklung gehemmt werden.

Die Anhänger einer Feindbild-Propaganda müßten Abschied nehmen von gängigen Schwarz-Weiß-Bildern ihres Gegenübers - in Westeuropa ebenso wie in Osteuropa.

IV.

In Richtung der westeuropäischen Bemühungen um eine geschlossene Sicherheitspolitik, die eine Öffnung nach Osten beinhaltet und gleichzeitig zum Beitritt einlädt, sollen abschließend noch fünf ergänzende Bemerkungen angefügt werden.

1. Die genannten möglichen und durchaus erweiterungsfähigen Aktionsfelder wollen eines deutlich belegen: Eine nationale Politik ist ohne Zukunft. Folglich wären nationale Egoismen nicht nur schädlich, ihnen bliebe auch der Erfolg versagt.

   Die unterschiedlichen Herausforderungen in West, in Ost und zwischen West und Ost sowie in Süd und zwischen Nord und Süd können nur noch international geregelt werden. Da wir trotz der Welt-Probleme von einer Welt-Innenpolitik noch sehr fern sind, können die vielschichtigen Aufträge zunächst nur regional bewältigt werden. Von daher hat Westeuropa nicht nur eine Chance, sondern - wie erwähnt - auch eine Verpflichtung, in begrenztem internationalen Rahmen Lösungen zu suchen und anzubieten. Aus diesem Grund besteht die Hoffnung, Konflikte mittels Europäisierung in kooperatives Handeln zu wandeln.

2. In dieser Konstellation taucht fast automatisch das Problem des deutsch-deutschen Aspektes auf. An dieser Stelle sei nur kurz angegeben, welche Rolle ihm zugedacht sein sollte. Ein Zusammengehen der beiden deutschen Staaten ist derzeit nicht denkbar. Eine Wiedervereinigung der beiden Staaten ist auch nicht das wichtigste Problem. Von daher sollte die

Bundesrepublik Deutschland ihren Verpflichtungen gegenüber der DDR nicht außerhalb des Rahmens der genannten Aktionsfelder nachkommen. Die Maxime kann demnach nur lauten: Internationale Regelung und Aufgabenlösung haben Vorrang vor deutsch-deutscher "Verwandtschafts-Politik"! Eine Internationalisierung der bezeichneten Politikfelder hat langfristig den Anspruch zum Inhalt, nationale Eigenständigkeit zu beseitigen. Vor diesem Hintergrund bleiben deutsch-deutsche Eigenheiten nachgeordnet. Welche Kooperationsformen sich später ergeben mögen, bleibt der dann folgenden und herrschenden Politik vorbehalten.

Umgekehrt darf der Schluß aber nicht heißen, daß die Verantwortung des westlichen deutschen Staates nachzulassen hat bei den Bemühungen, den östlichen deutschen Staat schneller und näher an Europa heranzuführen und gleichzeitig darauf zu dringen, seine orthodoxe Abgrenzungspolitik aufzugeben. Gewiß ein schwieriges Unterfangen, aber ein verpflichtendes.

3. So sehr derzeit die westeuropäische Kooperation von der deutsch-französischen geprägt sein mag, sie hat nur beispielhaften Charakter und darf nicht auswachsen in eine beherrschende Achse Paris - Bonn. Die westeuropäische Zusammenarbeit ist nur lebensfähig, wenn alle Staaten dieses Halb-Erdteils gemeinsam und gleichberechtigt daran mitarbeiten, daran partizipieren und davon profitieren.

4. Westeuropäischer Zusammenschluß bedeutet nicht: "Festung der Glückseligen"! Die Zusammenarbeit kann nur produktiv sein, wenn sie mit den übrigen Welt-Regionen in Interaktion steht und mit ihnen Politik betreibt, mit ihnen handelt und mit ihnen Gedanken und Kultur austauscht. Eine Abkopplung ist nicht nur schädlich für alle Beteiligten, sie würde auch die Gefahr der Destabilisierung zwischen den Regionen

und möglicherweise auch zwischen den Trägern der westeuropäischen Allianz mit sich bringen.

5. Trotzdem wird eine Union der westeuropäischen Staaten nur schwer den Eindruck vermeiden können, zu einer zusätzlichen Großmacht auswachsen und eine Vorrangstellung einnehmen zu wollen. Auch die "Verführungen" aus dem Zusammenschluß heraus werden nicht ausbleiben. Die wirtschaftliche, die gesellschaftliche und die politische Kraft werden unübersehbar sein und allerlei neue Aufgaben mit sich bringen. Wenn aber die militärischen Doktrinen und ihre Aktionsfelder beschränkt und defensiv bleiben, ist eine Selbstbescheidung auf die eingangs geschilderte Funktion als Garant für Kooperation und Sicherheit möglich und durchsetzbar. Mißverständnisse wären nur schwer möglich. Überdies wäre sogar durch ein gemeinsames Kontingent für die "peace-keeping-forces" der UN durchaus ein zusätzlicher Beitrag zur globalen Stabilisierung möglich und auch angebracht.

V.

Folglich könnte durch Europäisierung ohne weiteres eine Großmacht im Sinne von wirtschaftlicher Prosperität, gesellschaftlicher Kraft und politischer Berechenbarkeit, aber ohne militärisch gestütztes Vormachtstreben entstehen.

Zu fragen wäre dann nur noch nach dem geeigneten politischen System des Zusammenschlusses? In dieser Frage gibt das Grundgesetz (Art. 24) ein wenig den Weg an. Es weist hin auf die Möglichkeit eines <u>Systems der kollektiven Sicherheit</u>. Es darf in Verbindung mit den bisherigen Überlegungen nicht als Mittel zur Umsetzung der Aufgaben mißverstanden werden. Ein System der kollektiven Sicherheit sollte als Projekt am Ende eines vorläufigen Prozesses stehen, als Ziel angestrebt werden.

Die Aktionsfelder, konsequent umgesetzt, erbrächten vielleicht _eine_ westeuropäische Regierung mit _einem_ Parlament, mit _einem_ Gerichtshof, mit _einer_ Polizei, mit _einer_ Armee, mit _einem_ Wirtschaftssystem und vor allem mit _einer_ Bevölkerung. (Wobei es dann vielleicht wirklich und endlich einmal unwichtig ist, ob man in Palermo geboren ist und in Hamburg arbeitet. Wo es gleichgültig ist, ob man in Dublin aufgewachsen ist und in Südfrankreich lebt. Genauso wie es derzeit nebensächlich ist, ob man in Walsrode zur Schule gegangen ist und in der Nähe von Bonn wohnt.)

Dieses System der kollektiven Sicherheit hätte außerdem noch den Vorteil, daß - unter Anerkennung der Bedingungen - _jederzeit_ jeder Staat in Europa dazukommen könnte und aus diesem System _ein Europa_ würde und die Bürger sich _Europäer_ nennen würden.

Vergleicht man Ansatz, Vorgaben, Herausforderungen und Ziel wird vielleicht eines nochmals deutlich: Es bleibt eine Vision, aber sie ist erstrebenswert, weil sie durch Europäi- sierung aus Konflikten einen Zusammenschluß wachsen lassen könnte.

Von daher ist der ohnehin nebulöse Begriff neue europäische Friedensordnung in diesem Sinne zu hoch gegriffen. Aber die Formulierung und die Bezeichnung europäische Lebensordnung und -fähigkeit wären realistisch.

Franz H.U. Borkenhagen

Prof. Dr. Andreas Buro, Bonn

WESTEUROPÄISCHES GROSSMACHTSTREBEN BLOCKIERT EUROPÄISCHE ABRÜSTUNG

Die Rede Gorbatschows Anfang Dezember vor den Vereinigten Nationen hat die Herausforderung der UdSSR an den Westen, den hingeworfenen Handschuh der Abrüstung nun endlich aufzunehmen, noch einmal und mit weltweitem Echo verstärkt. Denn hier wurde nicht erneut dieser oder jener Plan für Abrüstungsverhandlungen angeboten, sondern ein bedeutender Schritt einseitiger Abrüstung angekündigt. Das abzurüstende Militärpotential liegt in der Größenordnung der Bundeswehr (ohne Marine). Der Abrüstungsschritt ist nicht allein quantitativ zu gewichten, er setzt auch qualitative Akzente, indem mit ihm eine Umstrukturierung zu einer Verringerung der Offensivkapazitäten verbunden ist. Obwohl angemessene Reaktionen des Westens bisher ausblieben, setzt die UdSSR ihre Politik einseitiger Schritte konsequent fort. Die jüngste Erklärung von Außenminister Schewardnarce in Paris, die UdSSR werde ihre chemischen Waffen vernichten, zeigte dies eindrucksvoll.

Die einseitige sowjetische Abrüstung ist ein Teil des Versuches, die bürokratische Gesellschaft der UdSSR mit ihrer etatistischen Produktionsweise durch eine alle Bereiche erfassende Reform zu modernisieren, um damit die tiefgreifende Krise dieser Gesellschaftsformation zu überwinden. Dieses Vorhaben muß als langfristige Grundorientierung verstanden werden, die sich aus den Reproduktionsformen der bürokratischen Gesellschaft ergibt. Das sowjetische Bemühen um Reformen ist also keine Gorbatschowsche Eintagsfliege, auch wenn sich - wie ich erwarte - der Reformverlauf als ein Wechsel zwischen Modernisierungs- und Repressionsphasen darstellen wird. Dem Reformvorhaben ist eine welthistorische Bedeutung beizumessen, die mit den Bemühungen der bürgerlich-kapitalistischen Staaten und Gesellschaften in der Weltwirtschaftskrise der 30er Jahre ihr Reproduktionssystem zu stabilisieren und bürgerliche Herrschaft abzusichern, durchaus zu vergleichen ist.

Der Kern des sowjetischen Reformvorhabens ist denn auch die ökonomische Modernisierung zur Sicherung bürokratischer Herrschaft und der Weltmachtposition der UdSSR. Beides ist nicht ohne gesellschaftliche und politische Modernisierung zu erreichen und erfordert aus der Sicht der Reformer eine Kooperation insbesondere mit den westeuropäischen Staaten. Dazu und zur Entlastung der Investitionsfonds ist die mittlerweile weitgehend dysfunktionale militärische Konfrontation in Europa abzubauen, die sich weit hinaus über jede "Hinlänglichkeit" zur Kontrolle des WVO-Raumes in den vielen Jahren des Wettrüstens entwickelt hat. Dies bedeutet jedoch keineswegs eine grundsätzliche Demilitarisierung der sowjetischen Politik, da der militärische Faktor für die Weltmachtposition der UdSSR - damit ist keineswegs Weltherrschaftsbestrebungen gemeint - nach wie vor unverzichtbar ist, zumindest so lange die USA und die anderen kapitalistischen Industriestaaten nicht zu entsprechender Abrüstung bereit sind. Auch in der Ideologie des 'Neuen Denkens' wird, soweit ich sehen kann, die strategische Parität zu den USA kaum in Frage gestellt.

Dem widerspricht keineswegs die Bereitschaft der UdSSR zu großen Abrüstungsschritten im strategischen Bereich gegenüber den USA. Zweifellos ist in diesem Verhältnis viel an Abschreckungsballast abzuwerfen, was Belastungen reduzieren würde, ohne zu einer grundsätzlichen Änderung zu führen. Daß selbst das unter dem Kalkül der Militärstrategen zur Kriegsführungsabschreckung schwierig ist, zeigen die immer wieder stockenden START-Verhandlungen zwischen den beiden Großmächten. Ob aber aus solchen Ansätzen eine Überwindung des Abschreckungssystems und nicht nur eine neue Runde zu seiner Modernisierung durch Umstrukturierung der Potentiale wird, ist mehr als fraglich, wohl nicht einmal wahrscheinlich, wenn man die Versuche der USA zur Sicherung ihrer hegemonialen Position durch Aufrüstung mit in Betracht zieht.

Auch die offensichtliche Bereitschaft der Sowjetunion zur Beendigung perspektivloser militärischer Engagements in Ländern der 'Dritten Welt' (z.B. Afghanistan, Angola, Kampuchea - aber leider noch nicht Äthiopien/Eritrea!) kann nicht als ein Rückzug der UdSSR aus der Weltpolitik interpretiert werden. Sie dient auch der eigenen Entlastung in politischer und finanzieller Hinsicht. Solches Disengagement wird erleichtert durch die Einsicht in die enormen Schwierigkeiten der Steuerung von Konflikten in diesen Ländern über militärische Mittel der Großmächte.

Die Reformpolitik der UdSSR führt - so meine These - auf lange Zeit zu einer sowjetischen Sicherheits- und Außenpolitik, die janusköpfig ist. Der Bereitschaft zu weitgehender Abrüstung und Kooperation in Europa steht eine Weltmacht Sowjetunion entgegen, die nach wie vor an die von den USA vorangetriebene, qualitative Aufrüstung gebunden ist und dadurch selbst den strategischen Aufrüstungsprozeß weiter vorantreiben wird. Waren bisher strategische und europäische Aufrüstung auf das engste miteinander verbunden, und zwar auch im sicherheits- und militärpolitischen Denken in der UdSSR, so wird durch die neue sowjetische Außen- und Sicherheitspolitik, die Frage nach den Möglichkeiten einer regionalen europäischen Abrüstung und Kooperation weit über den sicherheitspolitischen Bereich hinaus aufgeworfen. Ich will es pointierter formulieren: In Europa bietet sich die Chance für die Etablierung von positivem Frieden, der auf politischer Zusammenarbeit beruht und die militärische Konfrontation des West-Ost-Konfliktes überwindet. Das ist die eigentliche Herausforderung der sowjetischen Reformpolitik. Wie antwortet darauf die Integrationsgemeinschaft der westeuropäischen NATO-Staaten?

In der bundesrepublikanischen Öffentlichkeit gibt es zwei extreme Antworten auf die Frage nach der westeuropäischen Abrüstungsbereitschaft. Die eine lautet, wir Westeuropäer seien selbstverständlich zu Abrüstung bereit, wenn uns der Osten nur nicht mehr bedrohe. Diese Naivität gegenüber der eigenen Militär- und Gewaltorientiertheit ist weit verbreitet bis hinein in die Friedensbewegung. Sie ist, so könnte man wohl sagen, das gute Gewissen, das die Aufrüstung des Westens bislang noch immer getragen hat. An sie wird nach wie vor appelliert - jüngst wieder Helmut Schmidt auf der Nordatlantischen Versammlung der NATO-Parlamentarier - indem die langfristige Abrüstungs- und Friedensbereitschaft der UdSSR in Frage gestellt wird. Diese Naivität ist jedoch auch eine Produktivkraft für die Friedensbewegung, wenn die Bedrohungsängste vor dem 'Osten' schwinden, wie es gegenwärtig der Fall ist. Dann kann von dieser Position aus eine Abrüstung des Westens eingeklagt werden.
Die viel weniger verbreitete andere extreme Position geht von einer grundsätzlichen Abrüstungsunfähigkeit der kapitalistischen Staaten aus und unterstreicht deren militaristischen Charakter. In dieser Position werden gewichtige historische Erfahrungen verabsolutiert und damit in Fragen nach den Interessen kapitalistischer Reproduktion in einer kon-

kreten historischen Situation verschüttet. Diesen Fragen aber ist gerade nachzugehen, um Ansatzpunkte für friedenspolitische Arbeit zu gewinnen.

Die westeuropäischen Antworten von Regierungspolitikern auf die sowjetischen Abrüstungsinitiativen - Schritte in die richtige Richtung, aber nicht ausreichend - verweisen ebenso wie die westdeutschen Beschwörungen des Wehrwillens der Bevölkerung auf die Widersprüchlichkeit und Ungeklärtheit der in sich keineswegs einheitlichen, herrschenden westeuropäischen Interessenlagen gegenüber der sowjetischen Herausforderung. Im folgenden versuche ich, den allen gemeinsamen Widerspruch zu umreißen, der sich zwischen der Dysfunktionalität einer Weiterführung der militärischen Hochkonfrontation in Europa und der Perspektive einer durchaus auch militärisch gedachten Weltmacht Westeuropa ergibt.

Auch für die herrschenden Kräfte in Westeuropa dürfte klar sein, daß es weder wünschenswert noch möglich ist, die Verhältnisse in Europa militärisch zu verändern. Aber auch die andere Einsicht weitet sich aus, daß eine sowjetische Invasion nach Westeuropa aus politischen Gründen auszuschließen ist. Somit ist die gegenwärtige militärische Hochkonfrontation auch für Westeuropa dysfunktional, zumal jeder militärische Konflikt die Basis für die hier akkumulierenden Kapitale und für ihre Konkurrenzfähigkeit zerstören würde. Auch andere Gründe sprechen gegen weiteres Aufrüsten in Europa. Seine destabilisierenden Auswirkungen erhöhen die militärische Abhängigkeit von dem ökonomischen Konkurrenten USA und beschneiden somit die westeuropäische außenpolitische Manövrierfähigkeit. Hochrüstung und Spannung in Europa fördert nämlich die Möglichkeit der USA, Westeuropa als Element globaler Strategie zu funktionalisieren und damit dessen Autonomie erheblich zu vermindern. Konfrontation und Spannung in Europa verschlechtern ferner die ökonomischen Expansionsmöglichkeiten in die etatistischen Gesellschaften. Sie würden zudem dort die Reformlinie zugunsten der repressiv-zentralistischen Bürokratie schwächen. Dies würde nicht nur Elemente von Kaltem Krieg und weiterer Spannung begünstigen, sondern auch die ökonomische Konkurrenzfähigkeit Westeuropas gegenüber den anderen großen kapitalistischen Wirtschaftsblöcken durch Einengung des osteuropäischen und sowjetischen Marktes beeinträchtigen.

Diese immanenten Argumente sprechen sehr dafür, das sowjetische Angebot für regionale europäische Abrüstung und Kooperation aufzugreifen und den friedlichen Wettbewerb der Systeme voranzutreiben. Freilich enthält diese Möglichkeit aus westlicher Interessenssicht immer auch die expansive ökonomische Komponente, den Rückstand der etatistischen Ökonomien und ihre Labilität in der Phase der Perestroika destabilisierend auszunutzen. Schon geht es um die politischen Bedingungen für eine möglichst freie Verwertung des Kapitals. Dazu dienen ökonomische Belohnungen und Vorenthaltungen als wichtige Instrumente, um in Osteuropa 'unabhängige Außenpolitik', wirtschaftliche Liberalisierung und ideologische und konsumptive Muster durchzusetzen und damit auch zunehmend die politische Kontrolle über den Produktions- und Reproduktionsprozeß aufzuheben. Dieser Vorgang an sich, aber gerade auch sein unter innerkapitalistischer Konkurrenz unkontrollierter Verlauf kann viel zur Unterminierung von Reformpolitik in Osteuropa und zur Reduzierung von Demokratie- und Freiheitsansätzen beitragen. Eine politisch-bewußte westeuropäische Reformpolitik müßte dem entgegenzuwirken suchen.

Energischen Schritten der Abrüstung durch die westeuropäischen Staaten und einem Ausscheren aus dem weltweiten Wettrüsten der Militärblöcke steht jedoch eine Tendenz zu verstärkter Aufrüstung entgegen. Im westeuropäischen Integrationsprozeß geht es zunehmend auch um die Gewinnung politischer und militärischer Kompetenz und Potenz mit dem Fernziel der Wiedergewinnung der westeuropäischen Weltmachtrolle und damit von Ebenbürtigkeit bei der Sicherung von Globalinteressen. Dazu gehört offensichtlich im herrschenden westeuropäischen Selbstverständnis auch die Fähigkeit zu strategischer Abschreckung samt allen erforderlichen Voraussetzungen. Solche Zielbestimmung gerät notwendig in Widerspruch zu dem auch aus immanenten Gründen sinnvollen Abbau der militärischen Konfrontration in Europa. Denn eine etwaige rüstungskontrollpolitische Stabilität in Europa würde immer wieder durch strategische Modernisierungen unterlaufen werden. Optionen für flexible Antworten würden erforderlich, denen bekanntlich Tendenzen zu Kriegsführungsabschreckungsoptionen innewohnen. Diese Abrüstung begrenzende Widersprüchlichkeit wird zweifach verstärkt. Die angestrebte out-of-area Interventionsfähigkeit erfordert offensive Kapazitäten. Auch die Tendenz zu immer mehr Rüstungsexport als Mittel der Zahlungsbilanzsanierung und verbesserter Kapitalverwertung verstärkt den Druck zur Produktion offensiver Waffensysteme. Man wird sich doch nicht das Panzer- und Flugzeuggeschäft entgehen lassen!

Für die Strategen der westeuropäischen Großmachtintegration ergibt sich ein weiterer Widerspruch, der ihr Handeln beeinflussen dürfte. Die gegenwärtige Entspannungstendenz angesichts des INF-Vertrages und der weitgehenden sowjetischen Angebote erweist sich als besonders günstig für die sicherheitspolitische Verselbständigung Westeuropas, ist man doch in dieser Situation nicht so sehr auf den Nuklearschirm der USA unter jener Bedingung angewiesen und sind doch auch die Ängste in der Bevölkerung soweit zurückgegangen, daß eine Emanzipation vom Großen Bruder in Übersee ohne die Gefahr eines Einbruches bei den Wählern gewagt werden kann. Die daraus resultierende Politik der westeuropäischen Aufrüstung müßte allerdings die Entspannungsbedingungen als Voraussetzung für eine Verselbständigung untergraben: Die UdSSR würde daraus eine Ablehnung ihrer Vorschläge für eine europäische Abrüstung herauslesen und die Bürger sähen sich enttäuscht, da statt Abrüstung und einer sozialen Verwendung der frei werdenden Mittel, das Militär mehr Mittel und Rüstung als vorher benötigte.

In dieser widersprüchlichen Situation können die westeuropäischen Politiker keine Hilfe von den USA erwarten. Für diese bedeutet die tendenzielle Verselbständigung Westeuropas zwar einerseits eine militärstrategische und auf längere Sicht auch eine finanzielle Entlastung, was der angestrebten militärischen Umstrukturierung, Modernisierung und der Sanierung des Staatshaushaltes zugute kommen könnte. Andererseits verringern sich dadurch die Kontrollmöglichkeiten gegenüber dem wirtschaftlichen Konkurrenten Westeuropa. Eine Antwort der USA auf diese ambivalente Tendenz könnte eine weitere Verstärkung der qualitativen Hochrüstung sein, die das Weltmachtniveau für die UdSSR immer neu bestimmen würde und von den Westeuropäern nicht leicht einzuholen wäre. Von einer Demilitarisierung seitens der USA wäre also nicht die Rede.

Eine Auflösung des skizzierten Widerspruches zugunsten europäischer Abrüstung ist gegenwärtig nicht erkennbar. Vielmehr spielen die westeuropäischen NATO-Staaten auf Zeit und suchen nach neuer Legitimation für weitere Aufrüstung. Dazu dienen folgende Wege:

1. Relativ lautlos werden militärische Kooperation, industrielle Rüstungskonzentration, Forschungsvorhaben mit militärischen Ziel-

setzungen, langfristige Rüstungsvorhaben usw. vorangetrieben. Freilich ist der Weg zu einer Großmacht Westeuropa noch weit und mit vielen Hindernissen gepflastert.

2. Statt dem Beispiel der UdSSR zu folgen und einseitig einschneidende Abrüstungsschritte zu tun, setzt man auf sich lang hinziehende Rüstungskontrollverhandlungen mit offensichtlich sehr dürftigen Abrüstungszielen. Bei den erwarteten Gesprächen über konventionelle Abrüstung geht es um eine Absenkung auf 95 % des jetzigen westlichen Bestandes! Dabei werden voraussichtlich vor allem Forderungen an die andere Seite gerichtet, um ihr letztlich den Schwarzen Peter für Unergiebigkeit und/oder das Scheitern der Gespräche zuschieben zu können. Bei dieser Strategie ist, wie bisher auch immer wieder, mit schiefen und den Bürger leicht täuschenden Vergleichen und mit der Abrüstung veralteter Waffen zu rechnen. Durch diese Verhaltensstrategie sollen die Hoffnung der Bürger/innen auf Abrüstung und das Vertrauen, die Regierungen würden sich hierum bemühen, erhalten werden. Dem liegt vermutlich die Erwartung zugrunde, die sowjetischen Reformen würden zu Situationen (Repressionsphasen?) führen, in denen dann westliche Abrüstung leichter legitimierbar sei.

3. Dem offensichtlichen Feindbildverfall im Bewußtsein der Menschen im Westen wird entgegengearbeitet. Dazu wird immer wieder auf die Unberechenbarkeit des östlichen Reformprozesses verwiesen. Auch die kritische Aufarbeitung der eigenen Militärgeschichte in der UdSSR im Zeichen von Glasnost interpretiert man als friedenspolitische Unzuverlässigkeit. Schließlich kann immer wieder auf die weitere Aufrüstung der UdSSR im strategischen Verhältnis zu den USA (Weltmachtrolle!) verwiesen werden.

4. Da die Bindung der Aufrüstungslegitimation an das Feindbild aus dem West-Ost-Konflikt jedoch immer fraglich bleiben muß, besonders wenn die doch erwünschte wirtschaftliche Kooperation wachsen sollte, geht es nun darum, Westeuropa als die potentielle 'vernünftige' Weltordnungsmacht darzustellen und demgemäß ein ideologisches Sendungsbewußtsein ('Euro-Nationalismus'?) zu entwickeln. Unter dieser

Perspektive muß Westeuropa dann auch ohne Bedrohung stark sein, um seine Rolle spielen zu können.

Die dargelegten Einschätzungen und Argumente führen mich zu der Schlußfolgerung, in der westeuropäischen Militärpolitik, wie sie sich allmählich herauszuschälen beginnt, geht es tendenziell gar nicht mehr vorrangig um die Organisierung der Verteidigung im Rahmen der NATO gegen die WVO-Staaten. Im Mittelpunkt steht vielmehr und zunehmend die Option auf die Schaffung eines militärischen Großmachtstatus für Westeuropa. Damit wird die bisher so im Vordergrund der Legitimierung von Aufrüstung stehende Korrelation zwischen Bedrohung und Rüstung grundsätzlich in Frage gestellt. Die vorgebliche Bereitschaft zu eigener Abrüstung löst sich damit in gefährlicher Weise von tatsächlichen Abrüstungsschritten und von Abrüstungsbereitschaften des Ostens (Macht die ökonomische Weltmacht Japan nicht gegenwärtig einen ähnlichen Prozeß durch?).

Mit der Schwächung der duopolistischen Herrschaftsstrukturen im Weltmaßstab (Hegemonie-schwund) und der Tendenz zu oligopolistischen Strukturen wird militärische Macht in der Form von nuklearen Abschreckungs- und Kriegsführungsabschreckungskapazitäten im herrschenden Verständnis der Eliten in den großen Wirtschaftsblöcken zur Eintrittskarte für die Teilhabe an der Gesaltung der 'Weltordnung' und zum 'natürlichen' Statussymbol einer global bedeutsamen Großmachtposition. Sie bedarf scheinbar keiner Legitimierung mehr.

Gegenüber dieser Tendenz westeuropäischer Militarisierung ist diesseits aller pazifistischen Positionen Abrüstung angesichts und unter Förderung sich vermindernder Bedrohung einzuklagen. Dazu ist - entgegen der Formel des Kalten Krieges von der Unteilbarkeit des Friedens (Wann hätte es das schon jemals gegeben!) - auf der Entfaltung einer Politik des positiven Friedens im regionalen Bereich Europa zu bestehen. D.h. für den militärischen Bereich: Aufgabe des Abschreckungssystems, substantielle Abrüstung und Ausscheiden aus dem Wettrüsten für die westeuropäischen NATO- und die osteuropäischen WVO-Staaten. Damit ist gleichzeitig und gleichrangig eine militärisch unbewehrte, also eine grundsätzlich 'zivile' Weltpolitik Westeuropas zu fordern.

Prof.Dr.Dr.h.c.Luigi Vittorio Ferraris
Staatsrat, Botschafter a.D.:

DIE ZIVILISIERUNG DES KONFLIKTS
AUF DER SUCHE NACH EINEM KONZEPT FÜR DIE
ZUKUNFTIGE GESTALTUNG DES WEST-OST VERHÄLTNISSES.

STICHWORTE FÜR DIE DISKUSSION

1. Die Politik von Gorbatschow stellt uns vor neue Herausforderungen.
i) Abschwächung der UdSSR, die kein Modell mehr ist und keinen ideologischen Krieg oder Kampf führen kann; stattdessen orientieren sich ihre Parolen an westlichen Modellen (Beispiel: KSZE in Wien)
ii) Gefahr von Rückschlägen im Osten, wo die Perestrojka weitere und ehrgeizigere Ziele verfolgen und die Einheit (oder die internationale Solidarität) des Warschauer Paktes und des RPWG zutiefst beeinträchtigen könnte.

2. Perestrojka und Glasnost sind herausragende und zutiefst verblüffende neue Erscheinungen auf der sowjetischen Bühne. Man soll all diese Entwicklungen - allerdings mit Vorsicht - gutheißen. Aber solch rasche und teilweise unerwartete Entwicklungen haben in der Geschichte Instabilität gestiftet, und auch in diesem Fall

sind entsprechende Gefahren nicht auszuschließen.

3.. Die Europäer haben eine Aufgabe, die wichtiger ist als die Abrüstung: die Spaltung Europas überwinden. Es handelt sich nicht nur um die Spaltung der deutschen Nation, die ein europäisches und nicht ein nur deutsches Anliegen ist. Die deutsche Frage ist jetzt ein Teil der Wiedergewinnung des Ostens, der dem Westen, zu dem er gehört, entrissen wurde. Frieden und Stabilität werden auf die Dauer in Europa unmöglich sein, wenn die Spaltung zwischen zwei Weltanschauungen in Europa fortdauern wird, weil die Spaltung nicht die Anerkennung des Status quo, sondern eine potentielle Dynamik der Instabilität bedeutet. Sind wir im Begriffe – in gewisser Weise mit der Duldung der UdSSR – eine Politik der Annäherung oder der Rückkehr Osteuropas in den Schoß Europas zu verwirklichen? Werden die Worte von De Gaulle einen neuen Inhalt finden, der sagte, daß "jedes Land seinen Freiheiten aufbauen muß, um Europa zusammen aufzubauen"?
Zwei Arten von Betrachtungen können angestellt werden:
1. Die europäischen Staaten im Westen haben in den letzten Jahrzehnten als Reaktion auf die Vergangenheit die Einschränkungen der Nationalstaaten überwunden und sich das Ziel gesetzt, überstaatliche Institutionen zu errichten. Im Osten richtet sich das Streben nach einer Aufwertung der Nationalstaaten gegen die Unterdrückung eines ausgezwungenen "Internationalismus". Westeuropa hat sich selbst ausgesöhnt, Osteuropa birgt das Risiko wahrscheinlicher zukünftiger Konflikte.
2. Die KSZE hat eine paneuropäische Dimension eröffnet, die die beiden Supermächte miteinschließt, wobei die NNA-Staaten eine besondere Rolle spielen könnten. Die EG

hingegen ist ein Zusammenschluß vergleichbarer Staaten mit dem klaren Willen, eine eigene Identität und eigene Strukturen aufzubauen - mit der Gefahr einer Neigung zur Abschottung. Daraus ergibt sich eine Anziehungskraft gegenüber den Nichtmitgliedstaaten besonders in Osteuropa mit unberechenbaren Rückwirkungen auf die Stabilität.

4. In dieser Lage ist jede Versuchung eines Alleinganges der Bundesrepublik abzulehnen. Die Bundesrepublik kann eine Ostpolitik nur im Rahmen der Westbindungen führen. Auch der Begriff von Mitteleuropa im Sinne einer politischen Motivation sollte abgelehnt werden insoweit er eine Abkapselung der Bundesrepublik bedeuten könnte. Kein Widerspruch zwischen dem Ziel der Einheit der deutschen Nation und der Entwicklung Westeuropas unter der vollen Teilnahme der Bundesrepublik.

5.. In der Aussen- und Sicherheitspolitik stehen Europa zwei Gruppen von Optionen zur Verfügung:
--i) Soll Westeuropa sich als Dritte Kraft verhalten oder soll es im Rahmen der gegebenen Strukturen mehr Verantwortung übernehmen?
--ii) Bedeutet die Suche für einer "europäischen" Sicherheit eine Verneinung der Beziehungen zu Amerika oder im Gegenteil die Bewahrung eines engen Bündnisses mit Amerika?

6. Das Problem der Beziehungen zum Osten muß die Entwicklung Westeuropas in Richtung des Binnenmarktes und der politischen Union in Kauf nehmen. Einerseits muß Westeuropa jede Abschottung gegen den Osten vermeiden, andererseits aber ist für die Aufrechterhaltung offener

Beziehungen kein Preis zu zahlen. Der Beitritt von Staaten wie Österreich darf niemals um den Preis einer Verlangsamung oder unter Vorbedingungen bei der politischen Entfaltung der Gemeinschaft vollzogen werden.

7. Wir befinden uns in einer Übergangsphase, deren Ziel unbekannt ist, denn die Variabeln sind, besonders im Blick auf die UdSSR zu weitreichend und unklar. Die Stimme Europas wird nur dann gehört werden, wenn konkrete Schritte unternommen werden, um dem europäischen Pfeiler in der Allianz Leben zu geben. Aber bei der Verfolgung dieses berechtigten Ziels muß der Preis für die europäische Selbständigkeit in Kauf zu genommen werden.

3. Man könnte sich vorstellen, daß die Ost-West Beziehungen teilweise entmilitarisiert und einen Anlauf in Richtung einer friedlichen Zusammenarbeit nehmen sollten. Aber wir sind nicht so weit, uns eine Partnerschaft vorstellen zu können. Die ideologischen Unterschiede bleiben, wenn auch abgeschwächt, bestehen. Die Sicherheit ist immer noch wichtig, weil die Entwicklungen im Osten weder endgültig noch klar sind. Die Instabilität, die auch in einer Explosion enden könnte, verlangt große Aufmerksamkeit im Westen und deshalb keineswegs eine Verringerung der Sicherheit.

Alain Carton

Ministère de la Defense

Paris.

Die Zivilisierung des Konflikts

Evangelische Akademie Loccum

3-5 Februar 1989

Arbeitspapier zur Konsequenzen für die Politik des Westens
ergeben aus den Veränderungen in den Staaten der WVO:
eine französische Haltung.

(english version)

Western diplomatic reaction to the Soviet new thinking and reforms initiated in the Eastern bloc.

We will focus on the political implications for the West of a new Soviet policy aiming at modifying the political statu quo in Europe. This policy is illustrated since the last three years by concepts such as "European common house" or "reasonable sufficiency" of the military apparatus.
It affects Western European countries in different ways, depending of the geographical situation or their diplomatic objectives.
First, we can recall that the policy of detente is traditionally linked in the Soviet view, with the maintaining of some kind of hegemony in the field of security:
Without detente, Soviet superiority and military pressures could lead to the unity of Western allies and favorize a European identity of defense.
Without Soviet superiority in Europe, detente could provide instability in the Eastern Bloc and favorize Western pressures toward Eastern Europe.
It is only the combination of both that could maximize the Soviet interests in Europe.
Second, the detente is nothing, from a Western European perspective, if it is not intended to provide entente and cooperation within the European States. It could not be limited to a simple reduction of military tensions.
This is the aim of the Conference on Security and Cooperation in Europe,

which is dealing with complementary aspects:political,military and economical.The European political order could not be transformed by an arms control agreement (wathever ambitious it might be) or by a trade agreement alone:It is only when all the aspects of the Helsinki Final Act are simultaneously going on,(and particularly the human right aspect),that the statu quo in Europe could be firmly transformed.

The French position on this matter,is well known:it is based on the sovereignity and the equality of the 35 States participating to the CSCE.This approach has a political rationale to refuse that any European discussion could be engaged on a basis where the major military power in Europe (USSR) could stay sanctuarized during the talks.

Military aspects.

The Soviet unilateral measures announced and confirmed by M. Gorbachev, regarding conventional reductions,are significant for some of them,but above all,they express political coherence with the Soviet objectives.

The defensive posture claimed now by the Eastern side has to be assessed cautiously and at least to be analyzed with some prospective view from the West:

Defensive and sufficiency concepts could not be decoupled from geographical realities (i.e. the depth of Warsaw Pact territories) or the military occupation of the Eastern European countries.

The objectives pursued by Moscow can be listed as fommowing:

-division of the European Alliance's members,first the FRG,and separation between the bilateral level with the USA and the multilateral talks with

Europe, in the framework of the same negociation (CST):

- delegitimization of the nuclear deterrence in Europe, through declaration of "no first use" and insistance for debating on military doctrines with the West, in order to jeorpardize nuclear deterrent;
- definition of the West and NATO nuclear forces as "offensives" forces, that could be compared with conventional highly sophisticated weapons;
- setting on the same level of american forces deployed in FRG and Soviet forces deplyed in GDR, in order to legitimate the common withdrawn of foreign forces;
- plea for a global equivalence for the European theater including all the categories of weapons, neglecting their nature: tanks and artillery could find an equivalence with dual purpose aicraft or Nato SNF.

Europe without theater nuclear forces and without a Western defense community could restore for the future some kind of Soviet leadership necessary to pursue political and economic national interest.

The Western reaction is, once again, divided and contradictory. Even the search for a "global concept" has shown more divergences than consensus. The Western proposals for conventionalreductions elaboarated by the West (HLTF) is more a polical compromize than a long term oriented plan for European security.

The only one positive character of the Western position is to have maintained the coherence of the CSCE process and to join the both negociations at 23 and at 35 on the confidence building measures.

In this context, West has to promote the following challenges to Eastern proposals:

-take the concept of defensive posture at its words,in asking for talks on stabilizing measures (constraints on logistics,mobility,military depots, transparence and verification procedures);

-accept the discussions on military doctrine on a multilateral and equality basis and not on a bloc to bloc basis,

-reinforce the package on confidence buildings measures in order to create political control of the arms control process,

-restate that the goal of negociations is not an arms reduction in itself but the stability in Europe.

Political aspects,the European house.

The concept of European house is not new ,it was already expressed by the Soviet through the plea for paneuropean conference and it shows the permanancy of Soviet objective in Europe.The idea is very vague if it is assesed in further detail.Gorbachev has recalld before Honæker that the statu quo in Europe could not be changed overnight and he warned the Germans and the US for brutal questionning of the current European order. As far as we can foresee the Soviet incentives,the idea of European house is based on a global equivalence between the two political systems in Europe and the interdependance among each other.

We share a different view:

in order to overcome the division of Europe which is led from the military consequences of the World War II,we need to establish a simultaneous process of detente and cooperation,which encompass the political sovereignity of European participating states as well as the military reduction of tensions.

Starting from the fact that the CSCE process does guarantee a real paneuropean forum,we dont need to limit or to bypass it through another process dominated by one state of the European territory as the European house is intended to be.

In this respect,we have to avoid any kind of separate political zone of cooperation that could be based on the same model than military weapon free zone : as well as we refuse a military discriminatory zone in Central Europe,we consider that the political approach in Europe should stay global and include the neutral and non aligned countries.

It could be an extension of the mandate of the COuncil of Europe (the earliest European body of cooperation in political and social matters), rather than an extension of the EEC process.

This policy is delicate to maintain because it expresses a contradiction or balancing act among favoring a coherent West European foreign policy, favoring the national affirmation of East European States,and maintaining a special relationship with USSR,that is particularly uneasy in this multilateral context.

Economical aspects : the rationale for EEC/COMECOM mutual recognition.

The economical issue has been often overshaded by bilateral specific agreement (loans or joint ventures),without a clear definition of economical interdependence between the two sides of Europe.

The West is acting in dispersed ways in connection with the traditional zone of influence,such as the Central region dominated by FRG,but there is a lack of Western common policy that could instrumentalize the economical request and needs from the Eastern part.

Obviously Soviet interests in getting closiest cooperation with Western economical integration is not new,but the political conditions put by the Eastern bloc have been withdrawn and Moscow encourages now bilateral relations within its own economical sphere of influence with the West.The last condition remains however that the restructuration of COMECON in the sense of better centralization and efficiency is parallel to the opening to western trade agreement.

But a significant official recognition by Moscow will play a major role: the USSR indeed recocgnized that the transnational corporations are playing an important role in the integration processes occuring in the world economy.

Therefore ,USSR is now expecting that transnationalization of production will cover the socialist enterprises as well.

The process will be very slow ,and the future remains insecure in this matter,but the most dramatic change will occur in the Eastern states in Europe ,where the need of reform is combined with deep economical crisis and lack of investment's means.

Significantly,Gorbachev has recalled in the same time he presented the unilateral moves to arms reductions, the urgent request from the Warsaw Pact to see the COCOM regulations disappearing as well as the special limits on trade and credits between East and West.

The challenge posed to the West is very clear:

will the Western states give enough confidence to the declaratory policy of Moscow in the security field in order to help Warsaw Pact to restructure its economy?

And a subquestion: will this new economical cooperation be based on bilateral exchanges with sovereign states of the COMECON, or on global agreement with the Warsaw Pact as a whole, i.e. with Moscow?

The answer is very unclear at this stage, and considering that the economical needs from Eastern country is very urgent, it will be difficult to submit trade and credit agreement to the general political evaluation of the following of the CSCE process in Europe.

Werner von Scheven
Generalmajor

T h e s e n

Wie ich als Soldat der Bundeswehr und evangelischer Christ zur Erhaltung des Friedens und zur "Zivilisierung des Ost-West-Konfliktes" beitragen kann:

(1) Mit dem Grundgesetz für die Bundesrepublik Deutschland **soll** der Krieg als Möglichkeit der Politik ausgeschlossen werden.
Dies ergibt sich schon aus Artikel 1, der alle staatliche Gewalt verpflichtet, die Würde des Menschen zu schützen. Die Würde des Menschen ist zwischen Freunden und Gegnern nicht teilbar; wenn Soldaten des Gegners im Kriege zu meinem Feind erklärt werden, so läßt sich das Postulat des Schutzes der Menschenwürde insofern nicht mehr verwirklichen.
So wird in der Tat Frieden zur Lebensbedingung der Menschheit im technischen Zeitalter (C.F. von Weizsäcker).

(2) Das Grundgesetz befindet sich hier in Übereinstimmung mit der Erklärung der Weltkirchenkonferenz in Amsterdam 1948 "Krieg soll nach Gottes Willen nicht sein".

(3) Spätestens seit dem Vorhandensein der Nuklearwaffen **muß** der Krieg als Möglichkeit der Politik ausgeschlossen werden.

...

Diese These gilt freilich auch reziprok:
Mit der Abschaffung der Nuklearwaffen muß mit dem Krieg als
Möglichkeit der Politik wieder gerechnet werden.

(4) Für den Soldaten gibt es die Gewissensüberzeugung, daß für die
Erhaltung des Friedens in der gegenwärtigen Situation auch militärische Verteidigungsbereitschaft unverzichtbar ist.

(5) Als Christ erkennt der Soldat jedoch an - ohne selbst diese Überzeugung zu teilen - , daß andere Christen der Meinung sein können, im atomaren Zeitalter sei militärische Verteidigung nicht der richtige Weg zum Frieden und könne von der christlichen Gewissensüberzeugung nicht mehr verantwortet werden.

(6) Der evangelische Soldat fühlt sich mit andersdenkenden Christen in seiner Kirche verbunden. Es ist deshalb für ihn besonders wichtig, daß die Friedensdenkschrift der EKD vom Oktober 1981 die Aussagen vom "Friedensdienst mit und ohne Waffen" als noch mögliche christliche Handlungsweisen bekräftigt hat. Dabei erkennt er an, daß der Friedensdienst mit der Waffe nur im Rahmen einer Politik des Friedens, der Verhandlungen, der vertraglichen Bindungen legitimiert ist.

(7) Vergleicht man die Friedensdenkschrift der EKD von 1981 mit dem geltenden Völker- und Verfassungsrecht, so erkennt der Christ eine sehr weitgehende Übereinstimmung der Verbindlichkeiten und der Toleranzbreite.

(8) Die Charta der Vereinten Nationen, der Nordatlantikvertrag, das Grundgesetz und die Wehrgesetze der Bundesrepublik Deutschland tragen den qualitativ neuen Bedingungen des atomaren Zeitalters Rechnung. Sie sind übereinstimmend auf Völkerverständigung und Friedenssicherung gerichtet.

...

Als einzige Ausnahmeregelung lassen sie, bis zur Errichtung einer Weltfriedensordnung, nur noch die individuelle und kollektive Selbstverteidigung gegen bewaffnete Angriffe zu. Damit wird eine Analogie zum strafausschließenden Notwehrbestand im nationalen Recht hergestellt.

(9) Der Artikel 51 der Charta der Vereinten Nationen wird das **Selbstverteidigungsrecht** als naturgegebenes Recht allen Völkern zugestanden. Dieses Recht hat die Bundesrepublik Deutschland in Artikel 87 a des Grundgesetzes übernommen. Damit wurde erstmals in der deutschen Geschichte die Existanz von Streitkräften auf den Zweck der kollektiven Selbstverteidigung beschränkt.

(10) Der NATO-Vertrag legt die Mitglieder verbindlich auf die Förderung und Sicherung des Friedens und auf die Verteidigung im Bündnis fest (Artikel 1 und 5).

(11) Die sicherheitspolitische Konzeption der NATO ist seit dem Harmel-Bericht von 1976 auf **zwei Ziele** gerichtet: Militärisch gesicherte Verteidigungsfähigkeit soll Androhung von Gewalt wirkungslos und Anwendung von Gewalt aussichtslos machen (deterrence, dissuasion, Abschreckung) - Entspannung und Kooperationsbereitschaft sollen zu einer stabilen Friedensordnung in Europa führen.

(12) Das Grundgesetz verbietet unter Strafe in Artikel 26 die Vorbereitung und die Beteiligung an einem Angriffskrieg. In der Präambel, in Artikel 1 und 24 des GG wird darüber hinaus die Bundesrepublik Deutschland zur Förderung und Wahrnehmung des Friedens verpflichtet.

(13) Ratifiziertes **Völkerrecht** ist nach Artikel 25 für den Bürger der Bundesrepublik Deutschland - damit auch für den Soldaten - unmittelbar geltendes Recht. Auch das ist neu in der Geschichte der Deutschen.

...

(14) Das GG beschränkt in Artikel 87 a die Aufgaben der Bundeswehr eindeutig auf **Verteidigung**. Dem entspricht die Grundpflicht des Soldaten sowie Eid und Gelöbnis nach Soldatengesetz §§ 7 und 9 "... der Bundesrepublik Deutschland treu zu dienen und das Recht und die Freiheit des deutschen Volkes tapfer zu verteidigen." Die Pflicht des Soldaten zum Gehorsam findet dementsprechend in § 11 SG ihre Begrenzung.

(15) Sowohl aus der gedanklichen Folge der kirchlichen Grundaussagen - von Amsterdam 1948 bis zur EKD - Friedensdenkschrift von 1981 - als auch aus den Grundentscheidungen des Völker- und Verfassungsrechts - von der UNO-Charta 1945 bis zur Wehrgesetzgebung 1956 wird gleichermaßen deutlich:

Der Waffendienst des Soldaten gilt der Friedenssicherung. Er darf nur noch in der Notwehrsituation aus der Schutzverpflichtung gegenüber der Gemeinschaft gefordert werden. Darin liegt eine historische Begrenzung der Auftragserfüllung der Soldaten und zugleich ihre ethische Legitimation.

Friedenssicherung ist ein Feld, auf dem Friedensförderung möglich ist, ein Feld, auf dem Näherungslösungen hin zu einer internationalen Friedensordnung gefunden werden können. An der Friedensförderung kann sich der Soldat beteiligen, weil er seinen Staatsbürgerstatus nicht verliert.

(16) In den Heidelberger Thesen von 1959 heißt es unter These 6: "Wir müssen versuchen, die verschiedenen im Dilemma der Atomwaffen getroffenen Gewissensentscheidungen als komplementäres Handeln zu verstehen."
Für die evangelischen Soldaten ist das Festhalten der Kirche an der Komplementaritätsaussage von 1959 ebenso unverzichtbar, wie das Festhalten des Staates und des NATO-Bündnisses an ihren Bindungen zum Frieden und zur Selbstverteidigung.

...

Nur auf der Grundlage dieser beiden Bedingungen kann der Soldat der Bundeswehr seinen Dienst weiter vor seinem Gewissen verantworten und seiner Kirche treu bleiben.

(17) Aus den ethischen und verfassungsmäßigen Vorgaben ergibt sich die Notwendigkeit, die **militärstrategischen Konzepte** ständig daraufhin zu überprüfen, ob sie dem übergeordneten Auftrag der Kriegsverhinderung und der Abrüstung gerecht werden.
Dabei ist besonders wichtig, daß 1967 das militärstrategische Konzept der NATO von der massiven Vergeltung einer Aggression auf die flexible Antwort einer militärischen Herausforderung umgestellt wurde. Damit wurde einseitig erklärt, den Grundsatz der Verhältnismäßigkeit auf die Verteidigung anzuwenden und vom klassischen Ziel der Besiegung des Gegners im Kriege abzugehen.

(18) Bemühen und Erfolge um Rüstungskontrolle, Rüstungsminderung und Abrüstung, um Vertrauensbildung und kooperative Krisensteuerung haben in letzter Zeit allen Unkenrufen zum Trotz zugenommen. Eine Waffenkategorie (INF) wird vollständig beseitigt. Es gibt nun auch von Osten einseitige Selbstverpflichtungen zur Rüstungsminderung. Das erfüllt die Menschen mit Hoffnung, auch uns Soldaten.
Dabei achten wir Soldaten aber auch mit Sorge darauf, ob Kriegsverhinderung und Frieden in freier Selbstbestimmung die übergeordneten Ziele der Politik bleiben oder ob Wunschdenken der Wählerbevölkerung in den Demokratien die Regierungen nötigt, diese übergeordneten Ziele anderen Zielen unterzuordnen.

(19) Die Schuld Deutscher im Krieg gegen die Sowjetunion 1941 bis 1945 rechnet sich nicht auf mit schuldhaftem Handeln auf sowjetischer Seite gegenüber den Deutschen. Beides begründet Verantwortung für das historische Erbe und das, was aus ihm gemacht wird. Menschen in Deutschland und in der Sowjetunion sollten sich bewußt werden, wie Frieden

...

aus gemeinsamer Verantwortung für eine schlimme Überlieferung gestaltet werden kann. Dies ist nur möglich, wenn sich Menschen auch in geistiger Freiheit begegnen können. Von solchen Begegnungen sollten Soldaten nicht ausgeschlossen werden.

(20) Der Ost-West-Gegensatz bleibt nach einer Entspannung militärischer Konfrontationen - so sie gelingt - ein fundamentaler Gegensatz verbindlicher Wertorientierungen. Begriffliche Übereinstimmungen dürfen darüber nicht hinwegtäuschen. Der Konflikt kann deshalb nicht aufgehoben, sondern nur zivilisiert werden. Militärische Druckausübung und Gewaltanwendung bei der Konfliktaustragung auszuschließen, ist ein wichtiges Ziel des Dienstes als Soldat.

(21) Atomwaffen sind nicht abzuschaffen. Wir können nur darum ringen, daß sie politisch kontrolliert bleiben und in den Dienst der Kriegsverhinderung gestellt werden. Der Krieg muß als Mittel der Politik untauglich werden. Wir Soldaten stehen ganz selbstbewußt und ganz professionell dafür ein, daß Konfliktparteien in Europa entmutigt werden, den Krieg für politische Zwecke zu wagen.

Ich sehe die Chance klar und herausfordernd.
Ich will als Staatsbürger in Uniform dieses freien Landes daran mitwirken, daß alle Waffen politisch kontrolliert werden, daß diese Kontrolle demokratisch legitimiert wird und daß diejenigen, die über militärische Macht ohne demokratische Legitimation verfügen, von der Verwendung dieser militärischen Macht wenigstens abgehalten - abgeschreckt - werden. Und ich bin sicher, daß dies auch mit weniger Waffen möglich ist.

Andere reden vom Risiko, das tun wir auch. Wir wollen aber vorher noch von den Bedingungen eines Friedens in Freiheit reden; von den Chancen reden, die zu versäumen uns bei den

...

nachgeborenen Generationen zum Schuldvorwurf werden könnte. Fähig und bereit zu sein zur Verteidigung ist Geleitschutz auf dem Weg in die Zukunft, ist ein notwendiger Dienst zur Sicherung des Friedens, politisch sinnvoll und ethisch verantwortbar.

Volker Glatt
Brigadegeneral

Die Zivilisierung des Konflikts –
Überlegungen aus militärischer Sicht

Thesenpapier zum Experten-Kolloquium am 3. – 5. Februar 1989
an der Evangelischen Akademie Loccum

Vorbemerkung

1. Die folgenden Überlegungen und Thesen stellen eine persönliche Meinung und nicht eine (offizielle) Stellungnahme der Bundeswehr dar.
Soweit Quellen benutzt wurden, sind diese jedermann zugänglich.

Rahmenbedingungen

2. Der Politik der Allianz liegt seit einundzwanzig Jahren die Erkenntnis aus dem HARMEL-Bericht zugrunde: "Militärische Sicherheit und eine Politik der Entspannung stellen keinen Widerspruch, sondern eine gegenseitige Ergänzung dar." (Ziffer 5.)
Diese Erkenntnis dürfte auch Basis des für Frühjahr 1989 angekündigten Gesamtkonzepts bleiben.
In Erinnerung zu rufen ist außerdem, daß schon das erste multinationale Verhandlungsforum MBFR auf westliche Vorschläge zurückgeht, und daß nicht die Zahl der Vorschläge über die Qualität von Rüstungskontroll- und Abrüstungspolitik entscheidet, sondern die Summe des Tuns.

3. Sicherheitspolitik ist multidimensional, sie sollte deshalb "interdisziplinär" behandelt werden. Ideologische Verbissenheit wie z.B. im IRAN-IRAK-Krieg wird weniger aufgrund "höherer Einsicht" als vielmehr durch (z.B. wirtschaftliche) Sachzwänge entschieden. Auch im Verhältnis zur SU könnte die Wirtschaftspolitik der Schlüssel für dauerhafte Beziehungen sein.
Nicht zuletzt die Entwicklung der Diskussion zu sicherheitspolitischen Themen in diesem Jahrzehnt – allen voran das Thema INF – hat gezeigt, daß die Meinung der lautstarken Vielen nicht notwendig den erfolgreichen politischen Weg weist.

Im übrigen: wie entsteht in der Bundesrepublik "Meinung", wer macht sie

4. Nüchternheit bedeutet nicht fehlendes Engagement oder fehlende Betroffen heit. Kritisch kann eine politische Situation werden, wenn die Bereitschaft zur distanzierten Bewertung von Fakten durch Wunschdenken ersetz wird. So wird in diesem Papier oft Gesagtes an einigen Stellen wiederhol werden müssen: Kassandra läßt grüßen!

Situationsbild Sowjetunion

5. Bedrohung erwächst primär aus Potential, aus Panzern, Flugzeugen, Schiff und vor allem aus Nuklearwaffen, während politische Absichtserklärungen veränderbar sind, und ebenso wie andere, nicht quantifizierbare Bewertun faktoren ("Auftragstaktik", "Führungsfähigkeit", Disziplin, aber auch di Frage, ob die Welt-Revolution noch ein Langzeit-Ziel ist oder nicht) hin anstehen müssen: Gorbatschow bewegt vieles, aber er ist nicht ohne das staatliche System zu beurteilen.

6. Einige Fakten

a) Militärische Überlegenheiten in Europa nach kurzer Vorbereitungszeit (Quelle: Streitkräftevergleich NATO-WP 1987):

Konventionelle Waffensysteme (Beispiele)		NATO		WP
Heer:	Kampfpanzer	1	:	1,8
	Schützenpanzer	1	:	1,8
	Artillerie/Mörser	1	:	1,9
	Panzerabwehrwaffen	1	:	1,8
	Hubschrauber	1	:	1
Luftwaffe:	Jagdbomber	1	:	1
	Jagdflugzeuge	1	:	3,7
	Aufklärungsflugzeuge	1	:	1,7
Marine:	Flugzeugträger/Hubschrauberträger	4,2	:	1
	große Überwasserschiffe	1,7	:	1
	U-Boote	1	:	1
	Minenkampfschiffe	1	:	1,2
	Marineflugzeuge	2	:	1

Nukleare Trägersysteme (Gesamtzahlen ohne FR)

Strategische Systeme
(ohne Berücksichtigung von MiRV)

	NATO	:	WP
– Raketen	1000	:	1398
U-Boote	704	:	938
Flugzeuge	340	:	155

Mittelstreckensysteme
(ohne INF-Systeme)

– Raketen	216	:	über 1000
– Flugzeuge	1800	:	4000

Kurzstreckensysteme

– Raketen	88	:	775
– Geschütze	1200	:	3800

Im Land-/Luftbereich, d.h. konventionell von besonderer Bedeutung ist der geostrategische Vorteil des WP. Schwerpunkte mit Überlegenheiten von weit mehr als 3 : 1 können daher schnell gebildet werden. Insofern sind besonders auf westlicher Seite Additionen fragwürdig (Norwegen und Türkei).

b. Wichtige innenpolitische Entwicklungen in der UdSSR, wobei die Probleme überwiegen:

- weitere Zentralisierung der Macht bei Gorbatschow;
- Unruhen und separatistische Bestrebungen im Baltikum und im Trabskaukasus;
- unverändert schlechte Konsumgüter-Lage in einem international nicht wettbewerbsfähigen Wirtschaftssystem;
- dennoch offenbar Akzeptanz für "neues Denken" und "Transparenz" bei großen Teilen der Bevölkerung;
- damit aber intern Gefährdung der Privilegienstruktur der Funktionärsklasse.

c) Wichtige außenpolitische Entwicklungen, wobei positive Aspekte – teils gemeinsam mit den USA – überwiegen,

- INF-Abkommen 08.12.87;
- erste Verschrottungen 1988;
- Beobachteraustausch mit USA im C-Waffenbereich;
- Truppenabzug aus Afghanistan (vorgesehen bis 15.2.89);
- Ankündigung der Reduzierung von Truppenstärken um 500.000 Mann, 10.000 Kampfpanzer, 8500 Geschütze, 800 Flugzeuge;
- große Erfolge in der westlichen Öffentlichkeit allein durch Ankündigung von Rüstungskontroll – und Abrüstungsabsichten;
- Anteil am erfolgreichen Abschluß der KVAE-Folgeverhandlungen am 15.1.89 in Wien.

d) Einige militärpolitische Faktoren

- Gespräche mit Bundesminister Prof. Scholz, dessen Rede an der Militärakademie der gepanzerten Truppen (25.10.1988);
- Beteiligung an Inspektionen (bei allerdings ungleichem Beobachtungsangebot in der SU);
- diverse Angebote zur Reduzierung im Nuklearwaffen-Bereich,
- die aber deutliche Überlegenheiten im Kurzstreckenbereich beließen;
- Überlegungen zur Verkürzung des Wehrdienstes in der SU.

Einflußfaktoren

7. Ein Hauptproblem der sicherheitspolitischen Diskussion bei uns liegt darin daß sie oft zu kurz greift,

- entweder, weil einzelne Themen (z.B. Waffenkategorien) selektiv wahrgenommen und diskutiert werden,
- oder geografisch (weder ist Deutschland oder Mitteleuropa der Nabel der Welt, noch ist das Konfliktfeld Europa das weltweit wichtigste),
- oder militärisch (weder bedeuten Soldaten oder Waffen notwendig Krieg, noch bedeuten keine Soldaten oder keine Waffen keinen Krieg. Das gilt für konventionelle und für atomare Waffen.),
- oder in bezug auf die Ursachen (Kissinger hat in seiner Brüsseler Rede 1.9.1979 zu Recht darauf hingewiesen, daß militärische Überlegenheit in der Geschichte stets in Außenpolitik übersetzt worden sei. Dennoch liege heute die Ursachen in den den Weltfrieden besonders bedrohenden Kon-

fliktherde eher in der Auflehnung gegen die Vorenthaltung der Voraussetzungen zu menschlicher und staatlicher Selbstverwirklichung).

8. Für eine dauerhafte Beziehung zwischen unterschiedlichen Systemen muß zunächst gegenseitiges Vertrauen geschaffen werden.
Voraussetzung dafür muß eine gemeinsame, von Schablonen, Vorurteilen (Feindbildern) und wechselseitigen Unterstellungen entrümpelte Sprache sein. Das beginnt bei den Begriffen, die in Ost und West oft sehr unterschiedlich besetzt sind (z.B. Demokratie).
Von hier rechtfertigt sich die Forderung, Soziologen, Psychologen und auch Linguisten an der sicherheitspolitischen Arbeit zu beteiligen.

9. Zu den Voraussetzungen gehört weiterhin die Bereitschaft, "Tabu-Themen" zu diskutieren. Daß in der Bundesrepublik Deutschland zu Beginn der achtziger Jahre offiziell eine Strategiediskussion unterdrückt wurde, hat sich im Zusammenhang mit dem Thema INF bitter gerächt.
Andere "Tabu-Themen" sind z.B.

- Drittes Reich (der Historikerstreit zeigte Grenzen der Wissenschaftlichkeit auf);
- die Unterdrückung der Menschenrechte in den Staaten des Warschauer Paktes (" Im östlichen Europa sind nicht die Waffen das eigentlich Bedrohliche: Der Entzug der Menschenrechte ist es", Kielinger am 9.12.1988 im Rheinischen Merkur);
- Rüstungsexporte (nur aufgrund spektakulärer Initialzündungen taucht gelegentlich ein fauler Fisch aus dem Sumpf der Waffenverbreitung auf, wie das jüngste Beispiel C-Waffenfabrik in Libyen zeigt).

10. "Tabu-Themen", die die Streitkräfte und damit ihre Auftragserfüllung betreffen,
- beginnen im Parlament (zunehmende Distanzierung von Politikern aller Parteien von der Auftragsdurchführung der Streitkräfte bei Übungstätigkeit),
- gehen über die Bundesregierung (Uneinigkeit bei grundsätzlichen Themen),
- die Kommunen (die zwar den Wirtschaftsfaktor Bundeswehr, zunehmend weniger aber die Belastungen akzeptieren),
- die Bildungseinrichtungen (kaum einem Grundwehrdienstleistenden wurde

die Sicherheitspolitik in der Schule angemessen vermittelt),
- umfassen die fragwürdige Entwicklung beim grundgesetzlich garantierten, fälschlich mit "Kriegsdienst" bezeichnetem Verweigerungsrecht und
- reichen bis zu den Berufs- und Zeitsoldaten selbst(von denen nicht wenige dabei sind, vor dem Hintergrund materieller Forderungen nach mehr Geld, Freizeit und Respektierung persönlicher Interessen ihre Identität als eigenständige Berufsgruppe aufzugeben).

. Wenn es nicht gelingt, auch in Zukunft das Dienen in seinem eigentlichen Sinngehalt als Grundfaktor des soldatischen Selbstverständnisses zu bewahren wenn es ebenfalls nicht gelingt, für die Bundeswehr Aufgaben im Frieden zu definieren, in denen Motivation wachsen kann (z.B. im Rahmen der UN-Friedenstruppen), dann besteht die Gefahr, daß sich der Wert des Beitrages der Streitkräfte zur Sicherheitspolitik unseres Staates auf den des Sozialprestiges reduziert, wie wir Soldaten es heute in der öffentlichen Meinung haben: ziemlich weit unten.

. Von Bedeutung in diesem Zusammenhang ist die Akzeptanz-Frage. Da die Bevölkerung die sicherheitspolitischen Grundlagen nie angemessen vermittelt bekommen hat, wie soll sie Belastungen, Nachteile, Fluglärm etc. sachgerecht bewerten können? Man muß nicht Pazifist sein, wenn man heute Erläuterungsbedarf geltend macht: deutet nicht alles auf goldene Zeiten in einem "gemeinsamen Haus Europa"? Sind es nicht nur Böswillige, die in diesem Zusammenhang an Mieterstreitigkeiten erinnern?

Vielfach ist das Akzeptanz-Argument allerdings vorgeschoben, besonders in Wahlzeiten (und wann haben wir keine?): tatsächlich erfordert es Kenntnis, Argumentationsfähigkeit und persönliches Überzeugtsein, um "Akzeptanz" zu schaffen.
Sollte im übrigen die Annahme einer "schweigenden Mehrheit" zutreffen, wovon auszugehen ist, dann sollte definiert werden, was "Akzeptanz" eigentlich ist. Wieviel Prozent der Bevölkerung, die einer abweichenden Meinung sind, rechtfertigen die Behauptung mangelnder Akzeptanz:

    10 %, 1 %, 0,1 %   oder weniger ?

Akzeptanz ist kein Geschenk - Akzeptanz zu erreichen ist eine politische Aufgabe.

3. Von erheblichem Einfluß auf den Gesamtzusammenhang sicherheitspolitischer Beziehungen gehört auch die Vertrauensbildung in der Verhandlungsdurchführung. Deshalb sollten beide Seiten darauf verzichten, immer wieder einseitige Abrüstungsmaßnahmen anzukündigen oder zu fordern.
Jede derartige Äußerung

- relativiert automatisch die Kompetenz mindestens eines Verhandlungsforums,
- erscheint, beabsichtigt oder nicht, auf die Öffentlichkeit der anderen Seite gezielt zu sein, und
- untergräbt - pflichtgemäß begrüßt - dennoch das Vertrauen in die Bereitschaft der ankündigenden Seite zur gemeinsamen Konfliktbewältigung.

Diese Feststellung schließt nicht aus, daß ohnehin erforderliche Reduzierungen oder Umstrukturierungen in den Rüstungskontrollprozeß eingefügt werden sollten: hier ist von Gorbatschow noch viel zu lernen.

Beitrag des Militärs zur "Zivilisierung des Konflikts"

4. Vor dem Hintergrund der unverändert antagonistischen politischen Systeme, der Entwicklung in unserem Staat und den Bündnissen, denen wir angehören, und verschiedener Einflußfaktoren, bezeichnen folgende Punkte die Linie, entlang derer der Beitrag der Bundeswehr zur Friedenssicherung in Zukunft zu denken ist.

5. Die Bundeswehr leistet heute und in Zukunft einen wesentlichen Beitrag zur Gestaltung der Sicherheitspolitik unseres Staates durch ihre Präsenz in Soldaten und Waffen und die Einsatzfähigkeit motivierter und gut ausgebildeter Staatsbürger in Uniform.
Dazu gehört materiell die Erhaltung eines Beststandes an aktueller Technik und Technologie, und wenn es im Rahmen der geltenden Strategie unumgänglich ist, der politische Wille zur Modernisierung von Waffensystemen. Dafür ist ein ausreichender Verteidigungshaushalt, der sich an sachgerechten Kriterien bemißt, ebenso erforderlich wie im Personalbereich erheblich verstärkte Bemühungen außerhalb aber auch innerhalb der Bundeswehr zur Verbesserung der Motivation.
Nicht dazu gehört dagegen die Selbstrechtfertigung ihres Auftrags durch die Bundeswehr (die Wirkung wäre eher kontraproduzent) oder gar ein "Sich-selbst-in Frage-stellen" der Streitkräfte.

- Der Beitrag der Bundeswehr zur Sicherheitspolitik vollzieht sich auch in Zukunft im Rahmen unserer Bündnisverpflichtungen. Auf nicht absehbare Zeit ist unsere NATO-Mitgliedschaft durch kein anderes Sicherheitssystem zu ersetzen.

  Alle Versuche zu separaten mitteleuropäischen Lösungen würden zu unserem Nachteil ausschlagen. Deshalb kann die in anderen politischen Bereichen und auch von den Soldaten begrüßte Entwicklung deutsch/deutscher Beziehungen sich vorläufig nicht auf die Entwicklung von Beziehungen zwischen Bundeswehr und Volksarmee erstrecken.
  Dagegen ist die Bundeswehr uneingeschränkt im Rahmen der NATO an allen Aktivitäten zwischen den Bündnissen beteiligt(Konferenzen, Inspektionen) und hat insofern keine Berührungsängste mit der Volksarmee.

- In einer späteren Phase, die mit dem KVAE-Folgeabkommen vom 15.1.1989 durchaus schon eingeläutet sein kann, könnte über die bereits bestehenden und geplanten Rüstungskontrollvorstellungen hinaus (vergl. Kommunique der NATO-Außenminister-Konferenz v. 8.12.88) an Gespräche zwischen NATO und Warschau Pakt über Strategie, Doktrin und zeitgeschichtliche Bewertungen mit dem Ziel gedacht werden, zum Abbau von Mißtrauen beizutragen.

  Solche Gespräche könnten auch auf gesamteuropäische Ebene erweitert werden.

  Weitere Einzelpunkte könnten sein:

  - obligatorischer Einbau de-eskalatorische Aufgaben in NATO-Übungen,
  - Verbesserung der Sprachkenntnisse des je anderen Bündnisses zur Erleichterung direkter Kontakte,
  - Schaffung von Voraussetzungen zu internationalen Begegnungen auch für Soldaten, besonders mit Angehörigen der sowjetischen Streitkräfte zur Förderung des gegenseitigen Verständnisses,
  - Einrichtung eines "Crisis Managment Systems Europe" im Rahmen des KVAE-prozesses, wie es ansatzweise zwischen USA und SU für den nuklearen Bereich schon besteht.

- Der Auftrag der Bundeswehr ist es, Krieg zu verhindern. Die NATO wird ihre Waffen niemals als erste einsetzen - nur so rechtfertigt sich militärisches Dienen heute.
  Im Rahmen weiterer Rüstungskontrollvereinbarungen ist der Umfang der Streitkräfte nicht sakrosankt. Aber als Orientierungsmarke für alle Überlegungen darf gelten, daß, herausgefordert, die Bundeswehr ihren militärischen Auftrag im Rahmen der Allianz und der dann vorhandenen Möglichkeiten erfüllen wird.

Hilmar Linnenkamp
Führungsakademie der Bundeswehr *

Harmel II

1. Die Beschwörungen fortdauernder Gültigkeit des im Harmel-Berichts niedergelegten Konzepts über die künftigen Aufgaben der Allianz sind Legion. Kaum eine sicherheitspolitische Rede des Kanzlers, des Außenministers oder des Verteidigungsministers, in der nicht jene 17 Paragraphen wie ein Monument - aere perennius - in die sicherheitspolitische Zukunft Europas hineinragen.

   Es ist aber - 1989 - endlich an der Zeit, die Diagnosen und Empfehlungen des Berichtes daraufhin zu prüfen, welche noch - oder wieder- richtig sind und welche gerade auch durch die von ihm geförderte Politik des Bündnisses nicht mehr gelten, sondern verändert werden müssen.

   Es geht darum, das sicherheitspolitische Gesamtkonzept des Harmel-Berichts dem monotonen Klang der Gebetsmühlen zum Trotz der politischen Lage am Ende dieser Dekade anzupassen. Allerdings: Vor einem neuen Wurf steht die Textkritik.

2. Im folgenden werden daher den wichtigsten Paragraphen des Berichts vom Dezember 1967 Neuformulierungen gegenübergestellt. Die Veränderungen gründen sich vor allem auf 4 Thesen, die den Wandel seit 1967 zu fassen suchen.

   (1) Die Politik der Bündnispartner und des Bündnisses insgesamt hat zur Förderung der Sicherheit und Zusammenarbeit in Europa Maßgebliches beigetragen. USA und UdSSR sind daran beteiligt.

   (2) Zu den zentralen politischen Fragen in Europa gehört nicht mehr zuerst und zunächst die ungelöste Deutschlandfrage. Eine stabile Regelung in Europa ist davon unabhängig möglich.

   (3) Ausgewogene Verminderung der Streitkräfte ist nicht mehr ausgeschlossen.

   (4) Die Vereinten Nationen haben die Chance, die ihnen damals zugewiesenen Aufgaben heute zu erfüllen.

3. Hier nun die noch sakrosankten (arabischen) Ziffern des Harmel-Berichts und daneben die häretischen (römischen) Ziffern eines heutigen Entwurfs:

---

* Das Folgende gibt die Meinung des Autors - nicht der Führungsakademie der Bundeswehr - wieder.

4. Seit der Nordatlantikvertrag 1949 unterzeichnet wurde, hat sich die internationale Situation in bedeutsamer Weise geändert, und die politischen Aufgaben der Allianz haben eine neue Dimension angenommen. Unter anderem hat die Allianz eine wesentliche Rolle gespielt, als es darum ging, die kommunistische Expansion in Europa zum Stehen zu bringen; zwar ist die UdSSR eine der beiden Supermächte der Welt geworden, aber diese kommunistische Welt ist nicht mehr monolithisch: zwar hat die sowjetische Doktrin der „friedlichen Koexistenz" den Charakter der Konfrontation mit dem Westen verändert, nicht dagegen die grundlegende Problematik. Obwohl zwischen der Macht der Vereinigten Staaten und der der europäischen Länder immer noch eine Diskrepanz besteht, hat sich Europa erholt und ist auf dem Wege zur Einheit. Der Prozeß der Dekolonisierung hat die Beziehungen Europas zur übrigen Welt verwandelt; gleichzeitig sind in den Beziehungen zwischen den entwickelten und den Entwicklungsländern größere Probleme entstanden.

5. Die Atlantische Allianz hat zwei Hauptfunktionen. Die erste besteht darin, eine ausreichende militärische Stärke und politische Solidarität aufrechtzuerhalten, um gegenüber Aggressionen und anderen Formen von Druckanwendung abschreckend zu wirken, und das Gebiet der Mitgliedsstaaten zu verteidigen, falls es zu einer Aggression kommt. Seit ihrer Gründung hat die Allianz diese Aufgabe erfolgreich erfüllt. Aber die Möglichkeit einer Krise kann nicht ausgeschlossen werden, solange die zentralen politischen Fragen in Europa, zuerst und zunächst die Deutschlandfrage, ungelöst bleiben. Außerdem schließt die Situation der Unstabilität und Ungewißheit noch immer eine ausgewogene Verminderung der Streitkräfte aus. Unter diesen Umständen werden die Bündnispartner zur Sicherung des Gleichgewichts der Streitkräfte das erforderliche militärische Potential aufrechterhalten und dadurch ein Klima der Stabilität, der Sicherheit und des Vertrauens schaffen.

In diesem Klima kann die Allianz ihre zweite Funktion erfüllen: die weitere Suche nach Fortschritten in Richtung auf dauerhaftere Beziehungen, mit deren Hilfe die grundlegenden politischen Fragen gelöst werden können. Militärische Sicherheit und eine Politik der Entspannung stellen keinen Widerspruch, sondern eine gegenseitige Ergänzung dar. Die kollektive Verteidigung ist ein stabilisierender Faktor in der Weltpolitik. Sie bildet die notwendige Voraussetzung für eine wirksame, auf größere Entspannung gerichtete Politik. Der Weg zu Frieden und Stabilität in Europa beruht vor allem auf dem konstruktiven Einsatz der Allianz im Interesse der Entspannung. Die Beteiligung der UdSSR und der Vereinigten Staaten wird zur wirksamen Lösung der politischen Probleme Europas erforderlich sein.

IV. Seit dem Harmel-Bericht 1967 hat sich die internationale Situation wesentlich verändert. Das Atlantische Bündnis hat in ungebrochener Solidarität zu einer qualitativ anderen europäischen Ordnung beigetragen: Die Geltung der Menschenrechte ist gestärkt, die Sicherheit aller europäischen Staaten gefestigt und ihre Zusammenarbeit gefördert worden. Die USA und Kanada sind Teilhaber europäischer Sicherheit, die UdSSR ist ebenso eingebunden. Ein Verständnis gegenseitiger Sicherheit entsteht. Die gemeinsamen Herausforderungen und die globalen Knappheiten gewinnen Gewicht und Aufmerksamkeit.

V. Der Atlantischen Allianz bleiben gleichwohl zwei Hauptfunktionen. Politische Solidarität und ausreichende Verteidigungsfähigkeit – die erste Funktion – sind Gewähr für die Selbstbestimmung der Völker in den verbündeten Staaten. Die Selbstbestimmung aller Völker Europas ist das zentrale politische Problem. Es kann nur gelöst werden in einem Klima der Stabilität und des Vertrauens in die Sicherheit vor politischem Druck und militärischer Aggression.

Stabilität und Vertrauen zu fördern – die zweite Funktion – erfordert den konstruktiven Einsatz der Allianz im Interesse der Entspannung. Am ehesten wird das erreicht durch breite Zusammenarbeit im Interesse der menschlichen Beziehungen, des wirtschaftlichen und kulturellen Austauschs und auf dem Gebiet der technischen und ökologischen Herausforderungen. Im Maß dieser Zusammenarbeit verlieren die militärischen Potentiale an politischer Bedeutung. Sie können – und müssen – auf die Gewähr ausreichender Verteidigungsfähigkeit beschränkt werden. Das ist Ziel der Rüstungskontrolle und Abrüstung.

Die Ostverträge der Bundesrepublik Deutschland, das Vier-Mächte-Abkommen über Berlin, der Grundlagenvertrag zwischen der Bundesrepublik Deutschland und der Deutschen Demokratischen Republik sowie der auf jene Vertragsregelungen gegründete politische Verständigungsprozeß der Konferenz für Sicherheit und Zusammenarbeit in Europa haben die Gefahr von Krisen sichtbar reduziert. Überdies hat die Mitgliedschaft beider deutscher Staaten in den Vereinten Nationen die Konfrontation entschärft.

6. Die Atlantische Allianz war von Anfang an eine Gruppierung von Staaten auf kooperativer Grundlage, die von den gleichen Idealen beseelt sind und in hohem Maße gemeinsame Interessen besitzen. Ihr Zusammenhalt und ihre Solidarität bilden innerhalb des atlantischen Raums ein Element der Stabilität.

7. Als souveräne Staaten sind die Bündnispartner nicht gehalten, ihre Politik kollektiven Entscheidungen zu unterwerfen. Die Allianz bildet ein wirksames Forum und Zentrum für den Austausch von Informationen und Auffassungen; auf diese Weise kann jeder der Bündnispartner seine Politik aufgrund eingehender Kenntnis der Probleme und Ziele der anderen festlegen. Zu diesem Zweck muß die Praxis der offenen und rechtzeitigen Konsultationen vertieft und verbessert werden. Jeder Bündnispartner sollte an der Förderung besserer Beziehungen zur Sowjetunion und den osteuropäischen Staaten in vollem Maße mitwirken, sich dabei aber bewußt sein, daß die Entspannungspolitik nicht zu einer Spaltung der Allianz führen darf. Die Erfolgschancen werden zweifellos am größten sein, wenn die Bündnispartner eine gleichgerichtete Politik verfolgen insbesondere in Fragen, die alle in hohem Maße angehen; ihre Maßnahmen werden dann um so wirksamer sein.

8. Ohne erhebliche Anstrengungen aller Beteiligten ist keine Friedensordnung in Europa möglich. Die Entwicklung der sowjetischen und osteuropäischen Politik berechtigt zu der Hoffnung, daß diese Regierungen schließlich die Vorteile erkennen werden, die auch ihnen aus der gemeinsamen Erarbeitung einer friedlichen Regelung erwachsen. Eine endgültige und stabile Regelung in Europa ist jedoch nicht möglich ohne eine Lösung der Deutschlandfrage, die den Kern der gegenwärtigen Spannungen in Europa bildet. Jede derartige Regelung muß die unnatürlichen Schranken zwischen Ost- und Westeuropa beseitigen, die sich in der Teilung Deutschlands am deutlichsten und grausamsten offenbaren.

9. Die Bündnispartner sind daher entschlossen, ihre Bemühungen auf dieses Ziel zu richten, indem sie realistische Maßnahmen zur Förderung der Entspannung in den Ost-West-Beziehungen treffen. Die Entspannung ist nicht das Endziel, sondern ein Teil eines langfristigen Prozesses zur Verbesserung der Beziehungen und zur Förderung einer Regelung der europäischen Fragen. Das höchste politische Ziel der Allianz ist es, eine gerechte und dauernde Friedensordnung in Europa mit geeigneten Sicherheitsgarantien zu erreichen.

VII. Die Bündnispartner werden weiterhin in gegenseitiger Abstimmung ihre Beziehungen zur Sowjetunion und zu den Staaten Osteuropas gestalten und entwickeln. Sonderwege werden nicht beschritten.

VIII. Der Entwurf der Friedensordnung in Europa ist die Schlußakte von Helsinki. Kern der auch heute noch in Europa vorhandenen Spannungen und konfrontativen Elemente ist die ungleiche Verteilung von Freiheit, Recht und Selbstbestimmung. Die Ungleichheit spiegelt die Unterschiede zwischen West und Ost im Verständnis dieser Werte. Nur Dialog, freier Austausch und gemeinsame Erfahrungen bei der Bewältigung der großen europäischen Zukunftsprobleme können jene Unterschiede verringern oder sogar Widersprüche aufheben.
Streben nach einer endgültigen, positiven Regelung in Europa würde Stabilität nicht notwendigerweise fördern; Streben nach einer offenen Zukunft Europas aber wird Mauern und Schranken obsolet machen.

IX. Freiheit, Recht, Souveränität und Verteidigungswillen der Völker des Bündnisses geben unserer Politik die Macht und Zuversicht, eine gerechte und dauernde Friedensordnung in Europa mit geeigneten Sicherheitsgarantien zu erreichen.

14. Die Bündnispartner werden mit besonderer Aufmerksamkeit die Verteidigungsprobleme der exponierten Gebiete, z.B. der Südostflanke, prüfen. In dieser Hinsicht weist die gegenwärtige Situation im Mittelmeer besondere Probleme auf, wobei zu berücksichtigen ist, daß die augenblickliche Krise im Nahen Osten in die Zuständigkeit der Vereinten Nationen fällt.

15. Das Gebiet des Nordatlantikvertrags kann nicht getrennt von der übrigen Welt behandelt werden. Krisen und Konflikte, die außerhalb des Vertragsgebiets entstehen, können seine Sicherheit entweder unmittelbar oder durch Änderung des globalen Kräftegleichgewichts beeinträchtigen. Im Rahmen der Vereinten Nationen und anderer internationaler Organisationen tragen verbündete Staaten einzeln zur Wahrung des Weltfriedens und der Sicherheit und zur Lösung wichtiger internationaler Probleme bei. In Übereinstimmung mit den feststehenden Gepflogenheiten werden die Verbündeten oder diejenigen unter ihnen, die dies wünschen, sich ohne Verpflichtung und je nach den Forderungen des Einzelfalls auch weiterhin über diese Probleme konsultieren.

XIV. Die Vereinten Nationen haben an Einfluß auf die Regelung von
Konflikten gewonnen. Das Bündnis fördert diesen Bedeutungszuwachs.
Alle Bündnispartner sind aufgerufen, sich an Friedensmissionen
der Vereinten Nationen zu beteiligen.

XV. Krisen und Konflikte, die außerhalb des NATO-Vertragsgebiets
entstehen, können die Sicherheit von Bündnispartnern entweder unmittelbar
oder durch Änderung des globalen Kräftegleichgewichts beeinträchtigen.
Im Rahmen der <u>Vereinten Nationen</u> und anderer internationaler Organisationen tragen verbündete Staaten einzeln zur Wahrung des Weltfriedens
und der Sicherheit und zur Lösung wichtiger internationaler Probleme
bei. In Übereinstimmung mit den feststehenden Gepflogenheiten werden
die Verbündeten oder diejenigen unter ihnen, die dies wünschen,
sich ohne Verpflichtung und je nach den Forderungen des Einzelfalls
auch weiterhin über diese Probleme konsultieren.

Helmut Königseder

Die Zivilisierung des Konflikts

Auf der Suche nach einem Konzept für die zukünftige
Gestaltung des West-Ost - Verhältnisses

Arbeitspapier für das Expertenkolloquium in LOCCUM

Mit mehr Vertrauen in eine friedliche Zukunft?

1. Entwicklung Vertrauensbildender Maßnahmen

Am 19. September 1986 ging in Stockholm die Konferenz für vertrauen- und sicherheitbildende Maßnahmen und Abrüstung in Europa (KVAE) zu Ende. Sie erarbeitete neue, militärisch bedeutsame, politisch verbindliche und angemessen verifizierbare Maßnahmen, die jetzt in ganz Europa, vom Atlantik bis zum Ural angewendet und wirksam werden. Schon das Konferenzergebnis galt als Erfolg für den Prozeß der Vertrauensbildung zwischen West und Ost. Die im Schlußdokument von Stockholm umfassend und detailliert festgelegten vertrauen- und sicherheitbildenden Maßnahmen (VSBM) erwiesen sich als geeignet, die Beurteilung der militärischen Lage auf beiden Seiten zu erleichtern.

Das am 15. Januar 1989 in Wien beendete dritte KSZE-Folgetreffen hat die Ergebnisse der Stockholmer Konferenz (1986) über Vertrauenbildende Maßnahmen in Europa (KVAE) geprüft und eine substantielle Verbesserung festgestellt. Am 9. März 1989 soll in Wien die zweite Phase der KVAE Verhandlungen beginnen.

Zusätzlich zu Ankündigung und Beobachtung von Manövern und Inspektion vor Ort könnten in Zukunft weitere Maßnahmen vereinbart werden, die Mißverständnissen und Konfliktgefahren entgegenwirken. Sie können zunächst Mißtrauen abbauen helfen und damit eine Voraussetzung für das Entstehen von Vertrauen schaffen. Eine solche Entwicklung ist keineswegs selbstverständlich, da die bisherigen und die künftigen Verhandlungsergebnisse sich erst in der Praxis durch die Handhabung auf beiden Seiten bewähren müssen. Sie ist aber notwendig, um die Sicherheit auf militärischem Gebiet zu erhöhen und zu stabilisieren. Es bedarf gemeinsamer Anstrengung, um zu einer Verständigung über Erfordernisse und Bedingungen künftiger Verbesserungen zu gelangen. So könnte auch eine Voraussetzung für künftige Abrüstungsschritte gewonnen werden.

2. Wirksamkeit Vertrauensbildender Maßnahmen

Dem politischen Ziel der Vertrauensbildung können die vereinbarten Maßnahmen nur dienen, wenn sie tatsächlich das militärische Verhalten in West und Ost beeinflussen. Eine restriktive Notifizierungs-, Beobachtungs- und Verifikationspraxis wäre ihm eher abträglich. Nur auf wirkliche Transparenz gegründetes Vertrauen, nicht blindes Vertrauen, kann politisch nützlich sein und Sicherheit fördern. Transparenz und Berechenbarkeit sind gleichzeitig unerläßliche Voraussetzung für Rüstungskontrolle und Abrüstung. Es ist daher notwendig, die in Stockholm beschlossenen Maßnahmen nicht nur buchstabentreu sondern im Geiste der Vereinbarungen zu erfüllen, deren Zweck mehr Sicherheit für alle Beteiligten ist. Dazu gehört die gegenseitige Anerkenntnis der Sicherheitsbedürfnisse ebenso wie die Berücksichtigung der Sicherheitsbedingungen in Europa. Sie sind für die einzelnen Staaten wie für die Bündnisse, denen sie angehören, nach Raum, Zeit und Kräften verschieden. Geographie, Geschichte und Potentiale der Staaten bilden die Grundlage ihres politischen, strategischen und militärischen Handelns. Sie ermöglichen und beschränken damit auch die Politik zur Bildung von Vertrauen und Sicherheit. Vertrauen kann also nicht aus Einzelursachen erwachsen.

Vertrauen und Sicherheit bedingen einander. So erhält Vertrauen eine über die traditionellen Felder der Außen- und Verteidigungspolitik hinausgehende Bedeutung überall, wo Sicherheit gewährleistet werden soll. Vertrauensbildungs- und Sicherheitspolitik steht mit allen Politikbereichen in Wechselbeziehung: Wirtschaft, Arbeit, Soziales, Kultur, Bildung, Wissenschaft, Forschung u.s.w..

3. Vertrauen, eine menschliche Eigenschaft

Die in dem Ausdruck "Vertrauensbildende Maßnahme" fühlbare Spannung macht auf die Verschiedenartigkeit der Kategorien aufmerksam, denen die Begriffe "Vertrauen" und "Maßnahmen" angehören. "Vertrauen" ist der Sprache des menschlichen Lebens entnommen.

Es vermittelt die Vorstellung von personalem Verhältnis, von Entwicklung und Dauer. Es wächst aus Erfahrung und Wissen. Es ist Reaktion auf den Gesamteindruck von Verhaltensweisen und ist, wie dieser, unteilbar. Vertrauen ist keiner Macht verfügbar. Es schenkt sich, wenn es reif ist und verleiht Macht. Maßnahmen können weder Vertrauen bilden noch ein vertrauenerweckendes Gesamtverhalten ersetzen. Sie können aber mit der Kraft von Symbolen einer Sicherheit bietenden und suchenden Politik dazu beitragen, günstige Bedingungen für die Entwicklung von Vertrauen zu schaffen.

4. Vertrauenbildende Politik

Eine solche Politik bemüht sich um Vertrauen indem sie die Sicherheitsbedürfnisse und Interessen aller Beteiligten akzeptiert und in der eigenen Strategie berücksichtigt. Sie schafft Sicherheit indem sie anderen Staaten nicht ein Sicherheitsdefizit zumutet, das Bedrohung hervorruft.
Sicherheitsüberschüsse werden vermieden, weil sie die Sicherheitsbalance stören. Kriegsverhinderungspolitik darf nicht einseitig das Kriegshandlungen entgegenstehende Risiko aufheben. Darüberhinaus ist es allgemeine Aufgabe einer auf Vertrauen und Sicherheit gerichteten Politik, Spannungen nicht mit Rüstung zu begegnen, sondern durch Ausgleich der Spannungsursachen.

5. Vertrauensbildung gegen Spannungsursachen

Es ist notwendig, über Ursachen und Bedingungen von Spannung und Konfrontation nachzudenken, weil sie die Ansätze bieten für Vertrauensbildung, Rüstungskontrolle und Abrüstung.
Die Motivation hierzu kommt aus dem Sicherheitsbedürfnis, das Menschen aus Ost und West gleichermaßen haben, eine Gemeinsamkeit also. In diesem Nachdenken über Sicherheit hat sich die Auffassung entwickelt, daß sie nicht so sehr ein Ergebnis von Verteidigungsfähigkeit und

Abschreckung sein sollte, sondern ein Zustand, der aus Frieden erwächst.
So ist der Wunsch des Menschen darauf gerichtet, die immer noch vorherrschende konfrontative Art von Sicherheit zu ersetzen durch eine
kooperative Sicherheit, und es bleibt die Frage, wie man zu ihr gelangt.
Man gelangt sicherlich nicht zu ihr, indem man die Augen vor der
Realität verschließt auf einem Wege, der keinen festen Grund bietet.
Man müßte klären: Welche Vorstellungen haben wir von Frieden, von
einer politischen Ordnung des Friedens, von einer Friedensordnung
in Ost und West? Welche Vorstellungen finden im Denken des Ostens,
welche Vorstellungen finden im Denken des Westens ihren Niederschlag?
Können diese Vorstellungen den Bedürfnissen der Menschen, ihren
Interessen, ihren Lebenszielen, ihren Wünschen und Hoffnungen entsprechen? Denn sie sind es ja, die sich um die Sicherheit sorgen und
um den Frieden.

Wie müßte eine Ordnung aussehen, damit sie den friedenschaffenden
Zustand der Ruhe gewährleistet? Setzt Frieden die Zufriedenheit der
Menschen voraus, der Menschen, die in einer solchen Ordnung leben,
leben müssen, weil sie hineingeboren sind? Ist dies jene Ordnung von
der die Griechen sagen, daß sie Kosmos sei, die schöne Ordnung, in
der alles an seinem ihm gerechten Platz ist. Sollte, was für die
Gestirne gilt und für alle Natur, nicht auch für den Menschen gelten?
Kann eine Ordnung nur dann Frieden bewirken, wenn sie den Menschen
Freiheit und Gerechtigkeit gewährt? Die Freiheit der Wahl, die sie
brauchen, um sich den ihnen gemäßen Platz zu suchen; also eine Freiheit,
die den Wandel einschließt, jede Entwicklung, auch die des Individuums.
Eine Freiheit also, die dem einzelnen Menschen gerecht wird, die seine
individuelle Wesens- und Lebensentfaltung zuläßt, die das Recht des
Menschen auch gegenüber dem Recht der anonymen - für den Klassenkampf
relevanten - Masse bewahrt, als Mensch und nicht als Faktor Mensch.

6. Realismus als Grundlage für Vertrauen

Auf solche Fragen suchen Menschen im weltpolitischen Spannungsfeld konkurrierender Kräfte Antworten. Und gerade den Deutschen, in der Mitte Europas, zwischen Ost und West, erwachsen aus ihrer Lage besondere Gefahren - aber auch Verpflichtungen und Chancen. Um diese zu erkennen und zu beurteilen, bedürfen sie der Orientierung. Sie ist Voraussetzung für die Suche nach Möglichkeiten kooperativer Gestaltung der Zukunft.

Aus verschiedenen Überzeugungen, aus unterschiedlichen Interessenlagen, aus Zielkonflikten resultieren Spannungen, denen Menschen mit rationalem und situationsgerechtem Verhalten durchaus begegnen können. Aber vielfach herrschen falsche Vorstellungen, auch Ratlosigkeit, die zu Unsicherheit führen und zu Ängsten, die Mißtrauen hervorrufen und Bedrohungsgefühle. Ein nüchtern realistisches Bild der Welt und der in ihr rivalisierenden, bisweilen auch konfligierenden Kräfte, Menschen und Mächte, kann durch Emotion und Ressentiment zu Feindbildern verformt werden. Solche Zerrbilder können auch durch Propaganda erzeugt werden, deren Erfolg von einem Mangel an Wissen und Urteilsfähigkeit noch begünstigt wird. So braucht der Einzelne zuverlässige Information, um sich propagandistischen und indoktrinierenden Einflüssen zu entziehen, um seine eigene Position und Lage in der Welt festzustellen und sie zu beurteilen. Information, die ihn in seiner Willensbildung, bei seinen Entscheidungen im privaten und im politischen Bereich leitet, die ihn als Staatsbürger und Wähler erst mündig, d.h. verantwortungsfähig macht.

So ist Gründlichkeit geboten für die Erforschung der Grundlagen und Bedingungen der Sicherheitspolitik im Osten und im Westen.
Das erfordert den Versuch, Denkweisen und Handlungsweisen zu begreifen, die nicht aus dem Tag geboren werden, sondern die das Ergebnis jahrhundertelanger kultureller, zivilisatorischer Entwicklungen sind. Einsicht und Einfühlen in die Verhältnisse der jeweils anderen Seite - oder aus unserer Sicht, in beide Seiten - können helfen, Spannungen zu begrenzen.

Wesentlich dafür ist aber zunächst, ein positives Interesse aneinander und die Bereitschaft zum Geben und Nehmen oder auch nur Zulassen von Information. Erkennen, Verstehen, Verständnis, Verständigung sind Schritte, oder können zumindest Schritte sein, zu verträglicher oder schließlich auch vertraglicher Gestaltung von Elementen einer systemübergreifenden Friedensordnung. Ein solches Vorgehen könnte davor bewahren, die aus den eigenen begrenzten geschichtlichen und kulturellen Erfahrungen gewonnenen Auffassungen auf die anderen beteiligten Mächte zu übertragen. Falsche Analogieschlüsse, die nicht tragfähig sind für die eigene Urteilsfindung, könnten so vermieden werden. Allzu groß ist die Versuchung, eigenes Bemühen um Einfühlung, Erforschung und Erkenntnis entfernter und fremdartiger Lebensbereiche durch Analogieschlüsse zu ersetzen, die nach aller Erfahrung zur Selbsttäuschung, zur Enttäuschung und schließlich zur Resignation führen können.

Mit dieser Form der Entfernung von der Wirklichkeit verwandt ist die Neigung, der verführerischen Kraft von Illusionen nachzugeben, eigenen Illusionen und fremden Illusionen. Sie erwächst aus dem verständlichen Wunsche, auf objektiv schwierige Lagen Antworten zu finden. Sie kann dazu führen, daß tatsächliche Probleme, Gegensätze, Risiken und Gefahren nicht aufgegriffen, sondern phraseologisch vernebelt werden.

7. Vertrauen durch Kommunikation

Dies führt zur Verzerrung der Wirklichkeit in gleicher Weise, wie es geschieht, wenn in der politischen Diskussion Idealisierung oder Dämonisierung an die Stelle eines ausgewogenen Urteils treten. Um Handlungsweisen und Motive zu verstehen, müssen Denkräume mit Hilfe der Sprache erschlossen werden.
Viele Begriffe in Ost und West unterscheiden sich als Träger der geschichtlich geprägten Erfahrungen und der Denkweisen durch ihre Bedeutungsinhalte.

Sie müssen vielfach erst wie Codes vor ihrem Gebrauch entschlüsselt werden. Es ist eine Pflicht und eine Vertrauensvoraussetzung, uns gegenseitig über die Trennlinien der Ideenwelten hinweg über die Bedeutung unserer Begriffe aufzuklären, wenn wir von vornherein ja annehmen müssen, daß der naive Gebrauch dieser Begriffe nur zu Mißverständnissen führt - es sei denn, wir wollten Mißverständnisse herbeiführen oder aufrechterhalten.

So ist zu fragen, was Politiker, Diplomaten, Verhandlungspartner, Anhänger der Friedensbewegung im Osten oder im Westen meinen, wenn sie Frieden sagen; sprechen sie dann über Gleiches, über Ähnliches, über Verschiedenes oder Gegensätzliches? Was bedeutet dem einen oder dem anderen friedliche Koexistenz? Was versteht man im Westen und im Osten unter Entspannung? Wie konnte es dazu kommen, daß westliche Politik nach Jahren einer Entspannungspolitik ihre Enttäuschung darüber bekennen mußte, daß unter Entspannung offensichtlich im Osten etwas anderes verstanden wurde als im Westen. Was versteht man unter Sicherheit? Welche Forderungen werden mit dieser Vorstellung von Sicherheit in Ost und West verbunden?

Wir können konstatieren, daß die machtpolitischen und die ideologischen Gegensätze der Weltmächte nicht wenigen Menschen in aller Welt absurd erscheinen und unerträglich. Oft wird dieses Empfinden auf hilflose Weise artikuliert. Aber es wird auch immer wieder die Einsicht bekräftigt, daß man sich ihr nicht entziehen kann, daß man die Tiefe des Konfliktes und seine Tragweite nicht in Ungeduld unterschätzen darf. Es handelt sich nicht um leicht aufzulösende alltägliche Mißverständnisse. Vielmehr ist es notwendig, Vertrauen stetig und geduldig auf dem Wege über gemeinsame positive Erfahrung aufzubauen. Dazu ist Zeit erforderlich und Bemühen um ein gemeinsames Vorgehen, aber auch ein gegenseitiges Verstehen und Verständnis, das wiederum voraussetzt, einander zu kennen, einander kennenlernen zu können und zu dürfen, d.h. Information von- und übereinander haben zu dürfen, Information austauschen zu dürfen. Das alles setzt Kommunikation voraus; Kommunikation verlangt Freizügigkeit, und Freizügigkeit bedeutet Freiheit.

8. Zwischenstaatliches und innerstaatliches Vertrauen als Kraft für die Zukunft

Vielerlei Unsicherheit, Lasten der Vergangenheit und Skepsis stehen einer raschen Vertrauensbildung im Wege und beweisen zugleich ihre Notwendigkeit. Der Prozeß der Vertrauensbildung muß mit Energie, aber auch mit Geduld betrieben werden, damit sich "joint ventures" nicht in "joint adventures" verwandeln.

Der Westen reagierte auf das "Neue Denken" in der sowjetischen Politik mit Bereitschaft, Vertrauen zu erweisen, u.a. materialisiert als "Kredite" für die sowjetische Wirtschaft. Der westliche Beitrag muß eingeordnet werden in einen Zusammenhang mit dem notwendigen Prozeß der Vertrauensbildung in der Sowjetunion selbst.

Staat und Gesellschaft der Sowjetunion brauchen das Vertrauen von Bürgern, die sich daran gewöhnen mußten, vor allem als Planungsfaktoren aufgefaßt und dann kollektiv untergeordnet zu werden. Die Sowjetunion braucht individuelle Leistungsbereitschaft und Initiative. Sie braucht Menschen, die bereit sind, etwas zu unternehmen: Sie braucht Unternehmer. Menschen, die sich dazu eignen, benötigen ihrerseits Vertrauen in Staat und Gesellschaft, in die Entwicklung der Rechtsstaatlichkeit, in die zuverlässige Sicherung der Menschenrechte, in die Irreversibilität des neuen Kurses der Politik, in die Funktionsfähigkeit der Wirtschaft, der Währung, des Marktes, in die Rentabilität des Einsatzes.

Nachdenken über Möglichkeiten und Grenzen der Gestaltung des Ost-West-Verhältnisses darf nicht in sektoraler Betrachtung stecken bleiben. So darf nicht ein Mehr oder Weniger an einzelnen Waffen das Ziel sein. Vielmehr gilt es, durch Zusammenarbeit auf allen Gebieten des Lebens und der Politik eine auf Vertrauen und Verteidigungsfähigkeit gegründete Sicherheit zu gewinnen und zu festigen. Die Erfahrung der Sicherheit wird das Vertrauen stärken, dessen vorwärtstragende Kraft wir für die Verwirklichung unserer Visionen und Hoffnungen für die Zukunft brauchen.

INGO PETERS, FU BERLIN,
THESEN UND FRAGEN ZUR WEITERENTWICKLUNG DER VSBM-POLITIK.

*Thesenpapier für das Experten-Kolloquium
vom 3. bis 5. Februar 1989 in Loccum:
Die Zivilisierung des Konflikts. Auf der Suche nach einem Konzept für die
zukünftige Gestaltung des West-Ost-Verhältnisses.*

Erfahrungen

Die bisherigen Erfahrungen mit der Implementation der VSBM des Stockholmer KVAE-Dokuments lassen sich folgendermaßen zusammenfassen:

"Die Bedeutung der *sicherheitspolitischen Funktion* der V(S)BM hat sich mit dem Stockholmer Dokument gegenüber den Helsinki-VBM deutlich verbessert, ihre "militärische Bedeutsamkeit" erhöht. Militärische Aktivitäten, die u. U. politische Besorgnisse auslösen könnten, werden in deutlich größerem Umfange von den militärischen Verhaltensregeln erfaßt, der Informationsaustausch ist detaillierter und umfangreicher, die Möglichkeit für die politische und militärische Führung ist wesentlich verbessert worden, (persönliche) Erfahrungen über politische Absichten und militärische Fähigkeiten des Gegenüber zu gewinnen.

Formal und quantitativ finden diese Verbesserungen ihren Niederschlag in der Verdreifachung der Zahl angekündigter militärischer Aktivitäten und Beobachtungen sowie in der Zahl bisher durchgeführter Inspektionen auf Verlangen. Wichtiger als die statistischen Werte sind jedoch die bisherige vollständige Implementation der in Stockholm vereinbarten Maßnahmen und die greifbaren Erfahrungen, die dabei von den Entscheidungsträgern in den Ministerien in Ost und West und bei den N+N-Staaten gesammelt worden sind. Trotz zahlreicher Probleme werden die bisherigen Erfahrungen offenbar von den meisten direkt beteiligten Akteuren positiv bewertet, insbesondere deren Bedeutung für eine realistische Perzeption des Gegenüber verbunden mit einer verminderten Bedrohungswahrnehmung.

Die Beobachter, Zivilisten und Militärs, können im Bedarfsfall zu Inspektoren der militärischen Aktivitäten der Gegenseite werden und – durch personelle Kontinuität – dadurch einmal gewonnene Erkenntnisse und Eindrücke u. U. verifizieren, verfestigen und weitergeben. Die neuen Möglichkeiten die sich mit der VSBM-Politik praktisch eröffneten, stellen erhebliche Anforderungen an die Bürokratien, die mit der Außen- und Sicherheitspolitik befaßt sind. Diese Anforderungen sind in vielen Staaten – namentlich in den beiden deutschen Staaten – bereits beantwortet worden, indem die entsprechenden Ministerien z. T. umstrukturiert wurden und spezielle VSBM-Implementations- bzw. Verifikationseinheiten institutionalisiert worden sind.

Der Wert, den die Staaten auf die vollständige Umsetzung der VSBM-Bestimmungen legen, unterstreicht deren politische Bedeutung. Kritik etwa zur Begründung der Inspektionsverlangen, die Problematik, Vertrauensbildung und nachrichtendienstliche Tätigkeiten zu unterscheiden, sowie einzelne Unklarheiten bei den Ankündigungsbestimmungen stellen Merkposten für zukünftige Gespräche zur Weiterentwicklung der VSBM auf der KVAE Ib dar. Freiwillige Übererfüllung, die bei Helsinki-Regime noch wesentlich den westlichen Staaten gutzuschreiben war, wird jetzt auch von osteuropäischen Ländern praktiziert. Positive Erfahrungen in der Umsetzung der Maßnahmen haben starre Positionen aufgelockert, zusätzliche Informationen und z. B. umfangreichere Fotografiererlaubnis möglich gemacht. Offensichtlich hat die Weiterentwicklung der Stockholmer Maßnahmen in der Praxis schon begonnen, bevor hierzu offizielle Verhandlungen aufgenommen worden sind."(1)

Vorschläge zur Weiterentwicklung des VSBM-Regimes in Europa.

VSBM-Vorschläge gibt es zahllose, sie beziehen sich auf die Verbesserung bestehender Maßnahmen, auf deren Verschärfung oder auf ganz neue VSBM. Das Problem ist jedoch nicht so sehr, neue Maßnahmen auszudenken. Verbesserungsvorschläge zu den bestehenden Maßnahmen sollten vielmehr aus deren bisheriger Implementation abgeleitet werden, ebenso Forderungen nach einer Verschärfung bestehender Parameter. Beides sollte darauf abzielen, die sicherheitspolitische Bedeutung des VSBM-Regimes zu erhöhen. Neue Maßnahmen sollten in sinnvoller Ergänzung zu den bestehenden ins Auge gefaßt werden. Das konzeptionelle Problem besteht dann vor allem darin, die Neuerungen in sinnvoller, militärisch und sicherheitspolitisch bedeutsamer Weise in das bestehende Regime einzupassen. Politisch gilt es, diese Neuerungen zwischen den 35 KSZE-Staaten konsensfähig zu gestalten, sie politisch durchzusetzen.

---

1) Vgl. zu der empirischen Grundlage dieser Bewertung im einzelnen: Ingo Peters, Die Politik militärischer Vertrauensbildender Maßnahmen. Ein Lernprozeß der Sicherheitsexperten, in: Beiträge zur Konfliktforschung, 4/1988, S. 91-116. (Zitat von S. 111).

Als nächste Vorschläge der WVO und der NATO
auf der KVAE II sind zu erwarten:

- NATO : Austausch "statischer Informationen", d.h. über Stationierungsstärken und Standorte einzelner Truppenteile. Verbunden mit Restriktionen für die Verlegung von Truppen von einem Standort zu einem anderen: dadurch würden die erfaßten "militärischen Aktivitäten" ausgedehnt auf Transit und Verlegungen von Standort zu Standort. Bisher werden nur Aktivitäten "im Felde" entsprechend einzelner Kriterien erfaßt. Hierdurch können (im Einklang mit dem Stockholmer Dokument) durchaus Truppenkonzentrationen erreicht werden, die zu Bedrohungsperzeptionen führen könnten.

- WVO: Einbeziehung von "unabhängigen" See- und Luftmanövern in das Ankündigungs- und Beobachtungsregime. Die WVO-Staaten sehen in diesen Aktivitäten aufgrund westlicher Überlegenheiten (, die die NATO-Staaten bestreiten) eine besondere Bedrohung. Allerdings ergeben sich bei der Gestaltung dieser Maßnahmen im einzelnen erhebliche konzeptionelle Probleme, besonders bei der Verifikation (z. B. Definition "out of garrison" bei Schiffen und Flugzeugen; "unabhängige Seeaktivitäten: Mittelmeer, 6. Flotte, Naher Osten, etc.)

Vorschläge von dritter Seite:

- Einbeziehung von Alarm- und Mobilmachungsaktivitäten in die Ankündigungs- und Beobachtungsbestimmungen; "geheim", d.h. nur zwischen den Regierungen, ohne Informationen an die Truppen. Widerstand hiergegen kam bisher vor allem von den N+N-Staaten, die aufgrund ihrer vergleichsweise kleinen Militärpotentiale auf diese Aktivitäten besonders angewiesen sind. Problem: Können derartige Aktivitäten bei Beteiligung von 100.000 Mann und mehr überhaupt "überprüft" werden?

- Klärung bestimmter Kriterien der Ankündigungspflicht, die in der bisherigen Praxis zu Meinungsverschiedenheiten und Protesten geführt haben. Wer muß eine Übung ggf. anzeigen, der Staat, auf dessen Territorium sie stattfindet, oder der, dessen (Stationierungs-)Truppen sie durchführen?

- Beobachtungspraxis: Verbesserung der Informationsgrundlage, d.h. vor allem Regelungen der Karten- und Briefing-Qualität; allgemeine Erlaubnis für ergänzend erforderliche Ausrüstung wie Feldstecher oder Fotoapparate;

- Inspektionsverfahren: Überarbeitung der Quotenregelung unter Berücksichtigung der Staatengruppen; möglicherweise Vereinbarung Ausrüstung (Flugzeuge, Fahrzeuge etc.) von neutralen Staaten bei Inspektionen in den Bündnisstaaten einzusetzten; Überarbeitung der bisherigen Regelungen zu den "restricted areas" und "sensitive points", die von den Inspektionen ausgenommen sind.

- Senkung der Ankündigungsschwelle auf 6.000 Mann der Beobachtungsschwelle auf 10.000 Mann beteiligter Truppen an bestimmten militärtischen Aktivitäten. (vgl. Gemeinsame Erklärung der PVAP und der SPD,

Kriterien und Maßnahmen für Vertrauenschaffende Sicherheitsstrukturen in Europa, Warschau/ Bonn, 11./12.2.1988).

Kommuniqué der Gemeinsamen Arbeitsgruppe der SPD-Bundestagsfraktion und des Zentralkomitees der SED zu sicherheitspolitischen Fragen in Europa vom 7.7.1988: Vorschlag für eine "Zone des Vertrauens und der Sicherheit in Zentraleuropa" (u.a.!):
- Auseinanderrücken der offensivfähigen militärischen Potentiale an der Berührungslinien der beiden Bündnisse;
- Herabsetzung der Ankündigungsschwelle, sowie Heraufsetzung der Ankündigungsfrist auf 60 Tage ;
- Einbeziehung "unabhängiger" Manöver von Luft- und Seestreitkräften;
- 2 Jahre Ankündigungsfrist für Manöver über 20.000 Soldaten;
- Verbot von Manövern mit mehr als 40.000 Soldaten, ebenfalls von Manöverserien und Alarmübungen;
- Einladung von Beobachtern zu allen angemeldeten Manövern;
- Errichtung permanenter -"Zentren der Vertrauensbildung",- ständige gemischte militärische Beobachtungsposten an strategisch wichtigen Punkten,-Austausch von Militärattachés zwischen allen KSZE-Staaten,- gemeinsame europäische Satellitenbeobachtung,- Einrichtung "heißer Drähte" zwischen den zentraleuropäischen Regierungen;

Neue Trends in West und Ost? - "Gedankensplitter" -

Die verbesserten internationalen Rahmenbedingungen erlauben der BRDtschl. und der NATO, ihre Manöverpraxis zu verändern und damit positive Zeichen für das Ost-West-Verhältnis zu setzen.
Die BRDtschl. ist bisher am meisten betroffen von der Anwendung der VSBM. Demographische und finanzielle Probleme sowie die schwindende öffentliche Akzeptanz militärischer Übungen befördern eine Veränderung der westdeutschen und dadurch der westlichen Übungskonzeption: kleinere Übungen, Simulationen, veränderte Szenarien.

Bonn hat auf der Herbsttagung des NATO-DPC Vorsschlag zur Halbierung der Zahl ihrer Großmanöver ab 1990 vorgelegt, (d.h. von Kategorie-I-Übungen, die schon immer ca. 35 von 50-60 Manövern jährlich n der BRDtschl ausmachten (Vgl. SZ vom 3./4.12.88: Die NATO ruft Moskau zu Taten auf);

Der westliche "Manöverkalender" für 1989 enthält bereits keine Übung mit einer Truppenbeteiligung von mehr als 75.000 Mann. Dies kann insgesamt zu einer Nivellierung der Asymmetrie in der Manöverpraxis zwischen Ost und West führen; Unterschiede in der Manövergröße der WVO und der NATO wurden bisher vor allem mit der geopolitischen Asymmetrie der Bündnissysteme begründet.

Hier besteht die Möglichkeit zu einer (einseitigen) Initiative der NATO, durch die die Sicherheitslage in Europa verbessert werden könnte, indem durch "einseitige VSBM" die Bedrohungsperzeption u. U. reduziert würde, besonders in der DDR.

. . .

Gorbatschow, Rede vor der UNO am 7.12.88, Initiative zur einseitigen Verminderung sowjetischer Truppen und Waffen in Europa. (Vgl. Dokumentation in: SZ vom 9.12.88)
Dieser Vorschlag enthält (bekannte) Elemente zur Vertrauensbildung, die Moskau in die Tat umsetzten will: Defensivorientierung durch Umstrukturierung von Streitkräften durch:

- Rückzug von Pioniergerät/-Truppen, besonders von Brückenschlag-Gerät etc.;
- Schaffung von rüstungsbegrenzten oder entmilitarisierten Zonen entlang der Grenzen zwischen Ost und West.

. . .

Die von der BRDtschl. in die NATO-Abstimmung eingebrachten Verhandlungsvorschläge für die KRK(**) bzw. die absehbaren Vorschläge, die das westliche Bündnis voraussichtlich in die KRK einbringen wird, enthalten ebenfalls VSBM-Elemente, d. h. in diesem Falle Maßnahmen, die zur denfensiven Strukturierung der Truppen in Ost und West beitragen sollen: (Vgl. u.a.Karl Feldmeyer, Vom Atlantik bis zum Ural, in: FAZ vom 23.3.88; Kommuniqué der NATO vom Dezember 1988):

- Höchstgrenzen für nationale Anteile an bestimmten Truppen- und Waffenarten;
- Höchstgrenzen für Stationierungstruppen;
- Parameter für bestimmte Panzerverteilung "Panzerdichte"(**);
- Beschränkungen der Logistik(**)

. . .

Schon das bestehende VSBM-Regime stellt eine große finanzielle und politische Belastung für viele KSZE-Staaten dar:
- Personal- und Ausrüstungsbedarf;
- Erforderliche Spezialeinheiten für die Beobachtung und Inspektion;
- Kosten für die Durchführung der VSBM auf eigenen Territorium/ Gastgeberrolle;

Einzelheiten zu bürokratischen und ökonomischen Aspekten der VSBM-Politik sind noch zu untersuchen.
Beides sind "constraints" für die subjektive Bereitschaft der Regierungen aber auch für deren objektive Fähigkeit, die VSBM-Politik weiterzuentwickeln. Bereits heute geht einigen Staaten das Stockholmer VSBM-Regime zu weit, daher möchten diese Staaten erst weitere Erfahrungen sammeln bevor es zu einer Weiterentwicklung kommt.

Das Kostenargument muß allerdings, um zu einem ausgewogenen Urteil zu kommen, den Manöverkosten gegenübergestellt werden. Ebenso sollte der Personal-/Bürokratiebedarf in Beziehung zu den Gesamtbedürfnissen der Streiträfte gesehen werden: Wenn es der Sicherheit dient, ist uns (wenn es um Rüstung geht) nichts zu teuer – das sollte auch für die VSBM- und Verifikation gelten – zumal, da es in defensive Maßnahmen angelegt ist.

. . .

VSBM sollten der Verbesserung der Sicherheitsperzeption und -lage der beteiligten Staaten dienen, sie sollten auch der "politischen Vertrauensbildung" ("symbolisch-politische" Funktion von VSBM-Politik, "Konfliktsozialisation" der militärischen und politischen Akteure etc.), der Entspannung dienen. Dennoch sollten sie nicht zum Selbstzweck stilisiert werden. Das dient ihnen genauso wenig wie der Rüstungskontroll- und Abrüstungspolitik Vielmehr könnte dies mittel- oder langfristige sicherheitspolitische Ziele gefährden, vor allem auch die Kontinuität des Prozesses sicherzustellen, in dem/ durch den VSBM verhandelt und implementiert werden.
Dies heißt z. B., daß die Melde- und Beobachtungsschwellen sinnvoll nur soweit gesenkt werden sollten, wie dies einen objektiven sicherheitspolitischen Gewinn darstellt. Die wichtige "konfliktsozialisierende" Funktion für die beteiligten Akteure ist zwar darüber hinaus denkbar, aber sicherheitspolitisch nur soweit durchschlagend, wie sie Hand in Hand geht mit veränderten/verbesserten objektiven Gegebenheiten.
Wo liegen die (Unter-/Ober-)Grenzen für zweckmäßige, d.h. sicherheitserhöhende, Höchstgrenzen, Ankündigungsschwellen, Beobachtungs- und Inspektionsschwellen und -quoten? Wann ist der sicherheitspolitische "Sättigungswert" erreicht, jenseits dessen eine weitere "Verbesserung" oder "Verschärfung" der VSBM nicht zu erhöhter Sicherheit der Staaten führt, oder sogar kontraproduktiv wird?

. . .

Heben die heute und morgen in Aussicht genommenen VSBM eigentlich auf die richtigen, d.h. die zukünftig sicherheitsrelevanten Truppen- und Waffenkategorien ab?

Das INF-Abkommen kann u.a. dahingehend gewertet werden, daß es politisch möglich wurde, d.h. innen- und außenpolitisch durchsetzbar war, weil die abzubauenden Waffensysteme nicht mehr in die strategischen Konzepte der Supermächte passen, bzw. nicht mehr als sicherheispolitisch relevant angesehen werden. Kann/muß diese pessimistische/realistische Erkenntnis auch auf die Verhandelbarkeit von VSBM übertragen werden?

. . . . .

I.P., Jan. 1989

Perspektiven für eine entmilitarisierte und zivilisationskonforme Sicherheitspolitik
von Rolf Bader

Die traditionelle Sicherheitspolitik ist zu einer reinen Militärpolitik degeneriert, die völlig aus den Fugen geraten ist. Ein Versagen dieser Sicherheitspolitik würde Millionen Menschen das Leben kosten, Gesellschaften und Kulturen zerstören und bei einer Eskalation der Zerstörungspotentiale das Leben auf der Erde auslöschen. Es kann folglich nicht mehr nur um eine Kurskorrektur gehen, sondern notwendig geworden ist die Entwicklung eines neuen, zukunftsweisenden Paradigmas der Sicherheitspolitik. Dieses Paradigma geht von folgenden Vorüberlegungen aus:

1. Die traditionelle Sicherheitspolitik ist gezwungen, Kriegsbilder zu verharmlosen, bzw. zu tabuisieren. Denn eine intensive öffentliche Auseinandersetzung über die Folgen eines Krieges würde den Menschen in Europa bewußtmachen, daß sie nicht die geringste Überlebenschance haben. Alle entscheidenden Kriterien - die geostrategische Lage, die dichte Besiedelung, die Entwicklung der Waffentechnik, die zentrale Anhäufung von Waffenpotentialen - weisen aus, daß eine realistische militärische Verteidigungsoption für die Staaten in Europa auszuschließen ist. Der populistische Begriff der sogenannten "gesicherten Verteidigungsfähigkeit" - das Fundament der heutigen Kriegsverhinderungsstrategie - ist reine Makulatur, ja ein fataler politischer Irrläufer mit möglichen katastrophalen Folgen für Europa.

2. Hochindustrialisierte Gesellschaften sind auf eine zivile Infrastruktur angewiesen, die schon im Frieden höchst verletzlich und störanfällig ist. Eine Sicherheitspolitik, die auf die Fähigkeit und Entschlossenheit zur Anwendung militärischer Gewalt baut, ist zivilisationsunverträglich. Atomare Abschreckungs- und militärische Verteidigungsstrategien sind für die Lebensfähigkeit moderner Zivilisation dysfunktional und systemwidrig. Sie potenzieren die schon bestehenden Risiken und Gefahren der Industriegesellschaften ins Unermeßliche.

3. Hochindustrialisierte Gesellschaften sind aus strukturellen Gründen militärisch nicht mehr zu verteidigen. Ein gezielter Einsatz konventioneller Waffen zerstört alle Lebensgrundlagen unserer Zivilisation. Deshalb sind Armeen kein stabilisierender Schutz-, sondern ein internationaler Krisenfaktor erster Ordnung, der unsere Zivilisation bedroht.

4. Alle alternativen militärischen Verteidigungskonzepte negieren die "strukturelle Nichtverteidigungsfähigkeit" hochindustrialisierter Gesellschaften und geben vor, unter Beachtung des Prinzips der Schadensbegrenzung eine wirkungsvolle und funktionsfähige Verteidigungsstruktur und -organisation konzeptionell entwerfen zu können. Zwischen dem Anspruch und der Wirklichkeit klafft ein tiefer Graben, den diese Konzepte nicht überwinden

können. Denn sie erfassen nicht das Kernproblem der aktuellen Sicherheitsdiskussion : die zivile Verwundbarkeit hochindustrialisierter Gesellschaften ! Es ist nicht das Ansinnen, die Bedeutung der sogenannten "defensiven" Verteidigung für das Bemühen um mehr Stabilität in Europa zu schmälern. Eine Veränderung der Verteidigungsstrukturen, die die Angriffsfähigkeit von Armeen reduzieren soll, löst aber das hier dargelegte Problem nicht. Gerade die oft zähe und langatmige Diskussion der Experten um alternative Verteidigungskonzepte hat über Jahre hinweg wichtige geistige und finanzielle Ressourcen der Friedensforschung gebunden, bzw. aufgebraucht.

5. Es ist eine wichtige Aufgabe der Friedensforschung, den Ansatz der "strukturellen Nichtverteidigungsfähigkeit" hochindustrialisierter Gesellschaften wissenschaftlich abzustützen und konzeptionell in weitreichendere Abrüstungstrategien einzubinden. Wenn es gelingt, das Bewußtsein der Regierungen und der Menschen in West und Ost auf die Nichtverteidigungsfähigkeit moderner Zivilisation zu lenken, werden dadurch mehr und mehr politische Reaktionen und konkrete friedenspolitische Konsequenzen herausgefordert. Denn die Nichtverteidigungsfähigkeit entzieht Streitkräften und Rüstungsvorhaben jegliche Legitimationsbasis.

Aus diesen Vorüberlegungen lassen sich folgende Attribute für ein neues sicherheitspolitisches Paradigma ableiten: zivilisationsverträglich, gewaltlos, lebensbewahrend und kooperativ. Allein das Kriterium der Zivilisationsverträglichkeit schließt jegliche Anwendung, auch die Bereitschaft zur Anwendung militärischer Gewalt aus: "Es ist ein konzeptioneller Widerspruch, Industriegesellschaften in einen mit militärischer Gewalt unverträglichen Zustand kommen oder sich entwickeln zu lassen, und gleichzeitig die Sicherheits(!)politik auf die Fähigkeit und Bereitschaft zum Einsatz militärischer Gewalt gründen zu lassen."1) Zivilisationsverträglichkeit bindet die Sicherheitspolitik an die Prinzipien der Friedfertigkeit und der Gewaltlosigkeit. Ein zukunftsweisendes sicherheitspolitisches Paradigma muß deshalb <u>eine konkrete und politisch umsetzbare Strategie für ein Ausstiegsszenario aus der traditionellen militärischen Sicherheitspolitik entwickeln und darüber hinaus Wege für eine fortschreitende Friedensentwicklung aufzeigen.</u>2) Ausgangslage ist dabei das Bewußtsein, daß Abrüstung grundsätzlich Sicherheitsgewinn und nicht Sicherheitsverlust bedeutet, daß Abrüstung vor allem aber der Schlüssel für ein Umsteuern finanzieller, geistiger und wissenschaftlich-technischer Ressourcen ist. Abrüstung ist die notwendige Bedingung zur Entmilitarisierung, nicht aber das alleinige politische Aufgaben- und Aktionsfeld, dem sich eine zukünftige Sicherheitspolitik zuwenden muß. Um den Wirkungsbereich dieser zukünftigen Sicherheitspolitik

abstecken zu können, ist eine Rückbesinnung auf das theoretische Grund-
Verständnis von Sicherheit notwendig.3)
Das Streben nach Sicherheit ist ein wichtiger Bestandteil unseres Lebens.
Ohne ein notwendiges Maß an Sicherheit ist ein menschenwürdiges Leben ausgeschlossen. Sicherheitsdenken und -handeln sind eine wichtige Voraussetzung für die Erhaltung menschlicher Existenz, folglich notwendig und
legitim. Denn das eigentliche Sicherheitshandeln ist von seinem Ursprung
her defensiv und auf die Befriedigung eines Schutzbedürfnisses ausgerich-
tet. Da Sicherheit objektiv die Abwesenheit von Gefahr bedeutet, fordert
menschliche Selbsterhaltung und Existenzsicherung die Abwendung und Bewältigung bestehender Gefahren. Dabei geht es in erster Linie um die Gefahren,
die die Existenz der Menschheit bedrohen. Denn diese Gefahren sind allgegenwärtig:
- die weltweite Umweltzerstörung und der grenzenlose Raubbau an der Natur.
  Die wachsende Zerstörung der Lebensgrundlagen durch den Menschen hat in
  seiner Dimension wahrscheinlich die gleichen Auswirkungen wie die eines
  globalen Nuklearkrieges;
- der bis heute unbegrenzte Rüstungswettlauf, der Kriege mit regionalem
  wie totalem Zerstörungsausmaß erst möglich macht, der lebenswichtige Ressourcen aufbraucht und der die gigantische Verschuldung der Volkswirtschaften verursacht;
- die fortschreitende Verelendung der "Dritten/Vierten Welt". Dem
  Wohlstand im Norden stehen Hunger, Krankheit und Tod ganzer Völker gegenüber. Diese Gegensätze, die die ungleiche Verteilung von Lebenschan-
  festschreiben, sind Auslöser von Spannungen und gewaltsamen Konflikten;
- die weltweite Strukturkrise der internationalen Wirtschaft. Ungleiche
  Handelsströme, wachsender Protektionismus, große Währungsschwankungen und
  hohe Arbeitslosigkeit sind unwiderlegbare Indizien der schwelenden Weltwirtschaftskrise.

Wer nach diesem Ausschnitt existenzbedrohender Gefahren Sicherheitspolitik
nur als einen Politikbereich beschreibt, der glaubwürdige Strategien zur
Kriegsverhinderung entwickelt und umsetzt, wird dem gestiegenen Anforde-
rungsprofil einer zukünftigen Sicherheitspolitik niemals entsprechen können. Die grenzüberschreitende Dimension der geschilderten Probleme fordert
ein Sicherheitsverständnis, das Gefahr als weltumspannende Existenzgefähr-
dung der Menschen begreift. Damit verliert das Sicherheitsdenken und -handeln seine
enge nationale wie sektorial bündnisorientierte Beschränktheit und gewinnt
an solidarischem und internationalem Gewicht. Einzelstaatliche oder parti-
kularistische Sicherheitsstrategien bieten bei den bestehenden Gefahren um
die Fortexistenz der Menschheit keine Lösung. Zukünftige Sicherheitsstrategien, die diesen Gefahren begegnen können, sind Überlebensstrategien.

"Sicherheit" fordert damit die Bereitschaft zur Verständigung und zur Kooperation, zum Streben nach Gewaltabbau und zur Suche nach gemeinsamen Handlungsstrategien, die über weltanschauliche Gegensätze hinweg greifen. Überwunden werden müssen nationalstaatliche Egoismen und die auf Abgrenzung und machtpolitische Konkurrenz ausgerichtete Bipolarität in Europa. Aus den beschriebenen globalen Gefahren für die Menschheit lassen sich vier tragende Aufgaben- und Aktionsfelder herausfiltern, die den Wirkungsbereich einer neuen Sicherheitspolitik abstecken:

Aufgaben- und Aktionsfelder einer neuen Sicherheitspolitik

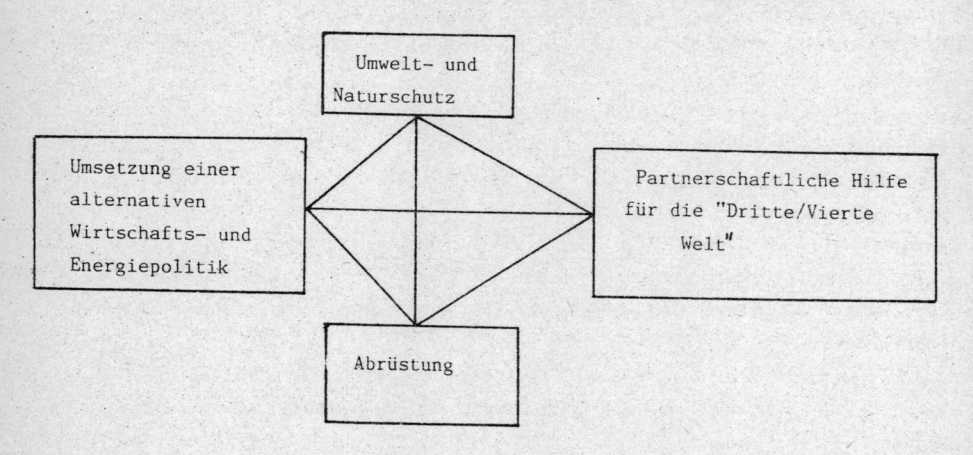

- Umwelt- und Naturschutz
- Umsetzung einer alternativen Wirtschafts- und Energiepolitik
- Partnerschaftliche Hilfe für die "Dritte/Vierte Welt"
- Abrüstung

Alle Aufgabenfelder stehen in enger Wechselbeziehung zueinander, so daß Entscheidungen in einem Feld immer auf mögliche Folgen in den anderen zu überprüfen sind. Diese sich aus dem Vernetzungsaspekt ergebende Folgeabschätzung ist eine wesentliche Voraussetzung für die Funktionsfähigkeit und Tauglichkeit des vorgestellten sicherheitspolitischen Paradigmas. Alle vier Aufgabenfelder sind gleichwertig, da sie in ihrer Bedeutung und Tragweite für das sicherheitspolitische Handeln gleichgewichtig sind. Aus dieser Argumentation leitet sich notwendig die Forderung ab, in den Aufgabenfeldern annähernd gleiche Investitionsleistungen einzubringen. Gegen dieses Gleichgewichtsprinzip wird in West und Ost gleichermaßen verstoßen, denn für die Aufrechterhaltung der sogenannten "gesicherten Verteidigungsfähigkeit" wird um ein Vielfaches mehr ausgegeben als für Umwelt- und Naturschutz oder für die Entwicklungshilfe in der "Dritten/Vierten Welt". Das so definierte Gleichgewichtsprinzip konzentriert alle weiteren Überlegungen auf den Bereich der Abrüstung, denn nur über einschneidende Reduzierungen der Militär- und Rüstungsausgaben lassen sich die dringend notwendigen Investitionen in den anderen Aufgabenfeldern der neuen Sicherheitspolitik realisieren. Ein Ausstiegsszenario aus der militärischen Sicherheitspolitik muß deshalb neben notwendigen waffenspezifischen Reduzierungen vor allem direkt bei den Militär- und Rüstungsausgaben ansetzen. Denn ein Einfrieren oder sogar Senken dieser Ausgaben setzt unmittelbar sowohl finanzielle wie wissenschaftlich-technische Ressourcen frei, die in den anderen Aufgabenfeldern gebraucht werden.

Allein ein Einfrieren der Militärausgaben auf den Stand von 1987 4) würde in der Bundesrepublik innerhalb weniger Jahre dreistellige Milliardenbeträge freisetzen, die zur Bewältigung der innerstaatlichen und internationalen sozialen und ökologischen Probleme eingesetzt werden könnten. Damit verbunden wären erhebliche Einsparungen in der Rüstungsforschung, die der eigentliche Motor immer neuer waffentechnischer Rüstungsschübe und neuer "Verteidigungstrategien" ist. Darüber hinaus bedeutet ein Einfrieren den Verzicht auf Großwaffentechnologie, erhebliche Reduzierung der Waffenpotentiale, Verkleinerung der Streitkräfte und Verzicht auf weitere Modernisierungsmaßnahmen. Mit dem Einfrieren würde ein Abrüstungsprozeß eingeleitet, der ein echtes Umdenken und wirksames Umsteuern in der Sicherheitspolitik bewirken würde. "Jede Mark, die in dieser hochgerüsteten Zeit nicht mehr in die Rüstung fehlinvestiert wird, ist nicht nur eine Mark mehr für soziale, ökologische, kulturelle und produktive Bereiche, sondern gleichzeitig ein solider Baustein für innerstaatliche Demokratie und internationale Zukunft". 5) Die UNO-Studie "Abrüstung und Entwicklung 1987" stellt fest, daß eine Kürzung der weltweiten Rüstungsausgaben um weniger als 1% ausreichen würde, den Staaten mit Hungersnot eine eigenständige Versorgung mit Nahrungsmitteln zu garantieren.

Um diese friedenspolitische Forderung zu realisieren, muß die Politik der Abschreckung durch eine Politik der vertrauensbildenden Zusammenarbeit ersetzt werden. Nur dann haben wir die Chance, die globalen Gefahren für die Menschheit zu bewältigen. Denn gerade die Bewältigung dieser Aufgaben fordert wegen der unterschiedlichen Gesellschaftssysteme die Betonung der Gemeinsamkeiten und der Zusammengehörigkeit aller Völker heraus. Internationale Zusammenarbeit ist die Voraussetzung und der Schlüssel zur Lösung der globalen und innerstaatlichen Gefahren, die den Fortbestand der Menschheit bedrohen. Zusammenarbeit ist die Arbeit an den gemeinsamen Interessen, die die Völker trotz unterschiedlicher Weltanschauungen verbinden. Den bedrohlichen Rüstungswettlauf zu stoppen und die freiwerdenden finanziellen, geistigen und wissenschaftlich-technischen Ressourcen umzusteuern, eröffnen uns neue Perspektiven für eine politische Kultur des Friedens. Denn Frieden ist kein Zustand, sondern ein Weg zu einem Zusammenleben der Völker in Solidarität, Freiheit und Gerechtigkeit. Friede ist ein Weg für ein politisches Denken und Handeln, das eine Welt ohne Militarismus und Waffen anstrebt. Friede fordert nicht eine konfliktfreie Welt, sondern die Bereitschaft zu Toleranz, zum Dialog und zur Auseinandersetzung mit unterschiedlichen Meinungen und Weltanschauungen. Friede geht von der Fähigkeit des Menschen aus, Konflikte ohne Einsatz von Gewalt bewältigen zu können und zu wollen. Friede bedeutet eine Politik ohne Nötigung, Erpressung und Abschreckung, eine Politik der konstruktiven Zusammenarbeit der Völker, um unseren Kindern und Kindeskindern eine Zukunft offenzuhalten.

Allerdings brauchen wir den Mut und die Überzeugung der Menschen dazu, gemeinsam in West und Ost für ein neues politisches Bewußtsein und für eine zivilisationsverträgliche, friedliche, lebensbewahrende und kooperative Sicherheitspolitik einzutreten. Um dieses Bewußtsein zu entwickeln, ist Aufklärungsarbeit notwendig. Die Menschen müssen erkennen, daß der Soldat seine Beschützerfunktion nicht mehr wahrnehmen kann, daß jede militärische Verteidigung Vernichtung für uns bedeuten würde. Erst dann wird militärischen Institutionen die Legitimation für ihre Existenz entzogen. Den Menschen muß deutlich werden, welche ungeheure Geldverschwendung und welcher Mißbrauch der Steuergelder durch den militärischen "Verteidigungsapparat" getrieben werden. Erst dann ist der Weg bereitet für eine politische Kultur des Friedens, die Sicherheitspolitik zukünftig als eine grenzüberschreitende, gemeinsame Aufgabe zum Schutz und zur Erhaltung der Erde versteht.

Anmerkungen:

1) Gerhard Knies: Friedfertigkeit durch zivile Verwundbarkeit, in: S+F 2/88, Seite 82;
2) Vgl. Rolf Bader, Michael Kortländer: IPF-Friedenskonzept, München 1988
3) Vgl. Rolf Bader: Konzeptionelle Überlegungen für eine neue, zukunftweisende Sicherheitspolitik, aus: Blickpunkt Sicherheitspolitik 2/3 87.
4) Diese Aktion wurde 1987 vom Institut für Psychologie und Friedensforschung e.V., München, gestartet. Diese Aktion wird inzwischen bundesweit von vielen Organisationen unterstützt und u.a. von folgenden Persönlichkeiten als Erstunterzeichner mitgetragen: Prof. Dr. Rainer Albertz, Dr. Till Bastian, Prof. Dr. Herbert Begemann, Prof. Dr. Karl Bonhoeffer, Prof. Dr. Hans-Peter Dürr, Prof. Dr. Frederic Vester, Prof. Dr. Armin Weiß.
5) Michael Kortländer, Rolf Bader, Birgit Ertl: Einfrieren der militärischen Ausgaben, IPF-Reihe Berichte und Dokumentationen Nr.5, München 1987

DIE ROLLE
GESELLSCHAFTLICHER KRÄFTE

Jan Faber / Mary Kaldor

For: Experten Kolloquim
3 - 5 February 1989
Loccum
Evangelische Akademie

CIVIL SOCIETY

or

an essential instrument to overcome Europe's division

In the second half of the seventies memories of World War II began to revive with an unexpected intensity. During the Fifties and the Sixties, West European culture was obsessed with economic progress, the welfare state and the efforts to break down old fashioned and confining traditions. In the Seventies, public debate suddenly focused on the residues of the war. The problems of the 'second generation' became visible, the psychological sufferings of men and women whose parents went through traumatic periods as members of resistance movements against the Nazi's, or as collaborators, or as victims who died in or survived the concentration camps. In the Netherlands, the well respected political leader of the Christian-Democratic party, who had served for almost two decades in political functions, was forced to resign because he had 'used' the uniform of the 'Germaanse SS' to get away from Germany, where he was employed by the Nazi's in the Forties. In an unprecedented 'television trial' he was accused of high treason. The search for people with a dubious war reputation was intensified and reopened during these years. In West Germany the younger generation began to ask their parents and family: 'what did you do in the war?' The time had come to take responsibility for that cruel but obviously hidden part of our recent history, how ever painful.

This was also the period when the new peace movement emerged and came to the forefront of public arena. The nuclear bomb was no abstraction for those of us engaged in peace activity; it was the reality of Hiroshima and Nagasaki. The stories of the victims

were widely read. One of the goals of the peace movement was to
free ourselves from the artificial realities of the previous
decades and to rediscover the truth. Since the middle of the
Sixties nuclear security had been dehumanized, converted into an
abstract system where the values of 'good' and 'evil' were
defined identically. Nuclear weapons were considered evil, but on
the other hand, nuclear deterrence was almost seen as God's gift.
The Orwellian notion that 'war is peace' had become an accepted
assumption of policy. A strategy of credible nuclear deterrence,
in which nuclear weapons were supposed to be effectively used at
each stage during a future war, was developed. Military think
tanks were active day and night in constructing more refined
nuclear strategies. In effect, in central Europe an imaginary war
between NATO and WTO was organized, in order to preserve peace!

That imaginary war was constructed out of the dominant experience
of the victors of World War II. It was a way of perpetuating that
experience - permanently reproducing a sense of solidarity in the
face of totalitarianism (or agressive imperialism). The outcry of
the peace movement was fundamentally directed against this kind
of Orwellian thinking. Peace in their conception was essentially
different from (even) imaginary war. The peace movement was
heavily criticized by the security elite. It was undermining
NATO's nuclear fortress. It represented a kind of pre-nuclear
thinking; nuclear deterrence was the concept of modern times.

To appease public concern the Orwellian thinkers tried to adjust
their nuclear vocabulary. Instead of peace = mutual assured
destruction (MAD) it was better to speak of mutual assured self-
constraint (MAS) or even mutual assured survival (also MAS). The
notion of common security was introduced, but the basic assumption remained 'the nuclear age'. At the height of the campaign
against the deployment of a new generation of medium range
missiles in Europe, the security elite went so far in its attempt
to calm the public, as to reintroduce the vision of nuclear
disarmament. This was at the end of 1981 after almost 20 years!
The USA proposed a 'zero-option' on land based medium ranged
nuclear missiles, although almost no one expected nor even hoped
that a zero-outcome would be realized in negotiations with the

USSR.

In March 1983, Reagan took it upon himself to present his vision of a world where nuclear weapons would have become 'impotent and obsolete'. The West European security elite was utterly shocked when at a summit meeting in Reykjavik in October 1986, the president together with Comrade Gorbachev even tried to trade away almost all nuclear weapons. Security as science fiction had to be saved! After the zero-option became a reality, with the INF agreement of 7 December 1987, the security debate in NATO was thrown into total disarray. To make matters worse, Gorbachev also announced in December 1988 unilateral and vigorous disarmament steps, thereby depriving the West of an enemy. The imaginary war needs two players! But at the moment the Soviets seem to be hardly interested in pursuing the game. Nuclear weapons are revealed again, as the evil they were in the Forties and Fifties when nuclear strategy was not disguised in an Orwellian philosophy. However, this does not mean that it will be easier to get rid of them now. Now the argument goes, particularly in Britain and France, that even without a real enemy, nuclear weapons have to be accepted as a necessary evil, because in the future it might be possible that we have to fight another imaginary war.

Orwell's novel 'Nighteen Eighty-Four' had an even more profound impact on intellectual thinking in Central and Eastern Europe. Unlike the West, where Orwellian thinking primarily only captured security policy, in the other half of Europe all of politics was penetrated by it. The essence of the totalitarian system was the supremacy of ideology as the institutionalized lie. Resistance to the established Orwellian notion of ' the lie' was therefore a point of departure for the reconstitution of independent political thinking in the East. Systematic destruction of the historical memory and the manipulation of all information by the regimes, were undermining the very idea of truth. Under the 'regime of oblivion' any attempt to preserve one's memory, one's freedom to think, was an act of self defence in the face of total disintegration, as well as an assertion of human dignity. According to Simecka. 'Nowhere in the world does history have such importance as in Eastern Europe'.

After a period of misunderstanding, parts of the Western peace movement and parts of the Eastern independent groups and dissidents, recognized their common denominator: living in truth, as Havel put it. Moreover they discovered an area of common political activity. That area was detente politics.

The invasion in 1968 by Warsaw Pact military forces into Czechoslovakia was characterized by some West European politicians (Debré, for instance), as 'an accident on the road to detente'. Indeed East and West had just started a process of normalizing their relations. The terror of Stalinism was replaced by a kind of totalitarianism that seemed open to further reforms, sooner or later to the benefit of the people. In fact detente policy, as practised since the second half of the Sixties had its background in a western perception of post-Stalinism as a period of gradual but ongoing reform. Even '1968' could not really disturb that conviction.' Wandel durch Annäherung', defined as a concept by Egon Bahr, presupposed that normalization on a state level of the relations between Eastern and Western countries, in the long run would lead to domestic change in Eastern Europe too. But the West should be restrained about trying to influence these internal changes from outside, because that could spoil the whole policy of detente-from-above. Although the Breznev doctrine was openly stated and totalitarianism - albeit more and more in a 'mild' form where one was not required to believe 'the lie', but only to accept life with it and within it, in order to confirm the system - was paralysing and frustrating the Central-Eastern societies in Europe, the progressive left wing parties and governments in the West behaved in a way as if it was just a matter of time before the party-state <u>itself</u> would introduce fundamental 'perestroika' and democracy in their countries. The 'benefit of the doubt' was given to the state and to some extent denied to the civil society. Indirectly and sometimes even directly patience and readiness to wait for concessions from the State were advocated as the best behaviour to achieve a better future. 'I remember how all those disarmament talks in the Seventies' writes Simecka '...looked very dubious dealing to us, like a party at the expense of the East European countries,

something we paid for in the shape of imprisonment, decline or stagnation'.
It took a good deal of time and many intensive personal discussions with dissidents and independent groups in the East, before part of the western peace movement, though emotionally and politically more affiliated with the left than with the right, became aware of the fact that this concept of detente was inadequate and even humiliating for many people in East Europe. Detente-from-above or state-detente which is not parallelled and inspired by detente-from-below or civil-detente, but on the contrary tries to restrict the latter, may indeed contribute temporarily to the stabilization of East-West relations, just as imaginary war is supposed to do. But in the end, this form of detente is contradictory. For till a certain extent it does open up the possibility for all kinds of domestic change and yet it is willing to tolerate oppression for the sake of preserving detente. Sooner or later, the combination of detente plus oppression is unacceptable, of course in particular for the oppressed.

The concepts of 'the imaginary war' and of 'state-detente' have been the main characteristics of East-West relations over the past two decades. They may well have contributed to a certain stability between East and West. And since stability is considered desirably, it looks as if the present reassesments about security-policy within NATO will conclude that for the foreseeable future there is no alternative than to stick to defence and detente. Of course it remains necessary to remove disturbing elements, like the land-based medium range missiles. In the field of conventional forces it is not a bad idea to reduce offensive capabilities; the USSR has already announced a first unilateral step in that direction. By doing so, the 'defense and detente' policy will be further refined. This policy is nevertheless shortsighted. For it does not deal with the real issues of today. It presupposes a continued division of Europe: politics as usual in each system.
The classic policy of 'defense and detente' has to be superseded by a more comprehensive policy which aims at integrating the <u>people</u> of Europe. Especially during the Eighties and despite all

the political crises and the growing stagnation in Eastern-Europe, it has become clear that Europe's people have something in common, due to their common history and their cultural 'identity in diversity', and neither confrontation nor normalization of East-West relations can separate them from one another. It is clear that in the West, there is a growing interest in an idea of Europe that is more than just a market for consumption goods or a mountain of butter - a Europe that is not created in the American image. And in the East, there is a yearning to become, once again, part of Europe - a feeling that the creation of Europe as Western Europe has robbed those in East-Central Europe of their rightful cultural heritage, the 'kidnapped West' as Milan Kundera describes it. Politicians have to deal with this fact of life! They have to work for the removal of all kinds of barriers still existing between the people, even where for some states some of these barriers may have a stabilizing effect. The military postures which emphasize the partition of Europe have to be converted into 'normal' military postures, that are not focussed on a particular 'enemy' any longer. (And nuclear weapons have to be eliminated, simply because of their total immoral character). In the economic field, the Eastern countries have to introduce a market economy with a convertible currency, in order to make economic interdependency really possible. Western countries have to lower their trade barriers, such as quota systems. Human and civil rights must be respected. Travel facilities have to grow, in particular by abolishing visa-regimes, and so on and so forth.

In the late 1970s, some East European thinkers, especially in Poland rediscovered the concept of civil society. What writers like Michnik or Kuron meant by civil society was not exactly the concept of Hegel; it was much closer to de Tocqueville. But it arose out of the particular circumstances of that time. Certain similar ideas emerged independently within the peace movement at around the same time although it was only later that we learned from our East European friends to give these ideas the rubric of 'civil Society'. The basic idea was that political social or economic change, evolution to use Michnik's term, comes about not merely as a result of changes in state policy but through the

interaction between state and society, or more precisely civil
society, through a series of compromises between state and civil
society. Civil society is not a society of atomised privatised
consumers (in the West) nor powerless individualised victims (as
the East). Rather it is made up of organized autonomous institutions capable of negotiating with governments - trades unions,
churches, peace movements, etc - and indeed with other institutions in society even without the intervention of government. It
follows, therefore, that there is an important realm of non-party
political activity - the construction of civil society. Peace
activities in the early 1980s often insisted that our goal was
not to capture power but to get rid of missiles. In the past,
radical governments were unable to implement their programmes
because of the political situation they faced when in power. Our
task was to change the situation so that even conservative
governments would find it necessary to meet our demands.

Today, our taks is to create an all - European civil society: a
network of (independent) organisations embracing all of European
society. Economic prosperity, ecological equilibrium, peace and
security, cultural development, knowledge and education,
recreation and celebration, they all must become interrelated
activities again. Above all, our 'dusty' but common values have
to be revealed and brought into debate. Solidarity, social
justice, peace, freedom, human dignity, the integrity of
creation, etc. What kind of meaning do they have in our divided
Europe of today? Have they indeed been overwhelmed by trends of
privatism, nuclearism, totalitarianism, economic modernism and
ecological barbarism? What are we going to do with them in view
of tomorrow, in a more united Europe?

One of the creative ideas from Charta '77 is to establish a so-
called <u>Helsinki Citizens Assembly for Peace and Democracy</u>,
parallel to the official CSCE (Conference on Security and
Cooperation in Europe). It would be a kind of institutionalizati-
on of a European civil society. At the Citizens Assembly, civil
society could demonstrate the process of networking. A list of
proposals and demands to the CSCE could be formulated. European
problems could be directly adressed and even sometimes solved

without government action. The unification of Europe must become a people's process, a detente-from-below!

The daily bulletin 'Europe', which covers the developments of the EEC presents a realistic view of the dominant trends (in thinking) in Western Europe. Of course, central in the (W.)European debate is '1992'. At the end of that year the single (W-) European market has to be established; all kinds of now existing internal frontiers will then be removed. The development towards one open market is accompanied by a discussion over a whole range of other subjects, all dealing with the EEC's unification process in a broader sense. 'What I am about to say appears to be so obvious to me, that I am almost ashamed of saying it; nevertheless, it is clear that people must receive a better treatment than goods'. So spoke Felippe Gonzalez in December '88, when Spain was formally appointed to become the next chair of two main EEC-institutions, the European Council of Ministers and the European Political Cooperation. Freedom of movement within the EEC is one of the four freedoms guaranteed by the Single Act. But when will the physical removal of internal human frontiers take place? The answer is unknown - in particular because Mrs Thatcher dislikes the idea - but there is at least consensus on one point: freedom of movement inside the EEC should be coupled with reinforced checks at the community's external frontiers. So it looks as if, in particular, the barriers between the people of East and West will be raised, parallel to the lowering of human barriers inside the EEC.

Another heavily disputed point concerns the so-called social face of a single European market. Hardly any progress has been made in this field so far due to ideological differences. There is a struggle going on in the EEC countries between 'social-democracy' and 'liberal-democracy'. The typical West European post-war view of the state as a social guarator - to protect the 'powerless' -, is losing ground in a battle with an American concept of liberal-democracy where the state's role in social affairs is only marginal, compared to private initiatives ('the thousands candles of light', G. Bush). Privatism is getting a grip on West Europe too. And as is the emergence of an underclass

of jobless people living in poor circumstances. Social justice
needs more than private solidarity. If Western Europe moves in
the direction of liberal democracy, it is difficult to be
optimistic about East-West relations. The social and economic
circumstances in Eastern Europe are worsening. Eastern Europe
needs Western solidarity. But, moreover, social justice, social
and economic rights as well as individual rights, need to be
guaranted by inter-state agreements, as is the case in the
Helsinki Final Act.

A survey in all EEC countries carried out in October and November
'88 showed that 72% of the population are in favour of a
collective organisation of our defenses. However, only 59%
responded positively to another question: do you want a single
common foreign policy for relationships with countries outside
the European Community? This lower figure most probably is
related to the fact that 'only' 53% of the (W.)European citizens
are in favour of a (W.) European government. It surely will take
a long time before the EEC is able to act with one voice in
foreign policy. But these figures do show that there is a
substantial preparedness to back up NATO with a collective
organisation of European defenses. A European pillar inside NATO
or a European army (H. Kohl), eventually emerging out of the
common German-French brigade, is something EEC Europe seems to
like. But the consequences for East-West relations seem to be
totally overlooked. Will it really help to convert the present
military posture? Or will it reinforce NATO's forward defense?

The dominant trends in East and West are diverging.
The East is disintegrating. Individual countries are tending to
follow their own way to....what? To socialism with a human face?
To capitalism in the framework of an authoritarian regime? To
social-democracy with a multiparty system? To a less mild form of
totalitarianism? Much is in the air, but the outcome is uncertain. National and minority problems are disrupting societies.
Many especially young, people plan to leave their country and
settle in the West. Apathy and negativism go hand in hand with
perestroika, glasnost, new élan and hope. Societies are humanized, civil initiatives are flourishing, pluralism is on everybo-

dy's lips, but a real sharing of power cannot be arranged overnight. It seems that many people are losing patience.

The West is integrating. The single market will bring about a uniformity of economies. The European pillar for Western security must have a defence industrial foundation within the European Community, according to the French Minister of Defense, Jean-Pierre Chevénement. Economic protectionism, in particular in the military field has to strengthen fortress Europe. Western Europe is in a process of 'nation-building' and needs to distinguish itself from the outside world. It needs perhaps an imaginary war. Solidarity with the East and the South is a beautiful ideal, but nowadays far from reality. Moreover privatism is atomizing social life in the Community. And this is closely linked to conservatism.

Civil society in Europe seems first and foremost a jungle of groups mainly concerned with their own particular interests. Can it really play a role in an all-European healing process? Generally speaking the answer is no! But who else can? Moreover, civil society is not only a jungle of egocentric and self-interest groups. There are also many institutions that are basically inspired by values and ideals. Maybe, they can function as a vanguard in the healing process. And they share, after all, the roots and ruins of European history - a history that can not be suppressed indefinitely. It may be that coming to terms with a different memory of World War II - the war of the victims and not the victors, an experience of guilt and suffering, loss and upheaval, resistance and collaboration, destruction and survival - it may be that this can help us to construct a different Europe.

January 1989
Mient Jan Faber - The Hague - Netherlands
Mary Kaldor - Brighton - United Kingdom

The civilisation of the East-West conflict

- some remarks by Wim Bartels (international secretary of IKV, The Netherlands).

1) The cold war is over. The question however is, how to end it! That is to say; without risking falling back again - like happened in the past - in the old patterns of confrontation, or without triggering off new dividing lines of confrontation and animosity in Europe or elsewhere.

2) The bitter experiences of the seventies in thin respect can learn us, that we should to that end relate more than in the past the three areas of the Helsinki-agreements, which are, the security-and disarmament measures, the economic and cultural interdepence and the human rights and - contacts, to each other. And we should give them *all* concrete content. That means: Not playing off human rights against security, or leaving out working on security by means which create trust instead of fear. The old Harmel doctrine on "defense and detente" has to be re-elaborated in post-Helsinki terms; it's validity depends namely completely upon the type of detente and defense you want to establish and relate.

3) "Demobilisation" and "demilitarisation" both of East-West relations and of our own society, should become the keywords of the security-debate and -negotiations in the post cold war - area of the nineties. Zero-options, a process of withdrawal of foreign troops and bases, disengagement and a radical shift away from forward based defense concepts are to this end more useful approaches than "stability talks" the keeping intact of the flexible responce, or "modernisation and updating"-measures. Both multilateral and unilateral initiatives are needed: we need a process of reciprocal steps towards demilitarisation.

4) Sir Michael Howard, chairman of the Institute of Strategic Studies in the U.K., recently wrote in the Economist about "unholy alliances" that started to exist between Mr. Gorbatsjov and the Western peace movements at one side, and the Western governments and the Soviet apparatus at the other. Although peace movements relate themselves rather to the variety of informal groups for peace and democracy in eastern Europe, they indeed observe strange configurations of interests between some political, military and economic groups in East and West. New Patterns of coordination arise, either in an effort to stick to the "good old cold war" attitudes, institutions and processes, or, if these things are unsustainable because of the economic, technological and ideological changes, in an effort to link maximum free-trade- and production-areas in our societies, both in east and West, to politically and socially authoritarian rules and segments in our societies. Look at the new type of capitalist development around the Pacific, at the societies in the U.S.A. and a majority of Western European countries where according to the "Thatcher model" economic growth and rights merely benefit only a 2/3 majority of the population and look at the public appraisal of such models by some official leaders in Eastern Europe! It is quite possible that the limits of such converging East-West economic and political systems will be ultimately more restricting to processes of emancipation and democratisation than the remnants of authoritarianisms of Easteuropean socialisms or Third World more traditional types of dictatorships.

5) Under these changing circumstances, in particular in the East-West relations, there is a need to make a new type of detente. A detente which is under permanent control and discussion, as it should be thoroughly based upon active civil societies, both in East and West.
These societies should prevent that the "detente from above" (agreed upon by the governments) could again melt away in a new period of confrontation on issues of the armsrace, regional conflicts, espionage or the like. These civil societies also should build bridges of understanding and contact, explain to eachother under what conditions economic

cooperation is useful or not useful and work out common agenda's with which their governments can be confronted.

6) In East Europe the civil societies have these days to liberate themselves from the monopolies of power, control and truth by the party and the state. And they do so with enormous vitality and energy. In the West our civil societies, guaranteed by our constitutions, are endangered however by developments of extreme privatisation and commercialisation of our electoral and democratic processes.
Mutual support and questioning by Eastern and Western civil societies will not only strengthen their own democratic values but also renew and strengthen the detente East-West.

7) Also in the field of economic cooperation East-West, an active involvement of civil society like authentic trade unions, representation of local workers and authorities, should become a main characteristic of common economic projects, fit to stimulate the processes of perestroika and glasnost, rather than the old structures and systems.

8) Not all interdependences are interdependences for the good, as the earlier remarks already indicated. This is also true in the area of civil societies. The efforts to establish a "Helsinki-Citizens' Assembly for peace and democracy" for politically independent organisations in East and West, must be seen as a contribution to establish an undivided Europe, which will have more qualities in the areas of peace, social justice and human rights, and will have a better relationship to the Third World and its problems. The participating groups should therefore formulate a common basis for their work, expressing these values and aims. Such values can be taken from texts like the memorandum of the East-West Network, already signed by many individual citizens from East and West. In order to fulfill also its functions in relation to the political decisionmaking and the policy-makers, it would be good if such an assembly would conquer itself a (NGO-)status in the CSCE-process.

9) The World Council of Churches has started in a world-wide "Conciliair Process" a reflection- and actionprogram on problems of Peace, Justice and the Integrity of Creation.
In May of this year the European Churches (both Protestant and Catholic) will meet in this context in Basel (Switserland). A series of grassroots meetings of Christians from East and West in Budapest, Warsaw, Paris and Prague has taken place in the meantime, which were organised by Christians active in peacework. They tried to formulate where and how on a day to day level, Christians can start to work together for an undivided Europe, as a contribution to peace, justice and the integrity of creation. Their texts should be seen as covenants, pledges to work together on common values, themes and points. Central themes in their written declarations are the need for a demilitarisation of the political relations and societies, the establishment of active civil societies and the implementation of human, political and social rights. These points were made as concrete as possible. Up till now, the Churches as such did not act with a special responsibility in this field, often trying first of all to guarantee their own life as sanctuaries, places to celebrate rites and liturgy. The Churches are however also main parts of the civil societies, with the task to play an active role in overcoming the East-West confrontation, the militarisation of political and human relations and the implementation of basic human rights.
How to Europeanise a Europe, which is bigger than a powerful and more unified Western Europe and which does not become eurocentric in relation to the Third World? This should become a unifying agenda for a church-related peace movement from below in East and West.

Wim Bartels

GLOBALE PERSPEKTIVEN

W. Bruce Weinrod hat an dem Kolloquium nicht teilgenommen. Sein ursprünglich für eine andere Veranstaltung ausgearbeitetes Papier hat er als Arbeitsmaterial für das Kolloquium zur Verfügung gestellt. Da Lothar Brock sich in seinem Papier darauf bezieht, ist es in diese Dokumentation aufgenommen worden.

SOVIET "NEW THINKING"

AND

U.S. FOREIGN POLICY

PRESENTED BY

W. BRUCE WEINROD, DIRECTOR OF FOREIGN POLICY AND DEFENSE STUDIES
THE HERITAGE FOUNDATION

TO

Conference on Regional Conflicts
Sponsored by Chulalongkorn University,
Information & Resource Center and
the University of Miami

Singapore

August 4-7, 1988

Overview

The Soviet Union under General Secretary Mikhail Gorbachev is a fascinating place. It is particularly so because of the stark contrast between Brezhnevian torpor and the sometimes frenetic energy unleashed recently.

But energy and motion are not necessarily synonymous with real change. In some cases, they can take the place of change. Current Soviet developments may result in a more positive Soviet international role but this hope must not lead us beyond what is actually happening. Thus, it is necessary to take a close and realistic look at the U.S.S.R. under Gorbachev.

Before entering into a discussion of the specifics of Soviet foreign policy and the U.S. response, let me lay out the basic framework for my analysis:

o   the Soviet Union since 1917, owing to a combination of traditional Russian expansionism and an overlay of

---

*A revised version of this paper will be included in a book to be published of the conference proceedings.

Communist ideology, has posed a threat to democracy and freedom

o Soviet expansionism has manifested itself in many ways but one of the most significant - particularly in recent years - has been to seek influence in the developing world by the use of indirect aggression. As Soviet specialist Bruce Porter has noted:

> By advancing incrementally and by carefully choosing the places and times of its development in the Third World conflicts, the Soviet Union has substantially increased its latitude of action in the world. The cumulative effect has been an evolutionary erosion of the postwar international order, a gradual change in the nature of the game itself.[1]

o Moscow does not necessarily directly cause all of the problems which lead to turmoil in the developing world; they mostly have indigenous roots. However, the Soviet Union on occasion seeks to take advantage of internal popular dissatisfaction in developing nations resulting from domestic problems to expand its influence; Moscow has been known to directly, or through

---

[1] Bruce Porter, *The U.S.S.R. in Third World Conflicts*, (Cambridge: Cambridge University Press, 1984).

proxies, provide material support for revolutionary forces which identify with Marxism-Leninism

o the fragility of institutions in many developing nations can make it possible for Moscow and its proxies to shift a delicate internal balance of forces by a relatively small degree of outside involvement

o as long as the U.S.S.R. asserts a right to provide military assistance - directly and through proxies - to assist Communist revolutionaries seeking to gain or consolidate power in developing nations, the U.S. and its allies have the right, both under international law and as a matter of realpolitik, to respond defensively in a proportional manner

o there is probably a relationship between the domestic and international dimensions of Soviet policy in the sense that fundamental and long-lasting domestic changes in the direction of an open society would most likely lead to a less expansionist Soviet foreign policy

o a variety of factors have led to new, interesting, and potentially important developments in the U.S.S.R. These include: 1) the economic and social stagnation caused by a collectivist economy and one party rule; 2) consistent and tough policies by the U.S. and its allies which ended easy Soviet access to Western credit and technology, and which, by supporting anti-Soviet insurgencies in the Third World, substantially increased the costs to Moscow of its overseas empire; and 3) the accession to power of a new generation of Soviet leaders who concluded that something different had to be tried to deal with the U.S.S.R.'s problems.

o   it is still a time for caution and watchful waiting with respect to Soviet policies. Domestic changes are not yet structural or irreversible, Soviet rhetoric concerning its foreign and defense policies has changed and there has been a shift of position in several areas - such as on-site inspection of arms control agreements, for example. But, in the past, Soviet foreign policy has gone through cycles of expansionism and pause; and while Moscow is more willing than before to talk about some contentious issues, such as regional conflicts, it has as yet done very little to actually change those policies which have contributed significantly to the commencement or continuation of these conflicts.

o   the U.S. and its friends must continue to be vigilant. Whatever positive developments are occurring in Kremlin policy are due at least in part to a sustained policy of active response to Soviet expansionism. The worst thing the U.S. could do at this point would be to remove those pressures. Such a course of action would allow Soviet rulers to avoid making painful and difficult choices between its overseas ambitions and domestic reform. The U.S. should also continue to engage the Soviets in discussion to probe for fundamental change, and should be ready to respond positively if and when there occurs genuine and long-lasting changes in Soviet international behaviour.

Determinants of Change

Let us now examine in more detail three important issues: the nature and meaning of current Soviet domestic developments; the extent and significance of changes in Soviet international behavior, particularly in the developing world; and appropriate policy responses by the U.S. and its allies to Soviet policies.

There are three possible basic explanations for current domestic developments in the U.S.S.R. - all of them plausible given what we now know. Possibility One: Gorbachev is a genuine reformer. He has decided in his own mind that he wants to make the Soviet Union into a modern industrial power and he realizes that to do this will require structural changes in the Soviet system. **Possibility Two**: Gorbachev basically believes in the traditional Soviet system but has concluded that it needs some carefully managed and controlled shaking up to invigorate it, along with a modest loosening of controls - at least temporarily - in order to provide incentives for economic development. **Possibility Three**: Gorbachev does not have a master plan guiding his actions, but rather is pragmatically trying different approaches- some of them inconsistent with each other - hoping he will eventually press the right combination of buttons leading to economic development.

Regardless of which of the above three explanations is closer to the truth, Gorbachev's policies - whatever their intent - could unleash an internal dynamic of mass unrest and nationalism which gets out of control of the authorities and leads to unintended consequences.

It should also be noted that domestic change *per se* may not necessarily lead to less bellicose Soviet international policies. One need only recall that at the same time Khrushchev was engineering a domestic "thaw" in the late 1950s and early 1960s, he was also engaged in international saber-rattling, proclamation of Soviet support for wars of national liberation, and initiating the 1961 Berlin Crisis and the 1962 placement of Soviet missiles in Cuba.

Five other important points should be made briefly concerning Soviet domestic developments:

First, the changes which have thus far occurred, while significant, are limited in key respects. They are not at this point structural, firmly entrenched or widespread at the regional and local level;

Second, there are many forces in Soviet society either currently or potentially in opposition to fundamental change including the KGB, sectors of the military, regional and local officials, the nomenklatura and the party bureaucracy.

Third, if Gorbachev's changes do not go far enough, there is a real possibility he could encounter the worst of both worlds - a Soviet society in which reactionary forces have been aroused and workers dislocated but in which the economy is actually worse off than before because the changes made were not fundamental enough.

Fourth, there have been apparent Soviet reforms and openings before - Lenin's New Economic Policy (N.E.P.) and Khrushchev's "thaw" for example - which were heralded by many in the West as the beginning of a new Soviet era. But they turned out to be merely phases of an essentially constant system.

Fifth, nothing that Gorbachev has done thus far indicates he is willing to tackle the fundamental causes of Soviet problems - such as the Communist party monopoly control of the political, economic and socio-cultural realms. A free flow of people, goods and ideas is essential to a modern society and economy, but that would end Communist party domination. Whether Gorbachev will try to move - or can succeed in moving - in this direction is an open question.

Soviet domestic developments have been analyzed in some detail for two important reasons - first, it is more likely than not that there is some connection between Soviet domestic and foreign policy; more importantly, a genuinely more open Soviet system would probably be less expansionist.

Secondly, the appearance of domestic change has led some observers to conclude that _ipso facto_ this means Soviet international behavior is also changing to the extent that the U.S. and its allies can safely shift their policies. This would, however, be a mistake.

Soviet Policy: "New Thinking" versus New Behavior

Despite all of the above-mentioned constraints on fundamental Soviet change, it is still essential to examine current Soviet international policies and behavior. It is possible, though unlikely, that such behavior could change even if the Soviet domestic system remains essentially unchanged.

There has indeed been a change in Soviet rhetoric about its international policies. Ideology and strident language have been downplayed. Reasonable-sounding speeches are given and policy initiatives are offered at international conferences. Soviet spokesmen seem to have taken charm school lessons, and phrases such as "new thinking" and "defensive sufficiency" are presented as evidence of Soviet policy changes. In addition, some recent Communist Party personnel changes have elevated theorists identified with a shift toward working with established governments rather than radical insurgencies and factions.

There is also some evidence in Soviet academic writings - dating back to the pre-Gorbachev period and in more recent official statements - indicating a critical rethinking of Soviet overseas commitments. The Rand Corporation's Francis Fukuyama has identified three themes in these Soviet pronouncements:

- The pressure of economic constraints on Soviet foreign policy and the need to focus upon the Soviet Union's own economic development.

- An awareness of the damaging effect of past Soviet Third World activities on U.S.-Soviet relations, and the fact that increased superpower tension (particularly since the Reagan Administration took office) inhibits Moscow's ability to support progressive forces in the Third World.

- A critique of the Marxist-Leninist vanguard party approach as the best way to secure long-term Soviet influence in the Third World.

It is by no means clear that this new rhetoric signals any fundamental change in Soviet objectives in the Third World or in the tactics used to achieve them. As with Soviet domestic policy, there is more than one plausible explanation for the new Soviet rhetoric. It could, of course, indicate genuine changes in the Soviet approach to international politics. But it could also be a calculated attempt to use the language and terminology of the West to give the appearance of change without the reality.

There is, indeed, an impressive new flexibility to

Soviet tactics. There has also been a willingness to shift positions on specific issues. After flatly rejecting arms control on-site inspection for decades, Moscow accepted it in the INF Treaty. The Soviets have also begun a troop withdrawal from Afghanistan - although they have not necessarily abandoned the hope of Soviet domination - and have been seemingly more cooperative in encouraging regional conflict negotiations concerning Angola and Cambodia.

But even at the level of policy rhetoric, some very important things have not yet changed in Soviet foreign policy. First, there has been no repudiation of the Soviet obligation to protect the gains of "socialism". When questioned directly on this point in July 1988 while in Poland, Gorbachev eschewed the opportunity to go on record flatly rejecting Soviet military intervention to block movement away from Communism, but said he would respond later in writing. Second, Soviet official spokesmen have refused, when pressed, to say that Moscow no longer believes it has the right to provide military and proxy support to pro-Communist third world insurgencies or regimes.

It is also well to remember that ideas and rhetoric are more easily manipulatable in a closed society such as the U.S.S.R. than in the West. In such a society, it is possible for an outward display of rhetorical flexibility towards the

West to coexist with tight controls on the actual conduct of policy by those who control the levers of power. In a closed society based upon ideology, ideas are often viewed as weapons in the struggle against the designated enemy.

Soviet Policy in the Developing World

Many others in this volume will present their views on actual Soviet behavior in the developing world. I will, therefore, confine myself to a few observations.

The most significant Soviet development in Third World behaviour is, of course, the Soviet troop withdrawal from Afghanistan. This, however, is only the beginning of the test of Soviet intentions. It remains to be seen whether Moscow will withdraw all of its forces and allow a genuinely independent and neutral government with indigenous political and cultural institutions to develop. It is by no means clear yet whether the Soviets will seek to dominate Afghanistan - or at least encourage disorder - even if they pull out their uniformed military forces. Indeed, the death of Pakistani leader Mohammed Zia ul-Haq in an August 1988 plane crash could have resulted from sabotage according to Pakistani investigators.

In any event, Afghanistan was a blatant case of open

cross-border aggression. Soviet expansionism in the Third World has usually been carried out in a more subtle manner-through what has variously been termed "indirect", "undeclared" or "covert" aggression. Such expansionism, as practiced by Moscow, has included:

o   sponsorship and support of guerrilla warfare, insurgencies and other forms of "low-intensity" conflict aimed at overthrowing governments;

o   aid to terrorist groups in Western Europe, the Middle East, Latin America, and elsewhere, in the form of arms, training, and the provision of false documents and sanctuary;

o   support of violent coups to install more pliable regimes; in particular, the use of "vanguard parties" modelled on Leninist precedents to establish and consolidate Communist rule;

o   support for acts of assassination and political intimidation against foreign leaders and high-profile defectors and dissidents;

Soviet expansionism also has involved the use of "proxy forces". As Alvaro Taboado noted in his paper in this volume: "Political as well as military contests can be carried on (by Moscow) through surrogates in Third World countries without risking a major war". While regimes such as Cuba, East Germany, Bulgaria, and Czechoslovakia, which are a part of this Soviet international "socialist division of labor" may at times be seeking to advance their interests more than Moscow's, the practical effect has been to help the Soviets extend their control of movements or regimes in the Third World.²

In a recent volume, Dr. Dennis Bark of the Hoover Institution concluded that:

> The conduct of political-paramilitary war by the Soviet Union, acting in concert with its partners, appears to be constrained mainly by the fluctuating appearance of opportunities for these orchestrated operations...It is also true that the Soviet Union does not take advantage of every opportunity that presents itself. But the Soviet government does stand committed by its very constitution to the so-called wars of national liberation, and Soviet theorists have developed a doctrine of "proletarian internationalism" to justify external intervention in support of "progressive forces" all over the world...³

Unfortunately, there is little evidence thus far of any

---

²As Professor Jiri Valenta has pointed out, regimes such East Germany should properly be conceptualized as "junior partners" whereas a Cuba is more of a proxy.

³Dennis L. Bark, ed., The Red Orchestra: Instruments of Soviet Policy in Latin America and the Caribbean (Stanford, CA: Hoover Institute Press, Stanford University, 1986).

fundamental changes in either Soviet indirect aggression or the use of proxy forces. While negotiations appear to be moving ahead, there are currently more Cuban troops in Angola than ever and three major Soviet-backed offensives against UNITA have taken place since Gorbachev took power. Soviet military aid, and the involvement of Soviet bloc military forces in Nicaragua, is also unchanged; and Moscow continues to pour military aid into Vietnam. There are recent credible reports of Soviet indirect aid to Communist forces in the Philippines and Chile. As the Democratic majority on the House Armed Services Committee concluded in a September 13, 1988 report, "Soviet assistance to client states has not appreciably changed under Gorbachev and its willingness to resolve through negotiation several regional conflicts has yet to be demonstrated."

It is true that there has been no new example of Soviet indirect aggression since 1981. But this was true before Gorbachev was in power and thus the absence of new expansionism can plausibly be attributed as much to tough U.S. policies and the weak Soviet economy as to Gorbachev's "new thinking".

Moscow has recently seemed to move away from an emphasis upon close ties to radical movements, "vanguard parties", and Communist rhetoric in the Third World towards a more conventional diplomacy in which it seeks normal state to state relations with capitalist-oriented developing nations such as Argentina and Brazil. But two important questions arise: First, is this shift permanent or merely a temporary tactical move? As Francis Fukuyama of the Rand Corporation has noted, Soviet foreign policy has oscillated a number of times between periods of active expansion and periods of consolidation or retrenchment; and between periods of militant fraternal relations with Communist partners and more conventional diplomacy. Based on this history, observers are entitled to skepticism and to ask whether this new Soviet approach is merely another phase rather than a genuine change.

Second, it is also by no means clear whether this Kremlin approach is an either/or proposition. Moscow has in the past utilized a two-track approach by which it maintains normal relations with a given government while simultaneously undermining it through support for radical forces in that nation. Because Moscow often utilizes proxy forces in such a situation, it becomes difficult to determine whether the Kremlin has in fact abandoned its old two track approach.

Even more significantly, Soviet professions of an intent to limit expansionism in the Third World have subsequently been flagrantly ignored by Moscow. In the early 1970's, for example, many observers hailed "codes of conduct" agreed to by President Nixon and General Secretary Brezhnev which were supposed to restrict military involvement in the Third World. But the period subsequent to that signing in the mid-to-late 1970s witnessed one of the greatest bursts of Soviet expansionism since 1917 - all of it in the Third World.

Further, while ideology is probably less important to current Soviet rulers than to earlier ones, it is still worth noting that communist doctrine specifically takes into account the possibility of, or even necessity for, temporary pauses or "peredyshka" in Soviet efforts to expand the sphere of communist domination.

Another key question is how Moscow perceives what have been termed by Rand's Charles Wolf as "the costs of empire". A 1986 Rand study concluded that the U.S.S.R. averaged $37 billion a year (primarily hard currency costs) from 1980-83 in supporting its overseas empire which amounted to around 5.4 per cent of Soviet GNP for those years. It is as yet unclear whether the Kremlin is concluding that these costs must be diminished and that the advantages of maintaining their current empire are not worth the costs involved. While some official rhetoric suggests this may be happening, Soviet actions thus far do not validate this thesis.

It may also be true that Moscow is finding it increasingly difficult to choose between the advantages of encouraging radical forces and those of building bridges to moderate governments among the emerging middle-range powers of the world. However, as noted earlier, there have also been previous periods in which Moscow has conducted a two-tier policy encapsulating normal relations with a government while at the same time either directly or indirectly working with radical factions seeking to undermine the very same government. It remains to be seen where the Soviets will end up on this important question.

The Western Policy Response

The US and its allies should respond to Gorbachev's "new thinking" with a sophisticated multi-dimensional and multi-level approach. The outlines of such an approach should include:

o   the encouragement of long-lasting structural changes in the Soviet domestic system leading to an open, pluralistic society. Such a society is morally preferable but it is also less likely to be inherently expansionist. Changes made thus far in the Soviet system could be reversed with ruthless totalitarian efficiency (although not without real cost to the Soviet body politic).

o restraint on transferring militarily significant technologies to the Soviet bloc and on subsidized economic assistance. Significantly increased economic interaction, including the use of "untied" loans, should be conditioned upon long-lasting structural changes in key Soviet domestic and international policies. Paradoxically, premature economic policy liberalization by the West could hinder the process of Soviet change since it could make it easier for Kremlin leaders to avoid reaching difficult decisions to reallocate resources from its military and its overseas empire to economic development. Specifically, as U.S. Senator Bill Bradley (D-New Jersey) has suggested:

> The West... should treat its capital as a strategic asset and develop a plan and set of conditions for its flow Eastward... the flow of Western capital should be limited and proportionate with the degree of systematic reform... If we make reform a vigorous criterion for lending, we then encourage General Secretary Gorbachev to push ahead on his present course. Without Western capital and technology, the Soviets can increase domestic investment only by decreasing military spending. I question the wisdom -- and the morality -- of helping the Soviets avoid the choice between civilian investment and military buildups.[4]

---

[4] U.S. Senator Bill Bradley, *The New York Times*, October 15, 1987.

o   maintaining U.S. support, where appropriate conditions exist, for anti-Soviet insurgencies against Soviet Union/Cuban-backed Third World regimes. This can be a geopolitically legitimate response to Soviet indirect aggression and also serves to raise the cost to Moscow of its overseas empire. Criteria for U.S. support include the nature, size and potential effectiveness of the insurgent groups, as well as the nature of U.S. security interests. U.S. support can range from moral, diplomatic and economic to the supplying of military aid. Wherever possible - as today in Nicaragua and Angola - the U.S. should support democratically-oriented forces. But in all cases, a government open to the influences of the U.S. and its friends will inevitably be more open to democratic change and respect for human rights than will a Soviet/Cuban supported Communist regime.

o   openly working with democratic forces and factions within non-democratic regimes of the left and right to help them develop the infrastructures for democracy. The U.S. should also, under appropriate circumstances, help pressure these regimes to become more democratic. Different types of pressure may be required for Marxist-Leninist regimes than for traditional authoritarian regimes because of the structural differences between a Leninist power structure and that of traditional authoritarian regimes. Because of the relatively open nature of authoritarian regimes, and their orientation towards the Western world, their transformation into democratic systems by relatively peaceful means is a realistic possibility. Regimes based upon idealogy and tightly controlled, as are most Marxist-Leninist regimes, are much less likely to be subject to such peaceful transitions.

o   keeping in mind that indigenous causes are at work in all situations where the East-West dimension exists. The U.S. should be careful to tailor its policies to the specific historical circumstances and local dynamics of the nation in question rather than imposing some abstract model on all such situations. Strong local forces such as nationalism and a Western cultural orientation may in some cases make Soviet success problematical.

o   a readiness to meet any sign of genuine Soviet policy change in the Third World with a willingness to negotiate and find creative ways to reduce the Soviet overseas empire.

The U.S. long-term objective, and it may be very long-term, should be the establishment of a world order based upon the rule of law and peaceful competition between nations. There is no getting around the reality that this will require a Soviet Union in which communism no longer has its original operational content. As U.S. ambassador Max Kampleman has put it:

> No regime can be permitted to propagate its faith with the sword. A Soviet Union which desires to enter the 21st century as a respected and secure member of the international community must reject its old faith that the "irreconcilability" of our two systems means the "inevitability" of war and must repudiate violence as the instrument to achieve its vision of a new society.[5]

There are indeed signs of a rethinking of ideology in the U.S.S.R. Perhaps we are on the verge of changes of truly historical significance. But for U.S. policy to change significantly, there must be new Soviet behavior as well as new thinking. The cautionary factors discussed earlier provide more than reasonable grounds for caution, but they do not call for rigidity. U.S. policy must be imaginative and flexible, and it must be ready to seize any opportunities which present themselves to encourage genuine and long-lasting change in its U.S.-Soviet relationship. While the

---

[5] Speech to Conference on International Peace sponsored by the U.S. Institute of Peace, at Airlie House, Airlie, VA, June 21, 1988.

principal determinants of Soviet developments are within the USSR, the US and other nations can have an important influence at the margins.

Thus, the U.S. and its friends should work for a future in which Third World nations can determine their own destiny and in which the U.S.-Soviet rivalry is played out through peaceful political, economic, and cultural competition.

Lothar Brock

Zur Zivilisierung des Umgangs mit der Dritten Welt

Beitrag zum Experten-Kolloquium "Die Zivilisierung des Konflikts.
Auf der Suche nach einem Konzept für die zukünftige Gestaltung
des Ost-West-Verhältnisses"

Loccum 3.-5. Februar 1989

J.W. Goethe-Universität
Fachbereich Gesellschaftswissenschaften
Senckenberganlage 15

6000 Frankfurt am Main 1

I.

In der bisherigen Entwicklung der Ost-West-Beziehungen spielt der Nord-Süd-Konflikt eine der Entspannung abträgliche Rolle. Zwar wurden in der ersten Phase der Entspannungspolitik Absprachen zwischen den Supermächten über ihr Verhalten in der Dritten Welt getroffen. Diesen Absprachen lag aber kein Versuch zugrunde, sich über die Substanz der Probleme von Entwicklung und Unterentwicklung und die jeweiligen Interessen gegenüber der Dritten Welt zu verständigen. So trugen denn auch das verstärkte Engagement der Sowjetunion in Afrika (Angola, Mozambique) und die Intervention in Afghanistan auf dem Hintergrund des Scheiterns der Amerikaner in Vietnam, des anti-amerikanischen Umsturzes im Iran sowie zunehmender gesellschaftlicher Auseinandersetzungen in Zentralamerika und der Karibik ganz erheblich zu erneuten Spannungsverschärfung zwischen den USA und der Sowjetunion, wenn nicht zwischen Ost und West, bei.

Als integraler Bestandteil der Wiederannäherung zwischen Ost und West ist es inzwischen zu einer begrenzten Kooperation der Weltmächte auch gegenüber Regionalkonflikten in der Dritten Welt gekommen (Golfkrieg, Afghanistan, Angola). Kann dies als Anzeichen für eine wachsende Bereitschaft zur Ost-West-Verständigung über die Strukturprobleme der Entwicklungsländer und insofern für eine Einbeziehung der Dritten Welt in die Entspannung gewertet werden?

Noch ist offen, welche Lehren die Weltmächte und ihre Verbündeten aus den bisherigen Erfahrungen im Umgang mit den Problemen der Entwicklungsländer für die Definition und Durchsetzung ihrer eigenen Interessen gegenüber der Dritten Welt ziehen werden. Vor allem in den USA ist nach wie vor die Ansicht weit verbreitet, die sowjetische Bereitschaft zu partieller Kooperation in Drittweltkonflikten oder zum Rückzug sei das Produkt westlicher militärischer Druckausübung. Dementsprechend wird für eine Fortsetzung solcher Druckausübung, ja für die Verfeinerung der angewandten Mittel und Taktiken plädiert. (Discriminate Deterrence; Beitrag von W. Bruce Weinrod zu diesem Experten-Kolloquium)

Hier wird demgegenüber die These vertreten, daß eine weitere Aufwertung militärischer Machtmittel im Kontext der Nord-Süd-Politik konstruktive Lernprozesse im Umgang mit den Problemen der Dritten Welt blockiert und das Konfliktpotential im Ost-West-Verhältnis erhöht. Diese These sei kurz erläutert.

Die Politik der militärischen Druckausübung und Intervention ist nicht nur mit dem Geist der Charta der Vereinten Nationen unvereinbar und mit hohen Kosten für alle Beteiligten verbunden, sie ist auch ideologieverdächtig und unrealistisch. Es ist in höchstem Maße ideologieverdächtig, wenn man für sich selbst das Recht auf Intervention in Anspruch nimmt mit der Begründung, daß das Interventionsverbot des Völkerrechts durch einseitige direkte und indirekte militärische Eingriffe durchgesetzt werden müsse. (Beitrag von W. Bruce Weinrod zu diesem Kolloquium) Solche einseitigen Eingriffe sind auch durch Artikel 51 der UN-Charta nicht abgedeckt, es sei denn, man wollte die politische Entwicklung in jedem beliebigen Land der Dritten Welt zum Sicherheitsrisiko für die Weltmächte erheben, dem sie mit militärischen Verteidigungsmaßnahmen begegnen dürften.

Die Fähigkeit der Weltmächte, in die politische Entwicklung von Ländern und Regionen der Dritten Welt kontrollierend einzugreifen und sich verläßliche Allianz-Partner in der Dritten Welt (für die Auseinandersetzung mit dem jeweiligen Systemgegner) zu schaffen, sind begrenzt. Ein Höchstmaß an wirtschaftlicher und militärischer Unterstützung hat die Sowjetunion ebenso wenig befähigt, Ägypten dauerhaft an sich zu binden, wie die USA, den Iran als regionale Ordnungsmacht aufzubauen. In beiden Fällen war es nicht militärischer Gegendruck der anderen Seite, der zum Zusammenbruch der Beziehungen führte, bestimmend war vielmehr die innen- und außenpolitische Interessenlage der betroffenen Entwicklungsländer.

II.

Die Alternative zur weiteren Militarisierung der Nord-Süd-Beziehungen im Kontext des Ost-West-Konflikts besteht darin, Möglichkeiten einer Ost-West-Verständigung über die Probleme der Dritten Welt auszuloten und auszubauen. Dabei besteht folgende Ausgangssituation:

Die Strukturprobleme der Entwicklungsländer werden in Ost und West unterschiedlich interpretiert. In den westlichen Industrieländern herrscht nach wie vor die Tendenz vor, die endogenen Entwicklungshemmnisse zu betonen, wobei es Aufgabe der Entwicklungspolitik sein soll, diese abzubauen. Den sozialistischen Ländern wird in diesem Zusammenhang vorgeworfen, bisher wenig Vergleichbares in dieser Richtung geleistet und stattdessen immer wieder versucht zu haben, die politischen und sozialen Verhältnisse in der Dritten Welt für ihre Zwecke auszunutzen. Aus der Sicht der sozialistischen Länder ist es das Elend in den Ländern Asiens, Afrikas und Lateinamerikas bisher vor allem als Folge von Kolonialismus und postkolonialem Imperialismus thematisiert worden. Überwindung von Unter- und Fehlentwicklung bedeutete aus dieser Sicht in erster Linie Kampf gegen die Ausbeutung der Länder Asiens, Afrikas und Lateinamerikas durch die westlichen Industrieländer. Solidarität im anti-imperialistischen Kampf wurde dabei als integraler Bestandteil der Gesamtpolitik, d.h. also auch der universellen Auseinandersetzung zwischen Kapitalismus und Sozialismus betrachtet. Hier zeichnet sich in neuerer Zeit aber eine Änderung der sowjetischen Haltung ab: Ungeachtet der kolonialen Wurzeln heutiger Strukturprobleme der Dritten Welt wird die Notwendigkeit anerkannt, daß auch die sozialistischen Länder Verantwortung für die Lösung dieser Strukturprobleme übernehmen. Folgerichtig ist die Sowjetunion im Sommer 1987 dem Integrierten Rohstoffabkommen beigetreten. Dies bedeutet zwar für die Sache selbst, die Position der Entwicklungsländer im Welthandel, wenig, signalisiert aber die Bereitschaft der Sowjetunion, die Forderung der Entwicklungsländer nach einer Neuordnung der Weltwirtschaft auch als Forderung gegenüber den sozialistischen Industrieländern zu verstehen.

Die unterschiedlichen ja gegensätzlichen ordnungs- und gesellschaftspolitischen Leitbilder in Ost und West sind kein unüberwindliches Hindernis für eine Verständigung über Prioritäten und Verhaltensregeln im Umgang mit Problemen der Dritten Welt. Armut und Elend in der Dritten Welt dürfen nicht länger Objekt weltpolitischer Auseinandersetzungen zwischen Ost und West sein. Sie müssen als Probleme an sich anerkannt werden. Dem steht der ordnungspolitische Gegensatz zwischen Sozialismus und Kapitalismus nicht entgegen.

III.

Die Forderung, Armut und Elend nicht länger als Objekt weltpolitischer Auseinandersetzungen sondern als Probleme an sich zu sehen, ist einer der wesentlichen Inhalte der Blockfreien Bewegung. Ost und West haben immer wieder versucht, die Blockfreien Bewegung für sich zu vereinnahmen. Damit ist nichts gewonnen worden, wohl aber immer wieder die Chance verspielt worden, der Bewegung der Blockfreien eine wirkliche Mitgestaltung der internationalen Beziehungen zu ermöglichen. Es wäre im einzelnen zu prüfen, wie weit gerade dadurch die Militarisierung der Politik in der Dritten Welt gefördert worden ist. Ein Ergebnis dieser Militarisierung besteht darin, daß die Entwicklungsländer heute selbst den Industrieländern als militärisch handlungsfähige Subjekte entgegentreten. Diese Tendenz wird sich in den kommenden Jahren zweifellos verstärken. Das wiederum könnte im Gegenzug das Interesse in Ost und West an einer Verständigung über die Konflikte in der Dritten Welt und deren Beilegung stärken. Die gegenwärtigen Verständigungsansätze über regionale Konflikte in der Dritten Welt wären demnach nicht das Ergebnis einer Kräfte- und Interessenkonstellation, die sich sehr schnell wieder ändern und der alten Konfrontationspolitik Raum geben könnte. Vielmehr wären sie Vorboten einer globalen Veränderung der Kräfteverhältnisse mit irreversiblen Folgen für die Politik von Ost und West gegenüber der Dritten Welt.

Hierfür sprächen folgende Faktoren:

1. Die Globalisierung der Rüstung bringt es mit sich, daß der bestimmende Einfluß der Industrieländer auf die Rüstungsdynamik tendenziell eingeschränkt wird und die eigenständigen Produktionskapazitäten der Entwicklungsländer für Rüstung zunehmen. Zwar dürfte die technologische Abhängigkeit der Rüstungsproduktion in den Entwicklungsländern von Forschung und Entwicklung in den Industrieländern für lange Zeit fortbestehen. Diese technologische Abhängigkeit ist aber nicht gleichbedeutend mit politischer Fremdbestimmung.

2. Ein Merkmal der globalen militärischen Entwicklung ist die transnationale Kommunikation zwischen den Militärapparaten. Das bedeutet jedoch nicht, daß die Militärapparate der Entwicklungsländer in zunehmendem Maße von den Industrieländern instrumentalisiert werden könnten. Tendenziell ist eher das Gegenteil der Fall. Noch viel schwieriger ist es, die politische Rolle der Militärapparate in einzelnen Entwicklungsländern von außen bestimmen zu wollen. Diese Erfahrung haben die Carter- und die Reagan-Administration im Umgang mit den Militärregimen in Südamerika und auf den Philippinen machen müssen.

3. Der Differenzierungsprozeß in der Dritten Welt ist in den siebziger Jahren häufig als Ausdifferenzierung des weltweiten Herrschaftssystems (Zentren, Subzentren, Peripherien) beschrieben worden. Diese Sichtweise des Differenzierungsprozesses unter den Entwicklungsländern wurde durch die Nixon-Doktrin begünstigt, die als Reaktion auf die amerikanischen Erfahrungen im Vietnam-Krieg eine Einschränkung des militärischen Eigenengagements der USA in der Dritten Welt forderte und dafür eintrat, die Ordnungsaufgaben die die USA sich selbst gestellt hatten, auf regionale Schwerpunktländer zu übertragen. Dieser Versuch ist jedoch gründlich fehlgeschlagen wie das Beispiel Iran besonders eindrucksvoll demonstriert. Heute kann man feststellen, daß der Differenzierungsprozeß der Dritten Welt sich eben nicht in funktionaler Zuordnung zu den bestehenden globalen Herrschafts- und Abhängigkeitsverhältnissen vollzieht. Mexiko, Venezuela, Brasilien und Argentinien oder auch Algerien, Indien und Südkorea

sind nicht (mehr) in erster Linie "Subzentren", die für die
Industrieländer Herrschaftsfunktionen in der Dritten Welt ausüben.
Sie sind Staaten, die ihre eigenen Interessen sowohl gegenüber den
Industrie als auch gegenüber den anderen Entwicklungsländern
vertreten. Dabei spielen sie auch eine Vermittlungsrolle zwischen
Metropolen und Peripherie; sie sind aber durch diese Rolle nicht
definiert. Der Differenzierungsprozeß in der Dritten Welt
impliziert also nicht nur eine Verfeinerung bestehender
Herrschafts- und Abhängigkeitsverhältnisse, sondern auch deren
teilweise Auflösung.

Aus der Einsicht in diese Sachverhalte bzw. aus entsprechender,
schmerzlicher Erfahrung könnte bei den Weltmächten ein auf
mittlere Sicht durchaus tragfähiges Interesse entstehen, Ansätze
zur Koordination ihres Verhaltens gegenüber der Dritten Welt auf
eine festere Basis zu stellen, als sie dies Anfang der siebziger
Jahre zu tun bereit oder in der Lage waren.

Lennart S O U C H O N

POLYZENTRISCHE MACHTRIVALITÄTEN UND INTERDEPENDENZEN UND DEREN AUSWIRKUNGEN AUF DAS VERHÄLTNIS ZWISCHEN WEST UND OST

"There is a tide in the affairs of men, which, taken at the flood, leads on to fortune: ... on such a sea we are now afloat, and we must take the current when it serves, or lose our ventures."
(Shakespeare)

I.

Der die Weltpolitik seit dem Ende des II. Weltkrieges prägende West-Ost-Gegensatz tritt in den Hintergrund. Die antagonistischen Akteure der nördlichen Hemisphäre lockern auch unter der Last überdehnter finanzieller Ressourcen ihre diametrale Ausrichtung. Möglichkeiten der Rüstungskontrolle und Kooperation zwischen den Blöcken bieten sich und nehmen Gestalt an.
Gleichzeitig, von der Weltöffentlichkeit nur am Rande wahrgenommen, vollziehen sich gravierende Veränderungen im globalen Maßstab, die zu einem Polyzentrismus führen werden, d.h. zu einem System mit vielen Machtzentren.

Da das Machtstreben nach A. Adler der Grundantrieb menschlichen Handelns ist, entwickeln sich neue Rivalitäten und Interdependenzen. Diese verlangen von allen Akteuren ein hohes Maß an analytischen und konzeptionellen Fähigkeiten. Eine lineare Extrapolation bisheriger Politik kann in dieser bedeutenden Phase der Weltpolitik keinesfalls genügen.

II.

Eine <u>Vielzahl globaler Veränderungen</u> vollzieht sich in politischen, militärischen, ökonomischen, technologischen und demographischen Bereichen. Einige ausgewählte Beispiele:

- militärische und politische Veränderungen:
  Die Anzahl der nuklearen Gefechtsköpfe erhöht sich 1988/89 bei den USA auf 14.637 und bei der UdSSR auf 11.694 (The Military Balance 1988 - 89).

...

Eine Zunahme an Nuklearwaffen übersetzt sich jedoch nicht mehr in ein
Anwachsen politischer Optionen. Die ungefähre Parität beider Seiten
hat sogar zu einem Machtverlust geführt, weil nukleare Waffen als Faktoren politischer Gleichungssysteme unwirksam geworden sind. M. Gorbatschow folgert in seiner Rede vor den Vereinten Nationen (07.12.1988):
"Die UdSSR und die USA haben die größten Raketen und Kernwaffenarsenale geschaffen. Und gerade sie vermochten es, indem sie ihre Verantwortung substantiell erkannt hatten, erste zu werden, die das Abkommen
über die Reduzierung und Verschrottung eines Teiles ihrer Rüstungen
abgeschlossen hatten, die sowohl ihnen selbst als auch allen anderen
drohten."

Im Schatten der Bipolarität entstehen Mächte wie z.B. Japan, China
und Indien, die auf der Weltbühne bedeutende Rollen übernehmen werden.
Japan gibt bereits heute nach den Supermächten das meiste Geld für die
Verteidigung aus. 127 Entwicklungsländer zeichnen für ein Drittel der
jährlichen Rüstungsausgaben (der Welt) verantwortlich.

- technologische Entwicklungen:
Nach wie vor bilden Faszination und Dynamik bei den strukturellen
Innovationen, die von den drei Schlüsseltechnologien, der Informationstechnik, der Biotechnologie sowie der Materialkunde ausgehen, und durch
immer neue Anwendungen und Kombinationen weitere Sektoren einbeziehen,
den weltweiten Mittelpunkt innovatorischer Anstrengungen.
Neue Computer- und Telekommunikationen schaffen das, was Marshall
Meluhan in den 60er Jahren "das globale Dorf" genannt hat.
Neue Technologien führen auch zu "intelligenten" Waffen! Völlig überraschend entsteht in dieser Hinsicht ein korrelatives Gefahrenpotential:
Die neuen Waffen verbreiten sich auch in der III. Welt.

Gleichzeitig offenbart die Konferenz über chemische Waffen in Paris
(Jan. 88), daß gegenwärtig 16 und bald 22 Staaten C-Waffen besitzen und
zumindest für die arabischen Staaten keine chemische Abrüstung ohne Nuklearwaffen-Abbau denkbar ist (ZEIT Nr. 3/89).
Die Kombination chemischer Waffen mit ballistischen Boden-Boden-Raketen,
z.B. der chinesischen CSS-2 mit mehr als 1.500 Meilen Reichweite,
schafft ein bisher nicht gekanntes Zerstörungspotential in der III. Welt.

...

- demographische Trends:
Die Bevölkerungsexplosion setzt sich fort. Für das Jahr 2.000 wird mit einer Gesamtbevölkerung von 6,2 Mrd Menschen gerechnet, von denen 80 % in der III. Welt leben. ökonomische, ökologische, soziokulturelle Bedingungen bestimmen den Teufelskreis zur Armut. Interessenkonflikte, Machtvakuen und autoritäre Staatenstrukturen verursachen zwischenstaatliche Gewalteinsätze.

III.

Das Gewicht und die Eigendynamik der globalen Veränderungen lassen den Schluß zu, daß wir an der Schwelle zu einer neuen Phase der Weltpolitik stehen. Drei Risiken gilt es dabei aus Sicht der westlichen Demokratien besonders zu beachten:

1. Die Verhandlungen über Rüstungskontrolle und Abrüstung zur Reduzierung der Waffenarsenale und Streitkräfte mit dem Ziel, die Sicherheit und die Chancen einer international vereinbarten Friedensordnung zu erhöhen, müssen mit hohem Engagement fortgeführt werden. Es muß jedoch in einer erfolgversprechenden Phase des Abbaues der Nukleararsenale und der neuen Verhandlungen über konventionelle Rüstungen das **Risiko der Produktion und des Einsatzes chemischer Waffen mit ballistischen Raketen** in der III. Welt im Auge behalten werden. Die internationale Konferenz gegen den Einsatz chemischer Waffen in Paris ist ein wichtiger Schritt zu einem umfassenden, wirksam verifizierbaren und weltweiten Verbot chemischer Waffen.

2. Fortschritte zum Beilegen regionaler Konflikte müssen erzielt werden. Die wachsende Weltbevölkerung, das Entstehen neuer Weltmächte und die ökonomischen Entwicklungen enthalten vor dem Hintergrund der Armut und der ökologischen Gegebenheiten das **Risiko des Anwachsens der Anzahl und Intensität gewaltsam ausgetragener Konflikte**. Es müssen Verfahren entwickelt werden, Konflikte einzuhegen. Hier treffen sich östliche und westliche Interessen auf einem hohen abstrakten Niveau.

...

3. Eine wichtige Bedeutung hierzu ist in der Antwort auf die globalen ökonomischen Herausforderungen enthalten. Das **Risiko für westliche Industrienationen**, von den lebenswichtigen Handelsplätzen der Welt und von **kritischen Rohstoffen** abgeschnitten zu werden, steht neben dem **Risiko der III. Welt, in Armut und Schulden** zu versinken. Beides muß in einer Neuordnung der Weltwirtschaft auf einen Nenner gebracht und zu einer gemeinsamen Lösung geführt werden.

IV.

Zur Lösung dieser Risiken ist es notwendig, daß sich West und Ost darauf verständigen, die in einer Phase der Rüstungskontrolle zusätzlich gewonnene Handlungsfreiheit in politischer und ökonomischer Hinsicht hierzu einzusetzen. Ein "Wettkampf der Systeme" in der III. Welt wäre zweifelsohne ein fataler Irrweg und würde den Sinn der o.g. Worte Shakespeares zutiefst mißverstehen. Vielmehr ist **zusammen mit den Ländern der III. Welt eine sicherheitspolitische Vorgehensweise zu suchen, die der Transitionsphase von der bipolaren Welt zum Polyzentrismus stabile, d.h. friedliche Rahmenbedingungen garantiert.**

VERSUCH
EINER
SYSTEMATISCHEN ZUSAMMENFASSUNG

Dieter Senghaas

Die Zivilisierung des Ost-West-Konfliktes

Der Ost-West-Konflikt wurde in der Vergangenheit durch vier Dimensionen gekennzeichnet: eine ordnungspolitische, eine sicherheitspolitische, eine außenwirtschaftliche und eine humanitäre Dimension. Alle vier prägen ihn, wenngleich mit unterschiedlichem Gewicht, auch heute noch. Soll es in diesem Konflikt zu mehr als einer wiederum nur zeitweiligen Entspannung kommen, so wäre die gegebene., potentiell immer noch gewaltträchtige Konfliktstruktur zu überwinden. Entstehen müßte eine Beziehungsstruktur, in der es eine vielfältige Kooperation gäbe und in der es zur Selbstverständlichkeit würde, daß Konflikte friedlich geregelt werden. Einen solchen Übergang von den derzeitigen Konfliktbeziehungen zu neuen Austragungsformen des Konfliktes in einer neuen Beziehungsstruktur könnte man als "Prozeß der Zivilisierung" des Ost-West-Konfliktes bezeichnen. An die Stelle einer im wesentlichen in Machtprojektionen begründeten Politik wechselseitiger Abschreckung, in der es nur begrenzt zu Kooperation kommt, würde dann eine Politik interaktiver oder kooperativer Friedensgestaltung auf breiter Grundlage treten. In ihr entsprächen den vier Dimensionen des Konfliktes vier Ansatzpunkte für seine Zivilisierung.

1. Die ordnungspolitische Dimension (Zivilisierung I)

Die erste Dimension des Konfliktes ist in ordnungspolitischen und ideologischen Positionsdifferenzen zu sehen. Begründet sind diese, idealtypisch formuliert, in dem Unterschied zwischen demokratischem Rechtsstaat und der Diktatur des Proletariats sowie zwischen Marktwirtschaft und Planwirtschaft.

Angesichts der sich seit vielen Jahren auflockernden Fronten des Kalten Krieges erscheint eine solche Aussage als überspitzt, weil sie möglicherweise die Trennlinie zwischen Ost und West schärfer kennzeichnet, als sie es tatsächlich ist. Eine Aussage dieser Art trifft aber, näher betrachtet, immer noch den politischen Kern des Konfliktes: Zwar entspricht der demokratische Rechtsstaat auch im Westen nicht immer seinem Idealbild; und selbst die Diktatur des Proletariats kennt Beteiligungschancen, wenn auch nicht pluralistisch-demokratische. Auch in den meisten Marktwirtschaften gibt es ein erhebliches Maß an Staatsinterventionismus und Planung; und hätte sich in den Planökonomien keine Schattenökonomie entwickelt, stünde es um die Versorgung der Bevölkerung in den östlichen Gesellschaften noch schlechter. Auch haben sich die Strukturen der westlichen und der östlichen Militärallianz aufgelockert: Trotz Eingliederung in die jeweiligen Bündnisse gehen einzelne Allianzmitglieder mehr als früher ihre eigenen Wege. Jedoch, die ordnungspolitischen und ideologischen Fronten zwischen Ost und West bleiben trotz dieser und ähnlicher Erscheinungen markant. Immer noch macht es für die einzelnen einen erheblichen Unterschied, ob sie in einem westlichen oder in einem östlichen Land leben. Noch zerfließen die Systeme nicht in ununterscheidbaren Grauzonen.

Was kann auf diesem Hintergrund in der ordnungspolitisch-ideologischen Dimension des Konfliktes getan werden, um zu seiner Zivilisierung beizutragen?

Eine bloße Einebnung der ideologischen Differenzen wird es aller Wahrscheinlichkeit nicht geben; keine Seite wäre dazu bereit. Was könnte auch das Ergebnis eines solchen Versuches sein?

Geht man von den bestehenden Differenzen aus, so bieten sich zwei für den Prozeß der Zivilisierung relevante Ansatzpunkte an:

1. Als nützlich haben sich die Diskussion und die Verständigung über zustimmungsfähige gemeinsame Verhaltensprinzipien erwiesen. Auf einige von ihnen einigte man sich schon im Korb I der Schlußakte der Konferenz für Sicherheit und Zusammenarbeit in Europa (KSZE; Helsinki 1975). Zehn von ihnen wurden in einem "Prinzipien-Dekalog" zusammengefaßt: souveräne Gleichheit und Achtung der der Souveränität innewohnenden Rechte; Enthaltung von der Androhung oder Anwendung von Gewalt; Unverletzlichkeit der Grenzen; territoriale Integrität der Staaten; friedliche Regelung von Streitfällen; Nichteinmischung in innere Angelegenheiten; Achtung der Menschenrechte und Grundfreiheiten einschließlich der Gedanken-, Gewissens-, Religions- oder Überzeugungsfreiheit; Gleichberechtigung und Selbstbestimmungsrecht der Völker; Zusammenarbeit zwischen den Staaten; Erfüllung völkerrechtlicher Verpflichtungen nach Treu und Glauben.

Diese Prinzipien wurden im Abschließenden Dokument des Wiener KSZE-Folgetreffens (Januar 1989) noch einmal bekräftigt, so insbesondere der Schutz der zivilen, politischen, wirtschaftlichen, sozialen und kulturellen Rechte. Eine besondere Hervorhebung fanden in diesem Dokument die Garantie von Religionsfreiheit, der Schutz nationaler Minderheiten sowie die gemeinsame Abwehr von Terrorismus. Überdies verpflichten sich in diesem neuesten KSZE-Dokument die Teilnehmerstaaten, nationales Recht und administrative Durchführungsbestimmungen in Übereinstimmung mit den erneut erklärten Prinzipien sowie mit anderen einschlägigen internationalen Dokumenten (beispielsweise den beiden UNO-Pakten für Menschenrechte von 1966) zu bringen.

Solche Verhaltensmaßstäbe lassen sich zunächst nur allgemein formulieren, ansonsten gäbe es keine Übereinkunft. Auch sind sie nicht widerspruchsfrei: So kann es insbesondere zwischen dem Prinzip der Nichteinmischung in innere Angelegenheiten und der Überprüfung, ob Menschenrechte und Grundfreiheiten beachtet werden, zu Zielkonflikten kommen. Aber der KSZE-Prozeß hat gezeigt, daß in mühsamen und langwierigen Verhandlungen, wenngleich nicht in allen Bereichen gleichermaßen, Konkretisierungen erreicht werden können. Selbst Übereinkünfte über die Überprüfungen der einmal getroffenen spezifischen Vereinbarungen kamen zustande. Die einschlägigen Verfahren sind heute detaillierter als früher. Auch wird in dem Wiener Dokument einzelnen Personen und Gruppen ausdrücklich das Recht eingeräumt, die Durchführung der KSZE-Bestimmungen zu beobachten und zu fördern und sich mit anderen zu diesem Zweck zusammenzuschließen.

Für diese erfreulichen Fortschritte war Kompromißbereitschaft auf allen Seiten Voraussetzung. Fehlt sie, mündet eine Prinzipiendiskussion in einer fruchtlosen und für die Ost-West-

Beziehungen insgesamt konterproduktiven ideologischen Schlagabtausch. Statt zu Annäherung kommt es dann zu vertiefter Abgrenzung. In dieser Hinsicht gab es im KSZE-Prozeß bisher sowohl negative als auch positive Erfahrungen. Eher negativ sind das Belgrader und das Madrider Folgetreffen zu bezeichnen. Ausgesprochen positiv wurde das Wiener Folgetreffen sowohl von den Teilnehmern als auch von der Öffentlichkeit bewertet. Im Endeffekt überwogen die positiven Erfahrungen, weil Tauschgeschäfte zwischen den Bereichen der Sicherheitspolitik, der Wirtschaftsbeziehungen, der Menschenrechtsproblematik und der humanitären Probleme möglich wurden. Als hilfreich erwies sich in der Anfang 1989 abgeschlossen Phase des KSZE-Prozesses das "Neue Denken" in der Sowjetunion, da es Vereinbarungen auch in politisch sensiblen Bereichen ermöglichte, die lange Zeit als unerreichbar galten. Das Ziel eines solchen Verständigungsprozesses könnte man als "Entfeindung" umschreiben: Durch einen gemeinsamen Beratungsprozeß, also nicht wie in der Vergangenheit durch einseitige Zuschreibungen, werden Übereinstimmungen und Gegensätzlichkeiten in Grundsatzfragen deutlich herausgearbeitet. Dadurch werden aufgesetzte Feindbilder überflüssig und der Kern der Gegnerschaft sichtbar und gegebenenfalls verhandlungsfähig. Kommunikationsblockaden lassen sich dann auflockern, evtl. sogar auflösen. Der KSZE-Prozeß belegt daß eine solche Herangehensweise nützlich ist: Beide Seiten wurden durch das KSZE-Verhandlungssystem in eine solche Auseinandersetzung hineinsozialisiert; sie lernten, auch sensible ordnungspolitische Fragen in konstruktiver Weise aufzugreifen und große Streitfragen kleinzuarbeiten. So entwickelten sich erste

Ansätze einer systemübergreifenden politischen Kultur, was es erleichtert, mit Konflikten und strittigen Problemen produktiv umzugehen.

2. Hilfreich könnte auch eine Diskussion unter Wissenschaftlern über die Frage sein, ob die beiden Ideologien, also Liberalismus und Marxismus-Leninismus, auf die drängenden gesellschaftspolitischen und internationalen Probleme der Gegenwart und Zukunft überhaupt noch relevante Antworten anzubieten haben. Diese Frage stellt sich vor allem hinsichtlich übergeordneter "Menschheitsprobleme": der Gefahr eines zivilisationsvernichtenden Nuklearkrieges (wodurch die Prämissen der überkommenen internationalen Politik in Frage gestellt werden), der Zerstörung der Biosphäre (wodurch der Menschheit ihre natürlichen Lebensgrundlagen entzogen werden) und der Entwicklungsproblematik, die nicht nur ein Problem der Dritten Welt ist. Allmählich wird erkannt, daß diese Probleme zu einem erheblichen Teil nur mit Hilfe systemübergreifender kooperativer Lösungen bewältigt werden können. Erweisen sich dabei die überkommenen Ideologien als teilweise oder weitgehend irrelevant, würde ein solcher Befund das Gespräch zwischen Ost und West durchaus erleichtern: Denn konfrontiert mit neuen Problemlagen, könnte ein gemeinsames Problembewußtsein als möglicher Ausgangspunkt für neue Problemlösungen entstehen. Die Identität beider Seiten würde dabei insofern transzendiert, als die praktische Auseinandersetzung mit historisch beispiellosen Herausforderungen ein Stück neuer Identität entstehen lassen würde. Das Gewicht alter Streitpunkte würde dadurch relativiert.

Aus beiden Punkten sind praktische Schlußfolgerungen zu ziehen:
Die Prinzipiendiskussion sollte fortgesetzt werden. Dabei
sollten allgemeine Prinzipien in immer detailliertere Verhaltensmaßstäbe übersetzt werden. Weitere spezifizierte Mechanismen zur Überprüfung der Beachtung oder Mißachtung solcher Verhaltensmaßstäbe sollten festgelegt werden. Die im Wiener Dokument vereinbarten Expertentreffen können hierbei hilfreich sein, und von erheblicher Bedeutung ist auch die kritische Beobachtung der Durchführung der KSZE-Bestimmungen durch Einzelpersonen und Gruppen ("Helsinki-Monitoren"). Wissenschaftler beider Seiten sollten gemeinsam damit beginnen, die Ideologien auf ihre Relevanz und Irrelevanz hinsichtlich der genannten Herausforderungen zu sichten.

2. Die sicherheitspolitsiche Dimension (Zivilisierung II)

Die zweite Dimension des Ost-West-Konfliktes besteht in Rüstungskonkurrenz. Sie ist das Ergebnis des Versuchs, durch militärische Machtprojektion die militärischen Optionen und Gegenoptionen der anderen Seite zu durchkreuzen und zu neutralisieren. Dieser Versuch mündet in einer Konstellation wechselseitiger Abschreckung bei anhaltender Rüstungsdynamik. Letztere ist auch dann noch zu beobachten, wenn sich der ideologische Konflikt abschwächt und sich die politischen Beziehungen zu normalisieren beginnen.

Soll sich der Konflikt in dieser Dimension zivilisieren, so ist die praktische Politik auf die Entwicklung einer vertrauensschaffenden Sicherheitsstruktur auszurichten. Dabei kann nur der Aufbau defensiver Militärstrukturen verläßlich zur

Überwindung militärischer Bedrohtheitsvorstellungen führen. Angriffsunfähige Militärapparate auf beiden Seiten wären die beste sicherheitspolitische Grundlage für Entspannung und Kooperation. Denn bei sich entwickelnder beidseitiger Angriffsunfähigkeit wird vorstellbar, daß auch unter militärischen Gesichtspunkten Überraschungsangriffe nicht ausgelöst und großangelegte offensive Handlungen nicht eingeleitet werden können. In der Folge könnte Entspannung zu einem unumkehrbaren Tatbestand in den Ost-West-Beziehungen werden, ganz anders als in den siebziger Jahren, als Entspannungspolitik im Rahmen herkömmlicher Abschreckungspolitik verfolgt wurde und auch deshalb gescheitert ist.

Einer solchen Umstrukturierung der Militärapparate kommt eine große Bedeutung zu, weil die Sicherheitspolitik weiterhin wichtige Rahmenbedingungen für die Ost-West-Beziehungen setzt, zumindest solange, als alternative zivile Beziehungsstrukturen noch nicht ausreichend ausgebaut und tragfähig sind. So konterproduktiv es ist, auf die militärische Dimension des Ost-West-Konfliktes fixiert zu sein, so kurzsichtig wäre es, die sich heute bietenden Chancen für eine neue Sicherheitspolitik geringzuschätzen und ungenutzt zu lassen. Denn beide Seiten stehen sich heute konzeptuell weit näher als jemals zuvor: Sie propagieren das Prinzip von Nichtangriffsfähigkeit; die Ungleichgewichte sollen abgebaut werden; Sicherheit soll auf möglichst niedrigem Rüsungsniveau erreicht werden; potentielle militärische Instabilitäten in Krisenzeiten (Präemptionszwänge) sollen beseitigt werden. Als Leitlinie gilt konventionelle Stabilität, die zwangsläufig zu einer tendenziellen Entfunktionalisierung von Nuklearwaffen kleinerer und mittlerer Reichweite führen würde. So könnte eine neue Struktur gegenseitiger bzw. gemeinsamer Sicherheit entstehen.

3. Die außenwirtschaftliche Dimension (Zivilisierung III)

Die dritte Dimension des Ost-West-Konfliktes ist in der Unterbindung oder Begrenzung des wirtschaftlichen Austausches zu sehen. Darin bestand im wesentlichen ein Ziel westlicher Politik. Der Gegenseite sollte ökonomischer Schaden zugefügt werden; zumindest sollte ökonomischer Nutzen verwehrt werden. In den fünfziger Jahren war diese Embargo-Politik breit gefächert; die Rede war von "Wirtschaftskrieg". In den letzten zwanzig Jahren ging es vor allem um die Verhinderung des Exportes von Hochtechnologie und rüstungsrelevanten Gütern von West nach Ost (COCOM-Liste). Darüberhinaus gibt es allerdings seit langem kein Wirtschaftsembargo mehr, denn es wäre auch für die westlichen Ökonomien konterproduktiv.

Jedoch, eine positive Interdependenz, die in symmetrischer und wechselseitiger Abhängigkeit begründet wäre, ist noch nicht zustandegekommen. Alle einschlägigen Analysen weisen darauf hin, daß die wirtschaftlichen Beziehungen zwischen Ost und West durchaus ausbaufähig sind, aber derzeit große Durchbrüche nicht zu erwarten sind. Vorerst kann bestenfalls mit einer schrittweisen Erweiterung gerechnet werden, zumal selbst Teilerfolge vom positiven Ergebnis der eingeleiteten Reformschritte in den östlichen Ökonomien abhängen. Aber Grenzen für den Ausbau

der Wirtschaftsbeziehungen gibt es auch westlicherseits:
So entspricht der großen Lieferfähigkeit westlicher Ökonomien, was Maschinen, Technologie, Know how und Kredite angeht, keine vergleichbare Aufnahmefähigkeit der eigenen Märkte für die Produkte aus den östlichen Wirtschaften, sei es aus Gründen mangelnder Qualität der dort produzierten Waren, sei es, weil die westlichen Ökonomien in der Folge ihrer wechselseitigen Vernetzung sowie ihres eingespielten Austausches mit den Schwellenländern der Dritten Welt keine großen Handlungsspielräume besitzen: Ihre Märkte für traditionelle Güter sowie für Waren geringen und mittleren Verarbeitungsniveaus sind relativ gesättigt; wettbewerbsfähige Güter eines hohen Verarbeitungsgrades haben die Staatshandelsländer in der Regel nicht anzubieten.

So erweisen sich weiterführende konkrete Schritte beim Ausbau der Wirtschaftsbeziehungen als schwierig: Gedacht wird derzeit vor allem an die Gründung gemeinsamer Unternehmen (joint ventures), an Management-Training (wie es im Falle Chinas erfolgreich praktiziert wird), an eine verstärkte wissenschaftlich-technische Zusammenarbeit, einschließlich eines Technologie-Transfers von Ost nach West (den es in selektiven Bereichen in kleinem Ausmaße schon gibt), an gemeinsame Maßnahmen des Umweltschutzes sowie an gesamteuropäische Infrastrukturvorhaben (wie den Ausbau des Schienennetzes und der Wasserwegverbindungen) und den Ausbau des europäischen Energieverbund-Systems. Neben solchen großen Aufgaben gibt es eine Reihe von Verbesserungen in naheliegenden Bereichen: So sind viele Wirtschaftsstatistiken immer noch unvergleichbar, und manche Wirtschaftsvorgänge, vor allem in Staatshandelsländern, bleiben für den Außenstehenden undurchsichtig. Die Arbeitsbedingungen von Geschäftsleuten könnten berechenbarer sein. Hilfestellungen sollte es beim Marketing von Waren der jeweiligen Gegenseite geben;usf.

Zivilisierungen in diesem Bereich kann also derzeit nur heißen: schrittweiser und ausgewogener Ausbau der Wirtschaftsbeziehungen zum gegenseitigen Nutzen bei Vermeidung außenwirtschaftlicher Ungleichgewichte.

Im übrigen ist eine historische und aktuelle Erfahrung festzuhalten: Ökonomien vernetzen sich dann arbeitsteilig mit Erfolg, wenn sie je einzeln leistungsfähig und innovativ sind. Als neuester Beleg für diesen Sachverhalt sei auf die Eingliederung der ostasiatischen Schwellenländer in die Weltwirtschaft verwiesen. Die immer noch erhebliche Asymmetrie zwischen westlichen und östlichen Wirtschaften wird sich also nur überwinden lassen, wenn die Politik der Umstrukturierung ("perestroika") in der Sowjetunion und in Osteuropa (dort auch in jenen Ländern, in denen sie noch gar nicht eingeleitet wurde) Erfolg hat. Ein solcher Erfolg liegt auch im wohlverstandenen ökonomischen Interesse des Westens.

4. Die humanitäre Dimension und andere Bereiche (Zivilisierung IV)

Die vierte Dimension des Ost-West-Konfliktes bestand in dem jahrelangen Versuch vor allem der östlichen Gesellschaften, Kontakte zu unterbinden. Angesichts zunehmender grenzüberschreitender Informationsmöglichkeiten und von Bevölkerungen, die sich nicht mehr ohne weiteres gängeln lassen, ist eine derartige Politik langfristig zum Scheitern verurteilt. Zwar sind extreme Formen einer gezielten Politik der Abgrenzung und der streng überwachten Kulturdiplomatie heute nur noch in einigen Ausnahmefällen zu beobachten. Doch gibt es weiterhin erhebliche Defizite, was Kontakte, Kommunikation und Austausch betrifft.

So verdeutlicht beispielsweise auch das Wiener KSZE-Dokument vom Januar 1989 erneut, daß man von einer Normalisierung menschlicher Beziehungen sowie von einer Verbesserung von Information und Kommunikation und von einem eingespielten Kulturaustausch noch weit entfernt ist. Wäre alles, was dort festgelegt ist, selbstverständlich, bedürfte es keiner Vereinbarung.

Genauso wie bei früheren Anlässen werden im Bereich der menschlichen Kontakte erneut Reiseerleichterungen zugesichert. Die Familienzusammenführung, Familienbegegnung, Verwandtenbesuche, die Eheschließung zwischen Staatsbürgern verschiedener Nationalität, der Sportaustausch, die Städtepartnerschaft und Jugendreisen sollen weniger bürokratisch gehandhabt werden. In dringenden Fällen sollen in Zukunft die Reiseanträge beschleunigt behandelt werden. Die Genehmigungsbehörden haben gegenüber Antragstellern Fristen einzuhalten und Ablehnungen zu begründen. Antragstellern und deren Verwandten sollen keine Nachteile entstehen.

Weitreichend sind die Verpflichtungen, nationale Gesetze und Durchführungsbestimmungen in Übereinstimmung mit den KSZE-

Vereinbarungen zu bringen. Und bemerkenswert ist die Übereinkunft, daß Staaten das Informationsersuchen zu Fragen der menschlichen Dimension der KSZE beantworten müssen. Dabei können bilaterale Treffen gefordert und Einzelfälle zur Sprache gebracht werden.

In Vereinbarungen dieser Art zeigt sich das tiefe Mißtrauen, das immer noch zwischen Ost und West besteht. Aber die pure Existenz solcher Übereinkünfte muß als bedeutsamer Fortschritt bewertet werden. Sie in praktische Politik zu übersetzen ist die Aufgabe der kommenden Jahre.

Auch im Bereich von Information, Kommunikation und Kulturaustausch kann von einer durchgängigen Überwindung der alten Politik noch nicht gesprochen werden: Immer noch geht es um die Verbesserung der Verbreitung und des Austausches von Informationen sowie einen freien Zugang von Informationen. Vor allem geht es um eine Erleichterung der Arbeit von Journalisten. Noch immer sind der Schüler-, Studenten- und Lehreraustausch, die Zusammenarbeit zwischen Universitäten und Forschungsinstituten, die Durchführung von Ausstellungen, Festspielen, Filmwochen usf. keine Selbstverständlichkeit. Immer noch macht es Schwierigkeiten, Kulturinstitute einzurichten und sie frei arbeiten zu lassen. Die Defizite betreffen also ganz naheliegende Sachverhalte.

Zivilisierung in dieser vierten Dimension muß also auf die Normalisierung und die Aktivierung von grenzüberschreitenden Kontakten gerichtet sein. Verstärkte Kontakte und kulturelle Zusammenarbeit sollen den Realitätsgehalt der Vorstellungen voneinander erhöhen und vor allem die Fähigkeit erweitern, sich in die Lage der anderen Seite zu versetzen (Empathie). Dabei könnte das Gegenstück zu der für die Abschreckungskonstellation typischen Feindbildprojektion entstehen: nämlich wirklichkeitsnahe Umweltbilder. Doch selbst wenn politische Vorbehalte gegen eine Politik systemöffnender Kooperation überwunden werden könnten, würden immer noch andere Sachverhalte wie beispielsweise der chronische Mangel an Westdevisen, der in den östlichen Gesellschaften ein erhebliches Problem darstellt, alle weitfliegenden Pläne begrenzen. Es sind also auch hier nur schrittweise Fortschritte zu erwarten.

5. Zivilisierung als gebündelte Zielsetzung

Zusammenfassend betrachtet lassen sich der ideologische Konflikt, Rüstungskonkurrenz, die Embargo-Politik und die Politik der Unterbindung und Begrenzung von Kontakten als Ausdruck einer in der Tendenz offensiven Machtpolitik in einer auf Abgrenzung ausgerichteten Konfliktstruktur interpretieren. In der Bündelung dieser Dimensionen bestand der Kalte Krieg: Der ideologische Konflikt wurde, wenn auch zu unterschiedlichen Zeiten unterschiedlich intensiv, von beiden Seiten ausgetragen; am Ende der achtziger Jahre ist er weit verhaltener als je zuvor, ohne daß bleibende Differenzen dadurch verwischt wären. Die Rüstungskonkurrenz ist eine anhaltende Erscheinung, die beide Seiten betrifft. Die Embargo-Politik war im wesentlichen die politische Waffe des Westens im Kalten Krieg. Die Unterbindung von Kontakten war die Waffe der östlichen Gesellschaft.

Entfeindung, vertrauenschaffende Sicherheitsstruktur, positive Interdependenz und Aktivierung von Kontakten sind wichtige Ansatzpunkte einer auf kooperative Friedensgestaltung ausgerichteten Politik. Einer solchen kompromißorientierten Politik, die sich friedliche Koexistenz und Kooperation zum Ziel setzt, liegt ein eher defensiver Machtbegriff zugrunde: Es gilt, die eigene Lebenssphäre zu sichern; eine Einwirkung auf die andere Seite erfolgt jedoch nur durch das gelebte Vorbild. Dabei sollte liberalen Gesellschaften eine Entfeindung leichter fallen als staatsmonopolistischen. Eine neue Sicherheitsstruktur erfordert Veränderungen auf beiden Seiten. Interdependenz ist in einem für internationale Beziehungen beispiellosen Maße zwischen den westlichen Ökonomien und Gesellschaften verwirklicht; sie in Richtung auf die östlichen Ökonomien zu praktizieren, sollte westlichen Gesellschaften nicht schwerfallen, setzt aber östlicherseits effiziente Ökonomien voraus. Mit offener Kommunikation, Meinungspluralismus und staatlicherseits nicht gesteuerten Kontakten tun sich die östlichen Gesellschaften, von Ausnahmen wie Ungarn und Polen abgesehen, immer noch schwer.

So wie die vier Dimensionen zu unterschiedlichen Zeiten unterschiedlich akzentuiert waren, aber trotz variierender Mischung sich zu einer Konfliktstruktur eigener Art bündelten, so werden auch die verschiedenen Dimensionen der Zivilisierung der Ost-West-Beziehungen zu unterschiedlichen Zeiten unterschiedlich starke Impulse entfalten. Sollen einschlägige Aktivitäten an Durchschlagskraft gewinnen und die überkommene Konfliktstruktur in eine neue kooperative Beziehungsstruktur überführen helfen, wird es darauf ankommen, sie weitestmöglich aufeinander abzustimmen und gleichfalls zu bündeln. Schon heute zeigen sich Ungleichzeitigkeiten: So weist die politische Entspannung größere Fortschritte auf als die Verbesserung der Wirtschaftsbeziehungen; gemessen an der erreichten Entspannung müßten auch Rüstungskontrolle und Abrüstung weitergediehen sein. Eine Politik der kooperativen Friedensgestaltung bedarf also breitgefächerter, gezielter Anstrengung.

6. Das Ende des Ost-West-Konfliktes?

Eine andere Schwierigkeit einer auf Kooperation ausgerichteten Politik besteht darin, daß sich in den Ost-West-Beziehungen zwei sehr ungleich ausstrahlungsfähige Gesellschaftstypen begegnen. Heute besteht weitgehend ein politisches, ideologisches, wirtschaftliches und technologisches Einwirkungsgefälle von West nach Ost. Aus verschiedenen Gründen hat sich der real existierende Sozialismus östlicher Prägung in Sackgassen manövriert, aus denen nur tiefgreifende Veränderungen in Politik, Gesellschaft, Wirtschaft und Kultur heraushelfen. Die aus der Systemkrise sich ergebenden Problem werden heute in fast allen östlichen Gesellschaften erkannt, wenngleich sehr unterschiedliche Konsequenzen gezogen werden. Für alle diese Gesellschaften besteht das Kernproblem darin, daß sich die überkommene marxistisch-leninistische Programmatik für Reformversuche als ausgesprochen hinderlich erweist. Hilfreich sind demgegenüber, ob eingestanden oder nicht, elementare Leitgedanken des Liberalismus: Sicherung individueller Bürgerrechte, überhaupt: die Verwirklichung eines Rechtsstaates mit Gewaltenteilung und vielfältigen autonomen Kontrollmöglichkeiten, demokratische Partizipation sowie marktförmige Steuerungsmechanismen zumindest in Teilen der Ökonomie.

Würden solche für eine Krisenbewältigung unerläßlichen Prinzipien für eine Reformpolitik konsequent zugrundegelegt (wofür es durchaus einige Anzeichen gibt), bliebe der Kern des Ost-West-Konfliktes davon nicht unberührt: An die Stelle des staatsmonopolistischen real existierenden Sozialismus träte ein heute noch recht vage umschriebener "demokratischer" oder "pluralistischer" Sozialismus; an die Stelle einer Politik der ideologischen Abgrenzung nach außen und der mit ihr meist einhergehenden Repression im Innern träte Offenheit im Innern und nach außen. Es entstünden dabei reformierte Gesellschaften, mit denen auf allen Ebenen eine breitgefächerte Kooperation möglich würde. Anders als in der Vergangenheit bliebe sie nicht auf staatlich gefilterte Aktivitäten begrenzt.

Das heute schon zwischen Österreich und Ungarn bestehende relativ dichte Beziehungsgeflecht und die schon fast überwundenen ideologischen Fronten weisen beispielhaft in eine solche Richtung. Wie weit die Entwicklung auch in anderen Teilen Europas schon zum Positiven gediehen ist, zeigt ein Blick auf eine immer noch bestehende typische Konstellation des Kalten Krieges, die Beziehungen zwischen Nord- und Südkorea. Dort bestehen, gewissermaßen in Reinkultur, ideologische Verfeindung, militärische Konfrontation, der Boykott wirtschaftlicher Beziehungen und die Unterbindung menschlicher Kontakte. In Europa ist derzeit ein Rückfall in eine solche Situation unvorstellbar; andererseits ist die Lage auch hier, wenngleich erheblich abgeschwächt, durchaus noch von Merkmalen dieser Situation gekennzeichnet.

Gäbe es demgegenüber, bildlich gesprochen, nur Länder wie Österreich und Ungarn (einschließlich ihrer derzeit durchaus erheblichen Probleme!), so würde der Ost-West-Konflikt weitgehend entschärft; die verbleibenden Interessenkonflikte würden zivilisiert ausgetragen. Es würde sogar vorstellbar, daß der überkommene Ost-West-Konflikt im Laufe der Zeit überwunden würde und daß Konflikte, die es immer geben wird, institutionell eingehegt und geschäftsmäßig bearbeitet würden.

Noch besteht eine solche Situation zwischen Ost und West nicht. Das Wiener KSZE-Dokument vom Januar 1989 macht deutlich, wieviel konkrete Arbeit noch zu leisten ist, wenn es zu einer Zivilisierung der Beziehungen zwischen Ost und West hier in Europa kommen soll. Aber die aufgezeigte Perspektive ist keineswegs nur eine reine Utopie oder Illusion. Bei anhaltenden Anstrengungen sollte das Ziel einer kooperativen Friedensordnung in Europa innerhalb einer Generation erreichbar sein. Dann würde sich, rückblickend aus der ersten Hälfte des nächsten Jahrhunderts, der Ost-West-Konflikts nach 1945 in drei Phasen gliedern: eine zwanzigjährige Phase des Kalten Krieges (1945 - 1965), eine wiederum zwanzigjährige Phase, in der es Bemühungen um Entspannung und einen Rückfall in den Kalten Krieg gab (1965 - 1985), und eine sich daran anschließende zwanzig- bis dreißigjährige Phase der Transformation des

Ost-West-Konfliktes in eine neue Beziehungsstruktur (1985 - 2005/15). Die Kürze des Zweiten Kalten Krieges (1978 - 1984) ist möglicherweise ein Indiz dafür, daß sich eine Politik der Konfrontation zwar immer wieder inszenieren, aber nicht mehr wirklich durchhalten läßt.

Es ist also heute verfrüht, vom Ende des Ost-West-Konfliktes zu sprechen. Noch ist die überkommene Konfliktstruktur nicht überwunden, und die neue Beziehungsstruktur zeigt sich erst in Umrissen. Das Erreichte ist keineswegs schon erschütterungsfest. Der Gesamtprozeß ist immer noch umkehrbar. Umsomehr bedarf es des gezielten Einsatzes in allen genannten Dimensionen, um Rückschläge zu vermeiden.

7. Abschließende Überlegungen

Ein Konzept für die zukünftige Gestaltung des Ost-West-Verhältnisses kann (und muß sogar) weit in die Zukunft vorgreifen. Politik jedoch, auch die beste, bleibt Tagespolitik. Sie scheitert, wenn sie sich überlastet. Diese Beobachtung trifft auch auf eine Politik der Friedensgestaltung in Europa zu. Was diese anstreben sollte, wurde in vier Argumentationsschritten dargelegt. Was sie *nicht* tun sollte, kann wie folgt umrissen werden:

1. Sie sollte nicht den derzeitigen politischen Status quo in Europa verändern wollen. Vielmehr sollte Friedenspolitik im Rahmen gegebener Strukturen weiterverfolgt werden. Eine frühe Beseitigung der überkommenen Bündnisstrukturen würde den avisierten Veränderungsprozeß unberechenbar und unsteuerbar machen. Und das sich entwickelnde ausbaufähige KSZE-System

bliebe ein Torso. Viel eher geht es um sich vertiefende Beziehungen zwischen Ost- und Westeuropa bei sich auflockernden Bündnisstrukturen. Dadurch würde Europa pluralistischer und polyzentrischer, ohne in die unheilvolle Struktur der Zwischenkriegszeit zurückzufallen.

2. Derzeit unlösbare Probleme sollte man nicht zur Unzeit lösen wollen, beispielsweise die Deutsche Frage. Das Verhältnis zwischen den beiden deutschen Staaten - ein Kernproblem europäischer Ordnung - wird sich in dem Maße normalisieren, in dem sich die gesamten Beziehungen zwischen Ost und West auf einen neuen Modus vivendi umstellen. Dazu können die deutsch-deutschen Beziehungen einen erheblichen eigenen Beitrag leisten. Ansonsten ist Zurückhaltung geboten. Deutscherseits wird dann das getan, was zu tun ist, um den immer noch bestehenden Ängsten der westlichen und östlichen Nachbarn durch eine berechenbar bleibende Politik entgegenzuwirken.

Schließlich ist zu bedenken, daß eine Politik kooperativer Friedensgestaltung in Europa in einen größeren Zusammenhang eingebettet ist. Die Ost-West-Beziehungen werden sich nicht normalisieren und eine kooperative Friedensordnung wird in Europa nicht zustandekommen, wenn sich im weltpolitischen Umfeld die Konflikte zuspitzen. Das ist die Lehre aus dem Verfall der Entspannungspolitik in der zweiten Hälfte der siebziger und zu Beginn der achtziger Jahre. Doch dieses Umfeld weist heute erfreuliche Entwicklungen auf: Alte Konfliktfelder lockern sich auf, wie diejenigen zwischen China und der Sowjet-Union, zwischen Indien und China sowie zwischen den beiden potentiellen

Atommächten Indien und Pakistan. In fast allen Regionalkonflikten, deren Eskalation zum Ende der Entspannungspolitik mit beitrug, sind Fortschritte in der Konfliktregelung zu verzeichnen. Daraus ergeben sich positive Rückwirkungen auf die Ost-West-Beziehungen, so wie verbesserte Beziehungen zwischen den beiden Großmächten und innerhalb Europas, die positiven Veränderungen im weltpolitischen Umfeld der Ost-West-Beziehungen erst ermöglichen, einschließlich die Wiederentdeckung der Vereinten Nationen als gemeinsam anerkannter Instanz der internationalen Konfliktschlichtung und Konfliktregelung. Eine Zivilisierung des Ost-West-Verhältnisses ist deshalb immer auch ein konstruktiver Beitrag zur Herausbildung einer weniger gewaltträchtigen internationalen Ordnung. Diese weitergehende Perspektive sollte nicht aus dem Blick verlorengehen, wenn man sich über die Zukunft Europas Gedanken macht.

ANHANG

Zur Abrundung des ersten Bandes der Dokumentation werden im folgenden zwei Hörfunkberichte über das Kolloquium abgedruckt.

6. Februar 1989
WDR 3 und 1: Themen der Zeit
Wolfgang Nette

Ein anspruchsvolles Thema "Die Zivilisierung des Ost-West-Konfliktes", verlangt anspruchsvolle Antworten. Wie stets, wenn die Evangelische Akademie Loccum zu lebhaft kontroversen Seminaren oder Tagungen einlädt, dann kann sie des Zuspruchs von Politikern oder Parlamentariern, Diplomaten, Militärs, Wissenschaftlern und Experten gewiß sein. In der beschaulichen Region um das Steinhuder Meer und fernab vom gleißenden Scheinwerferlicht tagespolitischer Publicity ist immer Gelegenheit gegeben, in vertieften Debatten über mittel- und langfristige Aspekte und Entwicklungen weltpolitischer Vorgänge nachzudenken.

Wenn die Antworten und Ergebnisse darüber, wie man den Ost-West-Gegensatz zivilisieren könne, dieses Mal noch vage, verhalten und lediglich begrenzt richtungsweisend ausfielen, dann aus mehreren Gründen. Einmal, weil der Westen das "Phänomen" Gorbatschow mit all den dazugehörenden Facetten, psychologisch noch immer nicht richtig verdaut hat. Das führt auf der politisch-diplomatischen Ebene dazu, daß die westlichen Regierungen teils abwartend passiv, teils aufgeschlossen am Gegenkonzept werkeln. Auch bei der Frage, ob man dem neuen Denken aus Moskau mit gleicher Vehemenz begegnen soll, schälen sich bei den Teilnehmern in Loccum, die aus ganz Westeuropa sowie Amerika kamen, unterschiedliche Standpunkte heraus.

Einigkeit bestand im Grundsatz darüber, daß bei der angestrebten Zivilisierung des Konfliktes eine Entmilitarisierung, konkret die Abschaffung des Kriegs, eine Voraussetzung ist. Künftig sollte man sich - wenn Ost und West darüber im Grundsatz einig seien - auf dem Niveau minimaler militärischer Abschreckung begegnen, was aber nicht heiße, daß die Systemgegensätze verwischt würden. Wichtig sei außerdem eine "Vernetzung der Gesellschaften" unterhalb der Regierungs- und Mandatsträger, weil auf die Mitwirkung der Bevölkerung beim Bau des gemeinsamen Hauses von Europa generell nicht verzichtet werden könne. Im übrigen stelle sich für junge Menschen in Ost wie West angesichts der grenzüberschreitenden Drogen-, Alkohol-, Umwelt- und

Ökologiegefahren der Systemkonflikt bei weitem nicht mehr so stark, wie etwa bei den Älteren.

Wenn in Loccum plausible Gedanken dennoch häufig mit einem Fragezeichen versehen wurden, dann deswegen, weil Skepsis, ob Gorbatschow Erfolg haben werde, ebenfalls laut wurde. Und der verhalten kommentierenden Feststellung wiederum, wonach der Westen den "Kalten Krieg zwar gewonnen habe", folgte die anschließend von anderen Teilnehmern registrierte Tatsache, daß mit Gorbatschows Auftreten und seiner Politik dem Westen allerdings das lange Zeit vorherrschende gegnerische Feindbild genommen sei.

Wo liegen Alternativen? Es gilt, z.B. die NATO vorrangig als politisches, - nicht wie bisher - ausschließlich als militärisch-abwehrendes Bündnis zu mobilisieren. Zum zweiten könnte die Europäische Gemeinschaft mit Blick auf die osteuropäischen Länder als globale und übergreifende Organisation ausgebaut werden und zu noch vielfältigeren Kooperationsmöglichkeiten und Chancen aufrufen. Schließlich muß eine Art zeitgemäße Koexistenzphilosophie entwickelt werden.

Solche Ratschläge wirken teilweise zu schematisch, weswegen auch wiederholt dafür plädiert wurde, weniger über künftige Strukturen zu debattieren, sondern die gegenwärtig vorherrschende Emanzipationsprozesse, beispielsweise wie in Polen zu mehr Pluralismus, zu fördern. Stillstand freilich wurde von eigentlich allen Teilnehmern für die deutsche Frage signalisiert. Denn eine Verschiebung der Systemgrenzen - politisch, ideologisch, ökonomisch - bewirke das Gegenteil der angestrebten Stabilität für den europäischen Kontinent. Wer die Überwindung des Status Quo reklamiere, - so hieß es - werde ihn nicht überwinden.

Allgemein wurde in Loccum für mehr Tempo auf westlicher Seite plädiert. Gerade die Tatsache, daß es ähnlich wie im Osten so auch im Westen teilweise an Lösungen für schwierige Einzelprobleme fehle - Stichwort: Umweltthematik - fordere die Kooperation, die letztendlich ja die Konsequenz ungelöster Probleme sei, geradezu heraus. Wenn Ost und West - so sagte ein Teilnehmer - seinerzeit bereit waren, das Risiko einer Aufrüstung auf sich zu nehmen, so sollten sie jetzt das gleiche Risiko bei der Abrüstung oder der Kooperation eingehen.

Patentrezepte wollte und konnte die Loccumer Tagung nicht feilhalten. Doch das Kolloquium bewies, daß die "Entblockung" des Denkens und Handelns auch im Westen eingesetzt hat. Es steht mehr auf dem Spiel als lediglich eine Kultivierung der zwischenstaatlichen Ost-West-Beziehungen.

Da mittlerweile - wie ein Teilnehmer berichtete - schon die Kinder und die Enkel des Außenministers Schultz und Schewardnadse miteinander freundschaftlich verkehren, müßten allmählich auch protokollniedrigere Europäer vergleichbare ost-westliche Exempel statuieren und ihrerseits dazu beitragen, daß vielfältige Kooperationen zwischen Ost und West denk- und machbar sind.

Norddeutscher Rundfunk   Sendung: Politisches Forum
Hauptabteilung Politik   STREITKRÄFTE UND STRATEGIE
Dr. Karl-Heinz Harenberg   5. Februar 1989

Zur Verfügung gestellt vom NDR.
Dieses Manuskript ist urheberrechtlich geschützt und darf nu.
für private Zwecke des Empfängers benutzt werden. Jede andere
Verwendung (z. B. Mitteilung, Vortrag oder Aufführung in :
Öffentlichkeit. Vervielfältigung, Bearbeitung, Übersetzung) ist :
mit Zustimmung des Autors zulässig. Die Verwendung für r
funkzwecke bedarf der Genehmigung des NDR

Ha.: Guten Abend, meine Damen und Herren. "Unsere Reduzierungen," sagte der stellvertretende sowjetische Generalstabschef Bronislaw Aleksandrowitsch Omelitschew vor kurzem im Moskauer Fernsehen, "werden einseitig durchgeführt. Sie hängen mit keinen Verhandlungen und keinen anderen Bedingungen zusammen. Obwohl wir aber nicht die Forderung erheben, die NATO-Länder sollten irgendwelche entsprechenden Maßnahmen ergreifen, hoffen wir dennoch, daß seitens der NATO analoge Schritte unternommen werden." Diese Hoffnungen, so scheint es, werden vergeblich sein, vorerst jedenfalls. Denn die offizielle Politik des westlichen Bündnisses geht erklärtermaßen dahin, Abrüstung bei den konventionellen Streitkräften nur im Rahmen von vertraglichen Vereinbarungen vorzunehmen.
Als entscheidender Grund dafür wird auf die konventionelle Überlegenheit des Warschauer Paktes verwiesen, die durch einen eben vorgelegten Kräftevergleich der östlichen Allianz für die Landstreitkräfte größtenteils bestätigt wird. Nur - was sagen diese Zahlen aus? Sicherlich nicht, daß der Warschauer Pakt mit seinem Potential aus dem Stand einen Überraschungsangriff unternehmen und die NATO-Truppen in raumgreifenden Offensiven überrennen könnte. Dieser Bedrohungsthese, die in NATO-Kreisen noch immer verbreitet wird, haben hohe Militärs bereits vor Jahren widersprochen.

Streitkräfte

Inzwischen kommt ein völlig verändertes Umfeld hinzu: außenpolitisch vor allem das durch vertrauensbildende Zugeständnisse bei der KSZE sowie einseitige Abrüstungsbeschlüsse dokumentierte Bemühen, die Entschlossenheit zu einer friedlichen Politik unter Beweis zu stellen; innenpolitisch durch eine notwendigerweise behutsame und komplizierte, aber doch spürbare Öffnung zu mehr Demokratie und Rechtssicherheit; und wirtschaftlich schließlich durch das Eingeständnis einer katastrophalen Versorgungs- und Haushaltslage sowie dem Streben nach einer engeren Kooperation mit dem Westen.
Wenn nach der gültigen Harmel-Formel der NATO Sicherheit durch ein Zusammenwirken von militärischen und von politischen Aktivitäten gewährleistet wird, dann hat sich das Gewicht ganz eindeutig auf den politischen Teil verlagert. Das unterscheidet die derzeitige Phase der Sicherheitspolitik von der in den siebziger Jahren, in denen beide Seiten sich von einer Überbewertung der militärischen Komponente in dieser Formel nicht lösen konnten oder wollten. Werden wir Denken und Handeln in traditionellen militärischen Kategorien jetzt überwinden können?
- Im ersten Beitrag heute abend analysiert der NATO-Generalsekretär aus seiner Sicht die sicherheitspolitische Entwicklung und erläutert die daraus folgenden Wünsche und Forderungen des westlichen Bündnisses. Im zweiten Teil geht es um
- die Zivilisierung des Ost-West-Konfliktes, Eindrücke von einer Tagung in der Evangelischen Akademie Loccum.
Zuerst also zur offiziellen Einschätzung der Situation, nach der Walter Hahn den Generalsekretär der NATO, Manfred Wörner, in Brüssel befragte:

Streitkräfte

Interview Walter Hahn/NATO-Generalsekretär Manfred Wörner

Hahn: Auf der Münchner Wehrkundetagung haben Sie, Herr Wörner, unlängst vor dem Hintergrund der sowjetischen Reformbemühungen die Bereitschaft der westlichen Allianz betont, jede Chance zu nutzen und nicht mißtrauisch und passiv zu bleiben im Hinblick auf die Dynamik der Ost-West-Beziehungen, wohl nicht zuletzt auch bei den Abrüstungsverhandlungen. Können Sie verdeutlichen, in welcher Weise sich diese Bereitschaft der NATO konkretisieren soll?

Wörner: Das erste, ich fange jetzt nicht mit Abrüstung an, sondern ich fange im politischen Bereich an, weil einfach der Eindruck vermieden werden muß, der da und dort aufkommt, als ob die Spannungen ihre eigentliche Ursache im militärischen Bereich hätten. Die Spannungen ressortieren in erster Linie im politischen Bereich, und daher meine ich zunächst einmal den Bereich der Menschenrechte, dessen, was im Vordergrund des sogenannten KSZE-Prozesses steht. Dort werden wir Aktiv-Vorschläge unterbreiten auch weiterhin, die für eine weitere Auflockerung im Verkehr zwischen Ost und West sorgen werden. Der zweite Bereich ist der der wirtschaftlichen und kulturellen Kooperation, wo wir bereit sind, unterstützend tätig zu werden auf der Basis des Handels und des Austausches von Waren, wo wir bereit sind, auch dafür zu sorgen, daß die Elemente der Marktwirtschaft, die Gorbatschow stärker durchsetzen will, im Westen Unterstützung finden; und der dritte Bereich ist nun der der Abrüstung. Dort haben wir vor allen Dingen Interesse daran, daß jetzt im konventionellen Bereich die beginnenden Verhandlungen sich der eigentlichen Schlüsselfrage des Militärischen zuwenden, nämlich dem Übergewicht mit dem konventionellen Bereich der Warschauer Pakt-Staaten. Hier muß versucht werden, eine neue Stabilität zu finden, indem Ungleichgewichte abgebaut werden.

Streitkräfte

Hahn: Wie bewerten Sie denn Äußerungen aus Washington, und gerade von Herrn Tower beispielsweise, im Hinblick auf den kalten Krieg und Entspannung. Der kalte Krieg sei noch keineswegs beendet, es herrsche lediglich etwas Tauwetter, sagte er. Ich glaube, daß möglicherweise solche Dinge auch mit dazu beitragen, daß der Eindruck entsteht, die Akzeptanz für eine solche Bewertung läßt im europäischen Bereiche der NATO etwas nach.

Wörner: Ich finde diesen Streit darüber, ob der kalte Krieg nun beendet ist oder nicht, ziemlich fruchtlos, weil es davon abhängt, was man unter kaltem Krieg versteht. Eines ist klar, die Dinge sind in Bewegung gekommen. In der Sowjetunion hat sich sehr vieles verändert, und zwar in unserem Sinne. Der Osten wendet sich zum Westen ganz sichtbar. Unsere Werte, unsere Vorstellungen finden dort Eingang. Natürlich will Gorbatschow keine Demokratie unseres Stiles aufbauen. Er hält ja am absoluten Machtmonopol der Partei fest, und auch er selbst ist ja nicht bereit, seine Macht hier beschneiden zu lassen, ganz im Gegenteil, wie Sacharow zu Recht immer wieder sagt. Dennoch, hier gibt es gewaltige Veränderungen, die sich auch auf den militärischen Bereich erstrecken. Das muß man anerkennen. Andererseits ist ebenfalls klar, daß sie noch nicht weit genug gehen. Noch gibt es die Mauer, noch haben die Völker Osteuropas nicht das Recht auf freie Selbstbestimmung, noch werden die Menschenrechte nicht allgemein geachtet in der Sowjetunion und in den Ländern des Ostblocks, noch ist das militärische Potential der Sowjetunion, des Warschauer Pakts weit größer als zu Verteidigungszwecken erforderlich, weit größer als das unsere, und das heißt für uns, heißt die Schlußfolgerung einmal, diese Veränderungen anerkennen, fördern, weitertreiben, darauf eingehen und zum anderen, die Politik, die uns so weit gebracht hat, fortsetzen, das heißt das Angebot zur Kooperation verbinden mit der Aufrechterhaltung einer Verteidigungsbereitschaft. Wenn wir unsere Verteidigung niederreißen würden, wenn wir jetzt nachlassen

Streitkräfte

würden, würden wir alle jene ermuntern in der Sowjetunion, die da glauben, daß es vielleicht einen anderen Weg als den friedlicher Reformen gibt. Wenn wir unsere Verteidigungsanstrengungen aufrechterhalten, machen wir jedem deutlich, den Konkurrenten wie den Anhängern Gorbatschows, es gibt nur einen Weg, ihre Probleme zu lösen, das ist der der friedlichen, inneren Reform, und es gibt keinen Weg in die militärische Gewalt. Deswegen müssen wir, gerade wenn wir diesen Prozeß der Veränderung fördern wollen, unsere Verteidigung glaubhaft halten. Selbstverständlich versuchen wir durch Abrüstung mit möglichst wenig Waffen dies zu tun, so daß beide Sicherheitsinteressen, die des Ostens wie des Westens, gleichermaßen berücksichtigt werden.

Hahn: Ich möcht' mal zu sprechen kommen auf die in den letzten Wochen in geradezu rasend schneller Geschwindigkeit vorgebrachten einseitigen Ankündigungen aus dem Warschauer Pakt über Verminderung von Truppen gerade im konventionellen Bereich. Es begann mit der Sowjetunion selbst, mit der halben Million Mann und die Hälfte davon ungefähr im europäischen Bereich; die DDR schließlich mit der Ankündigung, 10.000 Mann der nationalen Volksarmee ausmustern zu wollen und Panzerregimenter und Panzer. Wenn man das politisch bewertet, den Gesamtkontext, der Ost-West-Beziehungen, glaube ich, kann man sicher sagen, daß das eine positive Entwicklung ist?

Wörner: Aber ganz sicher, ganz sicher. Das ist das, was wir immer wieder verlangt haben. Es ist noch nicht das volle Ausmaß dessen, aber immerhin, das ist schon ein kräftiger Schritt. Da gibt's kein Vertun. Allerdings muß man jetzt warten, wie das umgesetzt wird, und es kann eines natürlich nicht ersetzen, das muß auch klar sein: beiderseitige, bindende und kontrollierbare Abmachungen. Nicht? Denn wer einseitig zurücknimmt, kann auch einseitig wieder hinstellen. Klar ist, wenn die Lage Europas dauerhaft militärisch stabilisiert werden

Streitkräfte

soll, dann muß es zu Abrüstungsvereinbarungen kommen, die nachprüfbar sind und die beide Seiten binden, so daß sich nicht einer einseitig lossagen kann.

Hahn: Würde denn eine einseitige Reduzierung, wie angekündigt und zum Teil ja auch schon zeitlich limitiert bis 1990, eine militärisch bedeutsame Maßnahme des Warschauer Paktes sein im Hinblick darauf, daß ja die westliche Forderung schon seit langem ist. Es muß asymmetrisch Truppenverminderung, Streitkräftereduzierung stattfinden, damit das gemeinsame Niveau erreicht wird.

Wörner: Ja, nun, es ist eine Bewegung in diese Richtung, ja, aber sie reicht natürlich bei weitem nicht aus. Denn selbst wenn Gorbatschow alles das tut, was er angekündigt hat, bleibt das Übergewicht des Warschauer Pakts erhalten, nach wie vor die Offensivfähigkeit. Das ist also nicht so, daß damit die Offensivfähigkeit völlig beseitigt wäre, und wenn man sich überlegt, daß er nach wie vor dann 13 Prozent seines Bruttosozialprodukts für Rüstungszwecke ausgibt, ist das natürlich immer noch gigantisch. Wenn man sich also vorstellt, die Bundesrepublik Deutschland gibt 3 Prozent aus, die Amerikaner 6 Prozent, im Schnitt gibt die NATO so 3 1/2 Prozent aus, in etwa, nicht wahr, das ist unvorstellbar, nach wie vor, was die Sowjetunion in Rüstung investiert. Da müssen weitere Schritte folgen. Aber, wie gesagt, wir sind ja bereit. Wir haben unsere Vorstellungen entwickelt, wir wollen noch weniger Panzer, 20.000 auf jeder Seite, und keiner mehr als 12.000 Panzer, jedem also das Maximale, was man einer Nation zugestehen würde. Das sind Streitkräftezahlen, die, wenn man sie einhält, durchsetzt und verbindlich vereinbart, wirklich Europa dauerhaft stabilisieren können.

Hahn: Vielleicht noch ein letztes Wort, Herr Wörner, zu einem Problem, das immer wieder in der Diskussion ist:

Streitkräfte

Sie sagen, die NATO hat keineswegs die Initiative an
den Warschauer Pakt, an Moskau abgetreten. Dessen ungeachtet bleibt in der Öffentlichkeit oft der Eindruck,
eben durch die Häufung von Offerten von drüben, daß es
eben doch nicht ganz so ist. Wäre es nicht an der Zeit,
zum Beispiel im Hinblick auf solche einzelnen Schritte
wie die der kleineren Warschauer Pakt-Staaten, Ost-Berlin
insbesondere miteingeschlossen, eine limitierte Reaktion
im gleichen Bereich von Seiten der NATO auf eine solche
Offerte des Ostens hin ebenfalls darzulegen, damit einfach
glaubhaft wird, was Sie sagen, nämlich, wir wollen Initiative behalten und bei der Entspannung und Rüstungsver-
minderung vorangehen.

Wörner: Das, was Sie jetzt sagen, macht doch keinen Sinn.
Wir haben doch unsere Vorleistung längst gebracht. 2.400
Nuklearwaffen einseitig weggenommen. Jetzt kündigte
Schewardnadse an. 24 oder 36. Selbst wenn sie das tun,
haben sie immer noch zehnmal mehr als wir. Warum sollen
wir weiter runter? Da muß er noch weiter runter. Nehmen
Sie das Konventionelle. Selbst wenn sie alles das machen,
was sie angekündigt haben, bleiben sie zweimal überlegen.
Warum sollten wir dann einseitig runtergehen? Wenn ich
so gehamstert hätte, Waffen gehamstert hätte wie die
Sowjets und der Warschauer Pakt über Jahrzehnte, wenn
ich ein solches Maß an Überrüstung betrieben hätte, wenn
der Westen auch auf Offensive ausgelegt hätte, anstatt
immer nur das Minimum an Waffen zu halten, was zur eigenen
Verteidigung erforderlich ist, dann könnte ich auch aus
einem großen Korb großzügig das eine oder andere weggeben.
Nein, da gilt ein ganz einfaches Prinzip: Wer eben soviel
mehr hat, muß auch soviel mehr runter und nicht der Schwäche-
re sondern der, der mehr hat, und ich kann nur sagen:
Vorleistung des Westens, die größte, die es je gegeben
hat, wir haben unsere Truppen so strukturiert, daß wir

Streitkräfte

nie zu Offensivaktionen oder gar zu Überraschungsangriffen fähig gewesen wären. Und jetzt haben wir ein weiteres Angebot auf dem Tisch. Ich sagte ja: 20.000 Panzer auf beiden Seiten, um eine Zahl herauszugreifen. Jeder nicht mehr als 20.000. Und dann hat jeder gleich viel. Das ist doch das, wozu sich Gorbatschow bekennt, oder nicht? Wenn er das meint, was er sagt, dann muß er das ja akzeptieren.

* * *

Ha.: Eben diese offizielle Auffassung, wie sie NATO-Generalsekretär Manfred Wörner hier erläuterte, war auch Gegenstand der Diskussion von Fachleuten aus Politik, Militär und Wissenschaft, zu der die Evangelische Akademie Loccum an diesem Wochenende eingeladen hatte. "Die Zivilisierung des Konflikts", lautete das Thema, "auf der Suche nach einem Konzept für die künftige Gestaltung des Ost-West-Verhältnisses". Eindrücke von der Tagung gibt Ihnen nun der Bericht von Heiner Friedenberg.

Manuskript Heiner Friedenberg

"Der kalte Krieg ist vorüber," stellte Wim Bartels, Sekretär des interkirchlichen holländischen Friedensrates fest und leitete daraus eine Art Motto für die Loccumer Tagung ab: "Die Frage ist jedoch, wie wir einen Rückfall in die alten Muster von Konfrontation ... verhindern können." Weit über einhundert Politiker, Wissenschaftler und Militärs aus westeuropäischen Ländern sowie den USA haben sich eben darüber in der Evangelischen Akademie Loccum drei Tage lang Gedanken gemacht. Dabei hatte der Gastgeber Jörg Calließ trotz frühzeitiger Kritik darauf verzichtet, auch Gesprächs-

Streitkräfte

partner aus osteuropäischen Ländern einzuladen. Und um diese ging es doch schließlich. Der Verlauf der Tagung machte dann aber schon bald allen Skeptikern klar, daß diese eingeschränkte Gästeliste von Vorteil war. Denn es erwies sich, daß die Expertenrunde von einer Antwort auf die Frage Wim Bartels weit entfernt war.
Für ihn, so sagte Christoph Royen von der Stiftung Wissenschaft und Politik, einer Denkfabrik der Bundesregierung zum Schluß der Aussprache heute mittag, sei es am überraschendsten gewesen festzustellen, wieviele grundsätzliche Probleme erst im Westen noch zu klären seien, bevor man daran gehen könne, die Ost-West-Schwierigkeiten abzuarbeiten.
Guter Wille und die Einsicht in die Notwendigkeit, ein langfristiges Konzept auszuarbeiten, waren dabei durchaus vorhanden. Ist die Erinnerung doch noch allzu frisch an die erste Phase der Entspannung Anfang der siebziger Jahre und deren klägliches Scheitern. Auf die trostreiche These des Tübinger Politologen Volker Rittberger nach der auf jede Krise zwischen Ost und West eine effektivere Form der Zusammenarbeit gefolgt sei, wollten sich die in Loccum Versammelten jedenfalls nicht verlassen.
Zu den erstaunlichen Erfahrungen in Loccum gehörte es, daß Rüstung und Abrüstung von vielen Beobachtern nicht mehr als Hauptproblem in den Beziehungen angesehen werden. Auch wenn einige Militärs und der SPD-Politiker Egon Bahr zum Beispiel anders argumentierten. Bei der Militärpolitik ging es am Wochenende darum vorwiegend um Kritik am Verhalten westlicher Staaten bzw. der NATO. So wurde die blasierte Behauptung, die nicht zuletzt von Militärs erhoben wird, wiederholt zurückgewiesen, gerade im Rüstungsbereich wären die von Gorbatschow initiierten einseitigen Maßnahmen nur ein Vollzug dessen, was die NATO schon immer gefordert habe. So stellte der amerikanische Historiker Harry Piotrowski fest: "Jede, vom Standpunkt des Westens

Streitkräfte

positive Entwicklung in Osteuropa ist die Konsequenz der inneren Dynamik dieser Länder, und nicht etwa von draußen geschaffen." Es wurde auch das Verhalten der NATO gegenüber der sowjetischen Militärpolitik nachdrücklich kritisiert. Z.B. formulierte Botschafter Hans Arnold, der vor kurzem aus dem aktiven Dienst ausgeschieden ist, in seinem schriftlichen Diskussionsbeitrag: "Das Bündnis zeichnet sich, wie die Reaktionen auf die sowjetischen Initiativen in der jüngeren Vergangenheit zeigen, heute nicht durch schnelles, flexibles und konklusives Handeln aus. Es ist am Vorabend seines 40. Geburtstages zu seinen Anfängen einer rein militärischen Verteidigungsorganisation zurückgeschrumpft. Deren Bedeutung verringert sich in dem Maße, in dem im Zuge der gegenwärtigen Entwicklung der Ost-West-Beziehungen bei Regierungen und Öffentlichkeit in den Mitgliedsstaaten das Gefühl schwindet, vom Osten her militärisch bedroht zu sein." Ein aus Brüssel angereister Militärpolitiker beschrieb die in der Bündniszentrale herrschende Stimmung mit einem Scherz; dort am Boulevard Leopold, dem Sitz des NATO-Hauptquartiers werde ein neues Bürogebäude errichtet und seitdem werde hartnäckig behauptet, darin sollten die Verbindungsoffiziere des sowjetischen Generalstabes zur NATO, die demnächst erwartet würden, untergebracht werden. Heute noch ein Scherz - morgen vielleicht schon Realität?
Die Mehrzahl der in Loccum anwesenden Soldaten machte aus ihren Sorgen keinen Hehl, die politische Entwicklung könne die militärisch notwendigen Bedingungen leichtsinnig ignorieren. Aber es gab auch andere Stimmen. So erinnerte Oberst Heinz Loquai, Referatsleiter an der deutschen NATO-Vertretung in Brüssel, daran, daß es zu den Aufgaben von Soldaten gehöre, Risiken zu tragen. Das zu tun, seien sie in Zeiten der Spannung selbstverständlich auch bereit gewesen. Aber nun entstünde der Eindruck, daß sie die mit der Abrüstung verbundenen Risiken nicht akzeptieren

Streitkräfte

wollten. Oberst Loquai forderte außerdem, gegenüber der Öffentlichkeit glaubwürdig zu sein. So solle man vor allem mit Zahlen ehrlicher umgehen und zum Beispiel nicht, nachdem man jahrelang 50.000 sowjetische Panzer als größte Bedrohung dargestellt habe, nun, da 10.000 von ihnen abgerüstet werden sollen, behaupten, diese hätten ohnehin nur Schrottwert. Ein anderer Soldat, Dozent an der Führungsakademie der Bundeswehr, beklagte die weiterhin vorherrschenden Berührungsängste. So traue man sich immer noch nicht, Pläne in die Tat umzusetzen, nach denen deutsche Offiziere an sowjetischen Militärakademien und sowjetische Offiziere bei uns Gastvorlesungen geben sollen. Wie sagte doch Botschafter Arnold: Die NATO sei zu einer rein militärischen Verteidigungsorganisation zurückgeschrumpft. Die Forderung an das Bündnis, seine Rolle und seinen Auftrag politischer zu definieren, ist bislang ungehört geblieben.
Ein Rollenwandel der Militärorganisationen ist aber gerade darum so wichtig, weil sie - darüber waren sich die Experten bei der Tagung in Loccum einig - nicht etwa demnächst aufgelöst oder zersetzt werden könnten, indem zum Beispiel die DDR den Warschauer Vertrag oder die Bundesrepublik die NATO verlassen würden. Ja, auch bei uns wäre das nicht möglich. So verwies die französische Friedensforscherin Françoise Manfrass-Sirjaques auf die anhaltenden Ängste in Paris vor einem Abdriften der Bundesrepublik in die Neutralität und erläuterte dann: "Gewiß treibt Frankreich die westliche Integration - die aus französischer Sicht von vornherein unter dem Motto der Kontrolle des westdeutschen Staates stand - um so mehr voran, als es solche abdriftenden Tendenzen befürchtet. Und da die politische Führung davon überzeugt ist, daß die Verankerung der Bundesrepublik in der Europäischen Gemeinschaft nur solange bestehen wird, wie die deutsche Teilung, die ja identisch ist mit der europäischen

Streitkräfte

Teilung, besteht, droht in der französischen Einschätzung eine tendenzielle Überwindung der europäischen Teilung zum Widerspruch zur westeuropäischen Integration zu werden. Und dieser Widerspruch wird zum bremsenden Moment im Prozeß der Normalisierung der Ost-West-Beziehungen."
Vor diesem Hintergrund, in den auch die USA und - wenn auch zu wenig - Großbritannien einbezogen wurden, stellte sich die Suche nach einem Konzept für die zukünftige Gestaltung des Ost-West-Verhältnisses als kaum lösbares Problem dar. Die Bundesrepublik, die im Westen wohl das größte Interesse an einer Zivilisierung des Konflikts hat, kann nicht allein handeln. Auf der anderen Seite gibt es bei den zuständigen Organisationen keine Pläne für langfristiges gemeinsames Handeln. Das gilt auch für die NATO, vor allem aber für die EG- die Europäischen Gemeinschaften. Darüber waren sich die Teilnehmer der Loccumer Tagung einig: Die sowjetische Reformpolitik - und vergleichbare Entwicklungen in anderen osteuropäischen Ländern - stehen und fallen mit ihrem wirtschaftlichen Erfolg.
So sollen die sowjetischen Außenbeziehungen, wie der Frankfurter Wissenschaftler Klaus Segbers einleuchtend erklärte, "im wesentlichen den Umbau im Innern erleichtern und abschirmen". Dabei zu helfen, ist im Interesse des Westens; auch das war in Loccum unbestritten. Über das Wie aber standen die Meinungen gegeneinander. Ob Möglichkeiten mithilfe existierender Institutionen bestehen, ob nun regionaler wie die Europäischen Gemeinschaften oder im Rahmen der UNO, oder ob gar völlig neue Organisationen geschaffen werden müssen, um eine wirksame wirtschaftliche Zusammenarbeit zu verwirklichen. Zu beachten ist darüber hinaus, daß neben der Sowjetunion und ihren Partnern ebenfalls die neutralen und nichtblockgebundenen Staaten in Europa in diesen Prozeß einbezogen werden müssen. Ein Prozeß, der zusätzlich zu den vorhandenen Problemen und Widerständen noch erschwert würde, wenn zum Beispiel Forderungen, den Europäischen Gemeinschaften Zuständigkeiten auch für die militärische Verteidigung zu geben,

Streitkräfte

umgesetzt würden. Selbst der Berliner CDU-Politiker Heinrich Lummer, Mitglied im Auswärtigen Ausschuß des Bundestages, warnte dezidiert vor einer solchen Entwicklung, selbst wenn er damit nicht mit allen Parteifreunden übereinstimme.
Daß politisches Denken in der offiziellen Politik noch immer stark - allzu stark von militärischen Kategorien geprägt wird, machte Wolfgang Bruckmann an einen Beispiel deutlich. Der Sportausschuß, so Bruckmann, sei ein Hauptausschuß des Deutschen Bundestages; der Ausschuß für Abrüstung und Rüstungskontrolle sei aber noch immer nur ein Unterausschuß.

* * *

Ha.: Soviel steht fest: Die Suche nach einem langfristigen und vor allem stabilen Konzept für eine friedfertige Gestaltung des Ost-West-Verhältnisses wird weitergehen. Dabei kann man nur hoffen, daß sie nicht derart im Sande verläuft, wie bei den Gesprächen über einen beiderseitigen und ausgewogenen Truppenabbau in Mitteleuropa, kurz MBFR, geschehen. Über fünfzehn Jahre lang haben die Unterhändler aus beiden Bündnissen in Wien demonstriert, wie sinnlos ein Streit über Zahlen ist, wenn er ohne politisches Konzept geführt wird.
Am vergangenen Donnerstag nun sind die MBFR-Gespräche sang- und klanglos beendet worden. Ein Lehrstück, kein Vorbild. Die nächste Ausgabe von STREITKRÄFTE UND STRATEGIEN folgt wie gewohnt in vierzehn Tagen, am 19. Februar. Guten Abend.

EVANGELISCHE AKADEMIE LOCCUM

Teilnehmer/innen *)

des Experten-Kolloquiums

DIE ZIVILISIERUNG DES KONFLIKTS
Auf der Suche nach einem Konzept für die
zukünftige Gestaltung des West-Ost-Verhältnisses

vom 3. bis 5. Februar 1989

A r n d t , Dr. Claus, Senatsdirektor a.D., Fanny-David-Weg 61, 2050 Hamburg 80

A r n o l d , Dr. Hans, Botschafter a.D., Heft, 8201 Riedering

B a h r , Egon, MdB/SPD, Bundeshaus, HT 700, 5300 Bonn 1

B a r t e l s , Wim, Internationaler Sekretär, Interkirchlicher Friedensrat, Niederlande, Postbox 18747, NL-2502 ES Den Haag

B e h r m a n n , Jörn, Sozialwissenschaftler, Forschungsstelle Gottstein in der Max-Planck-Gesellschaft, Frankfurter Ring 243, 8000 München 40

B i e n l e i n , Dr. Hans, Professor, Physiker/Ltd. Wissenschaftler, DESY, Notkestr. 85, 2000 Hamburg 52

B i r n b a u m , Dr. Karl E., Professor, Schwedisches Institut für Außenpolitik, Kälkbacken 5, S-16354 Sponga

B l u m e n f e l d , Dr. Alfred, Generalkonsul a.D., Forschungsinstitut der DGAP, Argelander Str. 51, 5300 Bonn 1

B o o t h , Dr. Ken, Professor, Department of International Politics, The University College of Wales, Penglais, Aberystwyth, Dyfed 5423 3DB

B r a n d l , Dr. Hellfried, Journalist/Hörfunk, Österreichischer Rundfunk, Maurer-Lange-Gasse 25 A, A-1238 Wien

B r o c k , Dr. Lothar, Professor, Hessische Stiftung für Friedens- und Konfliktforschung, Leimenrode 29, 6000 Frankfurt

B r u c k m a n n , Wolfgang, Wiss. Mitarbeiter, Arbeitskreis Abrüstung und Internationales, Die Grünen im Bundestag, Bundeshaus, 5300 Bonn

B u l l o c h , G., Colonel, International Military Staff, NATO Headquarters, Boulevard Leopold III, B-1110 Bruxelles

---

*) Nur zur persönlichen Information!

B u r o , Dr. Andreas, Professor, Adelheidisstr. 80, 5300 Bonn 3

C a l l i e ß , Dr. Jörg, Studienleiter, Evangelische Akademie Loccum,
3056 Rehburg-Loccum 2

C a r t o n , Alain, Ministère de la Défense,
14 Rue St. Dominique, F-75700 Paris

C r e n z i e n , Bodo Joachim, LtCol., Danish Defence Research
Establishment, P.O.Box No. 2715, DK-2100 Copenhagen Ø

C u r t o , Dr. Manuel Marcelo, Gesandter, Portugiesische Botschaft,
Ubierstr. 78, 5300 Bonn 2

D a a s e , Christopher, M.A., Forschungsstelle der Evangelischen
Studiengemeinschaft (FEST), Schmeilweg 5,
6900 Heidelberg

D e t e r e n , Peter, CDSA, Wittrock 42, 5138 Heinsberg

D r a i n , Michel, Administrateur, Assemblée Nationale de la République
Francaise, Commission des Finances; Mitarbeiter der
"Fondation des Etudes de Défense nationale" (FEDN),
126 rue de l'Université, F-75355 Paris

E s c h e , Dieter, Sekretär des Europäischen Netzwerkes für den
Ost-West-Dialog, Niebuhrstr. 61, 1000 Berlin 12

F a b e r , Mient Jan, Generalsekretär, Interkirchlicher Friedensrat,
Posbus 18747, NL-2502 ES Den Haag

F e r r a r i s , Dr. Luigi Vittorio, Professor, Staatsrat,
Via Baullari, I-00186 Rom

F o r n d r a n , Dr. E., Univ.-Professor, Abt. für Politische Wissenschaft, Technische Universität Braunschweig,
Wendenring 1-4, 3300 Braunschweig

G e i s s , Dr. Imanuel, Professor, Universität Bremen, FB 8,
Mommsenstr. 4, 2800 Bremen 1

G l a t t , Volker, Brigadegeneral/Kommandeur, Heimatschutzbrigade 53,
Zülpicher Str. 150, 5160 Düren

G o t t s t e i n , Dr. Klaus, Professor, Physiker, Direktor, Forschungsstelle Gottstein in der Max-Planck-Gesellschaft,
Frankfurter Ring 243, 8000 München 40

H a a k , Dr. Volker, VLR I, Auswärtiges Amt, Leiter des Referates 212,
Adenauer Allee, 5300 Bonn 1

H a h n , Volker, Oberst i.G., Bundesministerium der Verteidigung,
Planungsstab, Postfach 1328, 5300 Bonn 1

H a r e n b e r g , Karl-Heinz, Journalist, NDR-HA Politik, Rothenbaum-
chaussee 132, 2000 Hamburg 13

H a r s t i c k ,   Dr. Hans-Peter, Professor, Technische Universität
Braunschweig, Seminar für Geographie und Geschichte,
Konstantin-Uhde-Str. 16, 3300 Braunschweig

H e s s e ,   Dr. Reinhard, Akadem.Rat, Päd. Hochschule Ludwigsburg,
Im Weiler 11, 7752 Reichenau

H i n d r i c h s ,   Günter, Ministerialrat, Sekretär des BT.-Ausschusses für Innerdeutsche Beziehungen, Bundeshaus,
5300 Bonn 1

H o v d k i n n ,   Öystein, 1. Botschaftssekretär, Norwegische
Botschaft, Mittelstr. 43, 5300 Bonn 2

J ä ä t e e n m ä r k i ,   Anneli, Reichstagsabgeordnete, Zentrumspartei, Finnischer Reichstag, Eduskunta,
SF-00102 Helsinki

J a h n ,   Dr. Egbert, Professor, Hessische Stiftung für Friedens-
und Konfliktforschung, Leimenrode 29, 6000 Frankfurt

K a r l ,   Wilfried, M.A./Doktorand, Berliner Porjektverbund Berghofstiftung, Zwinglistr. 8, 1000 Berlin 21

K a r l s s o n ,   Ingmar, Gesandter, Schwedische Botschaft,
Allianzplatz, Haus 1, An der Heussallee 2-10,
5300 Bonn 1

K e l s t r u p ,   Morten, Seniorforscher, Institut of Political Studies,
University of Copenhagen, Slotsbakken 27,
DK-2980 Kokkedal

K i e s s l e r ,   Dr. Richard, Journalist, DER SPIEGEL, Dahlmannstr. 20,
5300 Bonn 1

von K l e n c k e ,   Lippold, Ministerialrat, Hämelschenburg,
3254 Emmerthal

K ö n i g s e d e r ,   Helmut, Soldat, DtA HQ 2.ATAF, De Ruyter Road 19,
4050 Mönchengladbach 5

K o p s c h ,   Cordelia, Pfarrerin f. Friedensarbeit, Amt für Mission
und Ökumene, Pfraunheimer Landstr. 206,
6000 Frankfurt 90

K o r n b l u m ,   John C., Gesandter, Stellv. Ständiger Vertreter
der USA bei der NATO, Brüssel

K o r t h a l s   A l t e s ,   Edy, Botschafter a.D., Marinus Naefflaan 46,
NL-7241 GE Lochem

L a t t ,   Stefan, Tagungsassistent, Gabriel-Seidl-Str. 26,
2800 Bremen 1

L a u b e ,   Manfred, Redakteur, epd, Knochenhauer Str. 38/40,
3000 Hannover 1

L i m b r o c k ,   Ursula, CDSA-Sprecherin, Kurt-Schumacherstr. 12,
4670 Lünen

L i n n e n k a m p ,   Hilmar, Dozent, Führungsakademie der Bundeswehr,
Manteuffelstr. 20, 2000 Hamburg 55

L o i b l ,   Wolfgang, Gesandter, Österreichische Botschaft,
Johanniterstr. 2, 5300 Bonn 1

L o q u a i ,   Heinz, Referatsleiter, Ständige Vertretung der Bundesrepublik Deutschland bei der NATO, Boulevard Leopold III
B-1110 Bruxelles

L o t h ,   Dr. Wilfried, Professor, Universität Essen, FB Geschichte,
Postfach 103764, 4300 Essen 1

L u m m e r ,   Heinrich, MdB/CDU, Mitglied des Auswärtigesn
Ausschusses des Deutschen Bundestages
, Bundeshaus, 5300 Bonn 1

L u t z ,   Ernst, OTL i.G., Referent für Militärstrategie, Bundesministerium der Verteidigung, Fü S III 2,
Postfach 1328, 5300 Bonn 1

M a e l a n d ,   Öystein, Persönlicher Berater des Außenministers,
Norwegisches Außenministerium, Oslo

M a n f r a s s - S i r j a c q u e s ,,   Dr. Francoise, Friedensforscherin, 132 bis Rue Tahère, F-92210 Saint-Cloud

M a s y k ,   Dr. Eva-Maria, M.A., Pol.Wiss., Parchewitzerstr. 8,
8080 Fürstenfeldbruck

M a y ,   Hans, Pastor, Akademiedirektor, Evangelische Akademie Loccum,
3056 Rehburg-Loccum

M e n d e l s s o h n ,   Jack, Deputy Direcotr, Arms Control Association,
Washington, D.C., USA

M ö s c h e l ,   Eberhard, Oberst i.G., Führungsakademie der Bundeswehr,
Manteuffelstr. 20, 2000 Hamburg 55

N e t t e ,   Wolfgang, Redakteur, WDR-Hörfunk, Dahlmannstr. 14,
5300 Bonn

N o r d s l e t t e n ,   Oeyvind, VLR I., Leiter des Osteuropa-Referates
im Norwegischen Außenministerium, Uteriksdepartementet
Postbox 8114 DEP, N-0032 Oslo 1

P e t e r s ,   Dr. Ingo, Wiss. Mitarbeiter, Freie Universität Berlin,
FB Politische Wissenschaft, Ihnestr. 21,
1000 Berlin 33

P i e t i k ä i n e n ,   Sirpa, Reichstagsabgeordnete, Finnischer
Reichstag, Eduskunta, SF-00102 Helsinki

P i o t r o w s k i , Harry, Professor of History, Towson State
University, Baltimore, Austauschprofessor an der
Universität Oldenburg, Philosophenweg 12,
2900 Oldenburg

P o r t i u s , Gunter, Oberst i.G., Führungsakademie der Bundeswehr,
Fachgruppe SPS, Manteuffelstr. 20, 2000 Hamburg 55

von der R e c k e , Adalbert, Generalmajor, Befehlshaber im
Wehrbereich II, Hans-Böckler-Allee 18,
3000 Hannover

R e i c h a r d t , Dr. Hartmut, Referent für Öffentlichkeitsarbeit
Evangelische Akademie Loccum, 3056 Rehburg-Loccum

R i t t b e r g e r , Dr. Volker, Professor, Universität Tübingen,
Institut für Politikwissenschaft, Melanchthonstr. 36,
7400 Tübingen

R o ß m a n n , Erich, Journalist, stellv. Vorsitzender der Joseph-
Wirth-Stiftung, Bismarckstr. 89, 4000 Düsseldorf 1

R o y e n , Christoph, Wiss. Referent, Stiftung Wissenschaft und Politik,
Haus Eggenberg, 8026 Ebenhausen

von S c h e v e n , Werner, Kommandeur der Führungsakademie der Bundeswehr, Manteuffelstr. 20, 2000 Hamburg 55

S c h m i d t , Jürg W., Kapitän zur See, International Military Staff,
NATO-Headquarters, Intelligence Division,
B-1110 Bruxelles

S c h m i d t , Dr. Hans-Joachim, Wiss. Mitarbeiter, Hessische Stiftung
für Friedens- und Konfliktforschung, Leimenrode 29
6000 Frankfurt 1

S e g b e r s , Dr. Klaus, Universität Frankfurt, Senckenberganlage 31,
6000 Frankfurt 11

S e n g h a a s , Dr. Dieter, Professor, Freiligrathstr. 6,
2800 Bremen

S e n g h a a s - K n o b l o c h , Dr. Eva, Privatdozentin,
Freiligrathstr. 6, 2800 Bremen

S i m o n , Hubert, OTL i.G., Sekretär des BT-Unterausschusses für
Abrüstung und Rüstungskontrolle, Bundeshaus,
5300 Bonn 1

S o u c h o n , Dr. Lennart, Kapitän zur See, Dozent, Sicherheitspolitik,
Führungsakademie der Bundeswehr, Manteuffelstr. 20,
2000 Hamburg 55

S t a h l , Wolfgang, Soldat, Führungsakademie der Bundeswehr,
Manteuffelstr. 20, 2000 Hamburg 55

S t o r c k ,   Dr. Hans, Superintendent i.R., Ev. Kirche Berlin-Brandenburg, Pacelliallee 53, 1000 Berlin 33

T r a u p e ,   Brigitte, MdB/SPD, Parlamentarische Geschäftsführerin der SPD-Fraktion, Bundeshaus, 5300 Bonn

T u d y k a ,   Dr. Kurt, Professor, Kath. Universität Nijmegen, Fakultät der Sozialen Wissenschaften, Postfach 9108, NL-6500 HK Nijmegen

V ä y r y n e n ,   Dr. Raimo, Professor, Department of Political Science, University of Helsinki, Aleksanterinkatu 7, SF-00100 Helsinki

V i e m e r ö ,   Rauno, Gesandter, Finnische Botschaft, Friesdorfer Str. 1, 5300 Bonn 2

V o i g t ,   Karsten D., MdB/SPD, Außenpolitischer Sprecher der SPD-Fraktion, Bundeshaus, 5300 Bonn 1

W e i s s e r ,   Ulrich, Referatsleiter im Bundesministerium der Verteidigung, Führungsstab der Streitkräfte, Postfach 1328, 5300 Bonn 1

W i l k e r ,   Dr. Lothar, Professor, Fachhochschule für Verwaltung und Rechtspflege - FB 1, Kurfürstendamm 207-208, 1000 Berlin 15

S c h n a p p e r t z ,   jürgen, Die Grünen im Bundestag, Bundeshaus, 5300 Bonn 1

O r l e y ,   Herr, Amerika-Haus Hannover, Prinzenstraße, 3000 Haannover 1

Dolmetscherinnen

B r i n k m a n n ,   Annette, Dipl.-Dolmetscherin, Kirchenplatz 3, 6728 Germersheim

H e i e r - B r y h n i ,   Sibylle, Dipl.-Dolmetscherin, Bahnhofstr. 102 a, 6720 Speyer

B ö t t g e r ,   Christiane, Goldener Winkel 10, 3450 Holzminden